2019년 9급(국가직·서울시·지방직) 기출문제 수록

정보보호론 기출문제집

[9급 · 7급 전산직 공무원 시험 대비]

| 임재선 지음 |

www.cyber.co.kr

정보보호론 기출문제집

2019. 1. 7. 초 판 1쇄 발행
2019. 9. 23. 개정증보 1판 1판 발행

저자와의 협의하에 검인생략

지은이 | 임재선
펴낸이 | 이종춘
펴낸곳 | BM (주)도서출판 **성안당**
주소 | 04032 서울시 마포구 양화로 127 첨단빌딩 3층(출판기획 R&D 센터)
10881 경기도 파주시 문발로 112 출판문화정보산업단지(제작 및 물류)
전화 | 02) 3142-0036
031) 950-6300
팩스 | 031) 955-0510
등록 | 1973. 2. 1. 제406-2005-000046호
출판사 홈페이지 | **www.cyber.co.kr**
도서 내용 문의 | jslim332@audit.co.kr
ISBN | 978-89-315-5622-3 (13000)
정가 | 19,000원

이 책을 만든 사람들
책임 | 최옥현
진행 | 최창동
교정 · 교열 | 인투
본문 디자인 | 인투
표지 디자인 | 박현정
홍보 | 김계향
국제부 | 이선민, 조혜란, 김혜숙
마케팅 | 구본철, 차정욱, 나진호, 이동후, 강호묵
제작 | 김유석

■ 도서 A/S 안내

성안당에서 발행하는 모든 도서는 저자와 출판사, 그리고 독자가 함께 만들어 나갑니다.
좋은 책을 펴내기 위해 많은 노력을 기울이고 있습니다. 혹시라도 내용상의 오류나 오탈자 등이 발견되면 "좋은 책은 나라의 보배"로서 우리 모두가 함께 만들어 간다는 마음으로 연락주시기 바랍니다. 수정 보완하여 더 나은 책이 되도록 최선을 다하겠습니다.
성안당은 늘 독자 여러분들의 소중한 의견을 기다리고 있습니다. 좋은 의견을 보내주시는 분께는 성안당 쇼핑몰의 포인트(3,000포인트)를 적립해 드립니다.
잘못 만들어진 책이나 부록 등이 파손된 경우에는 교환해 드립니다.

머 리 말

여러 수험생의 합격수기를 보면 기출문제를 철저히 분석하고 숙지하는 것이 중요하다고 반복해서 이야기합니다. 경험상으로도 기출문제를 풀면서 내용을 정리하는 것이 가장 효과적이라 생각합니다.

이에 본 기출문제집은 정보보호론과 정보보안기사 1,125문제를 이론서의 목차에 맞춰 정리했습니다. 전산직 공무원 시험에 정보보호론이 추가된 2014년부터 2018년까지 출제된 문제를 모두 수록하였고, 정보보안기사는 기존 정보보호론과 유사한 문제는 생략했습니다. 시험문제를 공개하는 정보보호론은 출제자가 많은 고민을 하고 문제를 만들기 때문에 좋은 문제가 많습니다. 따라서 기출문제를 통해 정보보호론을 학습하면 깊이있고 정확한 내용을 학습할 수 있습니다.

학습을 위해 보안을 공부하는 수험생이라면 이론서만 봐도 무방합니다. 그러나 공무원 시험이나 정보보안기사를 준비하는 수험생이라면 기출문제를 풀어볼 것을 권합니다. 단순하게 맞고 틀리고를 체크하는게 아니라, 천천히 문제를 풀면서 이론서에서 문제의 내용을 찾아 다시 한 번 읽어 보고 서브노트에 정리하는 과정을 거치기 바랍니다. 본 도서 외에 별도로 출간된 「무료 동영상 강의가 있는 정보보호론」과 함께 공부하면 더 효율적으로 시험에 대비할 수 있습니다.

시간이 없는 수험생이라면 무료로 제공되는 동영상 강의를 먼저 학습 한 후 문제를 순서대로 풀면서 이론서의 내용을 확인하는 것도 좋은 방법이 될 수 있을 것입니다. 한 문제씩 정리해 나가면서 쓰고, 외우면서 반복하다 보면 어느덧 보안전문가가 갖춰야 할 기본 지식을 갖추게 될 것입니다.

끝으로 시험을 준비하는 수험생들에게 좋은 결실을 맺기를 기원합니다.

– 저자 임재선

2018년도 국가공무원 공개경쟁채용시험 등 계획 공고

국가공무원 7급 및 9급 공개경쟁채용시험

1 5급 선발예정인원 및 시험과목

직렬 (직류)	인원	시험과목(선택형 필기시험) 7과목	주요근무 예정기관
전산직 (전산개발)	2명	필수(3): 자료구조론, 데이터베이스론, 운영체제론 선택(1): 컴퓨터네트워크, 프로그래밍언어론, 수치해석, 정보보호론	전 부처
전산직 (정보보호)	3명	필수(3): 정보보호관리, 네트워크보안, 소프트웨어공학 선택(1): 정보보호기술, 정보시스템보안, 자료구조론	전 부처

2 7급 선발예정인원 및 시험과목

직렬 (직류)	인원	시험과목(선택형 필기시험) 7과목	주요근무 예정기관
전산직 (전산개발)	– 일반: 29명 – 장애인: 2명	국어(한문포함), 영어(영어능력검정시험으로대체), 한국사, 자료구조론, 데이터베이스론, 소프트웨어공학, 정보보호론	전 부처

3 9급 선발예정인원 및 시험과목

직렬 (직류)	인원	시험과목(선택형 필기시험) 7과목	주요근무 예정기관
전산직 (전산개발)	– 일반: 50명 – 장애인: 4명 – 저소득: 1명	국어, 영어, 한국사, 컴퓨터일반, 정보보호론	전 부처
전산직 (정보보호)	– 일반: 5명 – 장애인: 1명	국어, 영어, 한국사, 네트워크 보안, 정보시스템보안	전 부처

※ 2018년도 우정9급(계리) 공무원 공개경쟁채용시험

직군	계급 (직렬)	시험과목	직위(직무)	시행기관
기술	9급(전산개발)	국어, 영어 한국사, 컴퓨터일반, 정보보호론	우체국 및 우편집 중국 담당 등	인사 혁신처

4 시험방법

- 제1·2차시험(병합실시) – 선택형 필기시험
- 제3차시험 – 면접시험

5 응시자격

가. 응시결격사유 등 : 해당 시험의 최종시험 시행예정일(면접시험 최종예정일) 현재를 기준으로 국가공무원법 제33조(외무공무원은 외무공무원법 제9조, 검찰직 마약수사직공무원은 검찰청법 제50조)의 결격사유에 해당 하거나, 국가공무원법 제74조(정년)·외무공무원법 제27조(정년)에 해당하는 자 또는 공무원임용시험령 등 관계법령에 의하여 응시자격이 정지된 자는 응시할 수 없습니다.

나. 응시연령

시험명	응시연령(해당 생년월일)	비고
7급 공개경쟁채용시험	20세 이상(1998. 12. 31. 이전 출생자)	
9급 공개경쟁채용시험	18세 이상(2000. 12. 31. 이전 출생자)	
9급 공개경쟁채용시험 중 교정·보호직	20세 이상(1998. 12. 31. 이전 출생자)	

다. 학력 및 경력 : 제한없음

라. 전산직 응시에 필요한 자격증(해당 시험의 최종시험 시행예정일(면접시험 최종예정일) 현재 유효한 것)

7급 공개경쟁채용시험	9급 공개경쟁채용시험
컴퓨터시스템응용기술사, 정보통신기술사, 정보관리기술사, 전자계산기기사, 정보통신기사, 정보처리기사, 전자계산기조직응용기사, 정보보안기사	전자계산기제어산업기사, 정보통신산업기사, 사무자동화산업기사, 정보처리산업기사, 정보보안산업기사, 멀티미디어콘텐츠제작전문가 ※ 7급 공채 응시에 필요한 자격증은 9급 공채 응시에도 인정됩니다.

⑥ 응시원서 접수(인터넷 접수만 가능)

가. 접수방법 및 시간

- 접수방법 : 사이버국가고시센터(http://gosi.kr)에 접속하여 접수할 수 있습니다.
- 접수시간 : 응시원서 접수기간 중 09:00~23:00(시스템 장애 발생 시 연장될 수 있습니다.)
- 기　　타 : 응시수수료(7급 7,000원 / 9급 5,000원) 외에 소정의 처리비용 (휴대폰·카드결제, 계좌이체비용)이 소요됩니다.

※ 저소득층 해당자(국민기초생활 보장법 에 따른 수급자 또는 한부모가족지원법 에 따른 보호대상자)는 응시수수료가 면제됩니다.

※ 응시원서 접수 시 등록용 사진파일(JPG)이 필요하며 접수 완료 후 변경이 불가합니다.

⑦ 2018년도 9급 공채 필기시험 응시현황

모집단위	선발예정 인원	출원 인원	응시 인원	응시율
전산(전산개발:일반)	50	3,138	2,354	75.0%
전산(전산개발:장애인)	4	50	36	72.0%
전산(전산개발:저소득)	1	30	18	60.0%
전산(정보보호:일반)	5	360	203	56.4%
전산(정보보호:장애인)	1	11	8	72.7%

⑧ 2018년도 9급 공개경쟁채용시험 합격선

구분	선발 예정 인원	출원 인원	응시 인원	합격선	필기 합격 인원	추가 합격 (면접 미달)	최종 합격 인원	여성 합격 인원	여성 비율 (%)
전산(전산개발:일반)	50	3,138	2,354	73.00	65	0	50	17	34.0%
전산(정보보호:일반)	5	360	203	69.00	6	0	5	0	0.0%
전산(전산개발:장애인)	4	50	36	48.00	6	0	4	0	0.0%
전산(정보보호:장애인)	1	11	8	과락	–	–	–	–	–
전산(전산개발:저소득)	1	30	18	66.00	2	0	1	1	100.0%

⑨ 2018년도 9급 공개경쟁채용시험 연령별 현황

직렬(직류)	최종 합격자	연령구분									
		18-19	20-21	22-23	24-25	26-27	28-29	30-31	32-33	34-35	36 이상
전산(전산개발:일반)	50	–	–	2	7	15	11	1	3	5	6
전산(전산개발:장애인)	4	–	–	–	–	2	–	–	–	–	2
전산(전산개발:저소득)	1	–	–	–	1	–	–	–	–	–	–
전산(정보보호:일반)	5	–	–	–	–	1	1	1	1	–	1

⑩ 2018년도 9급 공개경쟁채용시험 가산특전 현황

직렬	모집지역	계	비가산	취업지원	자격증	취업+자격
전산(전산개발:일반)	전국	50	49	1	0	0
전산(전산개발:장애인)	전국	4	3	1	0	0
전산(전산개발:저소득)	전국	1	1	0	0	0
전산(정보보호:일반)	전국	5	5	0	0	

⑪ 2018년도 9급 공개경쟁채용시험 필기시험 점수분포 현황

	계	95 이상	90~95	85~90	80~85	75~80	70~75	65~70	60~65	55~60	50~55	50 미만	과락자
전산(전산개발:일반)	2,354			1	3	36	89	172	213	215	164	73	1,388
전산(전산개발:장애인)	36				1				1	2	1	2	29
전산(전산개발:저소득)	18						1	1	1	2	1	1	11
전산(정보보호:일반)	203						4	6	8	11	9	3	162
전산(정보보호:장애인)	8												8

⑫ 채용절차

– 5급 공채

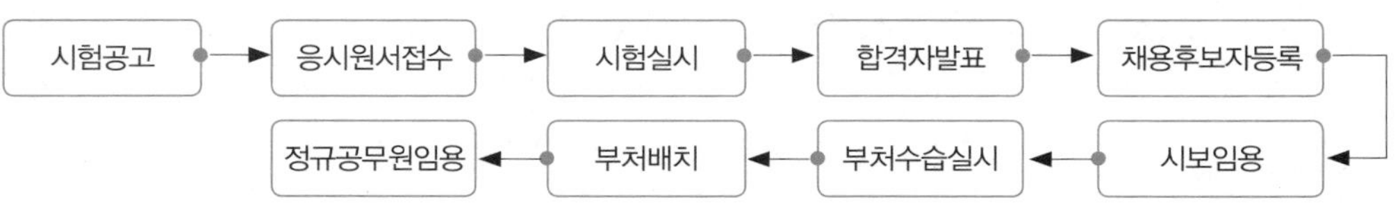

– 7·9급 공채

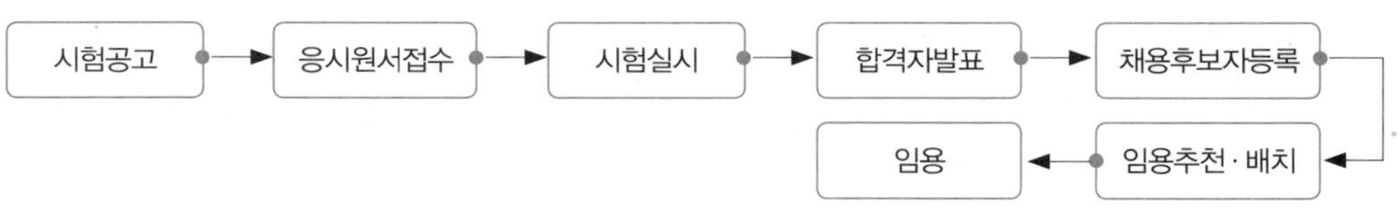

⑬ 정보보호론(정보보호직 포함) 출제빈도

시행년도	2017년									비율 (보호직 제외)
단원명	국가	국가 (시)	국가 (네)	지방	교육	서울	국회	해경 (시)	해경 (네)	
1. 정보보호 개요	1	0	1	1	1	0	2	1	0	5.0%
2. 암호학	4	0	0	4	8	3	5	4	0	24.0%
3. 접근통제	2	1	0	3	0	1	1	2	1	7.0%
4. 시스템 보안	3	12	0	1	2	3	3	7	2	12.0%
5. 네트워크 보안	4	1	16	3	4	7	3	1	17	21.0%
6. 어플리케이션 보안	1	5	3	2	3	3	4	4	0	13.0%
7. 정보보호관리 및 법규	5	1	0	6	2	3	2	1	0	18.0%
합계	20	20	20	20	20	20	20	20	20	100%

※ 국가(시): 국가직(정보보호직 9급) 정보시스템 보안
국가(네): 국가직(정보보호직 9급) 네트워크 보안
해경(시): 해양경찰청(정보보호직 9급) 정보시스템 보안
해경(네): 해양경찰청(정보보호직 9급) 네트워크 보안

목 차

PART 01 정보보호 일반

PART 02 보안과 암호

PART 03 접근통제

PART 04 네트워크 보안

PART 05 애플리케이션 보안

PART 06 시스템 보안

PART 07 정보보안 관리

PART 08 법규

PART 09 기출문제

[7급 9급 전산직 공무원 기출문제] ※ 책속에 포함된 문제

2016년 국회직 9급 정보보호론 20문제
2016년 국가직 7급 정보보호론 20문제
2016년 국가(보) 9급 정보보호론 40문제
2016년 국가직 9급 정보보호론 20문제
2016년 해경(보호직) 9급 정보보호론 40문제
2017년 지방직 9급 정보보호론 20문제
2017년 국회직 9급 정보보호론 20문제
2017년 국가직 7급 정보보호론 20문제
2017년 국가직 9급 정보시스템 보안 20문제
2017년 국가직 9급 네트워크 보안 20문제
2017년 경찰간부후보생 정보보호론 40문제
2017년 국가직 생활안전 9급 정보보호론 20문제
2017년 교행직 9급 정보보호론 20문제
2017년 서울시 9급 정보보호론 20문제
2017년 국가직 9급 정보보호론 20문제
2018년 경찰간부후보생 정보보호론 40문제
2018년 국가직 9급 정보보호론 20문제

[정보보안기사 기출문제] ※ 책속에 포함된 문제

2014년~2017년 정보보안기사 기출복원문제 400문제 이상
(정보보호론과 유사문제 제외)

정보보호론 기출문제집

PART 01

정보보호 일반

정보보호 일반

SECTION 1 · 정보보호 관리

2015년 경찰직 9급

01 다음 중 정보보호의 주요 목적에 대한 설명으로 가장 적절한 것은?

① 가용성(Availability)은 정보나 해당 정보의 주체가 진짜임을 의미한다.

② 기밀성(Confidentiality)은 인가된 사용자만이 데이터에 접근할 수 있도록 제한하는 것을 의미한다.

③ 무결성(Integrity)은 특정한 작업 또는 행위에 대한 책임 소재를 확인 가능함을 의미한다.

④ 인증성(Authenticity)은 인가된 사용자가 필요시 정보를 접근하고 변경하는 것이 가능함을 의미한다.

해설

- 가용성(Availability) : 자원(정보, 시스템, 네트워크, 프린터) 등을 계속해서 사용할 수 있게 한다.
- 기밀성(Confidentiality) : 인가되지 않은 사용자는 정보를 암호화하여 탈취해도 모르게 한다.
- 무결성(Integrity) : 정보가 의도하지 않은 방법으로 변경되거나 파괴되지 않도록 보장한다.
- 인증(Authentication) : 작성자가 본인인지 확인한다. 즉 정보나 해당 정보의 주체가 진짜임을 의미한다.

2017년 국가직 생활안전분야 9급

02 보안의 3대 요소 중 가용성에 대한 직접적인 위협 행위는?

① 트래픽 분석(traffic analysis)

② 신분 위장(masquerading)

③ 패킷 범람(packet flooding)

④ 데이터 변조(modification)

2014년 국회직 9급

03 다음은 정보보호의 3대 기본 목표 중 무엇에 대한 설명인가?

> 권한이 없는 사용자가 컴퓨터 시스템상의 데이터 또는 컴퓨터 시스템 간에 통신 회선을 통하여 전송되는 데이터의 내용을 볼 수 없게 하는 기능

① 비밀성(Confidentiality)

② 가용성(Availability)

③ 신뢰성(Reliability)

④ 무결성(Integrity)

⑤ 책임추적성(Accountability)

해설

기밀성=비밀성(Confidentiality)

- 인가되지 않은 사용자는 정보를 암호화하여 탈취해도 모르게 한다.
- 인가된 사용자만이 데이터에 접근할 수 있도록 제한하는 것을 의미한다.

정답 1. ② 2. ③ 3. ①

- 접근통제와 암호화가 기밀성을 보장하기 위한 방법이다.
- 여기서 암호화란 정보가 유출되더라도 내용을 모르게 하고 변조되거나 위조되지 못하게 하는 것을 의미한다.

2014년 서울시 9급

04 정보보호의 목적 중 기밀성을 보장하기 위한 방법만을 묶은 것은?

① 데이터 백업 및 암호화

② 데이터 백업 및 데이터 복원

③ 데이터 복원 및 바이러스 검사

④ 접근통제 및 암호화

⑤ 접근통제 및 바이러스 검사

해설

접근통제와 암호화가 기밀성을 보장하기 위한 방법이다.

2017년 교행직 9급

05 정보보호의 목표와 그에 대한 설명 (가)~(다)를 바르게 짝지은 것은?

(가) 내부 정보 및 전송되는 정보에 대하여 허가되지 않은 사용자 또는 객체가 정보의 내용을 알 수 없도록 한다.
(나) 정보에 대한 접근권한이 있는 사용자가 방해받지 않고 언제든지 정보와 정보시스템을 사용할 수 있도록 보장한다.
(다) 접근권한이 없는 사용자에 의해 정보가 변경되지 않도록 보호하여 정보의 정확성과 완전성을 확보한다.

	(가)	(나)	(다)
①	기밀성	가용성	무결성
②	기밀성	무결성	가용성
③	무결성	가용성	기밀성
④	무결성	기밀성	가용성

2016년 해경(보호직) 9급

06 다음은 정보보호의 목표 중 하나를 설명하는 것이다. 괄호 안에 들어갈 적당한 말을 보기에서 고르시오.

( )은 정보의 내용이 불법적으로 변경되거나 삭제되지 않고 완전한 일치성을 유지하여 본래의 목적대로 사용되는 성질을 의미한다.

① 기밀성 ② 인증성

③ 무결성 ④ 가용성

해설

무결성(Integrity) : 정보가 의도하지 않은 방법으로 변경되거나 파괴되지 않도록 보장하는 것으로, 무결성을 보장하기 위한 수단에는 주기적인 바이러스 검사와 공개키 암호화 방식에서 해시함수 사용이 있다.

2015년 국가직 9급

07 IT 시스템에 발생할 수 있는 다음의 보안 이슈와 밀접한 관계를 가진 정보보호 요소는?

- IT 시스템에 저장된 데이터 변경
- IT 시스템 메모리 변경
- IT 시스템 간 메시지 전송 중 내용 변경

① 기밀성(Confidentiality)

② 무결성(Integrity)

③ 가용성(Availability)

④ 신뢰성(Reliability)

⑤ 책임추적성(Accountability)

해설

무결성(Integrity)은 정보가 의도하지 않은 방법으로 변경되거나 파괴되지 않도록 보장하는 것으로 공개키 암호화 방식에서는 해시함수를 이용해서 메시지의 변경 여부를 확인한다.

정답 : 4. ④ 5. ① 6. ③ 7. ②

2014년 국가직 7급

08 대표적인 공격 유형으로 방해(interrupt)와 가로채기(intercept), 위조(fabrication), 변조(modification) 공격이 있다. 이 중 가로채기 공격으로부터 송·수신되는 데이터를 보호하기 위한 정보보호 요소는?

① 기밀성(Confidentiality)

② 무결성(Integrity)

③ 인증(Authentication)

④ 부인방지(Non-Repudiation)

해설

3번 해설 참고

2017년 국가직 9급

09 컴퓨터 시스템 및 네트워크 자산에 대한 위협 중에서 기밀성 침해에 해당하는 것은?

① 장비가 불능 상태가 되어 서비스가 제공되지 않음

② 통계적 방법으로 데이터 내용이 분석됨

③ 새로운 파일이 허위로 만들어짐

④ 메시지가 재정렬됨

2016년 국가직 7급

10 인가된 사용자가 조직의 정보 자산에 적시에 접근하여 업무를 수행할 수 있도록 유지하는 것을 목표로 하는 정보보호 요소는?

① 기밀성(confidentiality)

② 무결성(integrity)

③ 가용성(availability)

④ 인증성(authentication)

해설

가용성(Availability)

- 자원(정보, 시스템, 네트워크, 프린터) 등을 계속해서 사용할 수 있게 한다.
- 데이터 백업 및 이중화, 데이터 복원 등의 기술이 있다.
- 가용성을 위협하는 공격에는 서비스 거부(DoS)가 있다.

2014년 서울시 9급

11 다음 중 정보보호의 요소에 대한 설명으로 옳은 것은?

① 부인방지(non-repudiation)란 정보가 비인가 된 방식으로 변조되는 것을 방지하는 것을 의미한다.

② 무결성(integrity)이란 특정한 작업 또는 행위에 대해 책임 소재를 확인 가능함을 의미한다.

③ 인증성(auithenticity)이란 인가된 사용자가 필요시 정보를 접근하고 변경하는 것이 가능함을 의미한다.

④ 가용성(availability)이란 정보나 해당 정보의 주체가 진짜임을 의미한다.

⑤ 기밀성(confideniialiiy)이란 정보의 비인가 된 유출이 불가능함을 의미한다.

해설

- ⑤ 기밀성(비밀성, confidentiality) : 인가되지 않은 사용자는 정보를 암호화하여 탈취해도 모르게 한다.
- ① 무결성, ② 책임추적성, ③ 가용성, ④ 인증성에 대한 설명이다.

2014년 경찰직 9급

12 정보보호의 주요 목적(3원칙)으로 가장 적절하지 않은 것은?

① 무결성 ② 기밀성

③ 보편성 ④ 가용성

정답 8. ① 9. ② 10. ③ 11. ⑤ 12. ③

해설

정보보호(Information Security) 3대 목표
- 기밀성=비밀성(Confidentiality)
- 무결성(Integrity)
- 가용성(Availability)

정보보안기사

13 정보보호에서 보안 요구사항 중 허가되지 않는 사람에 의한 정보의 변경, 삭제, 생성 등으로부터 보호하는 조치에 해당되는 것은?

① 기밀성(Confidentiality)

② 무결성(Integrity)

③ 부인방지(Non-repudiation)

④ 가용성(Availability)

해설

무결성(Integrity) : 정보의 내용이 불법적으로 변경되거나 삭제되지 않고 완전한 일치성을 유지하여 본래의 목적대로 사용되는 성질을 의미한다.

2017년 경찰간부후보생

14 다음 중 서비스 거부 공격에 의해 직접적으로 위협받을 수 있는 정보보호의 요소는 무엇인가?

① 무결성 ② 부인방지

③ 기밀성 ④ 가용성

해설

가용성(Availability)을 위협하는 대표적인 공격에는 서비스 거부(DoS)가 있다. 서비스 거부(DoS) 공격은 시스템의 자원을 소비시켜 서비스를 느리게 하거나 완전히 차단하는 공격이다.

2014년 국가직 9급

15 정보보호의 주요 목적에 대한 설명으로 옳지 않은 것은?

① 기밀성(confidentiality)은 인가된 사용자만이 데이터에 접근할 수 있도록 제한하는 것을 말한다.

② 가용성(availability)은 필요할 때 데이터에 접근할 수 있는 능력을 말한다.

③ 무결성(integrity)은 식별, 인증 및 인가 과정을 성공적으로 수행 중일 때 발생하는 활동을 말한다.

④ 책임성(accountability)은 제재, 부인방지, 오류제한, 침입 탐지 및 방지, 사후처리 등을 지원하는 것을 말한다.

해설

- 무결성(Integrity) : 정보의 내용이 불법적으로 변경되거나 삭제되지 않고 완전한 일치성을 유지하여 본래의 목적대로 사용되는 성질을 의미한다.
- 책임추적성(Accountability) : 보안 위반행위를 추적하여 위반 책임자를 찾아내는 능력으로 식별, 인증, 권한부여, 접근통제, 감사 개념을 기반으로 수립된다.

2015년 국가직 7급

16 다음에서 설명하는 정보보호의 보안서비스로 옳은 것은?

> 기관 내부의 중요 데이터를 외부로 전송하는 행위가 탐지된 경우 전송자가 전송하지 않았음을 주장하지 못하도록 확실한 증거를 제시할 수 있는 보안 서비스이다.

① 무결성 ② 접근제어

③ 기밀성 ④ 부인방지

해설

부인방지(부인봉쇄 : Non-repudiation)
- 작성자가 거래내역에 대한 부인을 방지한다.
- 행위나 이벤트의 발생을 증명하여 나중에 그런 행위나 이벤트를 부인할 수 없도록 하는 것이다.

정답 : 13. ② 14. ④ 15. ③ 16. ④

2017년 국회직 9급

17 다음 중 정보보안 시스템을 설계하거나 운영할 때의 목표로 옳지 않은 것은?

① 기밀성 보장 ② 무결성 보장
③ 가용성 보장 ④ 책임회피성 보장
⑤ 사용자 인증

2014년 지방직 9급

18 정보보호의 주요 목표 중 하나인 인증성(Authenticity)을 보장하는 사례를 설명한 것으로 옳은 것은?

① 대학에서 개별 학생들의 성적이나 주민등록번호 등 민감한 정보는 안전하게 보호되어야 한다. 따라서 이러한 정보는 인가된 사람에게만 공개되어야 한다.

② 병원에서 특정 환자의 질병 관련 기록을 해당 기록에 관한 접근권한이 있는 의사가 이용하고자 할 때 그 정보가 정확하며 오류 및 변조가 없었음이 보장되어야 한다.

③ 네트워크를 통해 데이터를 전송할 때는 데이터를 송신한 측이 정당한 송신자가 아닌 경우 수신자가 이 사실을 확인할 수 있어야 한다.

④ 회사의 웹 사이트는 그 회사에 대한 정보를 얻고자 하는 허가받은 고객들이 안정적으로 접근할 수 있어야 한다.

해설

- ① 기밀성, ② 무결성, ③ 인증성, ④ 가용성
- 인증(Authentication) : 작성자가 본인인지 확인한다. 정보나 해당 정보의 주체가 진짜임을 의미한다. 인증성은 정보교환에 의해 실체의 식별을 확실하게 하거나 임의 정보에 접근할 수 있는 객체의 자격이나 내용을 검증하는 데 사용되는 성질이다.

2016년 국가(보) 9급

19 〈보기1〉의 상황과 개인정보의 안전한 전달을 위해 제공되어야 할 〈보기2〉의 정보보호 서비스를 바르게 연결한 것은?

보기1

ㄱ. 갑은 송신하는 개인정보가 도청 당하는 일이 없이 을에게 전달되기 원한다.
ㄴ. 갑은 송신하는 개인정보가 조작 당하는 일이 없이 을에게 전달되기 바란다.
ㄷ. 갑은 통신 상대의 웹 서버가 진짜 을의 서버라는 것을 확인하고 싶다.
ㄹ. 갑은 을의 서버에 적절한 시간에 접속하여 정상적으로 요청된 내용을 수행하고 싶다.

보기2

A. 기밀성 B. 무결성 C. 인증 D. 가용성

	ㄱ	ㄴ	ㄷ	ㄹ
①	A	B	C	D
②	A	D	C	B
③	B	A	C	D
④	B	A	D	C

해설

- 기밀성=비밀성(Confidentiality) : 접근통제와 암호화가 기밀성을 보장하기 위한 방법이다.
- 무결성(Integrity) : 정보가 의도하지 않은 방법으로 변경되거나 파괴되지 않도록 보장한다.
- 인증(Authentication) : 작성자가 본인인지 확인한다. 정보나 해당 정보의 주체가 진짜임을 의미한다. 인증성은 정보교환에 의해 실체의 식별을 확실하게 하거나 임의 정보에 접근할 수 있는 객체의 자격이나 내용을 검증하는 데 사용되는 성질이다.
- 가용성(Availability) : 자원(정보, 시스템, 네트워크, 프린터) 등을 계속해서 사용할 수 있게 한다. 가용성을 보장하는 수단에는 데이터 백업 및 이중화, 데이터 복원 등이 있다.

정답 17. ④ 18. ③ 19. ①

2016년 지방직 9급

20 보안서비스에 대한 설명을 바르게 나열한 것은?

> ㄱ. 메시지가 중간에서 복제, 추가, 수정되거나 순서가 바뀌거나 재전송됨이 없이 그대로 전송되는 것을 보장한다.
> ㄴ. 비인가 된 접근으로부터 데이터를 보호하고 인가된 해당 개체에 적합한 접근권한을 부여한다.
> ㄷ. 송수신자 간에 전송된 메시지에 대해서 송신자는 메시지 송신 사실을, 수신자는 메시지 수신 사실을 부인하지 못하도록 한다.

	ㄱ	ㄴ	ㄷ
①	데이터 무결성	부인봉쇄	인증
②	데이터 가용성	접근통제	인증
③	데이터 기밀성	인증	부인봉쇄
④	데이터 무결성	접근통제	부인봉쇄

해설

ㄱ. 무결성(Integrity)
정보가 의도하지 않은 방법으로 변경되거나 파괴되지 않도록 보장한다.

ㄴ. 접근제어(접근통제 : Access Control)
통신링크를 통한 호스트 시스템과 응용 간의 접근을 제한하고 통제할 수 있는 능력을 말한다.
비인가 된 접근으로부터 데이터를 보호하고 인가된 해당 개체에 적합한 접근권한을 부여한다.

ㄷ. 부인방지(부인봉쇄 : Non-repudiation)
작성자가 거래내역에 대한 부인을 방지한다.
행위나 이벤트의 발생을 증명하여 나중에 그런 행위나 이벤트를 부인할 수 없도록 하는 것이다.

2016년 국회직 9급

21 정보보호시스템이 제공하는 보안서비스 개념과 그에 대한 설명으로 옳은 것은?

> ㄱ. 기밀성 : 데이터가 위조·변조되지 않아야 함
> ㄴ. 무결성 : 권한이 있는 자는 서비스를 사용하여야 함
> ㄷ. 인증 : 정당한 자임을 상대방에게 입증해야 함
> ㄹ. 부인방지 : 거래 사실을 부인할 수 없어야 함
> ㅁ. 가용성 : 비인가자에게는 메시지를 숨겨야 함

① ㄱ, ㄴ　　② ㄱ, ㅁ
③ ㄴ, ㄷ　　④ ㄷ, ㄹ
⑤ ㄹ, ㅁ

해설

- 기밀성(Confidentiality) : 인가되지 않은 사용자는 정보를 암호화하여 탈취해도 모르게 한다.
- 무결성(Integrity) : 데이터가 위·변조되지 않아야 한다.
- 인증(Authentication) : 작성자가 본인인지 확인한다. 즉 정보나 해당 정보의 주체가 진짜임을 의미한다.
- 부인방지(부인봉쇄 : Non-repudiation) : 작성자가 거래내역에 대한 부인을 방지한다.
- 가용성(Availability) : 자원(정보, 시스템, 네트워크, 프린터) 등을 계속해서 사용할 수 있게 한다.

2016년 국가직 9급

22 보안 요소에 대한 설명과 용어가 바르게 짝지어진 것은?

> ㄱ. 자산의 손실을 초래할 수 있는 원하지 않는 사건의 잠재적인 원인이나 행위자
> ㄴ. 원하지 않는 사건이 발생하여 손실 또는 부정적인 영향을 미칠 가능성
> ㄷ. 자산의 잠재적인 속성으로서 위협의 이용 대상이 되는 것

	ㄱ	ㄴ	ㄷ
①	위협	취약점	위험
②	위협	위험	취약점
③	취약점	위협	위험
④	위험	위협	취약점

정답 : 20. ④　21. ④　22. ②

해설

위험도 산정 시 구성요소

- 위협(Threat) : 자산의 손실을 초래할 수 있는 원하지 않는 사건의 잠재적인 원인이나 행위자를 의미한다.
- 위험(Risk) : 사고가 날 가능성으로 예상되는 위협에 의해 자산에 발생할 가능성이 있는 손실의 기대치이다.
- 취약점(Vulnerability) : 위협의 이용 대상으로 기술적, 관리적, 물리적 약점이다.

2015년 지방직 9급

23 일반적인 위협(threats) 유형 중에서 비의도적 위협에 대한 설명으로 옳지 않은 것은?

① 사람에 의한 조작 실수 및 미숙으로 인한 위협

② 사람에 의한 물리적, 기술적 위협

③ 시스템 결함으로 인한 위협

④ 자연재해에 의한 화재, 수해, 지진 등으로 인한 위협

해설

위협의 유형

- 의도적 위협 : 내부인 또는 외부인에 의한 물리적, 기술적 위협 등 의도적인 위협이 있다.
- 비의도적 위협 : 사람의 조작 실수와 미숙에 의한 위협으로 화재·수해·지진 등의 자연재해에 의한 위협과 시스템 결함에 의한 비의도적인 위협이 있다.

2015년 국가직 9급

24 다음에서 설명하는 공격 방법은?

> 정보보안에서 사람의 심리적인 취약점을 악용하여 비밀정보를 취득하거나 컴퓨터 접근권한 등을 얻으려고 하는 공격 방법이다.

① 스푸핑 공격 ② 사회공학적 공격

③ 세션 가로채기 공격 ④ 사전 공격

해설

사회공학적 공격은 인간을 기반으로 한 가장 기본적인 형태로 직접 만나거나 전화, 온라인을 통해 직접 접근하는 방법이다. 사기를 소재로 한 영화나 스파이 영화 등에서 이러한 경우를 많이 접할 수 있다.

2017년 국회직 9급

25 수동적 보안 공격에 해당하는 것을 〈보기〉에서 모두 고르면?

> ㄱ. 신분 위장 ㄴ. 메시지 변경 ㄷ. 도청
> ㄹ. 트래픽 분석 ㅁ. 서비스 거부

① ㄱ, ㄴ ② ㄴ, ㅁ

③ ㄷ, ㄹ ④ ㄱ, ㄷ, ㄹ

⑤ ㄷ, ㄹ, ㅁ

2014년 서울시 9급

26 다음 중 공격자가 통신 프로토콜에 직접 개입하지 않고 감청(Eavesdropping) 또는 감시(Monitoring)만을 수행하는 수동적 공격(Passive Attack)으로 분류될 수 있는 것은?

① 가장(Masquerade)

② 재사용(Replay)

③ 서비스 거부(Denial Of Service)

④ 메시지 변조(Modification Of Message)

⑤ 트래픽 분석(Traffic Analysis)

해설

⑤ 소극적 공격(수동적 공격 : Passive Attack)에는 가로채기(도청), 감시, 트래픽 분석, 스니핑(Snooping), 메시지 내용 공개 등이 있다.

정답 23. ② 24. ② 25. ③ 26. ⑤

정보보안기사

27 다음에서 설명하는 보안 공격은 무엇인가?

> 암호화되어 전송되는 메시지를 도청하여 메시지의 내용을 파악하는 것이 불가능하더라도 메시지의 송신자와 수신자의 신원에 대한 정보를 파악하거나 메시지 존재 자체에 대한 정보를 획득할 수 있다.

① 삭제공격 ② 트래픽 분석
③ 메시지 변조 ④ 재생공격

해설

- 소극적 공격은 네트워크상에서의 데이터 도청 및 수집된 데이터 분석 등의 공격을 의미한다.
- 소극적 공격의 유형에는 가로채기(도청), 감시, 트래픽 분석, 스니핑(Snooping), 메시지 내용 공개 등이 있다.

2015년 국가직 7급

28 정보보호에 대한 위험요소, 위험을 막기 위한 보안서비스, 보안서비스 구현을 위한 암호학적인 메커니즘에 대한 각각의 연결로 옳지 않은 것은?

① 도청-기밀성-암호화
② 서비스 거부-부인방지-접근제어
③ 변조-무결성-해시함수
④ 위조-인증-전자서명

해설

서비스 거부(DoS)는 가용성을 저해하는 공격이며, 서비스 거부를 방해하는 보안서비스는 방화벽, IDS, IPS 등이다.

2016년 지방직 9급

29 보안 공격 유형 중 소극적 공격으로 옳은 것은?

① 트래픽 분석(Traffic Analysis)
② 재전송(Replaying)
③ 변조(Modification)
④ 신분위장(Maequerading)

2014년 지방직 9급

30 보안 공격 중 적극적 보안 공격의 종류가 아닌 것은?

① 신분위장(Masquerade) : 하나의 실체가 다른 실체로 행세를 한다.
② 재전송(Reply) : 데이터를 획득하여 비인가된 효과를 얻기 위하여 재전송한다.
③ 메시지 내용 공개(Release of Message Contents) : 전화통화, 전자우편 메시지, 전송 파일 등에 기밀 정보가 포함되어 있으므로 공격자가 전송 내용을 탐지하지 못하도록 예방해야 한다.
④ 서비스 거부(Denial of Service) : 통신 설비가 정상적으로 사용 및 관리되지 못하게 방해한다.

해설

메시지 내용 공개는 소극적 공격에 해당한다.

정보보안기사

31 메시지에 대한 불법적인 공격자의 위협에는 수동적 공격과 능동적 공격이 있는데, 다음 중 올바르게 짝지어진 것은?

① 수동적 공격-삽입 공격
② 수동적 공격-재생 공격
③ 능동적 공격-메시지 변조
④ 능동적 공격-트래픽 분석

정답 27. ② 28. ② 29. ① 30. ③ 31. ③

해설

- 소극적 공격(수동적 공격)
  - 가로채기(도청), 감시
  - 트래픽 분석
  - 스니핑(Snooping)
  - 메시지 내용 공개
- 적극적 공격(능동적 공격)
  - 가로막기(방해, 차단 : Interruption)
  - 삽입, 재생, 메시지 변조(수정)
  - 메시지 파괴
  - 위조(가장, 신분위장)
  - 재전송(Replay, 재연)
  - 서비스 거부

2015년 국가직 9급

32 능동적 보안 공격에 해당하는 것만을 모두 고른 것은?

ㄱ. 도청	ㄴ. 감시
ㄷ. 신분위장	ㄹ. 서비스 거부

① ㄱ, ㄴ　　② ㄱ, ㄷ

③ ㄴ, ㄷ　　④ ㄷ, ㄹ

해설

- 능동적 공격은 데이터에 대한 변조, 파괴, 위조 등을 통해 직접적으로 데이터의 기밀성, 무결성, 가용성을 위협하는 공격을 의미한다.
- 적극적 공격의 유형에는 가장(假裝 : Masquerade), 재사용(재전송, 재생), 서비스 거부, 삽입, 메시지 변조, 신분위장, 스푸핑, 차단 등이 포함된다.

2015년 경찰직 9급

33 다음 중 정보보호를 저해하는 소극적 공격(Passive Attack)으로 옳게 짝지은 것은?

ㄱ. 가로채기(Interception)
ㄴ. 트래픽 분석(Traffic Analysis)
ㄷ. 차단(Interruption)
ㄹ. 서비스 거부 공격(Denial of Service)

① ㄱ, ㄴ　　② ㄱ, ㄷ

③ ㄴ, ㄷ　　④ ㄷ, ㄹ

해설

- 소극적 공격은 네트워크상에서의 데이터 도청 및 수집된 데이터 분석 등의 공격을 의미한다.
- 소극적 공격의 유형에는 가로채기(도청), 감시, 트래픽 분석, 스니핑(Snooping), 메시지 내용 공개 등이 있다.

정보보안기사

34 인터넷 환경에서 일어나는 정보 자산에 대한 공격에는 능동적 공격과 수동적 공격이 있다. 다음 중 능동적 공격에 해당하지 않는 것은?

① 메시지 재전송　　② 메시지의 변조

③ 메시지의 파괴　　④ 트래픽 분석

해설

트래픽 분석은 수동적 공격이다.

2015년 국가직 7급

35 보안 공격에 대한 설명으로 옳지 않은 것은?

① 소극적 공격은 시스템의 정보를 알아내거나 악용하지만, 시스템 자원에 영향을 주지 않는다.

② 적극적 공격은 실제로 데이터를 변경하지 않기 때문에 탐지하기 매우 어렵다.

③ 소극적 공격의 유형에는 메시지 내용 공개, 트래픽 분석이 있다.

④ 적극적 공격의 유형에는 신분위장, 서비스 거부, 재전송이 있다.

해설

② 능동적(적극적) 공격은 데이터에 대한 변조, 파괴, 위조 등을 통해 직접적으로 데이터의 기밀성, 무결성, 가용성을 위협하는 공격을 의미한다.

정답 32. ④ 33. ① 34. ④ 35. ②

SECTION 2 • 정보보호 대책

2017년 국가직 7급

36 다음에서 설명하는 것은?

> 개인정보처리자의 자율적인 개인정보보호활동을 촉진하고 지원하기 위한 인증 업무이며, 공공기관, 민간기업, 법인, 단체 및 개인 등 모든 공공기관 및 민간 개인정보처리자를 대상으로 개인정보보호 관리체계 구축 및 개인정보보호 조치 사항을 이행하고 일정한 보호 수준을 갖춘 경우 인증마크를 부여하는 제도이다.

① SECU-STAR(Security Assessment for Readiness)

② PIPL(Personal Information Protection Level)

③ EAL(Evaluation Assurance Level)

④ ISMS(Information Security Management System)

해설

PIPL은 2016년 PIMS(개인정보관리체계)로 통합되었다.

정보보안기사

37 아래의 탐지방법은 무엇인가?

> 담장, 자물쇠, 경비원, 암호화, 방화벽

① 차단　　② 탐지

③ 방지　　④ 교정

정답 : 36. ② 37. ①

MEMO

정보보호론 기출문제집

PART 02

보안과 암호

보안과 암호

SECTION 1 • 암호학의 이해

정보보안기사

01 다음은 암화시스템 관련 용어 설명이다. 올바른 것은?

> 가. 평문 : 송신자와 수신자 사이에 주고받고자 하는 내용을 적은 일반적인 문장을 말한다.
> 나. 키 : 암호방식의 정당한 참가자가 아닌 자로 암호문으로부터 평문을 해독하려는 제3자를 말한다.
> 다. 암호해독 : 암호문을 일반인들이 이해할 수 있는 평문으로 변환하는 정당한 과정을 말한다.
> 라. 암호화 : 암호문을 주어진 복호키를 이용해서 평문으로 만드는 과정이다.

① 가　　② 가, 나
③ 가, 나, 다　　④ 가, 나, 다, 라

해설

- 평문(Plaintext) : 송신자와 수신자 사이에 주고받고자 하는 내용을 적은 일반적인 문장을 말한다.
- 키(Key) : 키는 평문을 암호문으로 또는 암호문을 평문으로 변환하는 데 사용되는 특정 기호(메시지)를 말한다.
- 암호해독 : 복호화 키(key)를 모르는 해커 또는 암호분석가가 복호화 키(key)를 찾아내서 암호문을 복호화해 평문으로 만들어내는 비정상적인 과정을 말한다.

정보보안기사

02 암호 방식에 따른 종류 중 암호화 과정과 복호화 과정에서 같은 키를 사용하는 암호 방식은 무엇인가?

① 비대칭키 암호방식　　② 비밀키 암호방식
③ 교환키 암호방식　　④ 치환키 암호방식

해설

② 대칭키(비밀키) 암호는 평문을 암호화할 때 사용하는 키와 암호문을 복호화할 때 사용하는 키(key)가 동일한 암호 알고리즘 방식이다.

정보보안기사

03 암호화의 기능 중 옳지 않은 것은?

① 메시지 송신자 신분인증을 제공한다.
② 상호신뢰성을 제한한다.
③ 메시지의 보안성을 전달 매체의 보안성과 분리한다.
④ 불법적 변조로부터 메시지를 보호한다.

해설

암호화 기능
- 메시지 송신자 신분인증을 제공한다.
- 상호신뢰성을 보장한다.
- 불법적 변조로부터 메시지를 보호한다.
- 메시지의 보안성을 전달 매체의 보안성과 분리한다.

정보보안기사

04 다음 암호 관련 용어에 대한 설명 중 틀린 것은?

① 복호화(Decryption) : 송신자로부터 전달된 암호문을 주어진 복호키(Decryption Key)를 이용하여 평문으로 바꾸는 과정을 말한다.
② 키 : 평문을 암호문으로 또는 암호문을 평문으로 변환하는 데 사용되는 특정 기호(메시지)를 말한다.

정답 : 1. ① 2. ② 3. ② 4. ④

③ 암호화 : 송신자가 평문을 암호화 기술을 이용하여 제3자가 알지 못하도록 바꾸는 과정이다.

④ 비대칭 암호키 : 암호키와 복호키가 일치하는 경우이다.

해설

비대칭키(공개키) 암호화 : 암호키와 복호키가 다른 경우이다.

2015년 국가직 9급

05 정보보안의 기본 개념에 대한 설명으로 옳지 않은 것은?

① Kerckhoff의 원리에 따라 암호 알고리즘은 비공개로 할 필요가 없다.

② 보안의 세 가지 주요 목표에는 기밀성, 무결성, 가용성이 있다.

③ 대칭키 암호 알고리즘은 송신자·수신자 간의 비밀키를 공유하지 않아도 된다.

④ 가용성은 인가된 사용자에게 서비스가 잘 제공되도록 보장하는 것이다.

해설

대칭키(비밀키) 암호는 동일한 비밀키를 공유해야 한다.

SECTION 2 · 암호 기법의 분류

2017년 국가직 7급

06 다음 대칭키 암호화에서 K값은?

- 8비트 정보 P와 K의 배타적 논리합(XOR) 연산의 결과를 Q라 함
- P=11010011
- Q=10000110

① 11010011 ② 10000110

③ 01010101 ④ 01010100

정보보안기사

07 암호시스템에 대한 설명 중 틀린 것을 고르시오.

① 송신자와 수신자가 같은 키를 사용하는 시스템을 비대칭 암호화 방식이라고 한다.

② 평문의 각 원소에 다른 원소를 사상시키는 것을 치환이라고 한다.

③ 블록암호화 방식은 입력을 한 번에 하나의 원소 블록씩 처리한다.

④ 스트림 암호화 방식은 입력을 한 번에 하나의 요소씩 처리한다.

해설

① 대칭키(비밀키) 암호는 암호화할 때 사용하는 키와 복호화할 때 사용하는 키가 동일한 암호 알고리즘 방식이다.

정보보안기사

08 암호의 원리에는 크게 스트림 암호와 블록암호가 있다. 다음 중 블록암호 알고리즘의 종류가 아닌 것은?

① RC5 ② MD5

③ IDEA ④ DES

해설

- 블록방식에는 DES, AES, SEED, HIGHT, IDEA, RC5, ARIA 즉 대칭키 방식은 모두 블록방식이다.
- MD5는 해시함수이다.

2015년 국가직 7급

09 블록암호 알고리즘의 운영 모드로 옳지 않은 것은?

① ECB(Electronic Codebook)

② CBC(Cipher Block Chaining)

③ CFB(Cipher Feedback)

④ ECC(Error Correction Code)

정답 : 5. ③ 6. ③ 7. ① 8. ② 9. ④

해설

- ECC(Error Correction Code)는 오류정정코드로 오류를 검출 또는 정정하기 위해 추가되는 코드이다.
- 통신시스템에서는 채널코딩(Channel Coding)이라 한다.

정보보안기사

10 비밀키를 이용하는 대칭키 암호 알고리즘에서 블록암호방식 문제를 해결하기 위한 운영 모드가 아닌 것은?

① CBC(Cipher Block Chaining)

② ECB(Electronic Codebook)

③ CFB(Cipher Feedback)

④ IFB(Input FeedBack)

해설

④ 블록암호 알고리즘 운영 모드는 대칭키 암호 알고리즘의 블록암호방식 문제를 해결하기 위한 운영 모드로 ECB(Electric Codebook), CBC(Cipher Block Chaining), CFB(Cipher Feedback), OFB(Output Feedback Mode), CTR(Counter Mode) 등이 있다.

2014년 서울시 9급

11 다음의 블록암호 모드 중 각 평문 블록을 이전 암호문 블록과 XOR한 후 암호화되어 안전성을 높이는 모드는?

① ECB 모드　② CBC 모드

③ CTR 모드　④ OFB 모드

⑤ CFB 모드

해설

CBC 모드는 각 평문 블록을 이전 암호문 블록과 XOR한 후 암호화되어 안전성을 높이는 모드로 초기화 벡터가 등장한다.

2018년 국가직 9급

12 대칭키 블록암호 알고리즘의 운영 모드 중에서 한 평문 블록의 오류가 다른 평문 블록의 암호 결과에 영향을 미치는 오류 전이(error propagation)가 발생하지 않는 모드만을 묶은 것은? (단, ECb : Electronic Code Book, CBC : Cipher Block Chaining, CFb : Cipher Feedback, OFb : Output Feedback)

① CFB, OFB　② ECB, OFB

③ CBC, CFB　④ ECB, CBC

2016년 지방직 9급

13 다음 내용에 해당하는 암호블록 운영 모드를 바르게 나열한 것은?

ㄱ. 코드북(codebook)이라 하며, 가장 간단하게 평문을 동일한 크기의 평문 블록으로 나누고 키로 암호화하여 암호블록을 생성한다.
ㄴ. 현재의 평문 블록과 바로 직전의 암호블록을 XOR한 후 그 결과를 키로 암호화하여 암호블록을 생성한다.
ㄷ. 각 평문 블록별로 증가하는 서로 다른 카운터 값을 키로 암호화하고 평문 블록과 XOR하여 암호블록을 생성한다.

	ㄱ	ㄴ	ㄷ
①	CBC	ECB	OFB
②	CBC	ECB	CTR
③	ECB	CBC	OFB
④	ECB	CBC	CTR

해설

④ 블록암호 알고리즘 운영 모드는 대칭키 암호 알고리즘의 블록암호방식 문제를 해결하기 위한 운영 모드로 ECB(Electric Codebook), CBC(Cipher Block Chaining), CFB(Cipher Feedback), OFB(Output Feedback Mode), CTR(Counter Mode) 등이 있다.

정답 10. ④ 11. ② 12. ② 13. ④

2016년 서울시 9급

14 다음 중 Cipher Block Chaining 운영 모드의 암호화 수식을 제대로 설명한 것은?(단, P_i는 i번째 평문 블록을, C_i는 i번째 암호문 블록을 의미한다.)

① $C_i = E_k(P_i)$ ② $C_i = E_k(P_i \oplus C_{i-1})$

③ $C_i = E_k(C_{i-1}) \oplus P_i$ ④ $C_i = E_k(P_i) \oplus C_{i-1}$

2015년 국가직 9급

15 다음 그림이 나타내는 블록암호 운영 모드는?

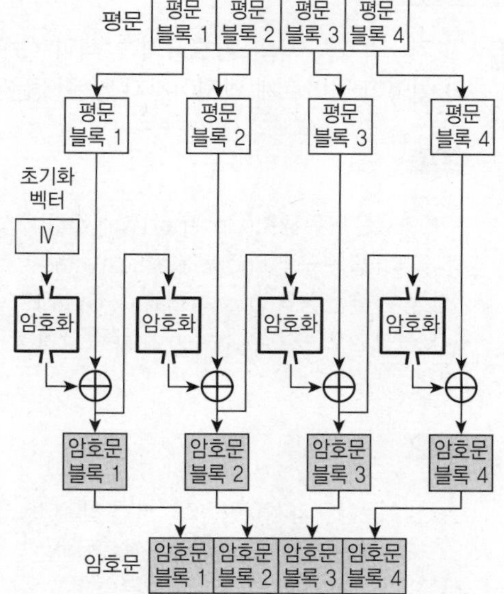

① ECB ② CBC

③ CFB ④ OFB

⑤ CTR

해설

- CFB 모드를 이용하면 어떤 블록암호도 스트림 암호로 바꿀 수 있다.
- CFB 모드에서는 1개 앞의 암호문 블록이 암호 알고리즘으로 입력된다. 암호문 블록을 암호 알고리즘으로 피드백한 것이다. 그렇기 때문에 Cipher Feedback이라는 이름이 붙은 것이다. 최초의 암호문 블록을 만들어낼 때는 1단계 앞의 출력이 존재하지 않으므로 초기화 벡터(IV)를 사용한다.

2017년 국회직 9급

16 〈보기〉에서 설명하는 블록암호 운영 모드로 옳은 것은?

> '한 단계 앞의 암호 알고리즘의 출력을 암호화한 값'과 '평문 블록'을 XOR 연산하여 암호문 블록을 생성하는 운영 모드이다. 암호화와 복호화가 같은 구조를 가지고 있다. 비트 단위의 에러가 있는 암호문을 복호화하면, 평문의 대응하는 비트에만 에러가 발생한다.

① ECB ② CBC

③ CFB ④ OFB

⑤ CTR

SECTION 3 • 해커의 암호공격 방법

2014년 지방직 9급

17 미국의 NIST와 캐나다의 CSE가 공동으로 개발한 평가체계로 암호 모듈의 안전성을 검증하는 것은?

① CMVP ② COBIT

③ CMM ④ ITIL

해설

CMVP(Crytographic Module Validation Program) : CMVP는 1995년 미국 NIST와 캐나다 주정부의 CES가 공동으로 개발한 암호 모듈의 안전성 검증을 위한 프로그램으로, 시험 평가 후 Level 1~4를 부여하고, 평가에 따라 효력을 발생할 수 있다.

정답 14. ② 15. ③ 16. ④ 17. ①

정보보안기사

18 블록암호공격에 대한 설명으로 그 내용이 틀린 것은 무엇인가?

① 알려진 평문 공격은 평문에 대한 암호문의 일부를 알 때 공격하는 방법이다.

② 암호문 단독 공격은 암호 해독자에게 불리한 방법으로 공격자는 단지 암호문만 가지고 공격을 수행한다.

③ 선택 평문 공격은 평문을 선택하면 대응되는 암호문을 얻을 수 없는 상황에서 사용되는 공격이다.

④ 선택 암호문 공격은 암호문을 선택하면 대응되는 평문을 얻을 수 있는 상태에서의 공격으로 적당한 암호문을 선택하고 그에 대응하는 평문을 얻을 수 있다.

④ 수학적 분석 : 암호문에 대한 평문이 각 단어의 빈도에 관한 자료를 포함하는 지금까지 모든 통계적인 자료를 이용하여 해독하는 방법이다.

해설

- 수학적 분석(Mathematical analysis)이란 수학적 이론과 통계적인 방법을 이용하여 해독하는 방법이다.
- 암호문에 대한 평문의 각 단어의 빈도에 관한 자료를 포함하는 지금까지 알려진 모든 통계적인 자료를 이용하여 해독하는 방법은 통계적 분석(Statistical analysis)이다.

2015년 서울시 9급

19 블록암호는 평문을 일정한 단위(블록)로 나누어서 각 단위마다 암호화 과정을 수행하여 암호문을 얻는 방법이다. 블록암호공격에 대한 설명으로 옳지 않은 것은?

① 선형공격 : 알고리즘 내부의 비선형 구조를 적당히 선형화시켜 키를 찾아내는 방법이다.

② 전수공격 : 암호화할 때 일어날 수 있는 모든 가능한 경우에 대해 조사하는 방법으로 경우의 수가 적을 때는 가장 정확한 방법이지만, 일반적으로 경우의 수가 많은 경우에는 실현 불가능한 방법이다.

③ 차분공격 : 두 개의 평문 블록의 비트 차이에 대응되는 암호문 블록들의 비트 차이를 이용하여 사용된 키를 찾아내는 방법이다.

2015년 국가직 7급

20 〈보기1〉의 가~라의 암호공격 방식과 〈보기2〉의 설명이 올바르게 짝지어지지 않은 것은?

보기1

가. 암호문 단독 공격(Ciphertext only attack)
나. 기지 평문 공격(Known plaintext attack)
다. 선택 평문 공격(Chosen plaintext attack)
라. 선택 암호문 공격(Chosen ciphertext attack)

보기2

ⓐ 암호문만을 가지고 평문이나 키를 찾아내는 방법으로 평문의 특성 등을 추정하여 해독하는 방법
ⓑ 약간의 평문에 대응하는 암호문을 알고 있는 상태에서 암호문과 평문의 관계로부터 키나 평문을 추정하여 암호를 해독하는 방법
ⓒ 해독자가 암호기에 접근할 수 있어 평문을 선택하여 그 평문에 해당하는 암호문을 얻어 키나 평문을 추정하여 암호를 해독하는 방법
ⓓ 해독자가 암호 복호기에 접근할 수 있어, 일부 평문에 대한 암호문을 얻어 암호를 해독하는 방법

① 가 – ⓐ　　② 나 – ⓑ
③ 다 – ⓒ　　④ 라 – ⓓ

정답 18. ③ 19. ④ 20. ④

해설

선택 암호문 공격(CCA : chosen ciphertext attack) : 복호화 방식을 알 때 키값을 추정하여 복호화하는 방법(공개키 암호화의 경우 이 방식이 쓰임)이다. 선택 암호문 공격은 해독자가 복호기에 접근할 수 있어 일부 평문에 대한 암호문이 아닌 암호문에 대한 평문을 얻어 암호해독 평문과 암호문이 많이 구해진 경우, 키를 찾는 데 주력한다.

2017년 교행직 9급

21 그림에서 공격자의 암호 해독 방법으로 옳은 것은?

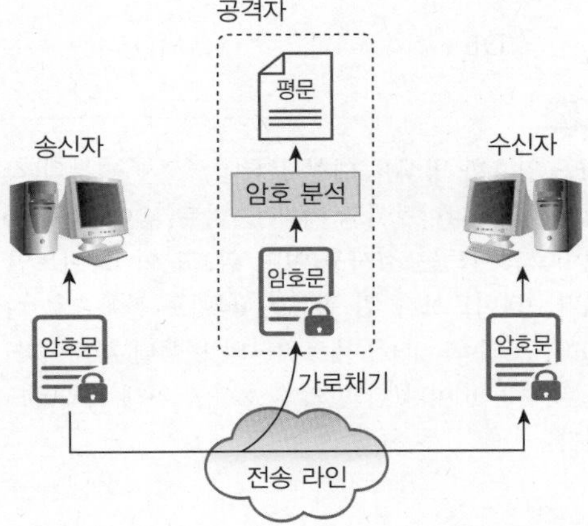

① 선택 평문 공격
② 선택 암호문 공격
③ 암호문 단독 공격
④ 알려진(기지) 평문 공격

정보보안기사

22 암호공격 방식에는 암호문 단독 공격, 기지 평문 공격, 선택 평문 공격, 선택 암호문 공격 등이 있다. 다음은 어떤 공격인가?

> 암호 해독자는 일정량의 평문에 대응하는 암호문을 알고 있을 때 비밀키를 추정하는 공격 방법이다.

① 암호문 단독 공격(Ciphertext Only Attack)
② 기지 평문 공격(Known Plaintext Attack)
③ 선택 암호문 공격(Chosen Ciphertext Attack)
④ 선택 평문 공격(Chosen Plaintext Attack)

해설

기지 평문 공격(KPA : known plaintext attack=알려진 평문 공격) : 약간의 평문에 대응하는 암호문을 알고 있는 상태에서 암호문과 평문의 관계로부터 키나 평문을 추정하여 암호를 해독하는 방법이다.

정보보안기사

23 암호공격 방식에는 암호문 단독 공격, 기지 평문 공격, 선택 평문 공격, 선택 암호문 공격 등이 있다. 다음은 어떤 공격인가?

> 암호 해독자가 도청한 암호문로부터 그에 해당하는 비밀키를 도청하는 공격법 중 암호 해독자가 암호 복호기에 접근할 수 있어 암호문 C에 대한 평문 P를 얻어 내 암호를 해독하는 방법의 암호공격 방식이다.

① Chosen Ciphertext Attack(선택 암호문 공격)
② Known Plaintext Attack(기지 평문 공격)
③ Chosen Plaintext Attack(선택 평문 공격)
④ Ciphertext Only Attack(암호 단독 공격)

2017년 국가직 7급

24 암호 모듈을 KS X ISO/IEC 19790에 따라 검증하고 암호 모듈의 안전성을 보증하는 국내 제도는?

① KCMVP ② TCSEC
③ ITSEC ④ METI

정답 : 21. ③ 22. ② 23. ① 24. ①

정보보안기사

25 일정량의 암호문에 대응하는 평문을 알고 있는 상태에서 암호문과 평문의 관계로부터 키를 추정하여 해독하는 공격 방법은?

① 암호문 단독 공격(Ciphertext Only Attack)

② 알려진 평문 공격(Known Plaintext Attack)

③ 선택 평문 공격(Chosen Plaintext Attack)

④ 선택 암호문 공격(Chosen Ciphertext Attack)

SECTION 4 · 대칭키, 공개키(비대칭키) 암호화

2014년 국회직 9급

26 대칭키 암호에 대한 설명으로 옳지 않은 것은?

① 공개키 암호 방식보다 암호화 속도가 빠르다.

② 비밀키 길이가 길어질수록 암호화 속도는 빨라진다.

③ 대표적인 대칭키 암호 알고리즘으로 AES, SEED 등이 있다.

④ 송신자와 수신자가 동일한 비밀키를 공유해야 된다.

⑤ 비밀키 공유를 위해 공개키 암호 방식이 사용될 수 있다.

해설

② 대칭키 암호화 방식에서 비밀키의 길이가 길어질수록 복잡도가 증가하여 암·복호화하는 속도는 느려진다.

정보보안기사

27 유럽에서 많이 사용하는 IDEA 암호화 시스템에 대한 설명으로 가장 올바른 것을 선택하시오.

① 대칭키 암호화 방식, 64비트키

② 대칭키 암호화 방식, 128비트키

③ 비대칭키 암호화 방식, 64비트키

④ 비대칭키 암호화 방식, 128비트키

정보보안기사

28 비밀키를 사용하는 대칭키 암호화 방식 중 암호강도를 향상시키기 위해 대치(Substitution) 암호와 전치(Transposition) 암호를 혼합한 혼합변환식 암호 방식을 이용한 알고리즘은?

① RSA ② SSL

③ DES ④ MD5

해설

DES 암호화 방식은 대칭 블록암호로서 평문의 각 블록의 길이가 64비트이고 키가 64비트(실제로는 56비트가 키이고 8비트는 검사용)이며 암호문이 64비트인 암호이다. 64비트보다 긴 평문은 64비트 블록으로 나눈다. DES 구조는 Feistel 네트워크의 변형된 형태이다. 라운드 횟수는 16이다(한 번의 암호화를 위해 16라운드를 거친다).

2014년 서울시 9급

29 DES에 대한 다음의 설명 중 옳지 않은 것은?

① 1970년대에 표준화된 블록암호 알고리즘이다.

② 한 블록의 크기는 64비트이다.

③ 한 번의 암호화를 위해 10라운드를 거친다.

④ Feistel 암호 방식을 따른다.

해설

③ DES 구조는 Feistel 네트워크의 변형된 형태로 라운드 횟수는 16이다(한 번의 암호화를 위해 16라운드를 거친다).

정답 25. ④ 26. ② 27. ② 28. ③ 29. ③

2015년 국가직 9급

30 키 분배 문제를 해결하기 위한 방법으로 옳지 않은 것은?

① 키를 사전에 공유

② 공개키 암호를 사용

③ Diff-Hellman 알고리즘을 이용

④ 키 배포센터(KDC)를 이용

⑤ SEED 암호 알고리즘을 이용

해설

- 대칭키 암호화 시스템의 키 배송 문제를 해결하기 위한 방법에는 키를 사전에 공유하는 방법, 키 배포 센터(KDC)를 이용하는 방법, 대칭키 암호화 방식 대신 공개키 암호화 방식을 이용하는 방법(디프헬만, RSA, DSA, ECC, Rabin, ElGamal) 등이 있다.
- ⑤ SEED는 대칭키 방식이다.

2017년 경찰간부후보생

31 AES 알고리즘에 관한 설명 중 옳지 않은 것은 무엇인가?

① AES는 128, 192, 256비트 키를 사용하고 키 크기에 따라 각각 10, 12, 14라운드를 갖는다.

② 마스터 키의 크기가 달라도 라운드 키는 모두 128비트이다.

③ AES는 바이트 기반 암호이다.

④ 안전성을 보장하기 위하여 AES는 모든 라운드에 대치, 치환, 뒤섞음, 키덧샘의 네 종류 변환을 사용한다.

해설

④ AES에서 열 혼합 과정(MixColumns)이란 상태 배열의 열 단위의 행렬 곱셈과 같은 형태로 표현되는 것을 말한다. 이때 암호화 마지막 라운드에서는 Mix-Columns() 연산을 수행하지 않는다는 특징이 있다.

2015년 국가직 7급

32 암·복호화할 때 동일한 키를 사용하는 암호화 알고리즘은?

① RSA　　② KCDSA

③ SEED　　④ ECC

해설

대칭키 암호 종류에는 DES, AES, SEED, HIGHT, IDEA, RC5, ARIA 등이 있다.

2016년 서울시 9급

33 〈보기〉에서 설명하는 암호화 알고리즘으로 옳은 것은?

> ① Ron Rivest가 1987년에 RSA Security에 있으면서 설계한 스트림 암호이다.
> ② 바이트 단위로 작동되도록 만들어진 다양한 크기의 키를 사용한다.
> ③ 사용되는 알고리즘은 랜덤 치환에 기초해서 만들어진다.
> ④ 하나의 바이트를 출력하기 위해서 8번에서 16번의 기계연산이 필요하다.

① RC5　　② SEED

③ SKIPJACK　　④ RC4

해설

RC4(Ron's Code 4)

- RC4 알고리즘은 Ron Rivest가 1987년에 설계된 가변 키 길이를 지원하는 스트림 암호로 미공개 암호였으나 1994년 인터넷 뉴스그룹에 익명으로 공개한 알고리즘이다.
- 인터넷 응용에서 널리 사용되는 스트림 암호이다. 그러나 여러 연구를 통해 취약한 것으로 밝혀져 있으며, RC4를 사용한 WEP의 경우 해당 프로토콜의 사용을 권장하지 않는다.

정답 30. ⑤　31. ④　32. ③　33. ④

2015년 국가직 9급

34 AES 암호 알고리즘에 대한 설명으로 옳지 않은 것은?

① Rijndael 알고리즘이 AES로 선정되었다.

② 블록 길이가 128비트인 대칭 블록암호이다.

③ 키의 길이에 따라 10, 12, 14라운드를 가진다.

④ 키의 길이는 128, 192, 256비트를 지원한다.

⑤ 페이스텔(Feistel) 구조를 기반으로 작성되었다.

해설

⑤ AES는 non Feistel, 즉 SPN 구조 알고리즘에 속한다.

2015년 경찰직 9급

35 다음 중 DES 암호화 알고리즘에 대한 설명으로 가장 적절하지 않은 것은?

① 대칭키 암호화 알고리즘이다.

② 한 번의 암호화를 위해 10라운드를 거친다.

③ 한 블록의 크기는 64비트이다.

④ 전치암호와 대치암호를 혼합한 혼합 암호 방식이다.

해설

② DES 구조는 Feistel 네트워크의 변형된 형태로 라운드 횟수는 16이다(한 번의 암호화를 위해 16라운드를 거친다).

2015년 서울시 9급

36 다음은 AES(Advanced Encryption Standard) 암호에 대한 설명이다. 옳지 않은 것은?

① 1997년 미 상무성이 주관이 되어 새로운 블록암호를 공모했고, 2000년 Rijndael을 최종 AES 알고리즘으로 선정하였다.

② 라운드 횟수는 한 번의 암·복호화를 반복하는 라운드 함수의 수행 횟수이고, 10/12/14라운드로 이루어져 있다.

③ 128비트 크기의 입·출력 블록을 사용하고, 128/192/256비트의 가변크기 키 길이를 제공한다.

④ 입력을 좌우 블록으로 분할하여 한 블록을 라운드 함수에 적용시킨 후에 출력값을 다른 블록에 적용하는 과정을 좌우 블록에 대해 반복적으로 시행하는 SPN(Substitution Permutation Network) 구조를 따른다.

해설

④ AES는 먼저 입력을 여러 개의 소블록으로 나눈다. 그리고 각 소블록을 S-box에 입력하여 치환시키고 S-box의 출력을 P-box로 전치하는 과정을 반복하는 SPN(Substitution Permutation Network) 구조를 따른다.

2017년 국가직 생활안전분야 9급

37 AES(Advanced Encryption Standard)에 대한 설명으로 옳지 않은 것은?

① 128, 192, 256비트 길이의 키를 사용할 수 있다.

② Feistel 구조를 사용한다.

③ 128비트 크기의 블록 대칭키 암호 알고리즘이다.

④ 미국 NIST(National Institute of Standards and Technology)의 공모에서 Rijndael이 AES로 채택되었다.

정답 34. ⑤ 35. ② 36. ④ 37. ②

2016년 국가직 7급

38 AES(Advanced Encryption Standard) 알고리즘을 구성하는 변환 과정 중, 상태 배열의 열 단위의 행렬 곱셈과 같은 형태로 표현되는 것은?

① 바이트 치환(Substitute Bytes)

② 행 이동(Shift Row)

③ 열 혼합(Mix Columns)

④ 라운드 키 더하기(Add Round Key)

해설

열 혼합 과정(Mix Columns)이란 AES 알고리즘을 구성하는 변환 과정 중, 상태 배열의 열 단위의 행렬 곱셈과 같은 형태로 표현되는 것을 말한다.

2017년 국가직 7급

39 일정 크기의 평문 블록을 반으로 나누고 블록의 좌우를 서로 다른 규칙으로 계산하는 페이스텔(Feistel) 암호 원리를 따르는 알고리즘은?

① DES(Data Encryption Standard)

② AES(Advanced Encryption Standard)

③ RSA

④ Diffie－Hellman

2017년 서울시 9급

40 다음 지문에서 설명하는 것은?

> 국내의 학계, 연구소, 정부 기관이 공동으로 개발한 블록암호이다.
> 경량 환경 및 하드웨어 구현을 위해 최적화된 Involutional SPN 구조를 갖는 범용 블록암호 알고리즘이다.

① ARIA　　② CAST

③ IDEA　　④ LOKI

정보보안기사

41 다음 중 미국 국립 기술표준원(NIST)으로부터 AES(Advanced Encryption Standard)로 선정된 Rijndael 암호 알고리즘에 대한 설명으로 가장 거리가 먼 것은?

① DES보다 안전하고 3중 DES보다 효율적이라는 선정 조건을 만족한다.

② 현대 블록 대칭키의 기본이 되는 Feistel 구조를 잘 유지하고 있다.

③ 키의 크기와 라운드 수를 가변적으로 설정하여 유연하게 사용이 가능하다.

④ 구조가 간단하여 소프트웨어, 하드 펌웨어로의 구현에 모두 적합하다.

해설

② non Feistel, 즉 SPN구조 알고리즘으로 암호화 알고리즘과 복호화 알고리즘이 서로 다르다.

2014년 지방직 9급

42 국내기관에서 주도적으로 개발한 암호 알고리즘은?

① IDEA　　② ARIA

③ AES　　④ Skipjack

해설

ARIA(Academy Research Institute Agency)

- 국가보안기술연구소(NSRI) 주도로 학계, 국가정보원 등의 지원을 받아 개발한 국가 암호화 알고리즘이다.
- 국내기관에서 주도적으로 개발하였으며 우리나라 국가 표준으로 지정되었다.
- 전자정부구현에 사용되었으며, SPN구조를 갖는다.
- ARIA의 입출력 크기와 사용 가능한 키 크기는 미국 표준 블록암호인 AES와 동일하다.

정답 38. ③　39. ①　40. ①　41. ②　42. ②

2014년 경찰직 9급

43 블록암호 알고리즘의 종류와 특징에 대한 설명으로 가장 적절하지 않은 것은?

① IDEA : 한국에서 개발된 16라운드 알고리즘이다.

② DES : 전치암호와 대치암호를 혼합한 암호 방식이다.

③ SEED : Feistel 구조 128비트 블록단위 처리 알고리즘이다.

④ AES : 암호화 알고리즘과 복호화 알고리즘이 서로 다르다.

해설

IDEA(International Data Encryption Algorithm) : 이데아라고 읽으며 유럽(스위스 연방기술 기관)에서 개발한 알고리즘으로 128비트의 키 길이에 64비트 블록암호로 Feistel과 SPN의 중간 형태 구조를 갖는다. 유럽에서 많이 사용되며, 8라운드에 걸쳐 데이터를 변환하고 마지막에 한 번 더 키를 작용시켜 64비트 암호문을 생성하기 때문에 보통 8.5라운드라고 말한다.

정보보안기사

44 암호화 기법 중 스마트 폰, 스마트카드에 활용할 수 있고, 하드웨어 및 소프트웨어로 구현할 때 코드의 간결성과 효율성이 특징인 암호화 기술은 무엇인가?

① AES ② DSA
③ DES ④ RSA

정보보안기사

45 암호 알고리즘에는 크게 대칭키 암호화 방식과 비대칭키 암호화 방식이 있다. 다음 중 유형이 다른 보안 알고리즘은?

① DES 알고리즘

② Rabin 알고리즘

③ Diff−Hellman 알고리즘

④ Elliptic Curve Cryptography

2017년 국가직 7급

46 블록암호 알고리즘에 대한 설명으로 옳지 않은 것은?

① IDEA−상이한 대수 그룹으로부터의 세 가지 연산을 혼합하는 방식

② Blowfish−키의 크기가 가변적이므로 안전성과 성능의 요구에 따라 유연하게 사용

③ SEED−1999년 KISA와 국내 암호전문가들이 개발한 128비트 블록암호

④ ARIA−국가보안기술연구소 주관으로 64비트 블록암호로 128비트 암호화 키만 지원

2017년 국가직 9급

47 AES 알고리즘의 블록 크기와 키 길이에 대한 설명으로 옳은 것은?

① 블록 크기는 64비트이고 키 길이는 56비트이다.

② 블록 크기는 128비트이고 키 길이는 56비트이다.

③ 블록 크기는 64비트이고 키 길이는 128/192/256비트이다.

④ 블록 크기는 128비트이고 키 길이는 128/192/256비트이다.

정답 43. ① 44. ① 45. ① 46. ④ 47. ④

2017년 국가직 9급

48 우리나라 국가 표준으로 지정되었으며 경량 환경 및 하드웨어 구현에서의 효율성 향상을 위해 개발된 128비트 블록암호 알고리즘은?

① IDEA　② 3DES
③ HMAC　④ ARIA

정보보안기사

49 암호화에 대한 설명으로 옳지 않은 것은?

① AES는 블록 크기가 192비트이며, 키는 192비트와 256비트 두 가지를 사용한다.
② Rabin은 RSA와 같은 원리로 암호화하고, 2차 합동에 근거하고 있다.
③ DES는 대칭키 방식으로서 16개 라운드로 구성되어 있다.
④ One-Time Pad는 암호화를 수행할 때마다 랜덤하게 선택된 키 스트림을 사용한다.

2014년 국가직 7급, 2018년 경찰간부후보생, 정보보안기사

50 공개키 암호시스템을 이용하여 Alice가 Bob에게 암호문을 전달하고 이를 복호화하는 과정에 관한 다음 설명 중 (　) 안에 들어갈 내용으로 바르게 짝지은 것은 무엇인가?

1. Bob은 개인키와 공개키로 이루어진 한 쌍의 키를 생성한다.
2. Bob은 (가)를 Alice에게 전송한다.
3. Alice는 (나)를 사용하여 메시지를 암호화한다.
4. Alice는 생성된 암호문을 Bob에게 전송한다.
5. Bob은 (다)를 사용하여 암호문을 복호화한다.

① (가) Bob의 공개키, (나) Alice의 공개키, (다) Alice의 개인키
② (가) Bob의 개인키, (나) Bob의 공개키, (다) Bob의 개인키
③ (가) Bob의 개인키, (나) Alice의 공개키, (다) Alice의 개인키
④ (가) Bob의 공개키, (나) Bob의 공개키, (다) Bob의 개인키

정보보안기사

51 암호 알고리즘에는 크게 대칭키 암호화 방식과 공개키(비대칭키) 암호화 방식이 있다. 다음 중 공개키 암호화에 대한 올바른 설명이 아닌 것은?

① 처리 속도가 느려 대량의 데이터 암호화에는 적합하지 않다.
② 암호화를 위해 공개키와 개인키를 사용한다.
③ 공개키 암호화는 대칭구조를 가진다.
④ 공개키를 사용하여 암호화하면 개인키를 이용하여 복호화한다.

해설

공개키 암호는 암호화 키와 복호화 키가 다른 비대칭 구조를 가진다.

정보보안기사

52 암호 알고리즘에는 크게 대칭키 암호화 방식과 비대칭키 암호화 방식이 있다. 다음 중 암호화 키와 복호화 키가 서로 다른 키를 사용하며, 이들 중 복호화 키만 비밀로 간직해야 하는 암호 방식은 어느 것인가?

① 대칭암호　② 관용암호
③ 공개키 암호　④ 스트림 암호

정답 48. ④　49. ①　50. ④　51. ③　52. ③

해설

공개키(비대칭키) 암호시스템

- 공개키는 비대칭키 암호시스템이라고도 하며, 암호화와 복호화에 서로 다른 키가 사용된다. 즉 송신자가 수신자의 공개키를 이용하여 암호화하면 수신자는 자신의 개인키를 이용하여 복호화하는 원리이다.
- 대칭키 암호시스템에서 발생하는 키 관리의 어려움 및 키 배송문제를 해결하기 위해 개발되었다.

2017년 국회직 9급

53 Diffie-Hellman 키 교환 알고리즘에 대한 설명으로 옳은 것은?

① 공개된 채널을 통하여 서로 정보를 교환하는 것만으로 공통의 비밀키를 만들어 낼 수 있다.

② 부인방지를 제공하는 전자서명이 가능하다.

③ 인수분해 문제에 기반한 알고리즘이다.

④ 중간자 공격을 수행하는 것이 불가능하다.

⑤ 키 생성 시 사용된 난수가 노출되어도 비밀키는 안전하다.

2014년 경찰직 9급

54 우리나라 표준 서명 알고리즘으로 가장 적절한 것은?

① RSA ② KCDSA

③ ECC ④ ECDSA

해설

KCDSA(Korea Certification-based Digital Signature Algorithm) : KCDSA는 국내에서 표준화된 이산대수 문제의 어려움에 기반을 둔 전자서명 알고리즘이다. 한국통신정보보호학회의 주관 하에 우리나라의 주요 암호학자들이 주축이 되어 1996년 11월에 개발하였고, 이후 1998년 10월에 한국정보통신기술협회(TTA)에서 단체 표준으로 제정되었다.

2014년 지방직 9급

55 소인수분해 문제의 어려움에 기초하여 큰 안전성을 가지는 전자서명 알고리즘은?

① RSA ② ElGamal

③ KCDSA ④ ECDSA

2017년 경찰간부후보생, 2015년 서울시 9급

56 Diffie-Hellman 알고리즘은 비밀키를 공유하는 과정에서 특정 공격에 취약할 가능성이 존재한다. 이러한 취약점을 이용하여 공격하는 방법은 무엇인가?

① DDoS 공격

② 중간자 개입 공격

③ 세션 하이재킹 공격

④ 강제 지연 공격

해설

중간자 공격을 예방하기 위해 PKI(공개키 기반 구조)를 이용한다.

2014년 국가직 7급

57 RSA 암호화 알고리즘에 대한 설명으로 옳지 않은 것은?

① 비대칭키를 이용한 부인방지 기능을 포함한다.

② AES 암호화 알고리즘보다 수행속도가 빠르다.

③ 키 분배 및 관리가 용이하다.

④ 전자서명 등 응용 범위가 매우 넓다.

해설

- 비대칭키를 이용한 부인방지 기능은 송신자의 개인키로 암호화하여 가능하다.

정답 53. ① 54. ② 55. ① 56. ② 57. ②

- AES와 같은 대칭키 암호는 RSA와 같은 공개키 암호보다 수행속도가 빠르다.
- RSA 암호화 알고리즘은 공개키(비대칭키) 방식으로 키 분배 및 관리가 용이하며, 따라서 전자서명 등 응용 범위가 매우 넓다.

2015년 국가직 9급

58 공개키 암호인 RSA의 특징에 대한 설명으로 옳지 않은 것은?

① 매우 큰 소수를 사용하여 키를 만든다.

② 암·복호화 과정에 계산량이 많다.

③ 개인 인증서에도 사용한다.

④ 키를 교환해야 하는 불편함이 있다.

⑤ 디지털 서명에도 사용한다.

2014년 경찰직 9급

59 RSA 암호화 알고리즘에 대한 설명으로 가장 적절하지 않은 것은?

① AES 암호화 알고리즘보다 수행속도가 빠르다.

② 공개키 기반 구조 알고리즘의 대표적인 예이다.

③ 비대칭키를 이용한 부인방지 기능을 포함한다.

④ 암호키와 해독키가 서로 다르다.

해설

- 대칭키 암호화 알고리즘(AES)이 공개키 암호화 알고리즘(RSA)보다 빠르다.
- 비대칭키를 이용한 부인방지 기능이란 송신자의 개인키로 암호화한 후 이 암호문을 수신자가 송신자의 공개키로 암호문을 복호화되면 이것은 송신자가 보낸 것이다.

2016년 국가직 9급

60 공개키 암호 알고리즘에 대한 설명으로 옳은 것은?

① Diffie-Hellman 키 교환 방식은 중간자(man-in-the-middle) 공격에 강하고 실용적이다.

② RSA 암호 알고리즘은 적절한 시간 내에 인수가 큰 정수의 소인수분해가 어렵다는 점을 이용한 것이다.

③ 타원곡선 암호 알고리즘은 타원곡선 대수문제에 기초를 두고 있으며 RSA 알고리즘과 동일한 안전성을 제공하기 위해 더 긴 길이의 키를 필요로 한다.

④ ElGamal 암호 알고리즘은 많은 큰 수들의 집합에서 선택된 수들의 합을 구하는 것은 쉽지만, 주어진 합으로부터 선택된 수들의 집합을 찾기 어렵다는 점을 이용한 것이다.

해설

① Diffie-Hellman 방식은 최초의 공개키 기법으로 중간자 공격에 취약하다.

③ 타원곡선암호는 RSA보다 더 짧은 키를 필요로 한다.

④ ElGamal 암호 알고리즘은 이산대수 문제의 어려움에 안전성의 근거를 두고 있다. 많은 큰 수들의 집합에서 선택된 수들의 합을 구하는 것은 쉽지만, 주어진 합으로부터 선택된 수들의 집합을 찾기 어렵다는 점을 이용하는 것은 배낭문제에 대한 설명이다.

정보보안기사

61 다음은 공개키 암호화 방식인 RSA를 이용한 비밀키 분배방식의 안전성 근거는 무엇인가?

① 두 소수의 곱으로 이루어진 수의 소인수분해의 어려움

② 타원곡선상에서의 계산의 어려움

③ 이산대수의 어려움

④ 배낭문제의 어려움

정답 58. ④ 59. ① 60. ② 61. ①

2017년 경찰간부후보생

62 다음 중 암호화 키와 복호화 키가 서로 다른 암호화 알고리즘은 무엇인가?

① DES 알고리즘 ② IDEA 알고리즘
③ AES 알고리즘 ④ RSA 알고리즘

해설

④ 암호화 키와 복호화 키가 서로 다른 공개키 암호화 방식에는 Diff-Hellman(디프헬만), RSA(대표적), DSA(공인인증서에 사용), ECC, Rabin, ElGamal 등이 있다.

정보보안기사

63 다음은 공개키 암호화 방식인 RSA에 대한 설명이다. 옳지 않은 것은?

① RSA는 공개키 암호와 디지털 서명에 사용할 수 있다.
② RSA는 소인수분해의 어려움에 근거하여 만들어진 공개키 암호 알고리즘이다.
③ RSA는 키 교환이 불가능하다.
④ 비밀키 암호방식(DES)보다 계산이 늦다.

2017년 국회직 9급

64 ECC(Elliptic Curve Cryptography) 암호시스템에 대한 설명으로 옳지 않은 것은?

① 타원곡선상의 이산대수 문제에 기반을 둔다.
② 키 교환, 암호화, 전자서명에 모두 사용 가능하다.
③ RSA보다 짧은 공개키를 이용하여 비슷한 수준의 보안레벨을 제공한다.
④ 임베디드 플랫폼 등과 같은 경량 응용분야에는 적합하지 않다.
⑤ 비슷한 수준의 보안레벨에서는 RSA보다 전자서명 생성 속도가 빠르다.

정보보안기사

65 아래의 설명에 대한 암호화 기법은 무엇인가?

- RSA보다 짧은 공개키를 이용하여 비슷한 수준의 보안레벨을 제공
- 작은 키의 사이즈로 공개키 암호화 대비 동일한 보안 수준을 제공
- 짧은 키를 가지는 전자서명과 인증 시스템의 구성이 가능
- 하드웨어 및 소프트웨어상에서 빠른 암·복호화를 제공
- 키 길이에 따른 RSA와 동일 효과 : 512/106, 768/132, 1024/160, 2048/211, 5120/320
- 제한된 공간에 보다 많은 키를 줄 수 있기 때문에 스마트카드, 무선전화, 스마트 폰 등과 같은 작은 H/W의 인증 및 서명에 사용(스마트카드의 데이터 암호화를 AES)

① ECC ② SEED
③ KSDSA ④ ECKSDSA

2017년 교행직 9급

66 다음 설명을 모두 만족하는 암호화 알고리즘은?

공개키 암호 알고리즘이다.
이산대수 문제의 어려움에 기반을 둔다.
Diffie-Hellman 키 교환 프로토콜의 확장이다.

① SEED 암호 ② Rabin 암호
③ ElGamal 암호 ④ Blowfish 암호

정답 62. ④ 63. ③ 64. ④ 65. ① 66. ③

2017년 지방직 9급

67 비대칭키 암호화 알고리즘으로만 묶은 것은?

① RSA, ElGamal　② DES, AES
③ RC5, Skipjack　④ 3DES, ECC

2017년 국가직 9급

68 공개키 암호시스템에 대한 설명 중 ㉠~㉢에 들어갈 말로 옳게 짝지어진 것은?

> (㉠)의 안전성은 유한체의 이산대수 계산의 어려움에 기반을 둔다.
> (㉡)의 안전성은 타원곡선군의 이산대수 계산의 어려움에 기반을 둔다.
> (㉢)의 안전성은 소인수분해의 어려움에 기반을 둔다.

	㉠	㉡	㉢
①	ElGamal 암호시스템	DSS	RSA 암호시스템
②	Knapsack 암호시스템	ECC	RSA 암호시스템
③	Knapsack 암호시스템	DSS	Rabin 암호시스템
④	ElGamal 암호시스템	ECC	Rabin 암호시스템

2015년 서울시 9급

69 대칭키 암호시스템과 공개키 암호시스템의 장점을 조합한 것을 하이브리드 암호시스템이라고 부른다. 하이브리드 암호시스템을 사용하여 송신자가 수신자에게 문서를 보낼 때의 과정을 순서대로 나열하면 다음과 같다. 각 시점에 적용되는 암호시스템을 순서대로 나열하면?

> ㄱ. 키를 사용하여 문서를 암호화할 때
> ㄴ. 문서를 암·복호화하는 데 필요한 키를 암호화할 때
> ㄷ. 키를 사용하여 암호화된 문서를 복호화할 때

① ㄱ－공개키 암호시스템, ㄴ－대칭키 암호시스템, ㄷ－공개키 암호시스템
② ㄱ－공개키 암호시스템, ㄴ－공개키 암호시스템, ㄷ－대칭키 암호시스템
③ ㄱ－대칭키 암호시스템, ㄴ－대칭키 암호시스템, ㄷ－공개키 암호시스템
④ ㄱ－대칭키 암호시스템, ㄴ－공개키 암호시스템, ㄷ－대칭키 암호시스템

2014년 국회직 9급

70 다음 중 소인수분해 문제의 어려움에 기초한 암호 알고리즘은 무엇인가?

① Diffie－Hellman　② SHA－1
③ AES　④ DES
⑤ RSA

2018년 경찰간부후보생

71 대칭키와 공개키 암호화 방식에 관한 다음 설명 중 옳은 것은 모두 몇 개인가?

> ① 일반적으로 안전한 키 길이는 대칭키 방식의 키가 공개키 방식의 키보다 길다.
> ② 대칭키 방식의 암호화 키와 복호화 키는 동일하며, 모두 비밀이다.
> ③ 공개키 방식의 암호화 키와 복호화 키는 모두 공개이다.
> ④ 일반적으로 암호화 속도는 대칭키 방식이 공개키 방식보다 빠르다.
> ⑤ 대칭키 방식의 알고리즘에는 AES, SEED, ECC 등이 있다.

① 2개　② 3개
③ 4개　④ 5개

정답 : 67. ①　68. ④　69. ④　70. ⑤　71. ①

해설

〈오답〉

① 동일한 보안 수준에서 공개키(비대칭키) 방식의 키의 길이가 더 길어야 한다.

③ 공개키 방식에서 기본은 암호화 키는 공개키, 복호화 키는 개인키이다. 공개키는 공개해도 상관없지만, 개인키는 공개해서는 안 된다.

⑤ 대칭키 방식 알고리즘에는 DES, AES, SEED 등이 있다. ECC는 타원곡선상의 이산대수 계산의 어려움을 이용한 공개키 방식 알고리즘이다.

2014년 서울시 9급

72 다음 중 공개키 암호에 대한 설명으로 옳은 것은?

① 대표적인 암호로 AES, DES 등이 있다.

② 대표적인 암호로 RSA가 있다.

③ 일반적으로 같은 양의 데이터를 암호화하기 위한 연산이 대칭키 암호보다 현저히 빠르다.

④ 대칭키 암호보다 수백 년 앞서 고안된 개념이다.

⑤ 일반적으로 같은 양의 데이터를 암호화한 암호문이 대칭키 암호보다 현저히 짧다.

해설

공개키 암호의 특징은 대칭키 암호보다 속도가 느리고, 대칭키 암호보다 늦게 고안되었고, 대칭키 암호보다 암호문의 길이가 길다.

2017년 국가직 생활안전분야 9급

73 Diffie-Hellman 키 교환 알고리즘에 대한 설명으로 옳은 것은?

① 두 사용자가 메시지 암호화에 사용할 공개키를 안전하게 교환하기 위한 것이다.

② 중간자(MITM) 공격에 안전하다.

③ 키를 교환하는 두 사용자 간의 상호 인증 기능을 제공한다.

④ 이산대수 문제를 푸는 것이 어렵다는 점을 활용한 것이다.

정보보안기사

74 암호기법의 분류에는 스트림 암호와 블록암호가 있다. 다음 중 블록암호 방식과 거리가 먼 것은?

① ECB Mode　　② CBC Mode

③ DES　　④ RSA

해설

- 대칭키 암호 종류인 DES, AES, SEED, HIGHT, IDEA, RC5, ARIA는 블록암호구조이다.
- RSA는 공개키 암호구조로 블록암호 방식과는 무관하다.

2015년 국가직 9급

75 다음 중 이산대수 문제의 어려움에 기초한 암호 알고리즘은?

① DES　　② AES

③ Diffie-Hellman　　④ RSA

⑤ SHA-2

2016년 해경(보호직) 9급

76 공개키 시스템에 대한 설명으로 옳지 않은 것은?

① 암호와 해독에 다른 키를 사용한다.

② 키 분배가 비밀키 시스템보다 어렵다.

③ 해독키는 당사자만 알고 있다.

④ 암호키는 공개되어 있어 누구나 사용할 수 있다.

정답 72. ② 73. ④ 74. ④ 75. ③ 76. ②

해설

대칭키 암호시스템의 키 관리의 어려움을 해결하기 위해 공개키 암호시스템이 제안되었다.

2017년 경찰간부후보생

77 다음 중 공개키 암호시스템의 장점이 아닌 것은 무엇인가?

① 키의 분배가 용이하다.

② 사용자의 증가에 따라 관리할 키의 개수가 상대적으로 적다.

③ 암호화 및 복호화가 빠르다.

④ 키 변화의 빈도가 적다.

해설

- 대칭키 암호화 시스템의 장점은 암호화 복호화가 빠른 것이고, 공개키 암호화 시스템의 장점은 키 관리가 용이한 것이다.
- 대칭키 암호화 시스템의 단점은 키 관리가 어렵다는 것이고, 공개키 암호화 시스템의 단점은 연산속도가 느린 것이다.
- ④ 공개키 시스템 방식에서 복호화 키는 길고 복잡해서 잘 바뀌지 않는다.

2014년 국가직 9급

78 공개키 암호에 대한 설명으로 옳지 않은 것은?

① 공개키 인증서를 공개키 디렉터리에 저장하여 공개한다.

② 사용자가 증가할수록 필요한 비밀키의 개수가 증가하는 암호방식의 단점을 해결할 수 있다.

③ 일반적으로 대칭키 암호방식보다 암호화 속도가 느리다.

④ n명의 사용자가 구성된 시스템에서는 n(n−1)/2개의 키가 요구된다.

해설

대칭키 암호화 방식의 키의 개수는 n(n−1)/2이고, 공개키 암호화 방식의 키의 개수는 2n이다.

2015년 서울시 9급

79 현재 10명이 사용하는 암호시스템을 20명이 사용할 수 있도록 확장하려면 필요한 키의 개수도 늘어난다. 대칭키 암호시스템과 공개키 암호시스템을 채택할 때 추가로 필요한 키의 개수를 각각 구분하여 순서대로 나열한 것은?

① 20개, 145개

② 20개, 155개

③ 145개, 20개

④ 155개, 20개

해설

	대칭키 : n(n−1)/2	공개키 : 2n
10명	10(9)/2=45	2(10)=20
20명	20(19)/2=190	2(20)=40
추가분	145	20

2017년 지방직 9급

80 정보보안에 대한 설명으로 옳은 것은?

① 보안 공격 유형 중 소극적 공격은 적극적 공격보다 탐지하기 매우 쉽다.

② 공개키 암호시스템은 암호화 키와 복호화 키가 동일하다.

③ 정보보호의 3대 목표는 기밀성, 무결성, 접근제어이다.

④ 부인방지는 송신자나 수신자가 메시지를 주고받은 사실을 부인하지 못하도록 방지하는 것을 의미한다.

정답 77. ③ 78. ④ 79. ③ 80. ④

2017년 지방직 9급

81 A가 B에게 공개키 알고리즘을 사용하여 서명과 기밀성을 적용한 메시지(M)를 전송하는 그림이다. ㉠~㉣에 들어갈 용어로 옳은 것은?

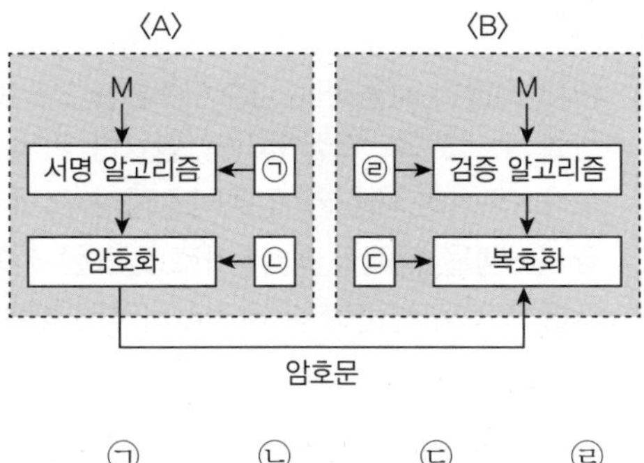

	㉠	㉡	㉢	㉣
①	A의 공개키	B의 공개키	A의 개인키	B의 개인키
②	A의 개인키	B의 개인키	A의 공개키	B의 공개키
③	A의 개인키	B의 공개키	B의 개인키	A의 공개키
④	A의 공개키	A의 개인키	B의 공개키	B의 개인키

2016년 국회직 9급

82 공개키 암호와 대칭키 암호에 대한 설명으로 옳은 것은?

① 공개키를 교환하기 위해 대칭키 암호를 이용한다.

② 128비트 RSA 공개키와 2048비트 대칭키는 안전도가 비슷하다.

③ 두 암호 모두 기밀성과 무결성을 동시에 보장한다.

④ 긴 메시지 암호화에는 하이브리드 방식의 암호가 효율적이다.

⑤ 공개키 암호는 대칭키 암호에 비해 처리속도가 빠르다.

해설

① 공개키 암호시스템 중 하이브리드 방식은 대칭키(비밀키)를 교환하기 위해 공개키 암호화 방식을 사용한다.

② 일반적으로 128비트의 대칭키는 3072비트 RSA 안전도와 비슷하다. 즉 같은 키 길이로 암호화했을 때 대칭키가 더 안정적이다.

③ 무결성은 해시함수로 보장한다.

④ 하이브리드 방식이란 긴 메시지를 암호화할 때는 대칭키 방식을 이용하고, 이 대칭키를 교환할 때는 공개키 시스템을 이용하는 방식이다.

⑤ 대칭키 암호가 공개키 암호에 비해 처리속도가 빠르다.

2016년 국가직 7급

83 사전에 A와 B가 공유하는 비밀키가 존재하지 않을 때, A가 B에게 전달할 메시지 M의 기밀성을 제공할 목적으로 공개키와 대칭키 암호화 기법을 모두 활용하여 암호화한 전송 메시지를 아래의 표기 기호를 사용하여 바르게 표현한 것은?

> PU_X : X의 공개키
> PR_X : X의 개인키
> K_{AB} : A에 의해 임의 생성된 A와 B간의 공유 비밀키
> E(k, m) : 메시지 m을 암호키 k로 암호화하는 함수
> || : 두 메시지의 연결

① $E(K_{AB}, M) \| E(PU_A, K_{AB})$

② $E(PR_A, (E(K_{AB}, M) \| K_{AB}))$

③ $E(K_{AB}, M) \| E(PR_A, K_{AB})$

④ $E(K_{AB}, M) \| E(PU_B, K_{AB})$

정보보안기사

84 임의의 입력 비트열에 대하여 일정한 길이의 안전한 출력 비트열을 내는 일방향 해시함수를 이용했을 때 제공되는 가장 효과적인 보안서비스는?

정답 : 81. ③ 82. ④ 83. ④ 84. ①

① 무결성　　② 부인방지
③ 기밀성　　④ 인증

해설

메시지의 무결성을 검증하기 위해 해시함수를 이용한다. 즉 기존의 메시지에서 생성된 해시값(메시지 다이제스트)과 전송 후 메시지에서 생성된 해시값(메시지 다이제스트)을 비교해서, 이 두 개가 동일하다면 원래의 메시지가 변경되지 않았다는 것이 증명되는 것이다.

2016년 지방직 9급

85 암호학적 해시함수가 가져야 할 특성으로 옳지 않은 것은?

① 서로 다른 두 입력 메시지에 대해 같은 해시값이 나올 가능성은 있으나, 계산적으로 같은 해시값을 갖는 서로 다른 두 입력 메시지를 찾는 것은 불가능해야 한다.

② 해시값을 이용하여 원래의 입력 메시지를 찾는 것은 계산상으로 불가능해야 한다.

③ 입력 메시지의 길이에 따라 출력되는 해시값의 길이는 비례해야 한다.

④ 입력 메시지와 그 해시값이 주어졌을 때, 이와 동일한 해시값을 갖는 다른 메시지를 찾는 것은 계산상으로 불가능해야 한다.

해설

③ 어떤 길이의 메시지를 입력으로 주더라도 항상 짧은 고정 길이의 해시값을 생성해야 한다.

2015년 국가직 9급

86 해시함수의 설명으로 옳지 않은 것은?

① 양방향성을 가진다.

② 메시지가 다르면 매우 높은 확률로 해시값도 다르다.

③ 임의의 길이 메시지로부터 고정 길이의 해시값을 계산한다.

④ 해시값을 고속으로 계산할 수 있다.

⑤ MD5, RIPEMD-160, SHA-512 등이 있다.

해설

① 일방향 해시함수 h()는 일방향성(one-way)을 가져야 한다.

2017년 경찰간부후보생

87 암호학적 해시함수(Cryptographic Hash Function)에 관한 다음 설명 중 가장 옳지 않은 것은 무엇인가?

① 어떤 입력 x에 대해 h(x)를 계산하기 어려워야 한다.

② 주어진 값 y에 대해 h(x)=y의 x값을 찾는 계산이 어려워야 한다.

③ 생일역설(Birthday Paradox)은 충돌 저항성 공격(Collision Resistance Attack)과 관련한 수학적 분석 결과이다.

④ 입력 길이에 상관없이 고정된 길이를 출력한다.

2018년 국가직 9급

88 메시지 인증에 사용되는 해시함수의 요건으로 옳지 않은 것은?

① 임의 크기의 메시지에 적용될 수 있어야 한다.

② 해시를 생성하는 계산이 비교적 쉬워야 한다.

③ 다양한 길이의 출력을 생성할 수 있어야 한다.

④ 하드웨어 및 소프트웨어에 모두 실용적이어야 한다.

정답 85. ③ 86. ① 87. ① 88. ③

정보보안기사

89 다음 중 무결성 검사에 사용되는 일방향 해시 함수의 속성이나 특징으로 틀린 것은?

① 주어진 digest값으로 대응하는 메시지를 찾는 것은 컴퓨터 계산으로는 실행 불가능해야 한다.

② 해시함수는 임의의 길이의 메시지를 고정된 길이의 값으로 바꾼다.

③ 두 개의 서로 다른 메시지로부터 동일한 digest를 유도하는 것은 불가능하나 거의 드물다.

④ 고정된 길이의 메시지를 임의의 길이의 값으로 바꾼다.

2017년 교행직 9급

90 일방향 해시함수(one-way hash function)에 대한 설명으로 옳은 것은?

① 데이터 암호화에 사용된다.

② 주어진 해시값으로 원래의 입력 메시지를 구할 수 있다.

③ 임의 길이의 메시지를 입력받아 고정 길이의 해시값을 출력한다.

④ IDEA(International Data Encryption Algorithm)는 일방향 해시함수이다.

정보보안기사

91 무결성 검사에 사용되는 해시함수(hash function)의 특성에 대한 설명으로 틀린 것은?

① 해시값은 계산하기가 쉽다.

② 임의의 크기를 갖는 메시지에 고정된 길이의 해시값을 생성한다.

③ 해시값에 대한 해시함수의 입력 메시지를 찾는 것이 불가능하다는 것은 해시함수의 충돌방지 특성이다.

④ 해시 알고리즘으로 MD5, SHA-1, SHA-2가 있다.

해설

• 역상 저항성 : 해시값(H)이 확인된 상태에서 입력값(메시지M)을 구하는 것은 계산적으로 불가능하다는 성질이다.
• 충돌 저항성 : 같은 해시값(H)을 생성하는 임의의 서로 다른 두 개의 입력값(M, M')을 찾는 것이 어려워야 한다.

2017년 국회직 9급

92 〈보기〉에서 설명하는 해시함수(H)의 특성으로 옳은 것은?

> 주어진 메시지 x에 대해, H(x)=H(y)인 x≠y를 만족하는 즉, 동일한 입력값(x, y)에 대해 서로 다른 해시값이 나와서는 안 된다는 것은 해시함수가 이 성질을 가지고 있다고 한다.

① Second Pre-image Resistance

② Collision Resistance

③ Integrity

④ Onewayness

⑤ Uniform Distribution

해설

① H(x)=H(y)는 x와 y가 동일한 메시지라는 의미이다. x≠y는 해시값이 다르다는 의미이다. 즉 「동일한 입력값(메시지)에 대해 서로 다른 해시값이 나와서는 안 된다.」라는 성질이다.

정답 : 89. ④ 90. ③ 91. ③ 92. ①

2014년 국가직 9급

93 해시함수(hash function)에 대한 설명으로 옳지 않은 것은?

① 임의 길이의 문자열을 고정된 길이의 문자열로 출력하는 함수이다.

② 대표적인 해시함수로는 MD5, SHA-1, HAS-160 등이 있다.

③ 해시함수는 메시지 인증과 메시지 부인방지 서비스에 이용된다.

④ 해시함수의 충돌 회피성은 동일한 출력을 산출하는 서로 다른 두 입력을 계산적으로 찾기 가능한 성질을 나타낸다.

해설

④ 충돌 저항성 : 같은 해시값(H)을 생성하는 임의의 서로 다른 두 개의 입력값(M, M')을 찾는 것이 어려워야 한다.

2015년 지방직 9급

94 보안 해시함수가 가져야 하는 성질 중 하나인 강한 충돌 저항성(Strong Collision Resistance)에 대한 설명으로 옳은 것은?

① 주어진 해시값에 대해, 그 해시값을 생성하는 입력값을 찾는 것이 어렵다.

② 주어진 입력값과 그 입력값에 해당하는 해시값에 대해, 동일한 해시값을 생성하는 다른 입력값을 찾는 것이 어렵다.

③ 같은 해시값을 생성하는 임의의 서로 다른 두 개의 입력값을 찾는 것이 어렵다.

④ 해시함수의 출력은 의사난수이어야 한다.

해설

① 역상 저항성 : 주어진 해시값에 대해, 그 해시값을 생성하는 입력값을 찾는 것이 어렵다.

② 제2역상 저항성 : 주어진 입력값과 그 입력값에 해당하는 해시값에 대해, 동일한 해시값을 생성하는 다른 입력값을 찾는 것이 어렵다.

③ 충돌 저항성 : 같은 해시값(H)을 생성하는 임의의 서로 다른 두 개의 입력값(M, M')을 찾는 것이 어려워야 한다.

2014년 경찰직 9급

95 해시함수(Hash Function)에 대한 설명으로 가장 적절하지 않은 것은?

① 대표적인 해시함수는 MD5, SHA-1, HAS-160 등이 있다.

② 임의 길이의 문자열을 고정된 길이의 문자열로 출력하는 함수이다.

③ 해시함수는 메시지 인증과 메시지 부인방지 서비스에 이용된다.

④ 해시함수의 충돌 회피성은 동일한 출력을 산출하는 서로 다른 두 입력을 계산적으로 찾기 가능한 성질을 나타낸다.

2014년 국회직 9급

96 정보보호를 위해 사용되는 해시함수(Hash funtcion)에 대한 설명 중 옳지 않은 것은?

① 주어진 해시값에 대응하는 입력값을 구하는 것이 계산적으로 어렵다.

② 무결성을 제공하는 메시지 인증코드(MAC) 및 전자서명에 사용된다.

③ 해시값의 충돌은 출력공간이 입력공간보다 크기 때문에 발생한다.

④ 동일한 해시값을 갖는 서로 다른 입력값들을 구하는 것이 계산적으로 어렵다.

⑤ 입력값의 길이가 가변이더라도 고정된 길이의 해시값을 출력한다.

정답 93. ④ 94. ③ 95. ④ 96. ③

해설

③ 해시값의 충돌은 입력공간이 출력공간보다 크기 때문에 발생한다(즉, 충돌은 해시 결과값(출력공간)이 지나치게 작으면 발생할 수 있다).

2014년 국가직 7급

97 해시함수(Hash Function)의 특징에 대한 설명으로 옳지 않은 것은?

① 임의 메시지를 입력받아 고정된 길이의 값으로 출력한다.

② 암호학적으로 안전한 해시함수를 설계하기 위해서는 역상 저항성 및 충돌 저항성의 기준을 충족해야 한다.

③ 일반적으로 데이터 암호화에 사용된다.

④ 종류에는 SHA-1, MD5, HAS-160 등이 있다.

해설

③ 해시함수의 주요 응용분야는 전자서명과 데이터의 무결성 확인 그리고 최근에는 블록체인 기술에 응용되고 있다. 데이터 암호화에는 대칭키나 공개키가 사용된다.

정보보안기사

98 해시함수에 대한 설명으로 틀린 것은?

① 고정된 길이의 출력을 만든다.

② 다양한 가변 길이의 입력에 적용될 수 있어야 한다.

③ 해시 결과값으로 입력값을 계산하는 것은 가능하다.

④ 동일한 해시값을 갖는 서로 다른 입력값을 찾는 것은 계산상 불가능하다.

해설

③ 해시함수의 보안 요구사항 중 역상 저항성이란 해시값(H)이 확인된 상태에서 입력값(메시지M)을 구하는 것은 계산적으로 불가능하다는 성질이다.

2015년 국가직 9급

99 다음 중 충돌 저항성(Collision Resistance)과 관련이 높은 알고리즘은?

① AES　　② DES

③ SHA-1　　④ RSA

⑤ ECC

해설

충돌 저항성은 해시함수에 나오는 개념이다.

2017년 지방직 9급

100 해시(Hash) 함수에 대한 설명으로 옳은 것으로만 묶은 것은?

ㄱ. 입력데이터의 길이가 달라도 동일한 해시함수에서 나온 해시 결과값 길이는 동일하다.
ㄴ. 일방향 함수를 사용해서 해시함수를 구성할 수 있다.
ㄷ. 최대 128비트까지 해시함수의 입력으로 지원한다.
ㄹ. SHA-256의 해시 결과값 길이는 512비트이다.

① ㄱ, ㄴ　　② ㄴ, ㄷ

③ ㄷ, ㄹ　　④ ㄱ, ㄹ

정답 97. ③ 98. ③ 99. ③ 100. ①

2016년 국회직 9급

101 암호학적 해시함수에 대한 설명으로 옳지 않은 것은?

① MD5나 SHA-1은 취약점이 발견되어 더 이상 사용하지 않는 것이 바람직하다.

② 해시함수는 출력값에 대응하는 입력값을 구하기 어렵다.

③ 해시함수의 내부 알고리즘에 관계없이 충돌 저항성을 분석하는 방법으로 생일공격(Birthday Attack)이 있다.

④ 패스워드와 난수를 해시한 값을 전송할 때, 난수가 노출되어도 사전 공격(Dictionary Attack)에 안전하다.

⑤ 최근에는 가상화폐인 비트코인(Bitcoin)을 채굴하는 알고리즘에 사용된다.

해설

- ④ 난수란 정의된 범위 내에서 무작위로 추출된 수를 일컫는다.
- 사전 공격이란 미리 키 후보를 계산해서 준비해두는 방법을 말한다.
- 솔트란 의사난수 생성기로 만들어지는 랜덤한 수로 키(key)를 만들 때에 패스워드와 함께 일방향 해시함수에 입력된다.
- 패스워드 공격에서 난수를 이용한 솔트는 사전 공격으로부터 패스워드를 보호하기 위해 사용된다. 그러므로 난수가 노출된다면 사전 공격에 더 이상 안전하다고 볼 수 없다.

정보보안기사

102 다음 중 해시함수가 아닌 것은?

① SHA-1 ② RIPEMD-160

③ HAVAL ④ RC5

해설

RC5는 대칭키 암호이다.

정보보안기사

103 다음 중 인터넷 전자상거래에서 무결성(Integrity) 점검을 위해 쓰이는 해시함수가 아닌 것은?

① tripwire ② MD5

③ RIPEMD-160 ④ SHA-256

해설

Tripwire : 파일의 무결성 점검을 위한 도구로 이를 위해 체크섬(Check Sum) 값을 이용해 트로이 목마 프로그램을 감지하기 가장 알맞은 툴이다.

2017년 경찰간부후보생

104 MD5(Message Digest 5)는 널리 쓰는 해시함수이며, 최종적으로 ( )비트의 해시코드를 출력한다. ( ) 안에 들어갈 적합한 숫자는 무엇인가?

① 64 ② 128

③ 256 ④ 512

정보보안기사

105 해시함수에 대한 설명이다. 그 내용이 틀린 것을 선택하시오.

① MD4는 MD2에 비해서 압축속도가 향상되었다.

② MD2는 Rivest란 사람이 개발한 것으로 8비트 컴퓨터를 위해서 고안된 방법이다.

③ MD5는 128비트 출력 해시값을 생성하는 방법이다.

④ SHA-1은 미국 표준 메시지 압축 알고리즘으로 160비트의 출력 해시값을 생성하고 국내 공공기관에서 사용하는 방법으로 권고된다.

정답 101. ④ 102. ④ 103. ① 104. ② 105. ④

해설

SHA-1은 취약점이 발견되어 권고되지 않는다. 한국 표준 해시함수는 HAS-160이다.

2014년 국가직 7급

106 생일 역설(Birthday Paradox)에 대한 설명으로 옳지 않은 것은?

① 해시함수(hash function)의 충돌 메시지 쌍을 찾아내는 데 사용된다.

② 특정 장소에 23명 이상이 있을 때, 그중에서 2명 이상의 사람이 생일이 같을 확률은 0.5보다 크다.

③ 블록암호 알고리즘의 안전성을 분석하는 데 이용된다.

④ 0부터 N-1까지의 균일 분포를 갖는 수 중에서 임의로 한 개의 수를 선택한다면 (N)1/2번의 시도 후에 동일한 수가 반복해서 선택될 확률은 0.5를 넘는다는 이론과 부합한다.

해설

③ 생일 역설이란 생일 모순(birthday paradox)에 근거하여 해시함수를 공격하는 방법이다.

2017년 국가직 생활안전분야 9급

107 공격 유형에 관한 설명으로 옳지 않은 것은?

① 사회공학적 공격은 신뢰 관계나 인간의 심리를 이용하여 중요한 정보를 획득하는 것이다.

② 무차별(Brute Force) 공격은 특정 값을 찾아내기 위해 가능한 모든 조합을 시도하는 공격이다.

③ 스니핑은 네트워크상에서 다른 사용자들의 트래픽을 도청하는 것이다.

④ 재연(Replay) 공격은 두 개체 간의 패킷을 중간에서 가로채서 변조하여 전송함으로써 정당한 사용자로 가장하는 공격이다.

해설

④는 스푸핑에 대한 설명이다.

2016년 국가직 7급

108 네트워크상에서 교환되는 인증 정보에 대한 재전송 공격(reply attack)을 막기 위한 방법으로 적절하지 않은 것은?

① 시도-응답(challenge-response) 인증 방식을 사용한다.

② 메시지에 사전에 동기화된 현재 시각에 해당하는 타임스탬프(timestamp)를 포함하여 전송한다.

③ 메시지에 송신자의 개인키로 서명한 전자서명(digital signature)을 포함하여 전송한다.

④ 메시지에 수신자로부터 받은 일회용 랜덤 값에 해당하는 nonce를 포함하여 전송한다.

해설

네트워크상에서 교환되는 인증 정보에 대한 재전송 공격(Reply attack)을 막기 위한 방법

- 시도-응답(challenge-response) 인증 방식을 사용한다.
- 메시지에 사전에 동기화된 현재 시각에 해당하는 타임스탬프(timestamp)를 포함하여 전송한다.
- 메시지에 수신자로부터 받은 일회용 랜덤 값에 해당하는 noise를 포함하여 전송한다.
- 일회용 one time password를 사용한다.

③ 전자서명의 대표적 기능은 부인방지이다.

정답 106. ③ 107. ④ 108. ③

2017년 국가직 7급

109 RFC 2104 인터넷 표준에서 정의한 메시지 인증 코드를 생성하는 알고리즘은?

① Elliptic Curve Cryptography

② ElGamal

③ RC4

④ HMAC－SHA1

2017년 국회직 9급

110 메시지 인증 코드(MAC : Message Authentication Code)에 대한 설명으로 옳지 않은 것은?

① MAC 검증을 통하여 메시지의 위조 여부를 판별할 수 있다.

② MAC을 이용하여 송신자 인증이 가능하다.

③ MAC 검증을 위해서는 메시지와 공개키가 필요하다.

④ 해시함수를 이용하여 MAC을 생성할 수 있다.

⑤ MAC 생성자와 검증자는 동일한 키를 사용한다.

2017년 국가직 생활안전분야 9급

111 전송할 메시지에서 메시지 무결성 검증을 위한 고정 크기의 출력물을 만드는 방법으로 적합한 것만을 고른 것은?

① 난수 생성기, 코덱

② 메시지 인증 코드 생성기, 코덱

③ 의사난수 생성기, 해시함수

④ 메시지 인증 코드 생성기, 해시함수

2016년 국가직 7급

112 메시지의 무결성 보장과 송신자에 대한 인증을 목적으로 공유 비밀키와 메시지로부터 만들어지는 것은?

① 의사난수 ② 메시지 인증 코드

③ 해시 ④ 인증서

해설

MAC(메시지 인증 코드)는 대칭키(비밀키)를 이용하여 해시값을 만든다. 이렇게 만들어진 해시값을 메시지와 함께 전송한다. 수신자는 메시지와 대칭키(비밀키)를 이용하여 해시값을 만든 후 전송받은 해시값과 비교하여 동일하면 무결성을 보장받는다. 송신자에 대한 인증은 송신자가 생성한 대칭키(비밀키)를 받아 해시값을 만든 후 전송받은 해시값과 비교하여 동일하면 송신자 인증이 확인된다.

2016년 국가직 9급

113 메시지의 무결성을 검증하는 데 사용되는 해시와 메시지 인증코드(MAC)의 차이점에 대한 설명으로 옳은 것은?

① MAC은 메시지와 송수신자만이 공유하는 비밀키를 입력받아 생성되는 반면에, 해시는 비밀키 없이 메시지로부터 만들어진다.

② 해시의 크기는 메시지 크기와 무관하게 일정하지만, MAC은 메시지와 크기가 같아야 한다.

③ 메시지 무결성 검증 시, 해시는 암호화되어 원본 메시지와 함께 수신자에게 전달되는 반면에, MAC의 경우에는 MAC로부터 원본 메시지 복호화가 가능하므로 MAC만 전송하는 것이 일반적이다.

④ 송수신자만이 공유하는 비밀키가 있는 경우, MAC을 이용하여 메시지 무결성을 검증할 수 있으나 해시를 이용한 메시지 무결성 검증은 불가능하다.

정답 109. ④ 110. ③ 111. ④ 112. ② 113. ①

해설

① MAC(메시지 인증 코드)은 메시지와 송·수신자가 공유하는 대칭키(비밀키)를 이용해서 출력을 만든다. 이 출력을 MAC값이라 부른다.
② 해시와 MAC은 고정 길이 해시값(MAC값)을 만든다.
③ 해시와 MAC은 메시지와 해시값(MAC값)을 같이 전송한다.
④ 해시와 MAC은 무결성 검증이 가능하다.

2017년 서울시 9급

114 다음 중 메시지 인증 코드(MAC : Message AuthentificationCode)에 대한 설명 중 옳은 것은?

① 메시지 무결성을 제공하지는 못한다.

② 비대칭키를 이용한다.

③ MAC는 가변 크기의 인증 태그를 생성한다.

④ 부인방지를 제공하지 않는다.

2017년 교행직 9급

115 메시지 인증 코드(MAC : Message Authentication Code)를 이용하여 제공할 수 있는 보안 서비스로 옳은 것을 〈보기〉에서 고른 것은?

ㄱ. 트래픽 패딩	ㄴ. 메시지 무결성
ㄷ. 메시지 복호화	ㄹ. 메시지 송신자에 대한 인증

① ㄱ, ㄴ ② ㄱ, ㄷ

③ ㄴ, ㄹ ④ ㄷ, ㄹ

2015년 국가직 9급

116 메시지 인증 코드(MAC : Message Authentication Code)를 이용한 메시지 인증 방법에 대한 설명으로 옳지 않은 것은?

① 메시지의 출처를 확신할 수 있다.

② 메시지와 비밀키를 입력받아 메시지 인증 코드를 생성한다.

③ 메시지의 무결성을 증명할 수 있다.

④ 메시지의 복제 여부를 판별할 수 있다.

해설

④ 메시지 인증 코드는 무결성, 발신자 인증 등의 기능을 제공한다. 하지만, 메시지의 복제 여부를 판별할 수는 없다. 이유는 메시지의 내용이 변함이 없다면 제2역상 저항성에 의해 MAC(Massage Detection Code : 메시지 인증 코드)값의 변화가 없기 때문이다.

2015년 서울시 9급

117 다음 중 해시함수의 설명으로 옳은 것은?

① 입력은 고정 길이를 갖고 출력은 가변 길이를 갖는다.

② 해시함수(H)는 다대일(n:1) 대응함수로 동일한 출력을 갖는 입력이 두 개 이상 존재하기 때문에 충돌(collision)을 피할 수 있다.

③ 해시함수는 일반적으로 키를 사용하지 않는 MAC(Message Authentication Code) 알고리즘을 사용한다.

④ MAC은 데이터의 무결성과 데이터 발신지 인증 기능도 제공한다.

해설

① 해시함수는 입력은 가변 길이를 갖고 출력은 고정 길이를 갖는다.
② 해시함수는 충돌 저항성이 있어 동일한 출력을 갖는 입력이 두 개 이상 존재하기 어렵다.
③ MAC(메시지 인증 코드)은 메시지와 송·수신자가 공유하는 대칭키(비밀키)를 이용해서 출력을 만든다. 이 출력을 MAC값이라 부른다.

정답 114. ④ 115. ③ 116. ④ 117. ④

SECTION 5 · 전자서명과 공개키 기반 구조(PKI)

2016년 국회직 9급

118 메시지 인증 코드와 전자서명에 대한 설명으로 옳은 것은?

① 전자서명은 대칭키가 사전에 교환되어야 사용할 수 있다.

② 메시지 인증 코드와 전자서명 모두 무결성과 부인방지 기능을 제공한다.

③ 전자서명은 서명 생성자를 인증하는 기능이 있다.

④ 메시지 인증 코드값을 검증하는 데 공개키가 필요하다.

⑤ 전자서명은 서명-후-해시(Sign-then-Hash) 방식이다.

해설

① 전자서명은 공개키 방식이다.
② 메시지 인증 코드는 무결성과 발신자 인증 서비스를 제공하고, 전자서명은 무결성과 발신자 인증 서비스, 부인방지 기능을 제공한다.
③ 전자서명에서 서명 생성자를 인증하는 것은 수신자가 송신자의 공개키를 이용해 수신한 암호화된 해시값을 복호화하여 제공한다.
④ 메시지 인증 코드값(MAC)을 검증하는 데는 대칭키(비밀키)가 필요하다.
⑤ 전자서명은 해시-후-서명 방식이다.

정보보안기사

119 전자상거래에서 정보를 암호화하여 상대편에게 전송하면 해커로부터 도청을 막을 수는 있다. 하지만, 그 전송 데이터의 위조나 변조 그리고 부인 등을 막을 수는 없다. 이러한 문제점들을 방지하고자 사용하는 기술은?

① 전자화폐　② 부인방지
③ 전자서명　④ 암호시스템

2017년 지방직 9급

120 전자서명이 제공하는 기능으로 옳지 않은 것은?

① 부인방지(Non Repudiation)

② 변경 불가(Unalterable)

③ 서명자 인증(Authentication)

④ 재사용 가능(Reusable)

정보보안기사

121 인터넷 전자상거래를 위한 디지털 서명에서 사용되는 암호 방식이 아닌 것은?

① DSA　② RSA
③ DES　④ KCDSA

해설

③ 전자서명은 공개키 암호 알고리즘을 이용한다. DES는 대칭키 암호화 알고리즘에서 사용되는 대표적 암호 방식이다.

정보보안기사

122 다음은 전자서명에 대한 설명이다. 틀린 것은?

① 수신자가 문서를 재사용할 수 있다.

② 서명된 문서가 변형되지 않았다는 무결성(Integrity)을 보장한다.

③ 송신자가 문서에 대하여 부인을 할 수 없다.

④ 문서 내용에 대한 기밀성을 보장하지는 못한다.

해설

① 전자문서의 전자서명(디지털 서명)은 다른 전자문서의 전자서명(디지털 서명)으로 사용될 수 없다.
② 전자서명(디지털 서명)은 무결성 기능을 제공한다.
③ 전자서명(디지털 서명)은 부인방지 기능을 제공한다.
④ 메시지의 해시값에 서명(개인키로 암호화)하는 전자서명(디지털 서명) 방식은 메시지 자체는 암호화하지 않으므로 문서 자체에 대한 기밀성을 보장하지는 못한다.

정답 118. ③ 119. ③ 120. ④ 121. ③ 122. ①

2017년 교행직 9급

123 공개키를 이용하는 전자서명에 대한 설명으로 옳지 않은 것은?

① 전자서명은 위조 불가능해야 한다.

② 전자서명은 부인봉쇄(nonrepudiation)에 사용된다.

③ DSS(Digital Signature Standard)는 전자서명 알고리즘이다.

④ 한 문서에 사용한 전자서명은 다른 문서의 전자서명으로 재사용할 수 있다.

2016년 국가직 9급

124 공개키 기반 전자서명에서 메시지에 서명하지 않고 메시지의 해시값과 같은 메시지 다이제스트에 서명하는 이유는?

① 공개키 암호화에 따른 성능 저하를 극복하기 위한 것이다.

② 서명자의 공개키를 쉽게 찾을 수 있도록 하기 위한 것이다.

③ 서명 재사용을 위한 것이다.

④ 원본 메시지가 없어도 서명을 검증할 수 있도록 하기 위한 것이다.

해설

① 디지털 서명 시스템에서 전자문서(메시지)는 매우 길기 때문에 공개키 방식으로 암호화할 경우 효율성이 떨어지는 문제가 발생한다. 그래서 실제 전자문서(메시지)를 짧은 해시값(메시지 다이제스트)으로 만든 후 이 해시값을 공개키 방식(송신자의 개인키)으로 암호화해 효율성과 서명자 인증, 부인방지 기능을 제공한다.

2015년 지방직 9급

125 공개키를 사용하는 전자서명에 대한 설명으로 옳지 않은 것은?

① 송신자는 자신의 개인키로 서명하고 수신자는 송신자의 공개키로 서명을 검증한다.

② 메시지의 무결성과 기밀성을 보장한다.

③ 신뢰할 수 있는 제3자를 이용하면 부인봉쇄를 할 수 있다.

④ 메시지로부터 얻은 일정 크기의 해시값을 서명에 이용할 수 있다.

해설

② 공개키를 사용하는 전자서명은 기밀성을 제공하지 않는다.

2017년 경찰간부후보생

126 다음 중 전자서명(Digital Signature)에 대한 설명으로 가장 옳지 않은 것은 무엇인가?

① 인증(Authentication) 기능을 제공하며 개인키로 암호화된 메시지를 제3자의 공개키로 복호화할 경우 메시지를 읽을 수 없다.

② 비밀성(Confidentiality) 기능을 제공하며 대칭키 암호화 알고리즘을 이용하여 전자서명을 생성할 수 있다.

③ 무결성(Integrity) 기능을 제공하며 메시지의 부분 또는 전체를 바꿀 경우 복호화된 메시지를 통해 변경 여부를 확인할 수 있다.

④ 부인방지(Non-Repudiation) 기능을 제공하며 송신자의 개인키와 공개키를 가지고 암호화와 복호화하여 저장된 메시지를 생성할 수 있다.

정답 : 123. ④ 124. ① 125. ② 126. ②

해설

② 전자서명은 기본적으로 기밀성(비밀성)을 제공하지 않는다. 물론 메시지에 직접 서명(송신자 개인키로 암호화)하는 방식도 있으나 메시지에 직접 서명할 경우 효율성이 떨어져 잘 사용하지는 않는다.

정보보안기사

127 인터넷 전자상거래에 사용되는 전자서명이 제공하는 기능이 아닌 것은?

① 인증 기능 ② 부인방지
③ 재사용 가능 ④ 무결성

해설

③ 전자서명은 재사용 불가의 조건을 제공한다.

2014년 국회직 9급

128 전자서명(Digital Signature)은 내가 받은 메시지를 어떤 사람이 만들었는지를 확인하는 인증을 말한다. 다음 중 전자서명의 특징이 아닌 것은?

① 서명자 인증 : 서명자 이외의 타인이 서명을 위조하기 어려워야 한다.
② 위조 불가 : 서명자 이외의 타인의 서명을 위조하기 어려워야 한다.
③ 부인 불가 : 서명자는 서명 사실을 부인할 수 없어야 한다.
④ 재사용 가능 : 기존의 서명을 추후에 다른 문서에도 재사용할 수 있어야 한다.

해설

④ 재사용 불가(Not reusable) : 전자문서의 서명을 다른 전자문서의 서명으로 재사용할 수 없다.

2016년 해경(보호직) 9급

129 다음 중 전자서명의 특징으로 합법적인 서명자만이 전자서명을 생성할 수 있어야 하는 특징은 무엇인가?

① 서명자 인증
② 부인 불가
③ 변경 불가
④ 위조 불가

해설

④ 합법적인 서명자만이 전자서명을 생성할 수 있어야 하는 특징은 전자서명에서 위조 불가에 대한 설명이다.

2018년 국가직 9급

130 사용자 A가 사용자 B에게 보낼 메시지 M을 공개키 기반의 전자서명을 적용하여 메시지의 무결성을 검증하도록 하였다. A가 보낸 서명이 포함된 전송 메시지를 다음 표기법에 따라 바르게 표현한 것은?

> PUx : X의 공개키
> PRx : X의 개인키
> E(K,M) : 메시지 M을 키 K로 암호화
> H(M) : 메시지 M의 해시
> || : 두 메시지의 연결

① $E(PU_B, M)$
② $E(PR_A, M)$
③ $M \| E(PU_B, H(M))$
④ $M \| E(PR_A, H(M))$

정답 127. ③ 128. ④ 129. ④ 130. ④

정보보안기사

131 전자화폐에서 아래와 같은 기능을 제공하기 위해 사용되는 전자서명 기법은 무엇인가?

> D.Chaum이 제시한 특수 형태의 전자서명 기법이다.
> 전자화폐를 사용하는 데 있어서 사용자의 사생활을 보호하는 차원에서 제시된 서명 기법이다.
> 이 방식은 사용자가 서명자 즉, 은행에 서명을 받으려는 문서를 비밀로 한 채 은행의 서명을 받는 방법으로 전자화폐에 대한 추적을 불가능하게 할 수 있는 기능을 제공한다.

① Blind Signature(은닉서명)

② Fail-Stop Signature

③ One-Time Signature

④ Undeniable Signature

2016년 지방직 9급

132 전자서명 방식에 대한 설명으로 옳지 않은 것은?

① 은닉서명(Blind Signature)은 서명자가 특정 검증자를 지정하여 서명하고, 이 검증자만이 서명을 확인할 수 있는 방식이다.

② 부인방지서명(Undeniable Signature)은 서명을 검증할 때 반드시 서명자의 도움이 있어야 검증이 가능한 방식이다.

③ 위임서명(Proxy Signature)은 위임 서명자로 하여금 서명자를 대신해서 대리로 서명할 수 있도록 한 방식이다.

④ 다중서명(Multisignature)은 동일한 전자문서에 여러 사람이 서명하는 방식이다.

해설

- 은닉서명 : 서명자가 자신이 서명하는 메시지를 알 수 없는 형식으로 봉투 내의 내용을 보지 않고 겉면에 서명을 하면 내부의 잉크에 의해 서류에 서명이 되는 원리를 이용하는 방식이다.
- 서명자가 특정 검증자를 지정하여 서명하고, 이 검증자만이 서명을 확인할 수 있는 방식은 수신자 지명서명이다.

2018년 경찰간부후보생

133 다음 지문은 무엇에 관한 설명인가?

> 신용카드 기반 지불시스템인 SET(Secure Electronic Transaction)에서는 상점이 카드 사용자의 계좌번호와 같은 정보를 모르게 하는 동시에, 상점에 대금을 지불하는 은행은 카드 사용자가 구매한 물건을 알지 못하지만, 상점이 요구한 결제 대금이 정확한지 확인할 수 있게 하기 위해 사용하는 방식이다.

① 인증서(Certificate)

② 전자봉투(Digital Envelop)

③ 이중서명(Dual Signature)

④ 지불게이트웨이(Payment Gateway)

정보보안기사

134 아래의 설명에 해당하는 것으로 가장 올바른 것은 무엇인가?

> D.Chaum에 의해서 제안된 서명방식으로 서명용지 위에 묵지를 놓아 봉투에 넣어서 서명자가 서명문의 내용을 알지 못하는 상태에서 서명하는 방법

① 은닉서명　② 부인방지서명

③ 이중서명　④ 위임서명

정답 : 131. ①　132. ①　133. ③　134. ①

2014년 서울시 9급

135 PKI에 관한 다음의 설명 중 옳지 않은 것은?

① PKI란 Public Key Infrastructure의 약자로 공개키 암호 알고리즘(Algorithm)을 적용하고 인증서를 관리하기 위한 기반시스템이다.

② 주로 X.509 인증서를 사용하고 있다.

③ 인증서를 발급하는 역할을 하는 기관을 CA라 한다.

④ 인증서는 대상과 공개키를 묶어주는 역할을 하며 변조를 막기 위해 대상의 서명이 추가된다.

⑤ 인증서의 폐기 여부를 확인하기 위해 사용되는 프로토콜은 OCSP이다.

해설

- ④ 대상이란 상대방 사용자를 의미한다.
- X.509 인증서는 변조를 막기 위해 대상의 서명이 아닌 인증기관(CA)의 서명이 추가된다.

정보보안기사

136 전자상거래를 위한 인터넷환경에서 유통되는 정보의 안전성과 신뢰성을 확보하기 위해 공개키 암호화 알고리즘과 인증서의 사용을 가능하게 해주는 새로운 기반 구조가 필요하게 되는데 이러한 공개키 암호화 기술을 지원하는 기반 구조를 (㉠)라 한다. 이를 무선환경으로 구현한 것이(㉡)이다. 이 공개키 기반 구조에서 사용되는 인증서는 ITU-T에서 개발한 (㉢) 형식을 사용한다.

	㉠	㉡	㉢
①	PKI	VPN	X.500
②	WPKI	PKI	X.500
③	PKI	WPKI	X.501
④	PKI	WPKI	X.509

정보보안기사

137 아래 내용은 무엇에 관한 설명인가?

- 인증서의 형식은 X.509 표준을 따른다.
- 계층적 구성 또는 네트워크 구성 형태를 이룬다.
- 인증서는 버전, 일련번호, 유효기간, 식별자 등을 포함한다.
- 인증기관은 인증 정책 수립, 인증서 및 인증서 취소 목록을 관리한다.
- 인증서 취소 목록은 서명 알고리즘, 발급자, 폐지 인증서 목록을 포함한다.

① PKI ② VPN

③ EDI ④ WML

2016년 국가직 7급

138 중간자(man-in-the-middle) 공격에 대한 설명으로 옳은 것은?

① Diffie-Hellman 키 교환 프로토콜은 중간자 공격에 대비하도록 설계된 것이다.

② 공격 대상이 신뢰하고 있는 시스템을 불능 상태로 만들고 공격자가 신뢰 시스템인 것처럼 동작한다.

③ 공격자가 송수신자 사이에 개입하여 송신자가 보낸 정보를 가로채고 조작된 정보를 정상적인 송신자가 보낸 것처럼 수신자에게 전달한다.

④ 여러 시스템으로부터 한 시스템에 집중적으로 많은 접속요청이 발생하여, 해당 시스템이 정상적인 동작을 못하게 된다.

해설

중간자 공격의 특징은 시스템을 불능 상태로 만들지 않고 통신 당사자가 그 사실을 눈치채지 못하게 하는 것이다.

정답 135. ④ 136. ④ 137. ① 138. ③

정보보안기사

139 공개키 방식에서 공개키를 키 관리 센터와 같은 신뢰할 수 있는 제3자(Trusted Third Party)를 통해 전달하는 방식에 해당하는 것은?

① Kerberos ② PKI
③ IPSec ④ VPN

정보보안기사

140 전자상거래 및 인터넷 뱅킹 서비스는 공개키 기반 구조인 PKI를 토대로 한 메시지 인증 서비스를 이용한다. 다음 PKI 구성요소 중 은행에서 사용자 신분 확인 및 등록 기능을 담당하는 시스템은?

① AS(Authentication Server)
② CA(Certificate Authority)
③ RA(Registration Authority)
④ VA(Validation Authority)

2015년 국가직 7급

141 다음 공개키 기반 구조(PKI)에 대한 설명으로 옳은 것만을 모두 고른 것은?

ㄱ. 사용자는 인증서를 발급받기 위하여 모든 인증기관의 승인을 얻어야 한다.
ㄴ. 누구나 다른 사용자 및 인증기관의 공개키를 열람할 수 있다.
ㄷ. 인증기관은 인증서에 대한 생성뿐만 아니라 갱신과 폐기도 가능하다.
ㄹ. 인증서 폐기목록은 보안상 인증기관 및 등록기관에서만 접근 가능하다.

① ㄱ, ㄴ ② ㄱ, ㄷ
③ ㄴ, ㄷ ④ ㄴ, ㄹ

해설

ㄱ. 사용자는 인증서를 발급받을 때 금결원(yesSign), 한국정보진흥원(Sigate) 등 인증기관 중 1개만 인증을 받으면 된다.
ㄴ. 공개키 암호화 방식은 공개키 저장소(공개키 레파지토리)의 공개키가 바꿔치기 당하는 중간자 공격(MITM)에 취약하다. 이러한 문제점을 해결하기 위해 제3자의 공인된 인증기관(CA : Certification Authority)에 자신의 공개키를 등록하고 이 공개키가 수납된 공인인증서를 발급받아 이 키를 필요로 하는 사람에게 배포하는 공인인증서 방법이 생겨났다. 이러한 플랫폼이 PKI이다. 따라서 공개키 암호화 방식처럼 누구나 다른 사용자 및 인증기관의 공개키를 열람할 수 있어야 한다.
ㄷ. 인증기관은 필요시 사용자 인증서에 대한 갱신 및 폐기 기능을 수행한다.
ㄹ. PKI의 이용자는 인증기관으로부터 최신의 CRL을 입수해서 자신이 검증에 사용하려고 하는 (혹은 암호화에 사용하려고 하는) 공개키의 인증서가 폐기되었는지 확인할 수 있다.

2015년 국가직 9급

142 공개키 기반 구조(PKI:Public Key Infrastructure)의 인증서에 대한 설명으로 옳은 것만을 모두 고른 것은?

ㄱ. 인증기관은 인증서 및 인증서 취소목록 등을 관리한다.
ㄴ. 인증기관이 발행한 인증서는 공개키와 공개키의 소유자를 공식적으로 연결해 준다.
ㄷ. 인증서에는 소유자 정보, 공개키, 개인키, 발행일, 유효기간 등의 정보가 담겨 있다.
ㄹ. 공인인증서는 인증기관의 전자서명 없이 사용자의 전자서명만으로 공개키를 공증한다.

① ㄱ, ㄴ ② ㄱ, ㄷ
③ ㄴ, ㄷ ④ ㄷ, ㄹ

정답 139. ② 140. ③ 141. ③ 142. ①

해설

ㄷ. 인증서에는 개인키 정보는 포함되지 않는다.
ㄹ. 공인인증서는 인증기관(CA)의 개인키로 암호화하여 서명한다.

2016년 지방직 9급

143 다음 내용에 해당하는 공개키 기반 구조(PKI)의 구성요소로 옳은 것은?

> 사용자에 대한 공개키 인증서를 생성하고 이를 발급한다.
> 필요시 사용자 인증서에 대한 갱신 및 폐기 기능을 수행한다.
> 인증서 폐기목록(Certificate Revocation List)을 작성한다.

① 사용자 ② 등록기관
③ 인증기관 ④ 디렉터리

2015년 경찰직 9급

144 다음 중 PKI(Public Key Infrastructure)에 대한 설명으로 가장 적절하지 않은 것은?

① 공개키 암호시스템을 안전하게 사용하고 관리하기 위한 정보보호 방식이다.
② PKI 응용 모델인 SET은 전자상거래를 위한 신용카드 기반의 전자 지불 프로토콜이다.
③ 인증서의 폐기 여부를 확인하기 위해 사용되는 프로토콜은 OCSP이다.
④ 인증서는 등록기관(RA)에 의해 발행된다.

해설

④ 인증서는 인증기관(CA)에서 발행하고, 등록기관(RA)에서 인증서를 배포(사용자에게 전달)한다.

정보보안기사

145 공개키 기반 구조인 PKI 시스템을 구성하는 최소 객체에는 4가지가 있다. 다음 중 최소 객체가 아닌 것은?

① 인증기관(CA)
② 키 분배센터(KDC)
③ 디렉터리 서비스
④ 등록기관(RA)

해설

PKI는 인증기관(CA), 등록기관(RA), 저장소(디렉터리 서비스), 사용자로 구성되어 있다.

2016년 서울시 9급

146 공개키 기반 구조(Public Key Infrastructure, PKI)를 위한 요소 시스템으로 옳지 않은 것은?

① 인증서와 인증서 폐지목록을 공개하기 위한 디렉터리
② 사용자 신원을 확인하는 등록기관
③ 인증서 발행업무를 효율적으로 수행하기 위한 인증기관 웹 서버
④ 인증서를 발행받는 사용자(최종 개체)

해설

③ PKI 구성요소에 인증기관(CA)은 포함되나 인증기관의 웹 서버는 포함되지 않는다.

정보보안기사

147 공개키 기반 구조 PKI의 구성요소가 아닌 것은?

① 인증기관(CA)
② 디렉터리 시스템(Directory System)
③ 중개 센터(Middle Center)
④ 등록기관(RA)

정답 143. ③ 144. ④ 145. ② 146. ③ 147. ③

해설

PKI는 인증기관(CA), 등록기관(RA), 저장소(디렉터리 서비스), 사용자로 구성되어 있다.

2017년 교행직 9급

148 암호시스템의 키 관리에 대한 설명으로 옳은 것은?

① X.509 인증서는 개인키를 포함한다.

② PKI(Public Key Infrastructure) 환경에서 사용자는 공개키를 생성하여 배포한다.

③ 대칭키를 사용하는 환경에서 키 배포 센터와 구성원 간의 통신은 세션키를 사용한다.

④ PKI 환경에서 공개키 암호를 이용할 경우 CA(Certification Authority)는 인증서를 발급한다.

해설

① X.509에는 버전, 일련번호, 알고리즘 식별자, 발행자, 유효기간, 주체(소유자), 공개키 정보, 서명 등의 정보가 들어 있다. 개인키는 본인이 가지고 있다.

② PKI에서는 공개키를 사용자가 직접 생성해 인증기관에 등록할 수도 있고, 인증기관에게 공개키 생성을 의뢰할 수도 있다. 하지만, 공개키의 배포만큼은 안전성을 위해 사용자가 직접 하지 않고, 인증기관이 배포한다.

③ PKI는 Public Key Infrastructure로 공개키 기반이다.

정보보안기사

149 공개키 암호시스템을 안전하게 사용하고 관리하기 위한 정보보호 방식인 공개키 기반 구조(PKI)는 다양한 응용분야가 있다. 다음 중 PKI의 응용분야가 아닌 것은?

① Kerberos　② SET

③ S/MIME　④ PGP

해설

Kerberos : 티켓 기반 보안알고리즘(중앙집중 인증 서비스)

2014년 지방직 9급

150 공개키 기반 구조(PKI, Public Key Infrastructure)에 대한 설명으로 옳지 않은 것은?

① 공개키 암호시스템을 안전하게 사용하고 관리하기 위한 정보보호 방식이다.

② 인증서의 폐지 여부는 인증서 폐지목록(CRL)과 온라인 인증서 상태 프로토콜(OCSP) 확인을 통해서 이루어진다.

③ 인증서는 등록기관(RA)에 의해 발행된다.

④ 인증서는 버전, 일련번호, 서명, 발급자, 유효기간 등의 데이터 구조를 포함하고 있다.

해설

③ 인증서는 인증기관(CA)에서 발행하고, 등록기관(RA)에서 인증서를 배포(사용자에게 전달)한다.

2017년 국가직 생활안전분야 9급

151 인증기관에서 사용자에게 발급한 인증서의 생성 방법에 대한 설명으로 옳은 것은?

① 사용자의 공개키를 포함한 인증 정보를 인증기관의 공개키로 암호화한다.

② 사용자의 개인키를 포함한 인증 정보를 인증기관의 개인키로 암호화한다.

③ 사용자의 공개키를 포함한 인증 정보를 인증기관이 자신의 개인키로 서명한다.

④ 사용자의 공개키를 포함한 인증 정보를 인증기관의 독자적인 해시함수로 해시한다.

정답 : 148. ④　149. ①　150. ③　151. ③

정보보안기사

152 다음 보기 내용은 무엇인가?

> 효력이 정지되거나 폐지된 인증서의 번호와 폐지된 날짜, 발급기관, 폐지사유 등을 기재한 것으로서 인증기관은 주기적으로 이를 공시하여 인증 요청 시에 이를 참조하여 인증업무를 수행할 수 있도록 한다.

① CRL(Certificate Revocation List)

② RA(Registration Authority)

③ PAA(Policy Approving Authority)

④ PCA(Policy Certification Authority)

2018년 국가직 9급

153 인증서를 발행하는 인증기관, 인증서를 보관하고 있는 저장소, 공개키를 등록하거나 등록된 키를 다운받는 사용자로 구성되는 PKI(Public Key Infrastructure)에 대한 설명으로 옳지 않은 것은?

① 인증기관이 사용자의 키 쌍을 생성할 경우, 인증기관은 사용자의 개인키를 사용자에게 안전하게 보내는 일을 할 필요가 있다.

② 사용자의 공개키에 대해 인증기관이 전자서명을 해서 인증서를 생성한다.

③ 사용자의 인증서 폐기 요청에 대하여 인증기관은 해당 인증서를 저장소에서 삭제함으로써 인증서의 폐기 처리를 완료한다.

④ 한 인증기관의 공개키를 다른 인증기관이 검증하는 일이 발생할 수 있다.

해설

③ 인증서의 폐기는 인증서 폐기목록(CRL)이나 온라인 인증서 상태 프로토콜(OCSP)에 등록해야 완료된다.

2017년 국가직 9급

154 공개키 기반 구조(PKI)에서 관리나 보안상의 문제로 폐기된 인증서들의 목록은?

① Online Certificate Status Protocol

② Secure Socket Layer

③ Certificate Revocation List

④ Certification Authority

정보보안기사

155 우리나라 표준 공인인증서 프로토콜은 무엇인가?

① PGP ② X.509

③ FIPS 140-2 ④ SPKI

해설

② 우리나라에서 사용되는 공인인증서 표준 프로토콜은 X.509 규격이다.

③ FIPS-140-2는 NIST(National Institute of Standards and Technology)가 후원하는 암호화 모듈 인증이다.

정보보안기사

156 다음 중 공개키 기반의 인증시스템 표준인 X.509 공개키 인증서의 필수 항목에 포함되지 않는 것은?

① 공개키

② 공개키의 용도를 나타내는 정보

③ 인증기관에 의한 디지털 서명

④ 공개키 유효기간

해설

② 공개키의 필수 항목에는 공개키의 용도는 포함되지 않는다.

정답 152. ① 153. ③ 154. ③ 155. ② 156. ②

2017년 국가직 7급

157 무선 인터넷 보안을 위한 알고리즘이나 표준이 아닌 것은?

① WEP ② WPA－PSK

③ 802.11i ④ X.509

2016년 서울시 9급

158 다음 중 X.509 v3 표준 인증서에 포함되지 않는 것은?

① 인증서의 버전(Version)

② 서명 알고리즘 식별자(Signature Algorithm ID)

③ 유효기간(Validity Period)

④ 디렉터리 서비스 이름(Directory Service Name)

해설

디렉터리 서비스 이름은 표준 인증서에 포함되지 않는다.

2017년 경찰간부후보생

159 다음 중 공인인증서의 설명으로 옳지 않은 것은 무엇인가?

① 공인인증서는 사용자의 공개키와 사용자의 ID정보를 결합하여 인증기관의 전자서명을 포함한 문서이다.

② 공인인증서에는 버전, 발행자, 유효기간, 알고리즘 식별자, 사용자의 개인키 등이 포함되어 있다.

③ 인증기관이 자신의 키를 이용하여 전자서명을 생성 후, 인증서에 첨부하고, 인증기관 키를 사용하여 인증서의 유효성을 확인한다.

④ 공인인증서 관련한 표준으로 X.509가 있으며 대부분의 공인인증서는 이 표준을 따르고 있다.

해설

② 공인인증서에는 개인키는 포함되지 않는다.

정보보안기사

160 다음 중 공인인증서의 버전, 일련번호, 서명 알고리즘, 발급자, 유효기간, 주체 등의 정보를 포함하는 영역은 무엇인가?

① 인증서 폐기목록 영역

② 인증서 기본 영역

③ 인증서 확인 목록 영역

④ 인증서 확장 영역

해설

② X.509 인증서는 기본 영역과 확장 영역이 있으며 공인인증서의 버전, 일련번호, 서명 알고리즘, 발급자, 유효기간, 주체 등의 정보는 기본 영역에 있다.

정보보안기사

161 X.509 인증서에서 필수 항목이 아닌 것은 무엇인가?

① Version ② Issuer

③ Subject ④ Policy Mappings

해설

X.509 공개키 인증서의 필수 항목

- 인증서의 버전(Version)
- 인증서의 고유 일련번호(Serial Number)
- 서명 알고리즘 식별자(Signature Algorithm ID)
- 발급자(Issuer) 정보
- 공인인증서 유효기간(Validity Period)
- 주체(Subject : 소유자 혹은 사용자)의 정보
- 주체의 공개키(Subject Public Key Info)

정답 157. ④ 158. ④ 159. ② 160. ② 161. ④

정보보안기사

162 공개키 기반 구조 PKI의 운영 프로토콜 중 인증서 관리 및 CRL 보관소에 저장되어 있는 PKI 정보를 추가, 삭제, 변경하는 절차를 규정하고 있으며 보관소 읽기, 보관소 탐색 및 보관소 내용의 변경 등의 역할을 수행하는 프로토콜은 무엇인가?

① SET ② LDAP
③ OCSP ④ X.509

해설

② 경량 디렉터리 액세스 프로토콜(LDAP)은 조직이나 개체 그리고 인터넷이나 기업 내의 인트라넷 등 네트워크상에 있는 파일이나 장치와 같은 지원 등의 위치를 찾을 수 있게 해주는 소프트웨어 프로토콜이다.

정보보안기사

163 클라이언트가 디렉터리 정보에 접근해 디렉터리 정보를 등록, 갱신, 삭제와 검색 등을 할 수 있게 만든 것은?

① VPN ② SSL
③ LDAP ④ SNMP

정보보안기사

164 다음의 지문을 보고 PKI에 대한 설명으로 올바른 것을 모두 선택하시오.

> 가. 인증서를 발급하는 인증기관은 CA이다.
> 나. 인증서 형식은 X.509 인증서를 사용한다.
> 다. 인증서 취소목록이 CRL이다.
> 라. 인증기관 간의 상호인증을 위해서 OCSP 방식을 사용한다.
> 마. 인증기관의 구조는 계층형, 네트워크형, 복합형 구조가 있다.

① 가
② 가, 다
③ 가, 다, 마
④ 가, 나, 다, 라, 마

정보보안기사

165 서버가 인증 경로를 발견해주고, 클라이언트/서버 시스템에서 인증서의 경로 검증 유효성을 확인하기 위한 프로토콜은 다음 중 무엇인가?

① SCVP(Simple Certificate Validation Protocol)
② OCSP(Online Certificate Status Protocol)
③ CRL
④ LDAP

해설

① SCVP : 단순 인증서 검증 프로토콜
② OCSP : 온라인 인증서 상태 프로토콜
③ CRL : 인증서 폐지목록
④ LDAP : 경량 디렉터리 액세스 프로토콜

정보보안기사

166 다음 보기 내용은 무엇에 대한 설명인가?

> 본 규약은 X.509 기반 인증서의 유효성 판단에 이용되는 인터넷 규약이다. 본 규약은 표준문서 RFC 6960에 기술되어 있으며, 본 규약에 의해 통신되는 메시지는 ASN.1에 의해 부호화된다.

① CRL(Certification Revocation Lists)
② OCSP(Online Certificate Status Protocol)
③ PKI(Public Key Infrastructure)
④ SCVP(Server−based Certificate Validation Protocol)

정답 162. ② 163. ③ 164. ④ 165. ① 166. ②

해설

① CRL : 인증서 폐지목록
② OCSP : 온라인 인증서 상태 프로토콜
③ PKI : 공개키 기반 구조
④ SCVP : 단순 인증서 검증 프로토콜

정보보안기사

167 공개키 기반 구조 PKI의 인증키 유효성 검사를 실시간 수행하려 한다. 이때 필요한 적절한 방법은 무엇인가?

① LDAP 프로토콜로 인증서 유효성을 검증한다.

② CRL Repository에서 인증서 폐지목록을 다운로드 한다.

③ OCSP 프로토콜로 인증서 유효성을 검증한다.

④ HTTP 프로토콜로 인증서 상태정보를 확인한다.

해설

OCSP는 인증서 폐기목록(CRL)을 대체하기 위해 만들어졌다. 즉 인증서를 검증하는 당사자가 CRL 전체를 다운로드 받지 않고 필요한 인증서만을 네트워크를 통해 실시간으로 인증서 상태를 확인할 수 있는 방법을 제공한다.

정보보안기사

168 다음에서 설명하고 있는 암호키는 무엇인가?

> 이 암호키는 일반적으로 메시지의 기밀성 또는 무결성을 보장하기 위해서 메시지 암호화에 직접 사용되는 키이다.
> 키 계층 구조에서 이 키는 최하위에 위치하며 상위의 키에 의해 암호화된다.
> 사용기간이 매우 짧은 것이 특징이며, 송수신자가 동시에 키를 갱신한다.

① 세션키(Session Key)

② 마스터 키(Master Key)

③ 일회용키(One Time Key)

④ 키-암호화 키(Key Encryption Key)

해설

세션키는 통신을 하는 상대방끼리 하나의 통신 세션 동안에만 사용하는 암호화 키이다. 하나의 키를 사용한 암호문이 많을 경우, 이를 분석하여 키를 계산할 가능성이 있으므로 이를 막기 위해 사용하는 임시적인 키이다.

2016년 해경(보호직) 9급

169 패스워드를 저장할 때 해시를 이용하는데, 안전도를 높이기 위해 무작위 문자열을 추가한다. 이렇게 추가되는 문자열을 무엇이라 하는가?

① Nonce　　② Plaintext

③ Salt　　④ Cipher

해설

③ 솔트는 소금이라는 뜻이다. 솔트는 의사난수 생성기로 만들어지는 랜덤한 수로 키(key)를 만들 때에 패스워드와 함께 일방향 해시함수에 입력되어 더욱 안전도를 높이게 된다.

2015년 지방직 9급

170 사용자 패스워드의 보안을 강화하기 위한 솔트(salt)에 대한 설명으로 옳지 않은 것은?

① 여러 사용자에 의해 중복 사용된 동일한 패스워드가 서로 다르게 저장되도록 한다.

② 해시 연산 비용이 증가되어 오프라인 사전적 공격을 어렵게 한다.

③ 한 사용자가 동일한 패스워드를 두 개 이상의 시스템에 사용해도 그 사실을 알기 어렵게 한다.

④ 솔트 값은 보안 강화를 위하여 암호화된 상태로 패스워드 파일에 저장되어야 한다.

정답 167. ③ 168. ① 169. ③ 170. ④

해설

④ 솔트는 암호화된 상태로 패스워드 파일에 저장되는 것이 아니라 의사난수 생성기로 만들어지는 랜덤한 무작위 문자열이다.

2018년 국가직 9급

171 암호학적으로 안전한 의사(pseudo) 난수 생성기에 대한 설명으로 옳은 것은?

① 생성된 수열의 비트는 정규 분포를 따라야 한다.

② 생성된 수열의 어느 부분 수열도 다른 부분 수열로부터 추정될 수 없어야 한다.

③ 시드(seed)라고 불리는 입력값은 외부에 알려져도 무방하다.

④ 비결정적(non-deterministic) 알고리즘을 사용하여 재현 불가능한 수열을 생성해야 한다.

SECTION 6 · 전자상거래 보안

정보보안기사

172 전자상거래에 활용되는 암호화에 대한 설명이 적당하지 않은 것은?

① 전자상거래에 사용되는 암호시스템은 공개키보다 대칭키를 사용하는 시스템이다.

② 전통적으로 정보의 보안을 유지하는 가장 효과적인 방법은 암호화를 도입하는 것이다.

③ 암호화(Encryption)는 데이터를 읽을 수 없는 형태로 만드는 것을 의미한다.

④ 암호를 이용한 암호방법은 자격이 없는 임의의 방문자로부터 정보를 숨김으로써 개인의 프라이버시를 보장한다는 데 의의가 있다.

해설

① SET은 안전한 결제과정을 처리하기 위해 DES(Data Encryption Standard)와 RSA를 복합적으로 사용한 공개키 암호화 인증기술을 이용한다. 또 전자서명과 해시(Hash) 기술을 혼합한 1024비트 체계로 암호 해킹을 거의 불가능하게 만들었다.

정보보안기사

173 아래의 내용 중에서 전자지불 시스템의 기술 요건으로 해당되지 않는 것을 선택하시오.

① 전자지불 시스템 대형화

② 위조 및 변조, 부인방지

③ 전송 내용 암호화

④ 거래 상대방 신원확인

2014년 국회직 9급

174 다음 중 전자상거래를 위한 신용카드 기반의 전자지불 프로토콜은?

① SSL(Secure Socket Layer)

② PGP(Pretty Good Privacy)

③ OTP(One Time Password)

④ SSO(Single sign On)

⑤ SET(Secure Electronic Transaction)

해설

⑤ SET은 인터넷을 비롯한 모든 종류의 네트워크에서 안전하게 금융결제를 할 수 있도록 해주는 공개적인 보안체제로서 인터넷 전자상거래에 대한 금융결제를 안전하게 할 수 있도록 하는 보안상 규격으로 물품이나 금융결제마다 새로운 형태의 암호 값을 설정해 이용자 이외에는 확인할 수 없도록 하는 보안 시스템이다.

정답 171. ② 172. ① 173. ① 174. ⑤

정보보안기사

175 다음에서 설명하고 있는 프로토콜은 무엇인가?

> VISA와 Master Card사가 신용카드를 기반으로 한 인터넷상의 전자결제를 안전하게 이루어질 수 있도록 마련한 전자지불 프로토콜이다. 공개키 기반 구조를 바탕으로 사용자 인증을 수행하고, 지불 정보의 기밀성과 무결성 확보를 위한 목적으로 사용된다.

① SET(Secure Electronic Transaction)

② SSL(Secure Socket Layer)

③ TLS(Transport Layer Security)

④ SHTTP(Secure HTTP)

해설

SET은 인터넷상에서 안전한 전자상거래를 지원하는 프로토콜 규격. 미국 비자 인터내셔널(Visa International), 마스터카드 인터내셔널(Mastercard International), 마이크로소프트(Microsoft), 넷스케이프(Netscape), IBM사 등이 공동으로 표준화한 것이다. SET 프로토콜은 메시지 암호화, 인증, 디지털 서명 등을 통해 인터넷상에서 안전한 전자상거래가 이루어질 수 있도록 한다.

2015년 서울시 9급

176 SET(Secure Electronic Transaction)의 설명으로 옳은 것은?

① SET 참가자들이 신원을 확인하지 않고 인증서를 발행한다.

② 오프라인상에서 금융거래 안전성을 보장하기 위한 시스템이다.

③ 신용카드 사용을 위해 상점에서 소프트웨어를 요구하지 않는다.

④ SET은 신용카드 트랜잭션을 보호하기 위해 인증, 기밀성 및 메시지 무결성 등의 서비스를 제공한다.

해설

SET의 특징은 다음과 같다.

- SET은 이중서명(Dual signature)을 하는데, 이유는 신용카드 소지자의 카드 정보를 상인이 볼 수 없게 하고, 은행은 신용카드 소지자의 구입정보를 모르게 하기 위해서이다.
- SET 참가자들이 신원을 확인해 인증서를 발행한다.
- SET은 온라인상에서 금융거래 안전성을 보장하기 위한 시스템이다.
- SET은 신용카드 사용을 위해 상점에서 별도의 하드웨어와 소프트웨어(암호 프로토콜)를 설치해야 한다.
- SET은 신용카드 트랜잭션을 보호하기 위해 인증, 기밀성 및 메시지 무결성 등의 서비스를 제공한다.

2016년 국가(보) 9급

177 응용 보안에 대한 설명으로 옳지 않은 것은?

① HTTPS는 웹 브라우저와 웹 서버 간의 안전한 통신을 구현하기 위해 HTTP와 SSL을 결합한 것이다.

② SET은 웹 보안을 위하여 메시지 기밀성은 제공되지만, 메시지 무결성은 제공되지 않는다.

③ 공개키 기반 구조(PKI)는 전자서명, 전자상거래 등이 안전하게 구현되기 위하여 구축되어야 할 기반 기술이다.

④ 스팸메일의 문제점은 인터넷망을 통해 무차별로 전송되어 원하지 않는 사람이 읽거나 처리하는 데 많은 시간과 비용을 낭비하게 된다는 것이다.

해설

② SET은 전자서명, 해시함수, 공개키 암호기술을 이용해 기밀성, 무결성, 부인방지, 인증 등의 서비스를 제공한다.

정답 175. ① 176. ④ 177. ②

2017년 지방직 9급

178 전자우편 서비스의 보안 기술로 옳지 않은 것은?

① PGP(Pretty Good Privacy)

② S/MIME(Secure/Multipurpose Internet Mail Extension)

③ SET(Secure Electronic Transaction)

④ PEM(Privacy Enhanced Mail)

정보보안기사

179 SET(Secure Electronic Transaction)은 인터넷상의 신용카드 정보 거래 보호를 위한 암호 프로토콜이다. SET에 사용되고 있는 암호 기술이 아닌 것은?

① 디지털 서명

② 해시함수

③ 영지식 증명 프로토콜

④ 공개키 암호

해설

영지식 증명 프로토콜은 본인 신분 확인을 위하여 사용하는 방법으로 사용자의 비밀정보를 서버에게 직접적으로 제공하지 않고 사용자는 단지 그 비밀정보를 실제로 알고 있다는 사실만으로 서버에게 확신시켜 주는 방법이다. 통상의 패스워드 방식에서는 자신이 본인임을 증명하기 위해서 패스워드를 그대로 표시하게 되므로 항상 위험이 따르게 되는데 이러한 결점을 극복한 것으로, 스마트카드 및 원격지 로그인에서의 사용자 식별에 사용한다. 어떤 프로토콜이 영지식 증명이 되려면 정당성(soundness), 완전성(completeness), 영지식성(zero-knowledgeness)을 만족해야 한다.

2017년 국가직 생활안전분야 9급

180 SET(Secure Electronic Transaction)에 대한 설명으로 옳지 않은 것은?

① 신용카드를 이용한 인터넷상의 전자결제를 안전하게 할 수 있게 하는 기술이다.

② 대칭키 암호화 방식과 공개키 암호화 방식이 모두 사용된다.

③ 신용카드 정보를 판매자가 알 수 있도록 단일 서명 방식을 사용한다.

④ 신용조회 네트워크와 인터넷 사이에 설치된 지불 게이트웨이가 지불 명령을 처리한다.

해설

③ SET은 이중서명(Dual Signature)을 하는데, 이유는 신용카드 소지자의 카드 정보를 상인이 볼 수 없게 하고, 은행은 신용카드 소지자의 구입정보를 모르게 하기 위해서이다.

정보보안기사

181 전자상거래 시스템에서 요구하는 보안 요구 조건으로서 적합하지 않는 것은?

① 기밀성 ② 부인봉쇄

③ 상호 운용성 ④ 인증

해설

- 전자상거래에서는 전자지불 과정의 안전성을 보장하기 위한 방법이 확보되어야 하며, 정보보호의 목표인 기밀성(비밀성), 무결성, 가용성, 부인봉쇄(부인방지), 신분확인 및 인증, 접근통제, 보안관리 등의 요구사항을 만족해야 한다.
- ③ 상호 운용성은 보안 요구사항과 거리가 멀다.

정답 178. ③ 179. ③ 180. ③ 181. ③

2016년 서울시 9급

182 전자화폐(Electronic Cash)에 대한 설명으로 옳지 않은 것은?

① 전자화폐의 지불과정에서 물품 구입 내용과 사용자 식별정보가 어느 누구에 의해서도 연계되어서는 안 된다.

② 전자화폐는 다른 사람에게 즉시 이전할 수 있어야 한다.

③ 일정한 가치를 가지는 전자화폐는 그 가치만큼 자유롭게 분산이용이 가능해야 한다.

④ 대금 지불 시 전자화폐의 유효성 확인은 은행이 개입하여 즉시 이루어져야 한다.

해설

④ 전자화폐의 요구사항 중 오프라인성(Off-line)은 은행에 접속하지 않아도 화폐의 정당성, 유효성 등을 검사 확인할 수 있는 것으로 대금 지불 시 전자화폐의 유효성 확인은 은행의 개입 없이 즉시 확인할 수 있어야 한다는 것이다.

2017년 교행직 9급

183 다음은 신문 기사의 일부이다. 빈칸 ㉠에 공통으로 들어갈 용어로 옳은 것은?

> (㉠)은(는) 널리 활용되고 있는 암호화 화폐로서 디지털 비트와 암호화를 이용해 개방된 네트워크에서 결제를 처리하는 수단이다. 가상화폐 지갑은 가상화폐를 관리하고 주고받을 수 있는 일종의 계좌이다. 사용자는 가상화폐를 송금할 때 계좌번호에 해당하는 '공개키(Public Key)'를 사용한다. 최근에는 컴퓨터에 담긴 데이터 파일을 암호화한 뒤 사용자에게 400달러를 (㉠)(으)로 지불하라고 요구하며, 5일 안에 지불하지 않으면 금액은 두 배로 늘어나고, 7일 내에 지불하지 않으면 암호화된 파일은 삭제된다고 경고하고 있는 악의적인 공격 사례들이 증가하고 있다.

① 비트코인(Bitcoin)

② 허니 팟(Honey Pot)

③ 랜섬웨어(Ransomware)

④ 비트 채움(Bit Padding)

2018년 경찰간부후보생

184 다음 중 전자화폐의 요구사항에 포함되지 않는 것은 무엇인가?

① 이중 사용방지(Double-Spending)

② 양도성(Transferability)

③ 온라인성(On-Line)

④ 분할성(Divisibility)

2016년 서울시 9급

185 ROT13 암호로 info를 암호화한 결과는?

① kvyj ② form

③ vasb ④ kljs

해설

③ ROT13은 단순한 형태의 카이사르 암호로 영어 알파벳을 13글자씩 밀어서 만든다.

2017년 국가직 7급

186 다음에서 설명하는 것은?

> 평문을 암호화하거나 암호화된 문장을 복호화하는 전기 기계장치로 자판에 문장을 입력하면 회전자가 돌아가면서 암호화된 문장, 복호화된 평문을 만들어낸다.

① 스키테일(Scytale)

② 아핀(Affine)

③ 에니그마(Enigma)

④ 비제니어(Vigenere)

정답 182. ④ 183. ① 184. ③ 185. ③ 186. ③

PART 03
접근통제

접근통제

SECTION 1 · 접근통제 개요

정보보안기사

01 어떤 회사나 조직에서 민감한 정보를 관리할 때, 권한 없는 사용자가 이 민감 정보에 함부로 접근하여 외부로 누출, 변조, 파괴될 위험성을 차단하기 위한 보안 기술에 해당하는 것은?

① 접근제어 ② 기밀성
③ 무결성 ④ 가용성

2017년 국가직 7급

02 안전한 전자상거래를 구현하기 위해서 필요한 요건들에 대한 설명으로 옳은 것은?

① 무결성(Integrity) – 정보가 허가되지 않은 사용자(조직)에게 노출되지 않는 것을 보장하는 것을 의미한다.

② 인증(Authentication) – 각 개체 간에 전송되는 정보는 암호화에 의한 비밀 보장이 되어 권한이 없는 사용자에게 노출되지 않아야 하며, 저장된 자료나 전송 자료를 인가받지 않은 상태에서는 내용을 확인할 수 없어야 한다.

③ 접근제어(Access Control) – 허가된 사용자가 허가된 방식으로 자원에 접근하도록 하는 것이다.

④ 부인봉쇄(Non-repudiation) – 어떠한 행위에 관하여 서명자나 서비스로부터 부인할 수 있도록 해주는 것을 의미한다.

2016년 국가(보) 9급

03 시스템 접근을 허락받은 후에 그 시스템의 어떤 기능 또는 서비스를 이용할 수 있도록 필요한 권한을 부여하는 것은?

① 식별(Identification)
② 인증(Authentication)
③ 인가(Authorization)
④ 평가(Evaluation)

정보보안기사

04 다음 인증 기술 중에서 종류가 다른 한 가지는?

① 개체 인증 ② 사용자 인증
③ 신원 인증 ④ 메시지 인증

해설

인증은 사용자 인증(개체 인증, 신원 인증)과 메시지 인증(데이터 출처 인증)으로 나눌 수 있다.

정보보안기사

05 다음 접근통제 정책은 무엇인가?

> Need to Know(알 필요의 원칙 정책)라고도 불린다.
> 객체에 대한 접근에 강력한 통제 효과를 부여할 수 있다.
> 주체들은 활동에 필요한 최소한의 정보를 사용한다.

① 최소 권한 정책 ② 최대 권한 정책
③ 개체 기반 정책 ④ 그룹 기반 정책

정답 : 1. ① 2. ③ 3. ③ 4. ④ 5. ①

정보보안기사

06 다음은 어떤 보안 정책에 대한 설명이다. 가장 적절한 것은?

> 세금 고지 업무와 세금 수납 업무를 같은 사람에게 맡기지 않는다.

① 최소 권한 정책 ② 권한 분산

③ 임무분리(직무분리) ④ 권한 위임

해설

직무분리(Separation of Duty) : 업무의 발생, 승인, 변경, 확인, 배포 등이 한 사람에 의해 처리되지 않도록 직무를 분리(공모 방지)하는 것으로 직무분리로 인해서 조직 내의 사원들에 대한 태만, 의도적인 시스템 자원 남용, 경영자와 관리자의 실수와 권한남용 등 취약성을 줄일 수 있다.

정보보안기사

07 다음 설명은 무엇인가?

> 사용자는 작업을 완료하는 데 필요한 최소한의 권한만 가진 사용자 계정으로 로그인해야 한다. 또한 그 이상의 권한을 부여하지 않는다.

① 최소 권한(Least Privilege Policy)

② 직무분리(Separation of Duty)

③ 접근통제(Access Control)

④ 메시지 인증(message authentication)

해설

- 최소 권한은 알 필요의 원칙(Need-to-know) 정책이라고 불린다.
- 시스템 주체들은 그들의 활동을 위하여 최소한의 정보를 사용한다.
- 객체 접근에 대하여 강력한 통제를 부여하는 효과를 부여할 수 있다.
- 때로는 정당한 주체에게 추가적 제한을 부과할 수 있다.

SECTION 2 · 인증

2017년 국가직 9급

08 시스템과 관련한 보안 기능 중 적절한 권한을 가진 사용자를 식별하기 위한 인증관리로 옳은 것은?

① 세션관리

② 로그관리

③ 취약점 관리

④ 계정관리

2014년 서울시 9급

09 다음 중 사용자 인증(User Authentication)에 대한 설명으로 옳은 것은?

① 인터넷 뱅킹에 활용되는 OTP 단말(One Time Password Token)은 지식 기반 인증(Authentication By What The Entity Knows)의 일종이다.

② 패스워드에 대한 사전 공격(Dictionary Attack)을 막기 위해 전통적으로 Salt가 사용되어 왔다.

③ 통장 비밀번호로 흔히 사용되는 4자리 Pin(Personal Identification Number)은 소유 기반 인증(Authentication By What The Entity Has)의 일종이다.

④ 지식 기반 인증(Authentication By What The Entity Knows)의 가장 큰 문제는 오인식(False Acceptance), 오거부(False Rejection)가 존재한다는 것이다.

⑤ 건물 출입 시 사용되는 ID 카드는 사람의 신체 또는 행위 특성을 활용하는 바이오 인식(biometric verification)의 일종이다.

정답 : 6. ③ 7. ① 8. ④ 9. ②

해설

① OTP는 소유 기반 인증이다.
③ PIN은 지식 기반 인증이다.
④ 생체인증의 큰 문제는 오인식, 오거부이다.
⑤ ID카드는 소유 기반 인증이다.

2015년 국가직 9급

10 다음에 제시된 〈인증기관 1〉의 사용자 인증방법과 〈인증기관 2〉의 사용자 인증도구가 바르게 연결된 것은?

〈인증기관 1〉	〈인증기관 2〉
ㄱ. 지식 기반 인증	A. OTP 토큰
ㄴ. 소지 기반 인증	B. 패스워드
ㄷ. 생체 기반 인증	C. 홍채

	ㄱ	ㄴ	ㄷ
①	A	B	C
②	A	C	B
③	B	A	C
④	B	C	A

2016년 국가직 9급

11 사용자 인증에 사용되는 기술이 아닌 것은?

① Snort
② OTP(One Time Password)
③ SSO(Single Sign On)
④ 스마트카드

해설

① Snort : 침입탐지(IPS) 도구로 공개용 소프트웨어이다.
② OTP는 로그인 시 매번 변경되는 일회용 패스워드를 이용하며, Sniffing으로 패스워드를 얻어도 재사용이 불가능하고 다음 패스워드에 대한 유추가 수학적으로 불가능한 장점이 있다.
③ SSO(Single Sign On)는 통합인증체계로 다양한 정보시스템 한 번에 인증이 가능하다.
④ 스마트카드란 연산(프로세스)과 메모리를 갖춘 카드를 말한다. 특정업무를 처리할 수 있어 인증에 사용될 수 있다.

2015년 경찰직 9급

12 다음 중 사용자 인증(User Authentication)에 대한 설명으로 가장 적절한 것은?

① 지식 기반 인증의 가장 큰 문제는 오인식(False Acceptance), 오거부(False Rejection)가 존재한다는 것이다.
② 통장 비밀번호로 흔히 사용되는 4자리 Pin(Personal Identification Number)은 소유 기반 인증의 일종이다.
③ 패스워드에 대한 사전 공격(Dictionary Attack)을 막기 위해 전통적으로 솔트(Salt)가 사용되어 왔다.
④ 스마트카드나 OTP 단말(One Time Password Token)은 지식 기반 인증의 일종이다.

해설

① 생체인증의 큰 문제는 오인식, 오거부이다.
② PIN은 지식 기반 인증이다.
④ OTP는 소유 기반 인증이다.

정보보안기사

13 사용자가 알고 있는 지식, 예를 들면 아이디, 패스워드, 신용카드에 대한 개인식별번호 등의 지식을 기초로 접근제어를 수행하는 사용자 인증기법은 무엇인가?

① 지식 기반 사용자 인증기법
② 소유 기반 사용자 인증기법
③ 생체 기반 사용자 인증기법
④ 혼합형 사용자 인증기법

정답 10. ③ 11. ① 12. ③ 13. ①

2014년 지방직 9급

14 시스템 계정 관리에서 보안성이 가장 좋은 패스워드 구성은?

① flowerabc ② P1234567#

③ flower777 ④ Fl66ower$

해설

④ 영문 대문자, 영문 소문자, 숫자, 특수문자 등 4종류를 조합하여 최소 8자리 이상의 길이로 구성했다.

2014년 서울시 9급

15 다음 중 가장 안전한 패스워드는 어떤 것인가?

① 75481235 ② abcd1234

③ korea2034 ④ honggildong

⑤ do@ssud23

해설

⑤ 영문 소문자, 특수문자, 숫자 등 3종류를 조합하여 9자리 이상의 길이로 구성했다.

2014년 국회직 9급

16 다음 중 사이버 환경에서 사용자 인증의 수단으로 가장 적절하지 않은 것은?

① 패스워드

② 지문

③ OTP(One Time Password)

④ 보안카드

⑤ 주민등록번호

해설

⑤ 사용자 인증 수단으로 주민등록번호를 사용할 경우 불법 유출된 주민등록번호를 이용하여 다른 인증으로 사용할 수 있으므로 사용하면 안 된다.

정보보안기사

17 다음 중 패스워드를 안전하게 관리하기 위한 방법으로 잘못된 것은?

① 항상 내부적으로 암호화하여 저장한다.

② 패스워드 변경 시 이전에 사용한 패스워드는 재사용이 가능하다.

③ 구문 규칙은 최소 8자 이상, 영문자와 숫자, 특수문자의 조합으로 구성한다.

④ 이름, 전화번호, 생일, 주소 등 유추 가능한 데이터를 패스워드에 사용하지 않는다.

해설

② 패스워드의 유효기간을 설정하여 주기적으로 변경하도록 한다. 이때 패스워드 변경 시 이전에 사용한 패스워드는 재사용하지 않는다.

2015년 서울시 9급

18 패스워드가 갖는 취약점에 대한 대응 방안으로 적절치 않은 것은?

① 사용자 특성을 포함시켜 패스워드 분실을 최소화한다.

② 서로 다른 장비에 유사한 패스워드를 적용하는 것을 금지한다.

③ 패스워드 파일에의 불법적인 접근을 방지한다.

④ 오염된 패스워드는 빠른 시간 내에 발견하고, 새로운 패스워드를 발급한다.

해설

① 사용자 특성을 포함하지 않아 패스워드 분실 시 피해를 최소화한다. 즉 admin/1234 또는 admin/1q2w3e4r 처럼 추측이 가능한 패스워드를 사용하지 않는다.

정답 14. ④ 15. ⑤ 16. ⑤ 17. ② 18. ①

2015년 국가직 7급

19 주민등록번호의 유출에 대한 피해를 막기 위하여 도입된 주민등록번호 대체수반(i-PIN)에 대한 설명으로 옳은 것은?

① 주민등록번호를 저장하지 않으므로 성인 인증에는 사용되지 못한다.

② 주민등록번호를 대신하여 본인임을 확인받을 수 있는 사이버 신원확인 정보체계이나 법률적인 근거는 마련되어 있지 않다.

③ i-PIN의 안전한 통합관리를 위하여 한국인터넷진흥원을 유일한 본인확인기관으로 운영한다.

④ 주민등록번호와 달리 i-PIN은 유출되어도 해지 및 신규 발급이 가능하여 피해를 줄일 수 있다.

⑤ 생체인증은 생체정보를 인식할 때마다 발생할 수 있는 에러처리가 중요하다.

⑤ I-PIN은 주민등록번호 대신 사용할 수 있는 일회용 사용자 식별번호이다.

해설

④ i-PIN은 개인의 고유식별을 할 수 있는 주민등록번호를 대체하기 위해 만들어졌으며 변경 및 폐지가 용이하고 개인정보의 유출 가능성이 낮으며 간단한 발급으로 편의성 또한 높고 별도의 등록과 갱신 과정이 필요가 없다는 장점을 가지고 있다.

2016년 국회직 9급

20 사용자 인증 방식에 대한 설명으로 옳지 않은 것은?

① 패스워드 인증은 서버 측에서 인증시스템 구축이 용이하다는 장점이 있다.

② 시간 동기화 OTP(One Time Password)는 두 사용자가 사전에 대칭키를 공유해야 한다.

③ 전자서명 방식은 도전-응답(Challenge-Response) 프로토콜과 결합하여 사용자를 인증한다.

④ 생체인증은 생체정보를 인식할 때마다 발생할 수 있는 에러처리가 중요하다.

⑤ I-PIN은 주민등록번호 대신 사용할 수 있는 일회용 사용자 식별번호이다.

해설

⑤ I-PIN은 주민번호 대신 ID/PW를 통해 본인을 확인하는 수단이다. 이는 일회용이 아니며 일정 기간 계속 사용할 수 있다.

2014년 국회직 9급, 2017년 경찰간부후보생

21 다음 중 로봇 프로그램과 사람을 구분하는 방법의 하나로 사람이 인식할 수 있는 문자나 그림을 활용하여 자동 회원가입 및 게시글 포스팅을 방지하는 데 사용하는 방법은 무엇인가?

① 해시함수(Hash Function)

② 인증서(Certificate)

③ 전자서명(Digital Signature)

④ 캡차(CAPTCHA)

정보보안기사

22 다음은 무엇에 관한 설명인가?

> 사용자와 서버 간의 대화형 프로토콜로서 사용자의 비밀정보를 서버에게 직접적으로 제공하지 않고 사용자는 단지 그 비밀정보를 실제로 알고 있다는 사실만으로 서버에게 확신시켜 주는 방법이다. 본인 신분 확인을 위하여 사용하는 방법이다.

① 일회용 패스워드 방식

② 스마트카드 방식

③ 영지식 증명 방식

④ 시도 및 응답 방식

정답 19. ④ 20. ⑤ 21. ④ 22. ③

정보보안기사

23 다음 지문에서 설명하고 있는 기술에 해당하는 것은?

> 유효기간 없이, 매 세션마다 서로 상이한 패스워드를 사용하면, 특정 세션의 개인 식별 과정에서 해당 패스워드가 노출되어도 다른 세션에 사용될 패스워드를 예측할 수 없다.

① MAC(Message Authetication Code)

② PKI(Public Key Infrastructure)

③ PMI(Privillege Management Infrastructure)

④ OTP(One Time Password)

정보보안기사

24 사용자가 열쇠, 운전면허증, 신분증 등 다양한 형태의 물리적 매체를 통해 본인임을 주장하는 사용자 인증기법은 무엇인가?

① 지식 기반 사용자 인증기법

② 소유 기반 사용자 인증기법

③ 생체 기반 사용자 인증기법

④ 혼합형 사용자 인증기법

해설

소유 기반 인증방식은 소지한 별도 매체의 고유정보 또는 물리적 매체를 직접 제시하여 본인임을 증명할 수 있으나 매체에 대한 분실 우려가 있다.

2015년 국가직 9급

25 사용자와 인증서버 간 대칭키 암호를 이용한 시도-응답(Challenge-Response) 인증방식에 대한 설명으로 옳지 않은 것은?

① 재전송 공격으로부터 안전하게 사용자를 인증하는 기법이다.

② 인증서버는 사용자 인증을 위해 사용자의 비밀키를 가지고 있다.

③ 사용자 시간과 인증서버의 시간이 반드시 동기화되어야 한다.

④ Response값은 사용자의 비밀키를 사용하여 인증서버에서 전달받은 Challenge값을 암호화한 값이다.

해설

③ 사용자의 OTP 생성매체와 은행의 OTP 인증서버 사이에 동기화되는 기준값이 없으며 사용자가 직접 임의의 난수(질의값)를 OTP 생성매체에 입력함으로써 OTP가 생성된다.

2016년 국가직 7급

26 사용자 인증을 위한 접근방법으로는 사용자가 알고 있는 것, 사용자가 가지고 있는 것, 사용자 자신의 특성을 이용하는 것 등이 있다. 최근 사용이 증가하고 있는 OTP(One Time Password)에 대한 설명으로 옳은 것은?

① 어떤 패스워드가 일정 유형으로 반복해서 생성된다.

② 사용자가 알고 있는 정보에 의한 인증 기법이다.

③ 일반적으로 사용자 자신의 특성을 이용하는 기법들에 비하여 식별 오류 발생 가능성이 높다.

④ 생성 방식에 따라 사용자나 인증서버의 관리 부담이 발생할 수 있다.

정답 23. ④ 24. ② 25. ③ 26. ④

정보보안기사

27 OTP(One Time Password)에 대한 설명 중 틀린 것을 선택하시오.

① OTP는 매번 비밀번호를 다르게 발급할 수 있는 방법으로 동기 방식과 비동기 방식이 있다.

② OTP의 비동기 방식은 Challenge Response로 일회용 패스워드를 발급한다.

③ OTP 비동기 방식은 시도-응답 방식이 있고 시간 동기화는 매시간 비밀번호를 자동으로 생성하는 방식이다. 일정 기간 동안 OTP를 생성하지 않으면 시간 동기화는 OTP가 생성될 때까지 기다려야 하는 문제점을 가진다.

④ 이벤트 방식은 인증 횟수를 기준값으로 동기화하며, 시간 동기화 같은 대기가 발생한다.

해설

④ 이벤트 동기화 방식은 서버와 OTP 토큰이 동기화된 시간 대신에 동일한 카운트 값을 기준으로 비밀번호를 생성한다. 시간 동기화 방식은 특정 시간마다 OTP값이 변경되어 입력 도중에 값이 변경되면 대기시간이 필요하나, 이벤트 방식은 특정 이벤트값을 이용하므로 대기시간이 발생하지 않는다.

정보보안기사

28 적절한 패스워드 보호 및 관리체계에 대해 잘못 설명한 것은 무엇인가?

① 패스워드는 영문, 숫자, 특수문자를 포함하여 8글자 이상으로 만든다.

② 패스워드를 주기적으로 변경한다.

③ OTP의 유형인 Challenge Response 방식은 토큰이라 불리는 소형기기가 필요하다.

④ OTP에서 S/Key 방식이 Challenge Response보다 안전하다.

2017년 국가직 7급

29 생체인식에 대한 특징으로 옳지 않은 것은?

① 생체인식은 사람의 생체적 특징과 행동적 특징을 통한 보편성, 유일성, 영속성, 획득성을 요구한다.

② FRR은 인증 권한이 있는 사람이 인증을 시도했을 때 인증에 실패하는 비율을 말한다.

③ CER은 잘못된 거부율과 잘못된 허용 비율 곡선의 교차점을 말한다.

④ 엄격한 보안이 요구되는 경우는 FAR을 높이고, FRR을 낮춤으로써 보안성을 향상시킬 수 있다.

2018년 국가직 9급

30 생체인식 시스템은 저장되어 있는 개인의 물리적 특성을 나타내는 생체정보 집합과 입력된 생체정보를 비교하여 일치 정도를 판단한다. 다음 그림은 사용자 본인의 생체정보 분포와 공격자를 포함한 타인의 생체정보 분포, 그리고 본인 여부를 판정하기 위한 한계치를 나타낸 것이다. 그림 및 생체 인식 응용에 대한 설명으로 옳은 것만을 고른 것은?

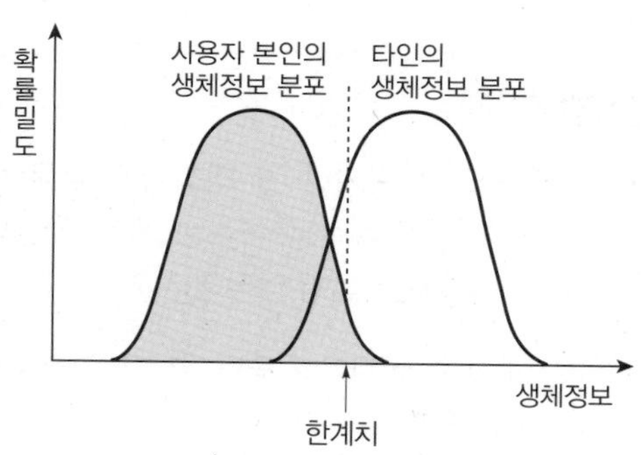

정답 27. ④ 28. ④ 29. ④ 30. ①

ㄱ. 타인을 본인으로 오인하는 허위 일치의 비율(false match rate, false acceptance rate)이 본인을 인식하지 못하고 거부하는 허위 불일치의 비율(false non-match rate, false rejection rate)보다 크다.
ㄴ. 한계치를 우측으로 이동시키면 보안성은 강화되지만, 사용자 편리성은 저하된다.
ㄷ. 보안성이 높은 응용프로그램은 낮은 허위 일치 비율을 요구한다.
ㄹ. 가능한 용의자를 찾는 범죄학 응용프로그램의 경우 낮은 허위 일치 비율이 요구된다.

① ㄱ, ㄷ　　② ㄱ, ㄹ
③ ㄴ, ㄷ　　④ ㄴ, ㄹ

2018년 경찰간부후보생

31 생체인증기술의 정확도는 부정거부율(FRR : False Rejection Rate)과 부정허용률(FAR : False Acceptance Rate)로 측정할 수 있다. 생체인증기술의 정확도에 관한 다음 설명 중 옳은 것끼리 짝지은 것은 무엇인가?

가. 사용자 편의성을 요구하는 경우 FAR이 높아지고 FRR은 낮아진다.
나. 사용자 편의성을 요구하는 경우 FRR이 높아지고 FAR은 낮아진다.
다. 보안성을 강화할 경우 FRR은 높아지고 FAR은 낮아진다.
라. 보안성을 강화할 경우 FAR은 높아지고 FRR은 낮아진다.

① 가, 다　　② 가, 라
③ 나, 다　　④ 나, 라

정보보안기사

32 바이오인식 기술은 신체 특성 이용방식과 행동학적 특성 이용방식으로 나눈다. 다음이 설명하는 것은?

사람이 타이핑을 함에 있어 숙련자든 비숙련자든 타이핑을 하는 데 독특한 리듬을 가지고 있다는 사실에 기초하고 있다.
특별한 컴퓨터의 사용자를 계속하여 모니터할 수 있고 심지어 로그온 한 사용자를 대신하여 다른 누군가가 컴퓨터를 사용하는 것도 탐지할 수 있다.
하드웨어가 필요 없고 지속적인 감시가 가능하지만, 오류율이 크고, 키 입력 내용을 타인이 확인할 수 있어 개인 사생활 보호 측면에서 사용자의 거부감이 크다는 단점이 있다.

① 지문 인식
② 손의 형태 인식
③ 키 스트로크 다이나믹
④ 정맥 패턴 인식

정보보안기사

33 사용자에 대한 인증 강도에 대한 순서가 맞는 것은?

1. 시도/응답(Challenge-response)
2. ID/Password
3. 일회용 패스워드(One-Time Password)
4. 스마트, PKI, Biometrics를 모두 결합한 인증

① 3 〈 1 〈 4 〈 2　　② 4 〈 2 〈 1 〈 3
③ 1 〈 2 〈 3 〈 4　　④ 2 〈 1 〈 3 〈 4

해설

④ 인증강도가 가장 낮은 것은 ID/PW이고 가장 높은 것은 스마트카드와 PKI를 결합한 인증이다.

정답 31. ① 32. ③ 33. ④

정보보안기사

34 다음 중 대칭키 암호방식에 근거한 키 분배 알고리즘은 어느 것인가?

① Diffie-Hellman ② PKI

③ Kerberos ④ DSS

해설

커버로스는 개방 네트워크상에서 인증과 통신의 암호화를 시행하여, 보안성을 확보하기 위한 알고리즘이다. 각 클라이언트의 패스워드를 기초로 생성한 일정 기간의 신분증명서(TGt :ticket-granting ticket)를 관리 영역 내 각 애플리케이션 서버에 접근 시 사용해서 패스워드가 누설되는 위험 부담을 줄이고 있다. 이 알고리즘의 3가지 주요 역할은 인증, 승인 및 ID 발행이다.

2016년 서울시 9급

35 중앙집중식 인증 방식인 커버로스(Kerberos)에 대한 다음 설명 중 옳은 것은 무엇인가?

① TGT(Ticket Granting Ticket)는 클라이언트가 서비스를 받을 때마다 발급받아야 한다.

② 커버로스는 독립성을 증가시키기 위해 키 교환에는 관여하지 않아 별도의 프로토콜은 도입해야 한다.

③ 커버로스 방식에는 대칭키 암호화 방식을 사용하여 세션 통신을 한다.

④ 공격자가 서비스 티켓을 가로채어 사용하는 공격에는 취약한 방식이다.

해설

① TGT(Ticket Granting Ticket)는 유효기간 동안 재사용이 가능하다.
② 커버로스는 서비스 요구를 인증하기 위해 세션키나 Ticket 등 Key 교환에 적극 관여하며, 별도의 프로토콜 도입 없이 독립적으로 동작된다.
③ TGS가 발급하는 티켓은 응용서버의 대칭키(비밀키)로 암호화된다(DES방식).
④ 커버로스에서 교환되는 티켓은 암호화되어 가로채기 공격에 취약하지 않다. 다만 패스워드 사전 공격에 약하다.

정보보안기사

36 다음 중 키 분배 방식과 관련된 내용으로 옳지 않은 것은?

① 키 분배 방식에는 사전키 분배방식과 키 공유방식이 있다.

② 가입자가 비밀통신을 할 때마다 KDC로부터 세션키를 분배받는 방식은 중앙집중식 키 분배 방식이다.

③ 커버로스 방식은 비대칭키 암호 방식이다.

④ Diffie-Hellman 키 교환방식은 MITM 공격에 취약하다.

해설

③ TGS가 발급하는 티켓은 응용서버의 대칭키(비밀키)로 암호화된다(DES방식).

2015년 지방직 9급

37 커버로스(Kerberos)에 대한 설명으로 옳지 않은 것은?

① 네트워크 기반 인증 시스템으로 공개키 기반 구조를 이용하여 사용자 인증을 수행한다.

② 인증서버는 사용자를 인증하며 TGS(Ticket Granting Server)를 이용하기 위한 티켓을 제공한다.

③ TGS는 클라이언트가 서버로부터 서비스를 받을 수 있도록 티켓을 발급한다.

④ 인증서버나 TGS로부터 받은 티켓은 클라이언트가 그 내용을 볼 수 없도록 암호화되어 있다.

정답 : 34. ③ 35. ③ 36. ③ 37. ①

해설

36번 해설 참고

2016년 국가직 7급

38 커버로스(Kerberos) 버전 4에 대한 설명으로 옳지 않은 것은?

① 커버로스는 클라이언트와 응용서버 간의 상호 인증을 중재하는 제3자 인증 서비스를 제공한다.

② 커버로스 서버는 AS(Authentication Server)와 TGS(Ticket Granting Server)로 구성된다.

③ TGS가 발급하는 티켓은 응용서버의 공개키로 암호화된다.

④ 한 번 인증을 받은 클라이언트는 TGS에 여러 차례 접속할 수 있고 여러 응용서버에 접속할 때 사용할 티켓들을 획득할 수 있다.

해설

36번 해설 참고

정보보안기사

39 다음 중 커버로스 v5 프로토콜의 구성요소가 아닌 것은?

① KDC(Key Distribution Center)

② PCL(Permission Control List)

③ 서비스 티켓(Service Ticket)

④ TGT(Ticket-Granting Ticket)

해설

PCL(Permission Control List)은 커버로스의 구성요소가 아니다.

2018년 국가직 9급

40 사용자 워크스테이션의 클라이언트, 인증서버(AS), 티켓발행서버(TGS), 응용서버로 구성되는 Kerberos에 대한 설명으로 옳은 것은? (단, Kerberos 버전 4를 기준으로 한다.)

① 클라이언트는 AS에게 사용자의 ID와 패스워드를 평문으로 보내어 인증을 요청한다.

② AS는 클라이언트가 TGS에 접속하는 데 필요한 세션키와 TGS에 제시할 티켓을 암호화하여 반송한다.

③ 클라이언트가 응용서버에 접속하기 전에 TGS를 통해 발급받은 티켓은 재사용될 수 없다.

④ 클라이언트가 응용서버에게 제시할 티켓은 AS와 응용서버의 공유 비밀키로 암호화되어 있다.

정보보안기사

41 MIT에서 개발한 Kerberos 시스템에서 재생공격(Replay Attack)을 방지하기 위한 것으로 올바른 것은 무엇인가?

① 발급된 티켓에 대한 암호화

② Time stamp

③ 티켓서버와 인증서버로 분리하여 관리

④ 클라이언트 인증처리

해설

② 커버로스에서는 타임스탬프(Time stamp)를 이용해 재생공격(Reply Attack)을 예방할 수 있다.

정답 38. ③ 39. ② 40. ② 41. ②

2014년 서울시 9급

42 다음 중 Kerberos 인증 프로토콜에 대한 설명으로 옳지 않은 것은?

① Needham–Schroeder 프로토콜을 기반으로 만들어졌다.

② 대칭키 암호 알고리즘(Algorithm)을 이용한다.

③ 중앙 서버의 개입 없이 분산 형태로 인증을 수행한다.

④ 티켓 안에는 자원 활용을 위한 키와 정보가 포함되어 있다.

⑤ TGT를 이용해 자원 사용을 위한 티켓을 획득한다.

해설

③ 커버로스는 인증기능을 가진 AS와 티켓을 발행하는 TGS로 구성된 KDC(Key Distribution Center : 키 분배 센터)에 접속한다. 즉 중앙 서버인 티켓발급서버(TGS)를 이용한다.

2015년 서울시 9급

43 다음 중 커버로스(Kerberos)에 대한 설명으로 옳지 않은 것은?

① 커버로스는 개방형 분산 통신망에서 클라이언트와 서버 간의 상호인증을 지원하는 인증 프로토콜이다.

② 커버로스는 시스템을 통해 패스워드를 평문 형태로 전송한다.

③ 커버로스는 네트워크 응용 프로그램이 상대방의 신분을 식별할 수 있게 한다.

④ 기본적으로 비밀키 알고리즘인 DES를 기반으로 하는 상호인증 시스템으로 버전 4가 일반적으로 사용된다.

해설

② TGS가 발급하는 티켓은 응용서버의 대칭키(비밀키)로 암호화된다(DES방식).

2014년 국회직 9급

44 커버로스(Kerberos)에 대한 설명 중 맞는 것은?

① 커버로스는 공개키 암호를 사용하기 때문에 확장성이 좋다.

② 커버로스 서버는 서버인증을 위해 X.509 인증서를 이용한다.

③ 커버로스 서버는 인증서버와 티켓발행서버로 구성된다.

④ 인증서버가 사용자에게 발급한 티켓은 재사용할 수 없다.

⑤ 커버로스는 two party 인증 프로토콜로 사용 및 설치가 편리하다.

해설

① TGS가 발급하는 티켓은 응용서버의 대칭키(비밀키)로 암호화된다(DES방식).
② 커버로스에서 클라이언트는 인증서버(AS)로부터 인증을 얻기 위해 패스워드를 사용하여 인증서버에 자신을 인증한다.
④ TGT(Ticket Granting Ticket)는 유효기간 동안 재사용이 가능하다.
⑤ 커버로스의 전반적인 기법은 신뢰받는 제3자 인증 서비스 기법이다.

정보보안기사

45 IEEE 802.1x 인증이 널리 사용되고 있다. IEEE 802.1x를 사용하는 서버는 무엇인가?

① 프락시 서버　② Kerberos 서버

③ RADIUS 서버　④ DNS 서버

정답 : 42. ③ 43. ② 44. ③ 45. ③

해설

RADIUS(remote authentication dial-in user services) : 유무선 이동 및 인터넷 환경(무선랜)에서 가입자에 대해 안전하고 신뢰성 있는 인증(Authentication), 권한검증(Authorization), 과금(Accounting) 기능을 체계적으로 제공하는 정보보호 기술이다.

SECTION 3 · 접근통제 보안 모델

2016년 국회직 9급

46 자원의 접근제어 방법 중 강제적 접근제어(Mandatory Access Control)에 해당하는 것으로 옳은 것은?

① 자원마다 보안 등급이 부여된다.

② 사용자별로 접근권리를 이전할 수 있다.

③ UNIX 운영체제의 기본 접근제어 방식이다.

④ 조직의 역할에 따라 접근권한을 부여하는 방식이다.

⑤ 자원의 소유자가 자원에 대한 접근권한을 설정한다.

해설

① MAC, ② DAC, ③ DAC, ④ RBAC, ⑤ DAC

2015년 서울시 9급

47 다음은 접근통제(access control) 기법에 대한 설명이다. 강제 접근제어(Mandatory Access Control)에 해당되는 것은?

① 각 주체와 객체 쌍에 대하여 접근통제 방법을 결정한다.

② 정보에 대하여 비밀 등급이 정해지며 보안 레이블을 사용한다.

③ 주체를 역할에 따라 분류하며 접근권한을 할당한다.

④ 객체의 소유자가 해당 객체의 접근통제 방법을 변경할 수 있다.

해설

① 접근통제행렬 방법, ② MAC, ③ RBAC, ④ DAC

정보보안기사

48 다음 지문에서 설명하고 있는 '접근통제' 정책은 무엇인가?

> 이 보안 정책은 최초 1980년대 후반 미국의 국방성에서 시작되었다. 국방성에서 사용하는 문서에는 보안 등급이 있었으며, 문서를 읽기 위해서는 문서의 보안 등급과 같거나 높은 보안 등급이 필요했다. 컴퓨터의 발전으로 종이 형태로 보관되던 정보는 컴퓨터로 옮겨지게 되었으며, 종이문서의 보안 등급이 컴퓨터에 저장된 정보에도 적용되어야 했다. 이 보안 정책은 컴퓨터에서의 정보와 사용자 간의 보안정책을 명시하고 있다.

① MAC ② MLS

③ DAC ④ RBAC

해설

MAC 접근통제 방식은 각 주체가 각 객체에 접근할 때마다 관리자에 의해 사전에 규정된 규칙과 비교하여 그 규칙을 만족하는 주체에게만 접근권한을 부여하는 기법으로, 자원마다 보안 등급을 부여하는 것이 특징이다.

2017년 국가직 9급

49 각 주체가 각 객체에 접근할 때마다 관리자에 의해 사전에 규정된 규칙과 비교하여 그 규칙을 만족하는 주체에게만 접근권한을 부여하는 기법은?

① Mandatory Access Control

② Discretionary Access Control

③ Role Based Access Control

④ Reference Monitor

정답 46. ① 47. ② 48. ① 49. ①

2015년 지방직 9급, 정보보안기사

50 데이터 소유자가 다른 사용자의 식별자에 기초하여 자신의 의지대로 데이터에 대한 접근권한을 부여하는 것은?

① 강제적 접근제어(MAC)

② 임의적 접근제어(DAC)

③ 규칙 기반 접근제어(Rule-based AC)

④ 역할 기반 접근제어(RBAC)

2014년 국가직 7급

51 다음 설명에 해당하는 접근제어 정책은?

> 한 개체(entity)가 자신의 의지로 다른 개체의 자원에 접근할 수 있는 권한을 승인받을 수 있다.

① MAC(Mandatory Access Control)

② DAC(Discretionary Access Control)

③ ACL(Access Control List)

④ RBAC(Role Based Access Control)

정보보안기사

52 다음 중 시스템 접근통제 모델 분류에 속하지 않는 것은 무엇인가?

① RBAC ② MAC

③ DAC ④ ACM

해설

ACM(Access Control Matrix : 접근통제행렬)은 접근 주체와 접근 객체에 대한 접근권한을 제어하는 방법의 하나이다. 사용자나 프로세스 등 접근 주체와 시스템 자원, 통신 자원 등 접근 객체를 접근제어 행렬의 테이블 형태로 유지하는 방식으로, 주체별·객체별 접근권한을 나타낸다.

정보보안기사

53 다음 지문은 어떤 접근제어 정책에 대한 설명인가?

> 주체나 또는 그들이 소속되어 있는 그룹들의 ID에 근거하여 객체에 대한 접근을 제한한다. 즉 객체의 소유자에 의하여 임의적으로 접근통제가 이루어진다. 그러므로 어떠한 접근 허가를 가지고 있는 한 주체는 임의의 다른 주체에게 자신의 접근권한을 넘겨줄 수 있다.

① MAC(Mandatory Access Control)

② RBAC(Role Based Access Control)

③ CBAC(Context-Based Access Control)

④ DAC(Discretionary Access Control)

해설

DAC은 Unix운영체계의 기본 접근제어방식으로 데이터의 소유자(Owner)가 다른 사용자의 식별자(ID)에 기초하여 자신의 의지대로 데이터에 대한 접근권한을 부여할 수 있다.

2014년 경찰직 9급, 2015년 경찰직 9급

54 접근통제 정책에 대한 설명 중 가장 적절하지 않은 것은?

① BLP 모델 : 수학적 모델로 기밀성 유지에 중점을 두고 있다.

② 임의적 접근통제(DAC) : 관리자만이 시스템 객체의 보안 레이블과 사용자의 보안 등급을 수정할 수 있다.

③ 강제적 접근통제(MAC) : 하나의 주체, 객체 단위로 접근권한을 설정하기 어렵다.

④ 역할 기반 접근통제(RBAC) : 직무순환이 빈번하게 발생하고 보호해야 할 자산과 사원 수가 많은 대규모 조직에 적합하다.

정답 50. ② 51. ② 52. ④ 53. ④ 54. ②

⑤ 문맥 의존성 접근통제(Context-dependent AC) : 주체의 내용에 따라 주체의 접근을 제어한다.

해설

② DAC은 객체의 소유자가 해당 객체의 접근통제 방법을 변경할 수 있다. 즉 관리자만이 보안 등급을 수정할 수 있다는 표현은 적절하지 않다.

2017년 국회직 9급

55 접근제어 모델에 대한 설명으로 옳지 않은 것은?

① DAC(Discretionary Access Control)는 정보의 소유자가 보안 등급을 결정하고 이에 대한 정보의 접근제어도 설정하는 모델이다.

② MAC(Mandatory Access Control)는 사용자 계정에 기반하며, 자원의 소유자가 다른 사용자의 보안 레벨을 수정할 수 있다.

③ BLP(Bell-LaPadula) 모델은 자신보다 높은 보안 레벨의 문서에 쓰기는 가능하지만, 보안 레벨이 낮은 문서에는 쓰기 권한이 없다.

④ BLP의 보안 목적은 기밀성이지만, Biba 모델은 정보의 무결성을 높이는 데 있다.

⑤ RBAC(Role Based Access Control)는 정보에 대한 사용자의 접근을 개별적인 신분이 아니라 조직 내 개인 역할에 따라 허용 여부를 결정하는 모델이다.

해설

② DAC에 대한 설명이다.

2018년 경찰간부후보생

56 임의적 접근통제(DAC : Discretionary Access Control)에 관한 다음 설명 중 가장 옳지 않은 것은 무엇인가?

① 객체(데이터)의 소유주에 의하여 접근권한 변경이 가능하다.

② 일반적으로 ACL(Access Control List)을 통해서 이루어진다.

③ 민감도 레이블(Sensitivity Label)에 따라 접근을 허용할지 결정한다.

④ ID 기반 접근통제이다.

2017년 서울시 9급

57 다음 〈보기〉가 설명하는 접근제어방식은?

> 주체나 그것이 속해 있는 그룹의 신원에 근거하여 객체에 대한 접근을 제한하는 방법으로 자원의 소유자 혹은 관리자가 보안관리자의 개입 없이 자율적 판단에 따라 접근권한을 다른 사용자에게 부여하는 기법이다.

① RBAC ② DAC

③ MAC ④ LBAC

2014년 서울시 9급

58 다음의 접근제어 모델 중 대상 기반의 접근제어가 아니라 특정한 역할을 정의하고 각 역할에 따라 접근권한을 지정하고 제어하는 방식은?

① ACL ② DAC

③ RBAC ④ MAC

⑤ Capability

해설

RBAC : 회사(영업부, 기획부)처럼 직무순환이 빈번히 발생되는 환경에 적합한 접근제어 모델이다.

정답 55. ② 56. ③ 57. ② 58. ③

2016년 국가직 9급

59 임의 접근제어(DAC)에 대한 설명으로 옳지 않은 것은?

① 사용자에게 주어진 역할에 따라 어떤 접근이 허용되는지를 말해주는 규칙에 기반을 둔다.

② 주체 또는 주체가 소속되어 있는 그룹의 식별자(ID)를 근거로 객체에 대한 접근을 승인하거나 제한한다.

③ 소유권을 가진 주체가 객체에 대한 권한의 일부 또는 전부를 자신의 의지에 따라 다른 주체에게 부여한다.

④ 전통적인 UNIX 파일 접근제어에 적용되었다.

해설

① RBAC

2014년 국가직 9급

60 다음 설명에 해당하는 접근제어 모델은?

> 조직의 사용자가 수행해야 하는 직무와 직무 권한 등급을 기준으로 객체에 대한 접근을 제어한다. 접근권한은 직무에 허용된 연산을 기준으로 허용함으로 조직의 기능 변화에 따른 관리적 업무의 효율성을 높일 수 있다. 사용자가 적절한 직무에 할당되고, 직무에 적합한 접근권한이 할당된 경우에만 접근할 수 있다.

① 강제적 접근제어(Mandatory Access Control)

② 규칙 기반 접근제어(Rule-Based Access Control)

③ 역할 기반 접근제어(Role-Based Access Control)

④ 임의적 접근제어(Discretionary Access Control)

정보보안기사

61 다음 지문에서 설명하는 접근통제 방식은 무엇인가?

> 이 접근통제 방식에서는 사용자 등 주체의 역할을 기반으로 객체에 대한 주체의 접근권한을 결정한다. 이 방식은 원칙적으로 보안정책에 중립적이다.

① DAC ② MAC

③ MLS ④ RBAC

정보보안기사

62 다음 지문에서 설명하고 있는 접근통제 방법은?

> 은행의 지점장은 예금 및 출금거래를 하는 고객의 계정기록을 금액의 한도 없이 허용하고, 모든 계정기록의 조회와 계정의 개설 및 폐지를 할 수 있도록 권한이 부여된다. 출납계는 예금을 처리하기 위해 고객의 계정기록을 수정하고 모든 계정기록에 대한 조회를 할 수 있도록 권한이 부여된다. 시스템 관리자는 시스템의 운영과 시스템 기록에 대한 조회만을 할 수 있으며, 고객의 계정정보는 읽거나 수정할 수 없도록 권한이 부여된다.

① 임의적 접근통제 정책

② 역할 기반 접근통제 정책

③ 강제적 접근통제 정책

④ 신원 기반 접근통제 정책

해설

조직의 역할에 따라 접근권한을 부여하는 방식으로 주체를 역할에 따라 분류하며 접근권한을 할당했다.

정답 59. ① 60. ③ 61. ④ 62. ②

정보보안기사

63 다음 중에서 직무를 기반으로 하는 접근통제 방식은?

① RBAC ② DAC
③ MAC ④ MLS

2017년 지방직 9급

64 정보시스템의 접근제어 보안 모델로 옳지 않은 것은?

① Bell LaPadula 모델
② Biba 모델
③ Clark-Wilson 모델
④ Spiral 모델

해설

Spiral 모델은 소프트웨어 개발방법론의 하나로 점진적이고 반복적인 개발 이론 모델이다.

정보보안기사

65 높은 보안 등급으로부터 낮은 보안 등급으로 정보가 유출되는 것을 방지하는 것으로, 정보의 불법적인 파괴나 변조보다는 불법적인 비밀 유출 방지에 중점을 둔 최초의 수학적 모델로 알려진 접근통제 모델에 해당하는 것은?

① BLP(Bell-LaPadula)
② Biba
③ Chinese Wall
④ Clark-Wilson

해설

① 군대의 보안 등급처럼 그 정보의 기밀성에 따라 상하 관계가 구분된 정보를 보호하기 위한 접근제어 모델이다.

2016년 국가직 7급

66 다중수준 보안(Multi-level Security) 시스템을 대상으로 다음 사항을 준수하는 보안 모델은?

> 주체는 자신과 같거나 자신보다 낮은 보안 수준의 객체만 읽을 수 있음 (no read up)
> 주체는 자신과 같거나 자신보다 높은 보안 수준의 객체에만 쓸 수 있음 (no write down)

① 벨라파둘라(Bell-Lapadula)
② 비바(Biba)
③ 클락윌슨(Clark-Wilson)
④ 중국인벽(Chinese wall)

2014년 국회직 9급

67 Bell-LaPadula 보안 모델은 다음 중 어느 요소에 가장 많은 관심을 가지는 모델인가?

① 비밀성(Confidentiality)
② 무결성(Integrity)
③ 부인방지(Non-repudiation)
④ 가용성(Availability)
⑤ 인증(Authentication)

해설

① 높은 보안 등급으로부터 낮은 보안 등급으로 정보가 유출되는 것을 방지하는 것으로, 정보의 불법적인 파괴나 변조보다는 불법적인 비밀 유출 방지에 중점을 둔 최초의 수학적 모델로 알려진 접근통제 모델이다.

정답 63. ① 64. ④ 65. ① 66. ① 67. ①

2015년 국가직 7급

68 다음 내용에 해당하는 접근제어 모델을 바르게 나열한 것은?

ㄱ. 권한을 직접 사용자에게 부여하는 대신 역할에 권한을 부여하고, 사용자들에게 적절한 역할을 할당하는 접근제어 모델
ㄴ. 한 사람이 모든 권한을 갖는 것을 방지하는 것으로서 정보의 입력·처리·확인 등을 여러 사람이 나누어 각 부분별로 관리하도록 하여 자료의 무결성을 보장하는 접근제어 모델
ㄷ. 군대의 보안 등급처럼 그 정보의 기밀성에 따라 상하 관계가 구분된 정보를 보호하기 위한 접근제어 모델

① ㄱ : 역할 기반 접근제어 모델, ㄴ : 클락 윌슨 모델, ㄷ : 벨-라파듈라 모델
② ㄱ : 임의적 접근제어 모델, ㄴ : 클락 윌슨 모델, ㄷ : 비바 모델
③ ㄱ : 역할 기반 접근제어 모델, ㄴ : 만리장성 모델, ㄷ : 비바 모델
④ ㄱ : 임의적 접근제어 모델, ㄴ : 만리장성 모델, ㄷ : 벨-라파듈라 모델

2016년 국가직 9급

69 Bell-LaPadula 보안 모델의 *-속성(star property)이 규정하고 있는 것은?

① 자신과 같거나 낮은 보안 수준의 객체만 읽을 수 있다.
② 자신과 같거나 낮은 보안 수준의 객체에만 쓸 수 있다.
③ 자신과 같거나 높은 보안 수준의 객체만 읽을 수 있다.
④ 자신과 같거나 높은 보안 수준의 객체에만 쓸 수 있다.

해설

④ 스타속성규칙(Star(*) Security Rule) : 주체는 자신과 같거나 자신보다 높은 보안 수준의 객체에만 쓸 수 있다.

2016년 지방직 9급

70 접근통제(access control) 모델에 대한 설명으로 옳지 않은 것은?

① 임의적 접근통제는 정보 소유자가 정보의 보안 레벨을 결정하고 이에 대한 정보의 접근제어를 설정하는 모델이다.
② 강제적 접근통제는 중앙에서 정보를 수집하고 분류하여, 각각의 보안 레벨을 붙이고 이에 대해 정책적으로 접근제어를 설정하는 모델이다.
③ 역할 기반 접근통제는 사용자가 아닌 역할이나 임무에 권한을 부여하기 때문에 사용자가 자주 변경되는 환경에서 유용한 모델이다.
④ Bell-LaPadula 접근통제는 비밀노출 방지보다는 데이터의 무결성 유지에 중점을 두고 있는 모델이다.

해설

④ 기밀성만 강조한 최초의 수학적 검증 모델로 국방부(DoD)의 지원을 받아 정립된 보안 모델이다.

정보보안기사

71 다음 중 상위 등급의 주체가 하위 등급의 객체에 정보의 쓰기를 수행할 수 없도록 하는 속성(no write-down 속성)을 가진 보안 모델은?

① Chinese wall 모델
② Biva 모델
③ Clark-Wilson 모델
④ Bell-LaPadula 모델

정답 : 68. ① 69. ④ 70. ④ 71. ④

2018년 경찰간부후보생

72 다음 지문에서 설명하는 접근통제 모델은 무엇인가?

> 접근통제 모델 중 효율적인 업무처리(Well-formed transactions)와 직무분리(Separation of duties) 두 가지 원칙을 통해 좀 더 정교하게 무결성을 보장하는 모델이다.

① 벨-라파듈라(Bell-LaPadula)

② 비바(Biba)

③ 테이크 그랜트(Take Grant)

④ 클락-윌슨(Clark-Wilson)

2017년 국가직 생활안전분야 9급

73 컴퓨터 보안의 형식 모델에 대한 설명으로 옳은 것은?

① Bell-LaPadular 모델은 다중 수준 보안에서 높은 수준의 주체가 낮은 수준의 주체에게 정보를 전달하는 것을 다루기 위한 것이다.

② Biba 모델은 데이터 무결성을 위한 것으로, 사용자 자신과 같거나 자신보다 낮은 무결성 수준의 데이터에만 쓸 수 있고, 자신과 같거나 자신보다 높은 무결성 수준의 데이터만 읽을 수 있도록 한 것이다.

③ Bell-LaPadular 모델은 이해 충돌이 발생할 수 있는 상업용 응용프로그램을 위해 개발되었으며, 강제적 접근 개념을 배제하고 임의적 접근 개념을 이용한 것이다.

④ Clark-Wilson 모델은 강력한 기밀성 모델을 제안하며, 데이터 및 데이터를 조작하는 트랜잭션에 높은 수준의 기밀성을 제공한다.

SECTION 4 · 접근통제 보안 위협

2014년 국가직 7급

74 패스워드(Password)에 사용될 수 있는 문자열의 범위를 정하고, 그 범위 내에서 생성 가능한 패스워드를 활용하는 공격은?

① 레인보 테이블(Rainbow Table)을 이용한 공격

② 사전 공격(Dictionary Attack)

③ 무작위 대입 공격(Brute-Force Attack)

④ 차분 공격(Differential Attack)

해설

무작위 대입 공격은 성공할 때까지 가능한 모든 조합의 경우의 수를 대입해 시도하는 해킹 방법이다. 이 경우 정확한 패스워드가 일치할 때까지 모든 가능한 문자의 나열을 시도하는 자동화된 툴이 사용된다.

2014년 경찰직 9급

75 다음 설명에 해당하는 암호해독(Cryptanalysis) 공격으로 가장 적절한 것은?

> 통상적으로 자주 사용하는 비밀번호를 사전식으로 모아서 직접 대입하는 방식이다.

① 전수조사 공격(Brute force Attack)

② 통계적 공격(Statistical Attack)

③ 사전 공격(Dictionary Attack)

④ 패턴 공격(Pattern Attack)

해설

사전 공격이란 패스워드에 특정 패턴이 있음을 이용한 공격으로, 패스워드로 사용할 만한 것을 사전으로 만들어 놓고 하나씩 대입하는 공격이다. 패스워드 사전 파일을 이용하여 접속 계정을 알아내는 해킹 방법이다. 일반적으로 패스워드에 사용하기 위해 선택되는 수백 혹은 수천 개의 단어를 포함하는 소프트웨어를 가지고 수행된다.

정답 : 72. ④ 73. ② 74. ③ 75. ③

2016년 국가(보) 9급

76 패스워드 공격에 대한 설명으로 옳지 않은 것은?

① 사용자의 패스워드는 암호화하여 저장하는 것이 안전하다.

② 패스워드를 알아내기 위하여 사용자의 신원이나 주변 정보로 패스워드를 알아내는 사회공학적 방법이 있다.

③ Brute force 공격은 사용자가 패스워드를 입력할 때 가로채는 공격이다.

④ Crypt() 함수를 이용하여 패스워드를 추측할 수 있다.

해설

- ③ Brute force는 무작위 대입 공격이다.
- 사용자가 패스워드를 입력할 때 가로채는 공격은 키로깅 공격이다.
- ④ Crypt() 함수는 암호화하는 함수이다.

2017년 지방직 9급

77 다음에서 설명하는 패스워드 크래킹(Cracking) 공격 방법은?

> 사용자가 설정하는 대부분의 패스워드에 특정 패턴이 있음을 착안한 방법으로 패스워드로 사용할 만한 것을 사전으로 만들어놓고 이를 하나씩 대입하여 일치 여부를 확인하는 방법이다.
> 패스워드에 부가적인 정보(salt)를 덧붙인 후 암호화하여 저장함으로써 이 공격에 대한 내성을 향상시킬 수 있다.

① Brute Force 공격

② Rainbow Table을 이용한 공격

③ Flooding 공격

④ Dictionary 공격

정답 : 76. ③ 77. ④

정보보호론 기출문제집

PART 04

네트워크 보안

네트워크 보안

SECTION 1 · 네트워크 개요

정보보안기사

01 호스트가 네트워크를 통해 다른 장비로 데이터를 전송할 때 프로토콜 정보와 함께 데이터가 캡슐화(Encapsulation)된다고 정의한다. 다음 OSI 참조 모델 각 계층에서 캡슐화를 순서대로 정렬한 것 중 맞는 것은?

① Bit→Frame→Packet→Segment

② Packet→Frame→Bit→Segment

③ Segment→Packet→Bit→Frame

④ Segment→Packet→Frame→Bit

해설

④ OSI 참조 모델에서 캡슐화는 응용계층에서는 Message, TCP는 세그먼트, IP는 패킷, MAC은 프레임, 물리계층(PHY)에서는 Bit 또는 Signal의 순서대로 캡슐화된다.

정보보안기사

02 트랜스포트 계층(Transport layer)은 상위 계층으로부터 데이터를 수신하고, 이를 일정한 크기로 분리하여 캡슐화한다. 이때 생성되는 PDU(Protocol Data Unit)를 무엇이라 하는가?

① 세그먼트(Segment)

② 패킷(Packet)

③ 프레임(Frame)

④ 비트(Bit)

정보보안기사

03 정보를 교환하고 통신하기 위해 각 레이어는 PDU(Protocol Data Unit)를 사용한다. OSI 참조 모델의 Network layer에서 사용하는 PDU를 무엇이라 하는가?

① 세그먼트(Segments)

② 패킷(Packet)

③ 프레임(Frame)

④ 비트(Bit)

정보보안기사

04 다음 중 TCP 프로토콜과 관련이 없는 것은?

① 연결지향성

② 신뢰성

③ 3-way 핸드셰이킹

④ 데이터그램

해설

데이터그램(datagram) : 패킷 교환망에서 취급되는 패킷의 일종으로 다른 패킷과는 독립으로 취급되며, 발신 단말에서 수신 단말에 이르는 경로를 결정하기 위한 정보를 내부에 포함하는 패킷이다. 일반적으로 IP가 사용하는 패킷을 데이터그램(datagram)이라고 한다. 데이터그램은 가변 길이의 패킷으로 헤더와 페이로드(데이터)로 이루어져 있다. 문제에서는 TCP의 특징에 관해 질문한 것으로 대표적으로 연결지향성, 신뢰성, 3 way 핸드셰이킹이 있다.

정답 1. ④ 2. ① 3. ② 4. ④

2016년 해경(보호직) 9급

05 TCP와 UDP를 비교한 것 중 잘못된 것은?

① UDP는 비연결형 서비스이고, TCP는 연결형 서비스이다.

② TCP는 수신순서가 데이터의 송신순서와 동일하지만, UDP는 송신순서와 다를 수 있다.

③ TCP는 바이트 스트림 단위로, UDP는 블록 단위로 비트 정보를 전송한다.

④ TCP와 UDP는 오류제어와 흐름제어 기능을 수행한다.

해설

- ④ TCP와 달리 비연결지향형으로 연결 설정을 위한 지연시간이 걸리지 않아 실시간 고속 데이터 전송(대표적으로 VoIP 서비스)에 적합하다.
- 확인응답을 위한 ACK가 없어 패킷의 정확한 전달은 보장하지 않는 프로토콜이다.
- UDP는 비신뢰, 비연결지향성으로 TCP와 달리 오류제어, 흐름제어 기능을 수행하지 않는다.

정보보안기사

06 UDP는 하나의 호스트에 있는 여러 개의 프로세스로부터 전송되는 사용자 데이터그램을 처리하기 위하여 다음 중 무엇을 이용하는가?

① 흐름 제어 ② 오류 제어

③ 순서 번호 ④ 다중화

해설

다중화(Multiplexing) : 다수의 프로세스로부터 메시지를 받아들여 각각의 프로세스마다 할당받은 포트 번호를 UDP 헤더에 덧붙여서 IP 계층으로 전달한다.

정보보안기사

07 다음의 OSI 7 계층 중 (A), (B) 계층에 대한 설명으로 바른 것을 모두 고르시오.

애플리케이션층
표현층
세션층
(A)
네트워크층
(B)
물리층

a. (A)계층은 통신 경로상의 지점 간(link-to-link)의 오류 없는 데이터 전송에 관여한다.
b. (A)계층은 종단-대-종단에 대한 흐름제어를 제공한다.
c. (A)계층은 하나의 프로세스에서 다른 프로세스로 메시지를 전달하는 책임을 진다.
d. (B)계층은 상위 계층에서 받은 패킷에 발신자와 목적지의 논리 주소(logical address)를 헤더에 추가한다.
e. (B)계층은 프레임이라는 데이터 단위로 구성한다.

① a, b, d ② b, c, e

③ a, c, e ④ a, b, c

해설

a. 통신 경로상의 지점 간(link-to-link)의 오류 없는 데이터 전송에 관여하는 계층은 2계층 데이터링크 계층이다.
b. 종단-대-종단(end to end)에 대한 흐름제어를 제공하는 계층은 4계층(전송계층)이다.
c. 하나의 프로세스에서 다른 프로세스로 메시지를 전달하는 책임을 지는 계층은 4계층(전송계층)이다.
d. 상위 계층에서 받은 패킷에 발신자와 목적지의 논리 주소(logical address : IP Address)를 헤더에 추가하는 계층은 3계층(네트워크 계층)이다.
e. 프레임이라는 데이터 단위로 구성되는 계층은 2계층(데이터링크 계층)이다.

정답 5. ④ 6. ④ 7. ②

정보보안기사

08 높은 신뢰도 및 제어용 메시지가 필요 없고 비연결형 서비스에 사용되는 것은 무엇인가?

① TCP　② ARP

③ UDP　④ OSPF

정보보안기사

09 다음 중 괄호 안에 들어갈 내용으로 옳은 것은?

> OSI 7계층에서 (ㄱ)은 물리계층으로부터 제공되는 물리적 특성을 이용하여 인접한 두 장치 간에 데이터 송수신을 수행한다.
> (ㄱ)은 (ㄴ)와 (ㄷ)라는 두 개의 부계층으로 나눈다.

	ㄱ	ㄴ	ㄷ
①	데이터링크 계층	논리링크 제어	오류제어
②	데이터링크 계층	논리링크 제어	매체접근제어
③	네트워크 계층	흐름제어	오류제어
④	네트워크 계층	흐름제어	매체접근제어

해설

② 데이터링크 계층은 논리링크 제어(LLC : Logical Link Control)와 매체접근제어(MAC : Media Access Control)라는 두 개의 부계층으로 나눈다.

정보보안기사

10 ISO/OSI 참조 모형에서 데이터 암호화가 사용되지 않은 계층은?

① Physical layer(물리계층)

② Section layer(세션계층)

③ Application layer(애플리케이션 계층)

④ Data link layer(데이터링크 계층)

해설

- 물리계층은 물리적 연결 설정 및 해제를 담당하는 계층으로 상위 계층(IPSec : 3계층, VPN : 2계층, 암호화 : 응용계층)에서 작업한 내용을 전기적인 속성을 이용해 전송한다.
  - 신호 형식(아날로그, 디지털)
  - 변조 방식(AM, FM, PM 등)
  - 전송 방식(Baseband, Broadband)
  - 부호화 방식(ASK, FSK, PSK)

2016년 해경(보호직) 9급

11 다음 중 물리계층 프로토콜과 관계가 가장 먼 것은?

① RS-232C　② I430

③ X.25　④ RS-449

해설

- X.25는 국제전신전화자문위원회(CCITT)의 공중데이터망에 관한 연구위원회인 제7연구위원회(SG. Ⅶ)에서 검토된 패킷형태 단말과 망과의 인터페이스에 관한 권고이다.
- X.25의 기능은 OSI 7계층 모델 중 물리계층(physical layer), 데이터링크 계층(data link layer), 네트워크 계층(network layer)까지를 규정한다.

2016년 국가(보) 9급

12 다음 중 애플리케이션 레벨의 표준 프로토콜이 아닌 것은?

① FTP　② HTTP

③ ICMP　④ SMTP

해설

ICMP는 인터넷상의 노드 간에 에러 사항이나 통신 제어를 위한 메시지를 보고하게 할 목적으로 만들어진 프로토콜로 3계층인 네트워크(인터넷) 계층 프로토콜이다.

정답 8. ③　9. ②　10. ①　11. ③　12. ③

정보보안기사

13 OSI 7 Layer에서 응용 개체들 사이에 사용되는 구문을 정의하며 보안을 위한 암호화/해독, 그래픽 명령어 해석기능, 데이터 압축 등의 서비스를 제공하는 계층은?

① 세션계층(Section Layer)

② 응용계층(Application Layer)

③ 전달계층(Transport Layer)

④ 표현계층(Presentation Layer)

해설

6계층인 표현계층(Presentation Layer)은 송수신자가 공통으로 이해할 수 있도록 정보의 데이터 표현형식을 바꾸는 기능을 담당한다. 그리고 응용 개체들 사이에 사용되는 구문(Syntax)을 정의하며 부호화(Encoding), 데이터 압축(Compression), 암호화(Cryptography) 등 3가지 주요 동작 서비스를 제공한다.

2017년 경찰간부후보생

14 OSI 7계층 중 다음 내용을 수행하는 계층은 무엇인가?

> 메시지 분할 및 조립, 순서화
> 포트주소 지정
> 연결제어
> 다중화와 역다중화

① 전송계층(Transport Layer)

② 링크계층(Link Layer)

③ 네트워크 계층(Network Layer)

④ 세션계층(Section Layer)

해설

전송계층은 종단-대-종단에 대한 흐름제어를 제공하며, 메시지 분할 및 조립, 순서화, 포트주소 지정, 연결제어, 다중화와 역다중화 등의 기능을 수행한다.

정보보안기사

15 네트워크 공격 방법 중 버퍼 오버플로 공격과 IP 스푸핑 공격은 OSI 7계층 중 어느 계층의 취약점을 공격하는 방식인가?

① 세션계층-트랜스포트 계층

② 응용계층-전송계층

③ 응용계층-네트워크 계층

④ 데이터링크 계층-네트워크 계층

해설

- ③ 버퍼 오버플로 공격은 할당된 메모리 경계에 대한 검사를 하지 않는 응용 프로그램의 취약점을 이용해서 공격자가 원하는 데이터를 덮어쓰는 방식이다.
- IP 스푸핑 공격은 공격자가 자신이 전송하는 패킷에 다른 호스트의 네트워크 IP주소를 담아 전송하는 공격 기법이다.

2014년 국가직 9급

16 네트워크 각 계층별 보안 프로토콜로 옳지 않은 것은?

① 네트워크 계층(Network Layer) : IPSec

② 네트워크 계층(Network Layer) : FTP

③ 응용 프로그램 계층(Application Layer) : SSH

④ 응용 프로그램 계층(Application Layer) : S/MIME

해설

① IPSec은 3계층인 네트워크에서 IP에 보안성을 제공해 주는 프로토콜이다.
② FTP(File Transfer Protocol)는 응용계층에서 File을 전달하는 프로토콜이다.
③ SSH는 응용계층에서 네트워크 보안 도구 중 하나로 원격접속을 안전하게 할 수 있게 해주는 프로토콜이다.
④ S/MIME은 응용계층에서 안전한 이메일을 위해 RSA사에서 제안한 표준이다.

정답 13. ④ 14. ① 15. ③ 16. ②

2015년 국가직 9급

17 TCP/IP 프로토콜 계층과 각 계층에서 구현되는 보안 기술의 연결로 옳은 것은?

① 응용계층 – Kerberos

② 전송계층 – IPSec

③ 네트워크 계층 – TLS

④ 데이터링크 계층 – SSL

⑤ 물리계층 – SET

해설

- 응용계층(7계층) : SET, Kerberos, S/MIME, SSH
- 전송계층(4계층) 보안기술 : SSL, TLS
- 네트워크 계층(3계층) 보안기술 : IPSec, VPN(3계층)
- 데이터링크 계층(2계층) 보안기술 : L2TP, VPN(2계층)

2016년 국가(보) 9급

18 OSI 계층구조와 계층별로 사용되는 보안 프로토콜의 연결이 옳지 않은 것은?

① 네트워크 계층 – IPSec

② 응용계층 – SSH

③ 데이터링크 계층 – TLS

④ 전송계층 – SSL

해설

SSL(Secure Socket Layer)은 데이터를 송수신하는 두 컴퓨터 사이, 종단간 즉 TCP/IP 계층과 애플리케이션 계층(HTTP, Telnet, FTP 등) 사이에 위치하여 인증, 암호화, 무결성을 보장하는 업계 표준 프로토콜이다. 본래 SSL은 표준화되기 전의 이름으로, 표준화된 정식 명칭은 전송계층 보안(TLS : Transport Layer Security)이다.

2017년 교행직 9급

19 응용계층에서 사용되는 보안 프로토콜로 옳은 것을 〈보기〉에서 고른 것은?

ㄱ. IPSec	ㄴ. PGP	ㄷ. S/MIME	ㄹ. UDP

① ㄱ, ㄷ ② ㄱ, ㄹ

③ ㄴ, ㄷ ④ ㄴ, ㄹ

2017년 지방직 9급

20 다음의 OSI 7계층과 이에 대응하는 계층에서 동작하는 〈보기〉의 보안 프로토콜을 바르게 연결한 것은?

ㄱ. 2계층	ㄴ. 3계층	ㄷ. 4계층

A. SSL/TLS	B. L2TP	C. IPSec

	ㄱ	ㄴ	ㄷ
①	A	B	C
②	A	C	B
③	B	C	A
④	B	A	C

2016년 해경(보호직) 9급

21 이더넷(Ethernet) MAC(Media Access Control) Address를 정의하는 표준 Format은 몇 비트인가?

① 8bit ② 16bit

③ 48bit ④ 64bit

해설

- ③ 랜카드의 MAC 주소는 두 자리의 영문자+숫자가 여섯 쌍으로 이뤄진다.
  예를 들어, 'E0-68-92-65-BC-61'과 같은 식(12자 6쌍, 총 48비트)이다.
- 16진수(0,1,2⋯8,9, A,B⋯E,F) 4bit를 두 개로 묶어(8bit) 6쌍으로 이루어진다(8×6=48bit).

정답 17. ① 18. ③ 19. ③ 20. ③ 21. ③

정보보안기사

22 네트워크에 존재하는 많은 종류의 장비 중 리피터(Repeater)에 대한 설명으로 잘못된 것은?

① 물리계층에서 동작하는 장비이다.

② 감쇄되는 신호를 증폭해 전송한다.

③ 연속적으로 2개 이상의 케이블을 연결함으로써 케이블의 거리 제한을 극복한다.

④ 이더넷 멀티포트 리피터 또는 연결 집중 장치라고도 불린다.

해설

- ④ 리피터는 케이블 전송으로 약화된 신호를 초기화시키고 증폭 재전송의 기능을 수행한다. MAC 주소나 IP주소를 이해하지 못하고 오로지 신호만을 증폭하는 기능을 하는 네트워크 장비이다.
- 이더넷 멀티포트 리피터 또는 연결 집중 장치라고도 불리는 것은 허브이다.

정보보안기사

23 다음 중 브리지(Bridge) 기능에 해당하는 것은?

① IP주소를 분해하여 다음 네트워크에 전송한다.

② 코드 변환을 수행한다.

③ 목적지 주소와 수신지 주소를 변환한다.

④ 물리계층 및 데이터링크 계층을 연결하며 상위 계층과는 무관하다.

해설

④ 브릿지(Bridge)는 단순히 전자적 신호만 증폭시키는 것이 아니라 프레임을 다시 만들어 전송하는 기능을 한다. 허브와는 달리 Layer2 주소인 MAC 주소를 보고 프레임 전송 포트를 결정할 수 있는 장비이다. 물리계층 및 데이터링크 계층을 연결하며 상위 계층과는 무관하다(어떤 응용프로그램을 사용해도 무관하게 동작한다).

2017년 국가직 9급 네트워크 보안

24 다음 설명에 해당하는 네트워크 장비가 바르게 연결된 것은?

(가) 두 개 이상의 LAN을 하나로 연결하는 장치
(나) 여러 대의 컴퓨터를 손쉽게 연결할 수 있도록 여러 개의 입력과 출력 포트를 가지고 있으며, 한 포트에서 수신된 신호를 다른 모든 포트로 재전송하는 장치
(다) 이종 통신망 간에도 프로토콜을 변환하여 정보를 주고받을 수 있는 장치
(라) 패킷의 수신 주소를 토대로 경로를 정해서 패킷을 전송함으로써 둘 이상의 네트워크를 연결하는 장치

	(가)	(나)	(다)	(라)
①	브리지	허브	라우터	게이트웨이
②	브리지	허브	게이트웨이	라우터
③	허브	브리지	게이트웨이	라우터
④	허브	브리지	라우터	게이트웨이

정보보안기사

25 패킷정보를 전송하기 위하여 사용되는 계층은?

① Link Layer

② Network Layer

③ Presentation Layer

④ Application Layer

해설

② 3계층인 네트워크 계층에서 패킷정보를 전송한다.

정답 22. ④ 23. ④ 24. ② 25. ②

정보보안기사

26 다음 설명에 대해 가장 적합한 네트워크 장비는 무엇인가?

> OSI 참조 모델의 네트워크 계층에서 동작하는 장비로, 네트워크 계층 주소를 기반으로 최적화된 경로를 찾음으로써 네트워크 간의 패킷 전달 기능을 수행한다. 이 장비의 주요 기능으로는 최적 경로 선택, 세그먼트의 분리, 이종 네트워크 간의 연결 등이 있다.

① 라우터 ② 허브
③ 리피터 ④ 브리지

해설

라우터의 주요 기능
- 네트워크 연결
- 패킷 스위칭 기능(Forwarding)
- 경로 설정 기능(Routing)
- 네트워크의 논리적 구조(Map)를 습득(Learning)
- 로드 밸런싱
- 우회 경로

2016년 해경(보호직) 9급

27 〈보기〉의 설명에 해당하는 네트워크 장비는?

> OSI계층 모델의 네트워크 계층에서 동작하는 장비이다.
> 송신측과 수신측 간의 가장 빠르고 신뢰성 있는 경로를 설정 및 관리하며, 데이터를 전달하는 역할을 한다.
> 주로 같은 프로토콜을 사용하는 네트워크 간의 최적 경로 설정을 위해 패킷이 지나가야 할 정보를 테이블에 저장하여 저장된 경로를 통해 전송한다.

① 게이트웨이(Gateway)
② 브리지(Bridge)
③ 리피터(Repeater)
④ 라우터(Router)

2016년 서울시 9급

28 공격자가 인터넷을 통해 전송되는 데이터의 TCP Header에서 검출할 수 없는 정보는 무엇인가?

① 수신 시스템이 처리할 수 있는 윈도우 크기
② 패킷을 송신하고 수신하는 프로세스의 포트 번호
③ 수신측에서 앞으로 받고자 하는 바이트의 순서 번호
④ 송신 시스템의 TCP 패킷의 생성 시간

해설

④ TCP 세그먼트의 헤더정보에는 TCP 패킷의 생성 시간은 포함되지 않는다.

정보보안기사

29 TCP 헤더의 첫 번째 필드는 무엇인가?

① 시퀀스 번호 ② 소스 포트
③ 메시지 길이 ④ 식별자

해설

② TCP 세그먼트의 첫 번째 필드는 소스(송수자) 포트이며, IPv4/IPv6 패킷의 첫 번째 필드는 Version이다.

2016년 해경(보호직) 9급

30 다음은 TCP 제어 플래그에 대한 설명이다. 옳지 않은 것은 무엇인가?

① TCP 제어 플래그는 TCP 연결제어나 전송 데이터를 관리하기 위해 사용된다.
② URG 패킷은 순서에 상관없이 우선적으로 전송된다.
③ SYN 패킷은 TCP 통신에서 세션 확립을 위해 가장 먼저 전송된다.
④ RST 패킷은 송신측에서 더 이상 보낼 데이터가 없을 때 전송된다.

정답 26. ① 27. ④ 28. ④ 29. ② 30. ④

해설

- TCP 제어 플래그는 TCP 연결제어나 전송 데이터를 관리하기 위해 사용된다.
- URG 플래그는 긴급 데이터를 알리는 플래그로 순서에 상관없이 우선적으로 전송된다.
- SYN 플래그는 TCP 통신에서 세션 확립을 위해 가장 먼저 전송된다.
- RST 플래그는 연결을 강제 종료할 때 사용한다.
- FIN 플래그는 송신측에서 더 이상 보낼 데이터가 없을 때 전송된다.

2017년 지방직 9급

31 다음의 내부에서 외부 네트워크망으로 가는 방화벽 패킷 필터링 규칙에 대한 〈보기〉의 설명으로 옳은 것으로만 묶은 것은? (단, 방화벽을 기준으로 192.168.1.11은 내부 네트워크에 위치한 서버이고, 10.10.10.21은 외부 네트워크에 위치한 서버이다.)

No	From	Service	To	Action
1	192.168.1.11	25	10.10.10.21	Allow
2	Any	21	10.10.10.21	Allow
3	Any	80	Any	Allow
4	192.168.1.11	143	10.10.10.21	Allow

ㄱ. 내부 서버(192.168.1.11)에서 외부 서버(10.10.10.21)로 가는 Telnet 패킷을 허용한다.
ㄴ. 내부 Any IP대역에서 외부 서버(10.10.10.21)로 가는 FTP 패킷을 허용한다.
ㄷ. 내부 Any IP대역에서 외부 Any IP대역으로 가는 패킷 중 80번 포트를 목적지로 하는 패킷을 허용한다.
ㄹ. 내부 서버(192.168.1.11)에서 외부 서버(10.10.10.21)로 가는 POP3 패킷을 허용한다.

① ㄱ, ㄴ ② ㄴ, ㄷ
③ ㄷ, ㄹ ④ ㄱ, ㄹ

2017년 경찰간부후보생

32 다음 중 프로토콜과 포트 번호의 연결이 옳지 않은 것은 무엇인가?

① HTTP−80
② SMTP−25
③ DNS−53
④ TELNET−20

해설

Telnet은 23번 포트를 사용한다.

정보보안기사

33 일반적으로 유닉스 시스템 설치 시 기본적으로 외부에서 접근 및 제어가 가능하다. 서버 시스템에서 원격으로 접속할 수 있는 서비스를 제공하는 데몬은?

① Telnet ② RPC
③ TCP ④ NetBios

해설

① 사용자 계정을 통하여 원격지로의 접속이 가능한 대표적인 서비스는 Telnet과 Ftp 서비스이다. Telnet은 23번 포트를 사용한다.
② RPC(Remote Procedure Call)는 클라이언트/서버 모델에 기초하여 원격 컴퓨터에 있는 프로세스를 실행시키고 그 결과를 받아볼 수 있는 프로토콜이다.
③ TCP는 IP와 함께 인터넷을 사용하기 위한 대표 프로토콜이며, IP가 실제로 데이터의 운반을 담당하는 동안, TCP는 데이터를 메시지 형태로 변환하며 데이터 패킷을 추적하고 관리한다.
④ NetBios는 LAN 환경에서 애플리케이션 간의 통신을 가능하게 하는 PC에서 전용되는 LAN 전용 프로토콜이다.

정답 31. ② 32. ④ 33. ①

2017년 국가직 9급 정보시스템 보안

34 윈도우 시스템 명령창에서 netstat-an 명령을 수행한 결과의 일부이다. 구동 중인 서비스로 옳지 않은 것은?

프로토콜	로컬주소	외부주소	상태
TCP	0.0.0.0:21	0.0.0.0:0	LISTENING
TCP	0.0.0.0:25	0.0.0.0:0	LISTENING
TCP	0.0.0.0:80	0.0.0.0:0	LISTENING

① FTP ② Telnet
③ SMTP ④ HTTP

해설

로컬 주소에서 콜론(:) 뒤의 숫자는 포트 번호를 의미한다.

정보보안기사

35 일반적인 인터넷 응용서비스와 잘 알려진 포트 번호(Well-Known Port)를 연결한 것 중 틀린 것은?

① FTP : 21 ② SMTP : 25
③ DNS : 53 ④ HTTP : 90

해설

HTTP는 TCP/IP에서 80포트를 선점해 사용한다.

정보보안기사

36 인터넷의 IP 데이터그램의 포맷에 규정된 필드가 아닌 것은?

① 발신기 주소 필드
② 목적지 도메인 이름 필드
③ 프로토콜 타입 필드
④ 수명 필드

해설

② 수신자(목적지) IP Address 필드는 있으나 목적지 Domain Name 필드는 없다.

2017년 국가직 9급 네트워크 보안

37 UDP(User Datagram Protocol)의 헤더 포맷에 포함되어 있는 필드는?

① 시퀀스 번호(sequence number)
② 목적지 IP주소(destination IP address)
③ 체크섬(checksum)
④ 헤더 길이(header length)

정보보안기사

38 플래그는 패킷의 분할에 관한 정보를 나타낸다. 다음 플래그 필드 정보가 의미하는 내용 중 올바르지 않은 것은?

① DF 1 : 데이터그램을 분할한다.
② DF 0 : 라우터나 호스트가 IP 데이터그램을 분할할 수 있다.
③ MF 1 : 분할된 패킷의 경우 수신자 측에서 보면 들어올 단면(Fragment)이 더 있다는 의미이다.
④ MF 0 : 마지막 프레임이라는 의미이다.

해설

- DF 0 : 단편화 가능(라우터나 호스트가 IP 데이터그램을 분할할 수 있다.)
- DF 1 : 단편화 불가능(Do not fragment), 즉 데이터그램을 분할하면 안 된다는 의미이다.

정보보안기사

39 IPv6의 특징에 대한 설명 중 틀린 것은?

① IP주소 공간의 부족을 해결할 수 있다.
② IPv4 필드의 Flags, Fragment Offset, TTl(Time to Live)이 삭제되었다.
③ IPv6는 16진수로 표기된다.
④ 보안과 인증확장 헤더를 사용한다.

정답 34. ② 35. ④ 36. ② 37. ③ 38. ① 39. ②

해설

- ② IPv6는 IPv4에서 Header Length, Header Check Sum이 삭제되었다.
- IPv4의 ID, Flags, Fragment Offset은 IPv6의 확장 헤더로 대체되었다.

SECTION 2 • 인터넷

정보보안기사

40 서버의 이전으로 인하여 이전에 사용하고 있는 IP주소로 변경하고자 한다. 이때 관리자가 반드시 알아야 할 정보가 아닌 것은?

① 서브넷 마스크

② 게이트웨이 주소

③ DNS 서버 주소

④ 메일서버 주소

해설

④ 메일서버 주소는 해당 메일 서비스를 제공하는 포털 사이트에서 관리한다. 관리자가 IP주소를 변경하고자 할 때 알아야 할 정보는 새로운 IP주소, 서브넷 마스크, 기본 게이트웨이, DNS 주소이다.

2018년 경찰간부후보생

41 다음 지문에서 설명하는 프로토콜은 무엇인가?

- TCP/IP 네트워크의 시스템이 동일 네트워크나 다른 시스템의 MAC 주소를 알고자 하는 경우에 사용한다.
- IP주소를 물리적인 하드웨어 주소인 MAC 주소로 변환하여 주는 프로토콜이다.

① TCP/IP ② ARP

③ RARP ④ SMTP

정보보안기사

42 인터넷 통신을 하기 위한 대상 네트워크에 도달한 다음 네트워크 인터페이스 MAC 주소를 알아낼 때 사용되는 프로토콜은?

① ARP ② Telnet

③ IP ④ TCP

해설

ARP는 "Address Resolution Protocol"의 약어로서 IP 주소(논리적 주소)를 근거로 NIC 주소(물리적 주소)를 찾는 기능이다.

2017년 국가직 9급 네트워크 보안

43 ARP(Address Resolution Protocol)에 대한 설명으로 옳지 않은 것은?

① ARP는 논리 주소를 물리 주소로 변환해 준다.

② ARP 패킷에는 발신자와 해당 수신자의 물리 주소와 논리 주소가 포함된다.

③ ARP 패킷은 데이터링크 프레임에 캡슐화된다.

④ 같은 네트워크상에서 ARP 요청 패킷과 ARP 응답 패킷은 브로드캐스트 된다.

해설

- 송신자는 상대방의 IP주소에 해당하는 MAC 주소를 알기 위해서 같은 도메인 내의 모든 장비(호스트, 라우터)들에게 ARP 요청 패킷(ARP request packet)에 상대방의 IP주소를 담아 브로드캐스트한다.
- ARP 요청 패킷을 받은 장비(호스트, 라우터)들은 자신의 IP주소가 아니라면 무시하고, 자신의 IP가 맞으면 자신의 MAC 주소를 담아 송신자에게 ARP 응답 패킷(ARP reply packet)을 유니캐스트(1대1 전송)한다.
- ARP 응답 패킷을 받은 송신자는 ARP 테이블에 해당 IP주소와 MAC 주소를 갱신하여 기록함으로써 통신하고자 하는 상대방의 IP주소와 MAC 주소를 알게 된다.

정답 : 40. ④ 41. ② 42. ① 43. ④

정보보안기사

44 다음 설명 중 ARP 서비스가 사용될 수 있는 경우에 해당되지 않는 것은?

① 호스트인 송신자가 동일 네트워크상에 있는 다른 호스트에게 패킷을 전송하고자 하는 경우

② 호스트인 송신자가 다른 네트워크상에 있는 다른 호스트에게 패킷을 전송하고자 하는 경우

③ 다른 네트워크상에 있는 호스트로 가는 데이터그램을 수신한 라우터가 송신하고자 하는 경우

④ 호스트인 송신자가 다른 네트워크상에 있는 다른 호스트의 물리 주소를 획득한 다음 수신자의 논리 주소를 요청하는 경우

해설

④ ARP 서비스는 호스트인 송신자가 다른 네트워크상에 있는 다른 호스트의 논리 주소(IP Address)를 획득한 다음 수신자의 물리 주소(MAC Address)를 요청하는 경우이다.

정보보안기사

45 호스트의 물리 주소를 알면 그것의 IP주소를 찾아서 알려주는 프로토콜은?

① RARP ② ICMP

③ ARP ④ IGMP

해설

RARP는 ARP와는 역으로, 호스트가 자신의 물리 네트워크 주소(MAC Address)는 알지만, IP주소를 모르는 경우, 서버로부터 IP주소를 요청하기 위해서는 RARP(Reverse ARP)를 사용한다. 즉 RARP는 호스트의 물리 주소(MAC Address)를 알면 그것의 IP주소를 알려주는 프로토콜이다.

정보보안기사

46 이더넷 환경에서 전송하기 전에 회선이 사용 중인지 감시하고 있다가(Carrier Sense) 회선이 비어 있을 때 데이터를 전송해 충돌을 방지하는 방식은?

① CSMA-CA ② CSMA-CD

③ Broadcast ④ Star

정보보안기사

47 C 클래스 어드레스를 할당받은 사업장에서 팀별로 네트워크를 나누어 사용하려고 한다. 한 팀이 12개의 서브넷 ID를 원할 경우 이 사업장의 서브넷 마스크는?

① 255.255.255.240

② 255.255.255.248

③ 255.255.255.252

④ 255.255.255.255

해설

16개 서브넷(실제 이용 가능한 서브넷은 14개)을 만들기 위해서는 4개의 비트가 필요하다. 즉 128+64+32+16=240이다.

정보보안기사

48 다음 IPv4 주소의 어느 클래스에 속하는가?

10100101 11011001 10001011 01101101

① 클래스 A ② 클래스 B

③ 클래스 C ④ 클래스 D

해설

- 첫 번째 비트가 '0'이면 A클래스
- 처음 두 비트 값이 '10'이면 B클래스
- 처음 세 비트 값이 '110'이면 C클래스
- 처음 네 비트 값이 '1110'이면 D클래스

정답 : 44. ④ 45. ① 46. ② 47. ① 48. ②

정보보안기사

49 넷마스크(Netmask)에는 급이 나뉘어 있어서 각 급에 따라 확장할 수 있는 IP의 수가 제한된다. 다음 중 B 클래스의 넷마스크(Netmask)는 어느 것인가?

① 255. 255. 255. 255　② 255. 255. 255. 0

③ 255. 255. 0. 0　④ 255. 0. 0. 0

해설

③ 서브네트워킹(넷마스크)이란 같은 네트워크 ID값을 갖는 큰 네트워크를 작은 규모의 여러 개의 작은 네트워크들(subnets)로 나누어 사용하기 위하여 하나의 네트워크 주소로 배정된 IP주소에서 호스트 ID 부분의 일부분을 네트워크 ID처럼 사용하여 여러 개의 소규모의 서브넷(subnet)들을 구성하는 기술이다. 즉 호스트 ID 중 어떤 부분이 네트워크 ID처럼 사용되는지 그 경계를 지정하기 위하여 subnet mask를 사용한다. 4바이트 IP주소 중에 네트워크 ID 부분을 구분하기 위한 mask를 subnet mask라고 하는데, 클래스 A망을 위한 디폴트 subnet mask는 255.0.0.0이고 클래스 B의 망은 255.255.0.0, 클래스 C의 망은 255.255.255.0이 된다.

2017년 국가직 9급 네트워크 보안

50 128.23.16.0/20이 시작 주소인 IP주소 블록을 동일한 크기의 8개 주소 블록으로 나눌 경우 얻어지는 서브넷의 시작 주소로 옳은 것은?

① 128.23.0.0/23　② 128.23.2.0/23

③ 128.23.20.0/23　④ 128.23.32.0/23

해설

1. '128.23.16.0/20'의 의미

– 전체 32비트 IP주소 중 앞의 20비트가 네트워크 식별자(networkid)이다.

2. 128.23.16.0을 2비트로 변환하면 다음과 같다.

10000000 . 00010111 . 00010000 . 00000000

(굵은 부분인 앞의 20비트가 네트워크 식별자)

3. 이것을 8개의 서브넷으로 나눈다.

네트워크 식별자 뒤에 3비트를 추가하면 8개의 서브넷이 된다. 따라서 23비트까지가 서브넷 마스크가 된다.

서브넷으로 가능한 네트워크 식별자는 다음의 8개이다.

세 번째 옥텟만 표시하고 나머지는 생략(*로 표시)한다.

..0001 000 0.*(16)

..0001 001 0.*(18)

..0001 010 0.*(20)

..0001 011 0.*(22)

..0001 100 0.*(24)

..0001 101 0.*(26)

..0001 110 0.*(28)

..0001 111 0.*(30)

정보보안기사

51 다음 (　)에 들어갈 용어로 알맞은 것은?

> (　)는(은) 도메인 간의 라우팅에 사용되는 인터넷 주소를 원래의 IP주소 클래스 체계를 쓰는 것보다 더욱 융통성 있게 할당하고 지정하는 방식을 통해 IP주소의 네트워크 ID를 결정하는 방법으로, 클래스 기준을 사용하지 않는 라우터들 간의 라우팅이 가능하다.

① ICMP　② ATM

③ SONET　④ CIDR

해설

CIDR에는 서브넷팅과 슈퍼넷팅이 있다.

정보보안기사

52 서브넷팅에 대한 설명 중 틀린 것은?

① 네트워크 세그먼트로 나눈 개별 네트워크를 말한다.

② 서브넷 마스크는 네트워크 ID와 호스트 ID를 구분 짓는 역할을 한다.

③ 서브넷 마스크는 32비트의 값을 가진다.

④ 각각의 서브넷들이 모여 물리적인 네트워크를 이루어 상호 접속을 수행한다.

정답 49. ③　50. ③　51. ④　52. ④

해설

④ 서브넷팅을 하면 각각의 서브넷들이 모여 물리적인 네트워크가 아니라 논리적인 네트워크를 이룬다.

정보보안기사

53 네트워크 서브넷팅의 장점이 아닌 것은?

① 보안성의 향상을 가져온다.

② 네트워크의 트래픽을 감소시킨다.

③ IP 손실을 줄일 수 있다.

④ 여러 개의 C 클래스 주소를 결합하여 하나의 네트워크 주소로 사용할 수 있다.

해설

④ 여러 개의 C 클래스 주소를 결합하여 하나의 네트워크 주소로 사용할 수 있는 것은 CIDR에서 슈퍼넷팅에 대한 설명이다.

2016년 국가(보) 9급

54 NAT(Network Address Translation)에 대한 설명으로 옳지 않은 것은?

① 한정된 공인 IP주소 부족 문제의 해결이 가능하다.

② 공인 IP와 NAT IP의 매핑이 1:1만 가능하다.

③ 주소 변환 기능을 제공한다.

④ 내부 시스템에 네트워크 구조를 노출하지 않는 보안상의 이점을 제공한다.

해설

- ② IP공유기 NAT는 한정된 하나의 공인 IP를 여러 개의 내부 사설 IP로 변환하여 공인 IP를 절약하고, 외부 침입에 대한 보안성을 높이기 위한 기술이다.
- NAT의 종류에는 Static NAT와 Dynamic NAT가 있다.

Static NAT는 IP의 매핑이 1 : 1만 가능하고, Dynamic NAT는 여러 개의 IP주소와 여러 개의 외부 IP주소를 동적으로 매핑이 가능하다.

2017년 국가직 9급 네트워크 보안

55 네트워크에 연결된 노드가 사용할 IP주소를 자동으로 할당해주는 프로토콜은?

① DHCP(Dynamic Host Configuration Protocol)

② ICMP(Internet Control Message Protocol)

③ ARP(Address Resolution Protocol)

④ IGMP(Internet Group Management Protocol)

정보보안기사

56 주소변환(Network Address Translation)에 대한 설명으로 잘못된 것은?

① Static NAT는 각 내부 IP주소에 대해 외부 IP주소가 각각 대응되는 특징이 있고 IP주소 절감 효과는 없다.

② Dynamic NAT는 내부 IP주소와 외부 IP주소 간 대응이 동적으로 이루어지며 IP주소 대응이 동적으로 바뀌므로 보안 측면에서 장점이 있다.

③ PAT(Port Address Translation)는 하나의 외부 IP주소에 여러 내부 IP주소가 대응되는 방식이며 well-known port에 대한 변환이 이루어진다.

④ Dynamic NAT의 경우 외부 IP주소가 모두 배정된 경우 내부 컴퓨터의 인터넷 연결이 제한되며 일정 시간 이상 통신이 이루어지지 않는 연결은 삭제된다.

해설

③ PAT는 하나의 공인 IP를 다수의 사설 IP가 포트 번호로 구분하여 주소를 매핑하는 방법으로 Well-known port를 제외하고 랜덤하게 사용한다.

정답 53. ④ 54. ② 55. ① 56. ③

정보보안기사

57 IP주소를 절감하기 위해서 사용되는 NAT 중에서 주소절감 효과가 가장 큰 것은 무엇인가?

① Static NAT ② Dynamic NAT

③ PAT ④ Integration NAT

해설

PAT(Port Address Translation : 포트 주소 변경)
- 1개의 공인 IP를 가지고 다수의 사설 IP를 사용 가능하게 하는 기술로 NAT와 유사하다.
- PAT는 하나의 공인 IP를 다수의 사설 IP가 포트 번호로 구분하여 주소를 매핑하는 방법으로 Well-known port를 제외하고 랜덤하게 사용한다.

정보보안기사

58 다음 중 어떤 IP 대역이 사설 IP주소 범위에 속하는가?

① 172.5.42.5 ② 172.76.42.5

③ 172.90.42.5 ④ 172.16.42.5

해설

RFC 1918에서 규정된 사설 IP주소 범위는 다음과 같다.
- A 클래스 : 10.0.0.0~10.255.255.255
- B 클래스 : 172.16.0.0~172.31.255.255
- C 클래스 : 192.168.0.0~192.168.255.255

SECTION 3 · 라우터와 라우팅 프로토콜

정보보안기사

59 다음 중 라우팅 프로토콜과 가장 관련이 적은 것은?

① RIP ② OSPF

③ BGP ④ RSVP

해설

RSVP는 인터넷에서 QoS를 보장해주기 위한 기술로 자원예약을 통해 인터넷에서 원하는 품질의 서비스를 제공하기 위한 프로토콜이다. 따라서 라우팅 프로토콜과는 관련이 적다.

정보보안기사

60 아래는 라우팅 프로토콜에 대한 설명이다. 그 내용이 틀린 것을 선택하시오.

① 라우팅 프로토콜은 동작방식에 따라 Distance Vector, Link, State, Path Vector(Hybrid) 방식이 존재한다.

② 라우팅 프로토콜에서 동적 경로는 정적 경로보다 우선한다.

③ 라우팅 프로토콜은 네트워크 라우터 장비에 의해서 수행된다.

④ 라우팅 프로토콜은 네트워크 경로 및 상태에 대한 정보를 송신한다.

해설

② 라우터는 먼저 정적 라우팅이 세팅되어 있는지 확인하고 없으면 동적 라우팅을 수행한다.

2016년 해경(보호직) 9급

61 CIDR을 지원하는 라우팅 프로토콜이 아닌 것은?

① RIPv1 ② OSPF

③ BGP-4 ④ IS-IS

해설

- ① CIDR은 도메인 간의 라우팅에 사용되는 인터넷 주소를 원래의 IP주소 클래스 체계를 쓰는 것보다 더욱 융통성 있게 할당하고 지정하는 방식을 통해 IP주소의 네트워크 ID를 결정하는 방법으로, 클래스 기준을 사용하지 않는 라우터들 간의 라우팅이 가능하게 하는 방법이다.
- RIP는 거리-벡터(distance-vector) 라우팅 중 가장 오래된 라우팅 프로토콜 중 하나로 RIPv1은 CIDR을 지원하지 않는다.

정답 : 57. ③ 58. ④ 59. ④ 60. ② 61. ①

정보보안기사

62 RIP(Routing Information Protocol)는 Distance Vector 라우팅 알고리즘을 사용하고, 매 30초마다 모든 전체 라우팅 테이블을 Active Interface로 전송한다. 원격 네트워크에서 RIP에 의해 사용되는 최적 경로 결정 방법은 다음 중 무엇인가?

① TTL(Time To Live)

② Routed Information

③ Hop count

④ Link length

해설

③ RIP는 경유할 수 있는 모든 라우터를 그 라우터까지 거치게 되는 라우터의 수를 나타내는 홉수(hop count)로 수치화하고, 거리 벡터 알고리즘(DVA)이라는 알고리즘을 기반으로 이 수치화 값(메트릭, metric)들을 동적으로 교환하여 라우팅 테이블을 갱신한다.

정보보안기사

63 다음 보기는 IGRP 라우팅 프로토콜에 대한 설명이다. 틀린 것은?

① IGRP는 RIP와 마찬가지로 라우팅 프로토콜이다.

② IGRP는 내부용 라우팅 프로토콜이다.

③ IGRP는 다이나믹 프로토콜이다.

④ IGRP는 홉 카운트만을 따져서 경로를 설정하는 프로토콜이다.

해설

④ IGRP는 경로값 계산 시 hop 수+대역폭+지연+부하를 고려한다. 홉 카운트만 따져서 경로를 설정하는 프로토콜은 RIP이다.

2017년 국가직 9급 네트워크 보안

64 거리 벡터가 아닌 링크 상태를 활용하는 자율시스템(autonomous system) 도메인 내의 라우팅 프로토콜은?

① RIP(Routing Information Protocol)

② OSPF(Open Shortest Path First)

③ BGP(Border Gateway Protocol)

④ IGRP(Interior Gateway Routing Protocol)

정보보안기사

65 Access-list 설정의 예이다. 그 해석으로 올바른 것을 선택하시오.

```
Router# config t
Router(config)# access-list 2 permit  130.100.0.0  0.0.255.255
Router(config)# access-list 2 deny   any
Router(config)# exit
```

① 130.100.0.0에 있는 시스템에서 유입되는 패킷만 중계하고 나머지는 모두 거부한다.

② 130.100.255.255의 패킷은 Drop된다.

③ 포트가 다르게 하면 130.100.0.0이 아닌 주소도 라우터를 통과할 수 있다.

④ 130.100.0.0에서 130.100.256.256까지 중계한다.

해설

① 130.100.0.0~130.100.255.255까지 중계한다.

정답 62. ③ 63. ④ 64. ② 65. ①

2017년 국가직 7급

66 가상화 시스템을 보호하는 방법으로 옳지 않은 것은?

① 게스트 운영체제 사용자들에게 하이퍼바이저에 접근하는 관리권한을 부여해야 한다.

② 원격 감독 기능을 사용할 때에는 적절한 인증과 암호화 메커니즘을 사용해야 한다.

③ 게스트 운영체제와 응용프로그램을 보호하는 것 외에도 가상화 환경과 하이퍼바이저도 보호해야 한다.

④ 하이퍼바이저가 게스트의 활동을 투명하게 감시해야 한다.

정보보안기사

67 기가비트 이더넷에서 사용하는 기본 프레임의 크기로 맞는 것은?

① 128바이트 ② 512바이트

③ 1024바이트 ④ 1기가바이트

해설

기가비트 이더넷은 전송속도를 1Gbps로 고속화한 이더넷 규격으로 전송속도가 빨라진 만큼 수신 측에서 충돌을 회피하기가 어려워지는 문제가 발생하였다. 이를 해결하기 위해 다양한 실험이 실시되었고 평균적으로 500바이트 이내가 효과가 좋아 기본 프레임의 크기를 512바이트로 확정하였다.

SECTION 4 · 무선통신 보안

2018년 경찰간부후보생

68 무선랜에 관한 다음 설명 중 가장 옳지 않은 것은 무엇인가?

① 일반적으로 유선랜에 비해 품질이 낮다.

② 인증 암호의 취약성이 있다.

③ 무선 네트워크는 외부 전자기기와의 전파 간섭이 없다.

④ 물리적 특성으로 인한 도난, 불법설치, 불법도청 등의 취약성이 있다.

2018년 국가직 9급

69 IEEE 802.11i에 대한 설명으로 옳지 않은 것은?

① 단말과 AP(Access Point) 간의 쌍별(pairwise) 키와 멀티캐스팅을 위한 그룹 키가 정의되어 있다.

② 전송되는 데이터를 보호하기 위해 TKIP(Temporal Key Integrity Protocol)와 CCMP(Counter Mode with Cipher Block Chaining MAC Protocol) 방식을 지원한다.

③ 서로 다른 유무선랜 영역에 속한 단말들의 종단간(end-to-end) 보안 기법에 해당한다.

④ 802.1X 표준에서 정의된 방법을 이용하여 무선 단말과 인증서버 간의 상호 인증을 할 수 있다.

정보보안기사

70 다음 중 인프라 네트워크 아키텍처에서 액세스 포인트(AP)의 목적은?

① AP는 압축을 수행한다.

② AP는 근거리 무선통신을 수행한다.

③ AP는 이종 네트워크를 상호 연동하는 게이트웨이 역할을 수행한다.

④ AP는 클라이언트를 상호 연결하는 라우터 역할을 수행한다.

정답 : 66. ① 67. ② 68. ③ 69. ③ 70. ②

해설

② 인프라 네트워크에서 하나 이상의 무선 클라이언트는 AP를 통하여 유선 네트워크에 접속한다. AP는 네트워크 동기화를 수행하여 클라이언트들이 마치 유선 네트워크에 직접 접속되어 있는 것처럼 만들어주는데 이 점이 AP의 많은 역할 중 하나이다.

2017년 국가직 9급 네트워크 보안

71 다음의 ㉠~㉢에 들어갈 용어를 바르게 연결한 것은?

> 무선랜에서의 프라이버시 강화를 위하여 IEEE 802.11에서 (㉠)를 정의하였으나, 이 표준에서 무결성 보장과 키 사용의 심각한 약점이 발견되었다. (㉡)에서 이를 개선할 목적으로 IEEE 802.11i의 초안에 기초한 중간 조치로 (㉢)를 공표하였고, 이후 IEEE 802.11i 전체 표준을 따르는 새로운 보안 대책이 등장하게 되었다.

	㉠	㉡	㉢
①	WPA	Wi-Fi Alliance	WPA2
②	WPA	IETF	WPA2
③	WEP	Wi-Fi Alliance	WPA
④	WEP	IETF	WPA

2017년 국가직 9급

72 무선랜을 보호하기 위한 기술이 아닌 것은?

① WiFi Protected Access Enterprise

② WiFi Rogue Access Points

③ WiFi Protected Access

④ Wired Equivalent Privacy

2016년 서울시 9급

73 무선랜에서의 인증 방식에 대한 설명 중 옳지 않은 것은?

① WPA 방식은 48비트 길이의 초기벡터(IV)를 사용한다.

② WPA2 방식은 AES 암호화 알고리즘을 사용하여 좀 더 강력한 보안을 제공한다.

③ WEP 방식은 DES 암호화 방식을 이용한다.

④ WEP 방식은 공격에 취약하며 보안성이 약하다.

해설

③ WEP는 유선랜(LAN)에서 기대할 수 있는 것과 같은 보안과 프라이버시 수준의 무선랜(WLAN)의 보안 프로토콜로 RC4 암호화 방식을 사용한다. WEP 방식은 일정한 양의 데이터를 분석하면 이로부터 키(key)를 추출할 수 있는 단점이 발견되어 공격에 취약하며 보안성이 약하여 WPA, WPA2가 제안되었다.

2015년 서울시 9급

74 다음 〈보기〉에서 설명하고 있는 무선네트워크의 보안 프로토콜은 무엇인가?

> AP와 통신해야 할 클라이언트에 암호화 키를 기본으로 등록해두고 있다. 그러나 암호화 키를 이용해 128비트인 통신용 암호화 키를 새로 생성하고, 이 암호화 키를 10,000개 패킷마다 바꾼다. 기존보다 훨씬 더 강화된 암호화 세션을 제공한다.

① WEP(Wired Equivalent Privacy)

② TKIP(Temporal Key Integrity Protocol)

③ WPA-PSK(Wi-Fi Protected Access Pre Shared Key)

④ EAP(Extensible Authentication Protocol)

정답 71. ③ 72. ② 73. ③ 74. ③

해설

③ WPA는 Wi-Fi에서 제정한 무선랜(WLAN) 인증 및 암호화 관련 표준이고, WPA-PSK(Pre-Share Key)는 WPA에서 인증을 위한 PSK(Pre-Share Key : 사전 공유키) 방식이다. 즉 WPA에서 인증은 PSK 방식을 이용하고, 암호화는 TKIP 방식을 이용한다.

2016년 국가직 7급

75 무선 LAN 보안에 관한 설명 중 ㄱ~ㄹ에 들어갈 용어를 바르게 나열한 것은?

> 강도 높은 프라이버시 및 인증 기능을 포함하는 무선 LAN 보안 표준인 IEEE(ㄱ)가 진화하는 과정에서 Wi-Fi 연합이 WPA/WPA2를 공표하였다. WPA는 WEP 암호의 약점을 보완한 (ㄴ)를 사용한다. 위 표준과 유사한 WPA2는 (ㄷ)를 채택하여 보다 강력한 보안을 제공한다. (ㄹ)는 엄격한 보안이 요구되는 네트워크에서 확장된 인증 과정을 수행하는 인증 프로토콜이다.

	ㄱ	ㄴ	ㄷ	ㄹ
①	802.11i	TKIP	AES	EAP
②	802.11i	DES	TKIP	RADIUS
③	802.1x	DES	TKIP	EAP
④	802.1x	TKIP	AES	RADIUS

해설

- ① 강도 높은 프라이버시 및 인증 기능을 포함하는 무선 LAN 보안 표준인 IEEE 802.11i가 진화하는 과정에서 Wi-Fi 연합이 WPA/WPA2를 공표하였다. WPA는 WEP 암호의 약점을 보완한 TKIP를 사용한다. 위 표준과 유사한 WPA2는 AES를 채택하여 보다 강력한 보안을 제공한다.
- EAP(Extensible Authentication Protocol : 확장성 인증 프로토콜)는 엄격한 보안이 요구되는 네트워크에서 확장된 인증 과정을 수행하는 인증 프로토콜이다.

2017년 국가직 9급 네트워크 보안

76 IEEE 802.11i RSN(Robust Security Network) 동작 단계에 대한 설명으로 옳지 않은 것은?

① 발견 단계에서는 STA(Station)와 AP(Access Point)가 서로를 인지하여 일련의 보안 능력에 합의하고, 해당 보안 능력을 이용하여 향후 통신에 사용할 연관을 설정한다.

② 인증 단계에서는 STA와 AS(Authentication Server)간의 상호 인증을 위하여 EAP(Extensible Authentication Protocol)를 교환한다.

③ 키 관리 단계에서는 STA와 AP간에 사용되는 한 쌍의 쌍별 키와 멀티캐스팅 통신에 사용되는 그룹 키가 정의된다.

④ 보호 데이터 전송 단계에서는 CRC(Cyclic Redundancy Check)로 메시지 인증과 데이터 기밀성을 제공한다.

해설

④ IEEE 802.11 초기 버전에서는 CRC를 이용해서 메시지 인증과 오류를 체크하였다. 이후 보안에 문제가 불거져, 802.11i에서는 암호화 방식으로 TKIP와 CCMP 알고리즘을 이용한다.

2017년 국가직 7급

77 사용자가 무선랜 보안을 위하여 취할 수 있는 방법이 아닌 것은?

① MAC 주소 필터링의 적용

② SSID(Service Set Identifier) 브로드캐스팅의 금지

③ 무선 장비 관련 패스워드의 주기적인 변경

④ WPA, WPA2, WEP 중에서 가장 안전한 보안 방법인 WEP를 이용한 무선랜의 통신 보호

정답 75. ① 76. ④ 77. ④

2016년 해경(보호직) 9급

78 무선랜 보안 방식인 WEP(Wired Equivalent Privacy)은 일정한 양의 데이터를 분석하면 이로부터 키(key)를 추출할 수 있는 단점이 발견되었다. 802.11i에서 WEP보다 강화된 보안 방식인 WPA 및 WPA2를 제안하는데 개인용은 인증을 위해 어떤 방식을 사용하는지 고르시오.

① 802.11x

② AES(Advanced Encrytion Standard)

③ TKIP(Temporary Key Integrity Protocol)

④ PSK(Pre-Shared Key)

해설

④ WPA, WPA2는 인증을 위해 PSK(Pre-Share Key : 사전 공유키)방식을 이용하고 있다.

정보보안기사

79 아래의 무선랜 보안 표준은 무엇인지 선택하시오.

- Wi-Fi에서 권고하는 무선랜 표준
- WEP 문제를 해결함
- 현재 대부분의 무선기기에 사용

① WPA2 혹은 IEEE 802.11i

② WEP, WPA

③ WPKI, SSID

④ Wireless LAN Key

2017년 국회직 9급

80 와이파이(Wi-Fi) 보안 기술에 대한 설명으로 옳지 않은 것은?

① IEEE 802.11 표준 기반의 무선랜 기술이다.

② WEP 방식은 현재 보안상 취약점이 발견되었다.

③ WEP 방식은 MAC(Media Access Control) 주소 인증 프로토콜을 사용한다.

④ WPA 방식은 TKIP(Temporal Key Integrity Protocol)를 사용한다.

⑤ WPA2 방식은 AES-CCMP(Counter Mode CBC-MAC Protocol)를 사용한다.

2016년 국가(보) 9급

81 무선랜의 보안을 강화하기 위한 대책으로 안전하지 않은 것은?

① 무선랜 AP 접속 시 데이터 암호화와 사용자 인증 기능을 제공하도록 설정한다.

② 무선랜 AP에 지향성 안테나를 사용한다.

③ 무선랜 AP에 MAC 주소를 필터링하여 등록된 MAC 주소만 허용하는 정책을 설정한다.

④ 무선랜 AP의 이름인 SSID를 브로드캐스팅하도록 설정한다.

해설

④ SSID는 무선랜 AP의 이름으로, SSID를 브로드캐스팅 하지 않고 숨김으로 설정해 폐쇄적으로 운영하면 SSID를 모르는 사용자의 접속 시도를 현저하게 줄일 수 있다.

2018년 경찰간부후보생

82 다음 지문은 무엇에 관한 설명인가?

무선랜을 통하여 전송되는 패킷의 각 헤더에 덧붙여지는 32바이트 길이의 고유 식별자로서, 무선장비가 BSS(Basic Service Set)에 접속할 때 암호처럼 사용한다.

정답 78. ④ 79. ① 80. ③ 81. ④ 82. ①

① SSID(Service Set Identifier)

② WEP(Wired Equivalent Privacy)

③ MAC(Message Authentication Code)

④ RFID(Radio Frequency Identification)

2017년 지방직 9급

83 무선랜의 보안 대응책으로 옳지 않은 것은?

① AP에 접근이 가능한 기기의 MAC 주소를 등록하고, 등록된 기기의 MAC 주소만 AP 접속을 허용한다.

② AP에 기본 계정의 패스워드를 재설정한다.

③ AP에 대한 DHCP를 활성화하여 AP 검색 시 SSID가 검색되도록 설정한다.

④ 802.1x와 RADIUS 서버를 이용해 무선 사용자를 인증한다.

2015 경찰직 9급

84 다음은 무선공격의 유형을 설명한 것이다. 가장 적절하지 않은 것은?

① 악성 액세스 포인트(Rogue Access Point) : 무선망이 보편적으로 설치되면서, 사용자의 개인정보와 트래픽을 훔치기 위한 목적으로 설치된 무선 액세스 포인트를 말한다.

② 워 드라이빙(War Driving) : 와이파이 스캐너를 통해서 지역 내에 있는 무선 액세스 포인트를 찾기 위한 방법이다.

③ 워 초킹(War Chalking) : 무선 액세스 포인트의 위치를 표시하는 기법을 말한다.

④ 이블 트윈(Evil Twin) : 블루투스 연결을 통해서 하나의 장비에 인가되지 않은 접근을 하는 것을 말한다.

해설

- ④ 이블 트윈(Evil Twin)은 가짜 와이파이를 의미한다. 즉 최종 사용자도 모르게 개인적인 정보를 수집하기 위해 합법으로 가장하여 개인이 제작한 무선 접근 노드, 랩톱 컴퓨터와 무선 카드, 관련 소프트웨어로 간단히 만들 수 있다.
- 블루투스 연결을 통해서 하나의 장비에 인가되지 않은 접근을 하는 것은 블루스나핑(bluesnarfing)에 대한 설명이다.

2014년 지방직 9급

85 다음 설명에 해당하는 블루투스 공격 방법은?

> 블루투스의 취약점을 이용하여 장비의 임의 파일에 접근하는 공격 방법이다. 이 공격 방법은 블루투스 장치끼리 인증 없이 정보를 간편하게 교환하기 위해 개발된 OPP(OBEX Push Profile) 기능을 사용하여 공격자가 블루투스 장치로부터 주소록 또는 달력 등의 내용을 요청해 이를 열람하거나 취약한 장치의 파일에 접근하는 공격 방법이다.

① 블루스나프(BlueSnarf)

② 블루프린팅(BluePrinting)

③ 블루버그(BlueBug)

④ 블루재킹(BlueJacking)

해설

블루스나프(BlueSnarf)는 블루투스의 취약점을 이용하여 장비의 임의 파일에 접근하는 공격이다. 공격자는 블루투스 장치끼리 인증 없이 정보를 간편하게 교환하기 위해 개발된 OPP(OBEX Push Profile) 기능을 사용하여 블루투스 장치로부터 주소록 또는 달력 등의 내용을 요청해 이를 열람하거나 취약한 장치의 파일에 접근할 수 있다.

정답 : 83. ③ 84. ④ 85. ①

2017년 국가직 7급

86 블루투스에 대한 설명으로 옳지 않은 것은?

① 페어링 과정은 한 장치가 그 지역에 있는 다른 장치들을 찾아 BD_ADDR이나 논리적 이름에 근거해 파트너가 될 장치를 선택하는 것이다.

② 장치 간 종류를 식별하기 위해서 SDP(Service Discovery Protocol)를 보내고 받는다.

③ 블루투스의 취약점을 이용하여 장비의 임의 파일에 접근하는 공격은 BlueBug이다.

④ OPP(OBEX Push Profile)는 블루투스 장치끼리 인증 없이 정보를 간편하게 교환하기 위해 개발되었다.

2015년 국가직 9급

87 디바이스 인증 수단으로 옳지 않은 것은?

① One Time Password

② MAC 주소값

③ 802.1x, WPA 표준 암호 프로토콜

④ X.homesec-2

⑤ SSID

해설

• 디바이스 인증이란 디바이스 즉, 장치들 간의 인증으로 사물인터넷(IoT) 기술이 발전하면서 주목받고 있다. 사용자의 조작을 최소화하고 PnP를 지원하는 것이 목표로 기존의 아이디/패스워드 방식에서 발전해 MAC 주소값 인증, 표준 암호프로토콜을 이용한 인증, 시도/응답방식 인증, PKI 기반 인증, X.homesec-2표준을 이용한 인증 등이 있다.
• One Time Password 방식은 편리성과 저비용화의 어려움으로 상용화는 안 되고 있다.

정보보안기사

88 다음 중 라우터로 유입되는 패킷의 출발지 주소가 위조되었는지 검사하여 위조되었다면 패킷을 내부로 전달하지 않고 제거하는 필터링 방식은?

① 인그레스 필터링

② 콘텐츠 필터링

③ 블랙리스트 필터링

④ 이그레스 필터링

해설

인그레스 필터링
• 라우터를 거쳐 내부로 유입되는 패킷을 라우터에 사전 정의한 접근제어 정책으로 필터링하는 방식이다.
• 라우터 내부로 인바운드 되는 패킷의 출발지(소스) 정보 등을 체크해 필터링하는 것을 의미한다.

정보보안기사

89 다음의 지문은 어느 토폴로지에 대한 설명인가?

> 장점 : 한 컴퓨터가 고장나더라도 고장난 해당 컴퓨터만 데이터를 송수신할 수 없고 나머지는 정상적으로 작동 가능하다.
> 단점 : 각 컴퓨터가 허브에 연결되기 때문에 허브가 고장나면 전체 네트워크에 장애가 발생하며, 네트워크에서 노이즈가 많이 발생한다.

① 메시 토폴로지(Mesh Topology)

② 링 토폴로지(Ring Topology)

③ 스타 토폴로지(Star Topology)

④ 버스 토폴로지(Bus Topology)

해설

스타 토폴로지의 가장 큰 특징은 중앙교환기 고장 시 전체 네트워크가 마비된다는 것이다.

정답 86. ③ 87. ① 88. ① 89. ③

정보보안기사

90 네트워크의 토폴로지(Topology)들 중에서 스타 토폴로지에 대한 설명으로 적절치 않은 것은?

① 매우 저렴한 비용으로 구성할 수 있다.

② 한 컴퓨터의 고장이 다른 컴퓨터들의 통신에는 영향을 미치지 않는다.

③ 각 컴퓨터에서 나온 케이블 세그먼트가 허브라는 중앙 구성요소에 연결된다.

④ 네트워크에서 노이즈가 다소 많이 발생한다.

해설

① 스타형(성형) 토폴로지는 초기 전화망에 쓰였던 토폴로지로 노드 추가 시 1대1로 중앙교환기와 노드를 케이블로 연결해야 한다. 즉 케이블링 비용이 많이 들며, 다수의 케이블로 인해 네트워크 설치비용이 많이 소요된다.

2016년 해경(보호직) 9급

91 회선 교환 방식은 정보 전송의 필요성이 생겼을 때 상대방을 호출하여 물리적인 연결을 구성한 후 정보를 전송하는 방식을 말한다. 다음 중에서 회선 교환 방식의 특징이 아닌 것은?

① 항상 동일한 경로를 이용하여 전송한다.

② 대체적으로 Point-to-Point의 전송구조를 갖는다.

③ 경로 설정에 짧은 시간이 걸리며 전송지연이 거의 없다.

④ 고정적인 대역폭을 사용한다.

해설

③ 회선 교환 방식은 기본적으로 현재의 전화교환망을 디지털화한 것이며, 전용선 개념으로 고정적인 대역폭을 지원한다. 초기에는 처음 경로 설정에 시간이 걸렸지만, 현재는 접속 시간이 1초로 짧아지고 있다. 일단 경로가 설정되면 교환 노드에서 처리지연이 거의 없어, 음성 및 동영상 등 실시간 전송이 요구되는 미디어 전송에 적합하다.

정보보안기사

92 한 번에 하나의 컴퓨터에 데이터를 전송하기 때문에 사용 경쟁이나 충돌이 발생하지 않으며, 케이블 트래픽이 쌓여 재전송을 해야 하는 경우가 발생하지 않는 것은 무엇인가?

① CSMA/CA　　② Token Ring

③ Mesh　　④ Star

SECTION 5 · 네트워크 보안과 방화벽

2017년 경찰간부후보생

93 다음 지문에서 설명하는 시스템은 무엇인가?

> ① 공격 성향이 있는 자들을 중요한 시스템으로부터 다른 곳으로 끌어내도록 설계된 유도시스템이다.
> ② 공격자의 동작에 관한 정보를 수집한다.
> ③ 관리자가 반응할 수 있도록 공격자로 하여금 시스템에 충분히 오랜 기간 동안 머무르도록 유도한다.

① 라디어스(RADIUS)

② 허니팟(Honeypot)

③ 방화벽(Firewall)

④ AAA(Authentication Authorization Accounting)

해설

허니팟은 컴퓨터 침입자를 속이는 침입탐지 기법 중 하나로, 실제로 공격을 당하는 것처럼 보이게 하여 침입자를 추적하고 정보를 수집하는 역할을 한다. 침입자를 유인하는 함정을 꿀단지에 비유한 것에서 명칭이 유래했다. 허니팟으로 더 잘 알려져 있는 디코이(Decoy:미끼) 기반 시스템은 네트워크 인프라 내에서 보안을 강화한다. 디코이 기반 시스템으로 들어오거나 나가는 모든 패킷은 일단 의심의 대상이다. 이로 인해 데이터 포착 및 분석 프로세스가 단순해지고 공격자의 동기에 대해 귀중한 정보를 얻을 수 있다.

정답 90. ① 91. ③ 92. ② 93. ②

2015년 서울시 9급, 2016년 해경(보호직) 9급

94 다음에서 허니팟(Honeypot)이 갖는 고유 특징에 대한 설명으로 옳지 않은 것은?

① 시스템을 관찰하고 침입을 방지할 수 있는 규칙이 적용된다.

② 중요한 시스템을 보호하기 위해서 잠재적 공격자를 유혹한다.

③ 공격자의 행동패턴에 대한 유용한 정보를 수집할 수 있다.

④ 대응책을 강구하기에 충분한 시간 동안 공격자가 머물게 한다.

해설

시스템을 관찰하고 침입을 방지할 수 있는 규칙이 적용되는 시스템은 침입방지(IPS) 시스템이다.

2015년 국가직 7급

95 허니팟(Honeypot)에 대한 설명으로 옳지 않은 것은?

① 공격자를 유인하기 위한 시스템이므로 쉽게 노출되지 않는 곳에 두어야 한다.

② 공격자를 중요한 시스템에 접근하지 못하게 유인한다.

③ 공격자의 행동패턴에 관한 정보를 수집한다.

④ 공격자가 가능한 오랫동안 허니팟에 머물도록 하고 그 사이에 관리자는 필요한 대응을 준비한다.

해설

허니팟(Honeypot)의 요건

- 해커에 쉽게 노출되어야 한다(미끼 역할).
- 쉽게 해킹이 가능한 것처럼 취약해 보여야 한다.
- 시스템의 모든 구성요소를 갖추고 있어야 한다.
- 시스템을 통과하는 모든 패킷을 감시해야 한다.
- 시스템에 접속하는 모든 사람에 대한 정보를 관리자에게 알려줘야 한다.

2016년 국가직 9급

96 DMZ(demilitarized zone)에 대한 설명으로 옳은 것만을 고른 것은?

ㄱ. 외부 네트워크에서는 DMZ에 접근할 수 없다.
ㄴ. DMZ 내에는 웹 서버, DNS서버, 메일 서버 등이 위치할 수 있다.
ㄷ. 내부 사용자가 DMZ에 접속하기 위해서는 외부 방화벽을 거쳐야 한다.
ㄹ. DMZ는 보안 조치가 취해진 네트워크 영역으로, 내부 방화벽과 외부 방화벽 사이에 위치할 수 있다.

① ㄱ, ㄷ　　② ㄴ, ㄷ

③ ㄴ, ㄹ　　④ ㄱ, ㄹ

해설

ㄱ. DMZ 구간이란 회사 홈페이지처럼 외부에 노출되어 있는 서비스를 의미한다. 즉 외부 네트워크에서 DMZ에 접근할 수 있다.
ㄴ. DMZ 내에는 웹 서버, DNS서버, 메일 서버 등이 위치할 수 있다.
ㄷ. 내부 사용자가 DMZ에 접속하기 위해서는 방화벽의 구축 형태에 따라, 내부 방화벽과 외부 방화벽이 따로 존재하면 꼭 외부 방화벽을 거쳐야 할 필요는 없다.
ㄹ. DMZ는 보안 조치가 취해진 네트워크 영역으로, 내부 방화벽과 외부 방화벽 사이에 위치할 수 있다.

정보보안기사

97 방화벽에 대한 설명 중 잘못된 것은 무엇인가?

① 패킷 필터링 유형은 패킷을 분석 후 허가된 패킷만 통과시키는데, XSS, SQL Injection 공격에 취약하다.

② DMZ에는 가장 안전한 내부 네트워크를 위치시키고, 인가되지 않은 외부에서의 접근은 완전히 차단한다.

③ 프록시 서버는 캐시를 통해 성능 향상과 함께 방화벽 기능을 제공한다.

정답 94. ① 95. ① 96. ③ 97. ②

④ Dual-homed Gateway 유형은 두 개의 NIC를 장착한 것이다.

2017년 교행직 9급

98 다음은 방화벽 규칙 집합(rule set)이다. 이에 대한 설명으로 옳은 것은?

정책	출발지 (source)		목적지 (destination)		동작
	IP주소	포트	IP주소	포트	
1	external	any	192.168.100.100	5553	any
2	any	any	any	any	deny

① 정책 2는 모든 접근에 대하여 허용하는 정책이다.

② 방화벽은 정책 2를 적용한 후 정책 1을 적용하게 된다.

③ 방화벽은 접근제어를 수행하기 위하여 포트만을 사용한다.

④ 외부 IP주소를 사용하여 접근하는 경우 내부 시스템(192.168.100.100)의 5553번 포트에 접근을 허용한다.

해설

정책 2는 deny 즉, 모든 접근에 대한 차단이다.

정보보안기사

99 내부 네트워크와 외부 네트워크 사이에 위치하여 외부에서의 침입을 1차로 방어해 주며 불법 사용자의 침입차단을 위한 정책과 이를 지원하는 소프트웨어 및 하드웨어를 제공하는 것은?

① IDS(Intrusion Detection System)

② Firewall

③ Bridge

④ Gateway

해설

방화벽(Firewall)이란 기업이나 조직의 모든 정보가 컴퓨터에 저장되면서, 컴퓨터의 정보보안을 위해 외부에서 내부, 내부에서 외부의 정보통신망에 불법으로 접근하는 것을 차단하는 시스템이다.

2017년 국가직 7급

100 방화벽의 보안 기능에 대한 설명으로 옳은 것은?

① 방화벽은 내부의 불만이 있는 사용자 또는 외부 공격자와 무의식적으로 협력하는 사용자를 완벽히 차단할 수 있다.

② 방화벽을 설치하게 되면 외부로부터의 모든 무선랜 통신을 안전하게 보호할 수 있다.

③ 랩톱, PDA와 같은 이동형 저장장치가 감염되는 경우에도 방화벽을 설치하여 내부 네트워크를 안전하게 보호할 수 있다.

④ 내부 보안 정책을 만족하는 트래픽만이 방화벽을 통과할 수 있다.

정보보안기사

101 내부 네트워크와 외부 네트워크 사이에 설치해 상호 간에 미치는 영향을 최소화시키는 특별한 목적의 장치인 방화벽에 대한 역할 중 잘못된 것은?

① 내부 네트워크와 인터넷의 경계점에 게이트웨이 형태로 설치되는 시스템

② 공개된 통신 환경 하에서 내부 자원을 보호하는 시스템

③ 보안 규칙에 의거하여 내부 사용자와 인터넷 서비스를 통제할 수 있는 시스템

④ 인가된 사용자들의 내부 시스템으로의 접근을 통제하는 시스템

정답 98. ④ 99. ② 100. ④ 101. ④

해설

④ 방화벽의 역할에는 외부의 비인가된 사용자들의 내부 시스템으로의 접근을 통제하는 역할이 있다.

2017년 국가직 9급 네트워크 보안

102 DMZ(demilitarized zone) 네트워크 내에 일반적으로 두지 않는 것은?

① 웹 서버

② 이메일 서버

③ DNS 서버

④ 내부 접속용 데이터베이스 서버

정보보안기사

103 침입차단시스템(Firewall)과 침입탐지시스템(IDS)의 설명으로 부적합한 것은?

① Firewall의 종류에는 스크리닝 라우터(Screening Router), 베스천 호스트(Bastian Host), 프락시 서버 게이트웨이(Proxy Server Gateway), Dual-Homed 게이트웨이 등이 있다.

② Firewall을 다중으로 사용 시, 내부 인가자의 시스템 호스트에 대한 접근통제가 가능하다.

③ 오용탐지 IDS는 알려진 공격에 대한 Signature의 유지를 통해서만 탐지가 가능하다.

④ IDS에서 공격인데도 공격이라고 판단하지 않는 경우를 False Negative라고 한다.

해설

② 방화벽은 외부의 비인가된 사용자들의 내부 시스템으로의 접근을 통제하는 시스템이다. 내부의 인가된 사용자에 대한 접근통제 서비스는 제공되지 않는다.

정보보안기사

104 침입차단시스템(Fire Wall)이 제공하는 기능으로 부적절한 것은 무엇인가?

① 내부망과 외부망의 분리

② 접근통제를 통한 내부 네트워크 보호

③ Audit Trail 및 Administration

④ 바이러스의 확산 방지 및 SQL Injection 방지

정보보안기사

105 인터넷상의 거래에 있어서 보안은 가장 큰 취약점이다. 인터넷 보안과 관련된 주요 대비책이 아닌 것은?

① 사용자 인증(User Authentication)

② 암호화(Encryption)

③ 인코딩(부호화, Encoding)

④ 방화벽(Firewall)

해설

부호화(Encoding) : PCM 통신 방식에서 압축을 받아 양자화 스텝으로 판독된 아날로그 신호를 몇 개의 단위 펄스의 유·무선 조합으로 된 신호, 곧 디지털 부호로 변환하는 작업으로 인터넷 보안에 대한 주요 대비책과는 거리가 멀다.

2014년 서울시 9급

106 방화벽(Firewall)에 대한 설명으로 옳지 않은 것은?

① 허가되지 않은 외부의 공격에 대비해 시스템을 보호하기 위한 하드웨어와 소프트웨어를 말한다.

② IP 필터링을 통해 내부 네트워크로 들어오는 IP를 차단할 수 있다.

정답 : 102. ④ 103. ② 104. ④ 105. ③ 106. ④

③ 방화벽을 구축해도 내부에서 일어나는 정보 유출은 막을 수 없다.

④ 방화벽을 구축하면 침입자의 모든 공격을 완벽하게 대처할 수 있다.

⑤ 방화벽은 일반적으로 라우터 또는 컴퓨터가 된다.

해설

- 침입차단시스템(방화벽)의 단점
  - 방화벽은 바이러스에 감염된 프로그램이나 파일을 막을 수 없다.
  - 방화벽은 내부의 위협을 막을 수 없다.
  - 방화벽은 방화벽을 우회하는 공격을 막을 수 없다.
  - 방화벽은 제한된 서비스를 제공한다.
  - 방화벽은 전혀 새로운 형태의 공격을 막을 수 없다.
- 방화벽을 포함한 어떠한 보안솔루션을 설치해도 모든 침입을 완벽하게 막을 수 없다.

정보보안기사

107 방화벽의 이점에 대한 설명으로 옳지 않은 것은?

① 위협에 취약한 서비스에 대한 보호를 제공한다.

② 보안관리가 분산된다.

③ 네트워크 사용에 대한 로깅과 통제 자료를 제공한다.

④ 네트워크 액세스 제어 정책에 대한 구현을 제공한다.

해설

- 방화벽의 장점
  - 위협에 취약한 서비스에 대한 보호를 제공한다.
  - 내부 네트워크의 모든 자원에 일괄된 보안정책 적용이 가능하여 집중된 보안관리가 가능하다.
  - 네트워크 사용에 대한 로깅과 통제 자료를 제공한다.
  - 네트워크 액세스 제어 정책에 대한 구현을 제공한다.
  - 내부 호스트 시스템에 대한 접근제어가 가능하다.
- 방화벽을 설치하면 내부 자원에 대한 일괄적인 보안정책을 적용해 집중화된 보안관리가 가능해진다.

정보보안기사

108 침입차단시스템(Firewall)에 대한 설명 중 틀린 것은?

① 침입차단시스템의 기능 중 하나는 패킷 필터링이다.

② 침입차단의 시스템을 설치하면 보안 정책 수립의 필요성이 감소한다.

③ VPN 기능을 제공하는 침입차단시스템도 있다.

④ 프락시는 응용 레벨에서 이루어지는 방식이다.

해설

- 침입차단시스템(방화벽)의 단점
  - 방화벽은 바이러스에 감염된 프로그램이나 파일을 막을 수 없다.
  - 방화벽은 내부의 위협을 막을 수 없다.
  - 방화벽은 방화벽을 우회하는 공격을 막을 수 없다.
  - 방화벽은 제한된 서비스를 제공한다.
  - 방화벽은 전혀 새로운 형태의 공격을 막을 수 없다.
- 이러한 방화벽의 한계 때문에 보안정책을 수립하여 다른 보안솔루션(IDS, IPS, ESM)과 통합하여 정보보호 서비스를 제공해야 한다.

정보보안기사

109 최근 인터넷에 연결되지 않은 내부망 해킹에 대한 관심이 증대되면서 내부망의 보안을 향상시키기 위해 많은 보안 기법을 사용하고 있다. 내부망 보안을 위한 방법 중 가장 관련이 없는 것은?

① 물리적으로 내부와 외부의 망을 분리한다.

② 내부망에서 무분별한 USB 사용을 제한한다.

③ 내부망의 PC 보안을 위해 인터넷에 연결된 백신 업데이트 서버를 설치한다.

④ 내부망에도 침입차단시스템과 같은 보안 장비를 설치하여 운용한다.

정답 : 107. ② 108. ② 109. ④

해설

④ 방화벽은 내부의 위험을 막을 수 없다는 단점이 있다.

2014년 국가직 9급

110 방화벽(Firewall)에 대한 설명으로 옳지 않은 것은?

① 패킷 필터링 방화벽은 패킷의 출발지 및 목적지 IP주소, 서비스의 포트 번호 등을 이용한 접속제어를 수행한다.

② 패킷 필터링 기법은 응용계층(Application layer)에서 동작하며, WWW와 같은 서비스를 보호한다.

③ NAT 기능을 이용하여 IP주소 자원을 효율적으로 사용함과 동시에 보안성을 높일 수 있다.

④ 방화벽 하드웨어 및 소프트웨어 자체의 결함에 의해 보안상 취약점을 가질 수 있다.

해설

② 패킷 필터링 방식의 방화벽은 라우터에서 Access List로 구현되며, 장점으로는 3·4 계층으로 빠르고 구현이 간단하며 저렴하다는 것이다. 단점으로는 로깅, 감사, 추적, 모니터링 기능이 미흡하며, TCP/IP 패킷은 쉽게 조작이 가능해 해커들이 인증된 IP로 해킹 성공 시 패킷 필터링 방식은 무용지물이 될 수 있다는 것이다.

2016년 국가(보) 9급

111 패킷 필터 방화벽이 네트워크 계층에서 검사할 수 없는 정보는?

① TCP 연결 상태

② 송·수신지 IP주소

③ 송·수신지 포트 번호

④ TCP 플래그 비트

해설

- 패킷 필터링 방화벽은 방화벽의 가장 기본적인 형태이다. 외부 침입에 대한 1차적 방어수단으로, 패킷의 IP 주소 정보, 각 서비스의 Port번호, TCP Sync 플래그 비트를 이용한 접속제어를 한다.
- TCP 연결 상태를 검사하는 방화벽의 종류는 Stateful Inspection(상태기반 패킷 검사) 방식의 방화벽이다.

정보보안기사

112 침입차단시스템의 설명으로 잘못된 것을 선택하시오.

① 패킷 필터링 방식은 동작속도가 빠르다. 하지만 IP를 변조하는 IP Spoofing에 취약하다.

② 애플리케이션 게이트웨이 방식은 응용 프로그램 데이터까지 점검하므로 높은 보안 강도를 가진다.

③ 패킷 필터링 방식은 헤더 주소가 변경된다.

④ 상태기반 패킷 검사(Stateful Packet Inspection)는 OSI 전 계층에서 동작하고 패킷에 대해서 접속허용을 점검하고 응용 프로그램 데이터까지 점검이 가능하여 방화벽 표준으로 자리를 잡고 있다.

해설

③ 패킷 필터링 방화벽은 3·4계층으로 빠르고 구현이 간단하나 제한된 서비스를 제공한다. 즉 헤더 주소를 변경하면서 서비스를 하지 않는다.

2015년 지방직 9급

113 OSI 참조 모델의 제7계층의 트래픽을 감시하여 안전한 데이터만을 네트워크 중간에서 릴레이하는 유형의 방화벽은?

정답 110. ② 111. ① 112. ③ 113. ②

① 패킷 필터링(Packet Filtering) 방화벽

② 응용계층 게이트웨이(Application Level Gateway)

③ 스테이트풀 인스펙션(Stateful Inspection) 방화벽

④ 서킷 레벨 게이트웨이(Circuit Level Gateway)

해설

② 프락시 게이트웨이 방식, Application Level Proxy (Application Gateway : 응용계층 게이트웨이), 응용프락시 유형의 방화벽

- 계층 : 7계층
- 개념 : 확실하게 허가되지 않으면 금지하는 개념이다.
- 특징 : 서버별로 방화벽이 따로 있는 방식, 특정 운용, 프로그램에 대해 프락시 서버를 중간 매체로 사용한다.
- 장점 : 로깅, 감사, 추적, 모니터링, 사용자 인증 제공, 높은 보안성, 내·외부 간 Proxy 통해서만 연결 허용, 내·외부망 분리, 내부 IP를 숨길 수 있어 높은 보안성을 제공한다.
- 단점 : 서비스 유연성이 떨어짐. 즉, 신규 서비스 추가 시 프락시 서버 필요, 투자비용 증가하는 단점이 있다.

2015년 국가직 7급

114 다음에서 설명하는 침입차단시스템(Firewall)의 유형은?

> 종단-대-종단 TCP 연결을 허용하지 않는다.
> 두 개(자신과 내부 호스트 사용자 간, 자신과 외부 호스트 TCP 사용자 간)의 TCP 연결을 설정한다.
> 시스템 관리자가 내부 사용자를 신뢰할 경우 일반적으로 사용한다.
> 이와 같은 유형의 구현 예로는 SOCKS가 있다.

① 회로 레벨 프락시(circuit leve proxy) 침입차단시스템

② 스테이트풀 패킷 검사(stateful packet inspection) 침입차단시스템

③ 응용 프락시(application proxy gateway) 침입차단시스템

④ 패킷 필터링(packet filtering) 침입차단시스템

해설

① 서킷게이트웨이 방식=Circuit Level Proxy(회로 레벨 프락시)의 특징이다.

정보보안기사

115 다음 중 침입차단시스템(L3 이상)에서 사용하지 않는 정보는?

① IP주소 ② 프로토콜 유형

③ 포트 번호 ④ Ethernet 주소

해설

Ethernet 주소는 OSI-7Layer에서 보면 물리적 주소인 2계층으로 침입차단시스템(L3 이상)에서 사용하지 않는다.

이유는 해커들이 하드웨어 성격이 강한 2계층으로는 소프트웨어적인 것을 이용하는 해킹공격을 수행하기 어려워 거의 사용하지 않기 때문이다.

2017년 국가직 9급 네트워크 보안

116 외부와 내부 네트워크의 경계에서 기본적인 패킷 필터링 기능만을 제공하는 데 적합한 네트워크 보안 구성은?

① 스크리닝 라우터

② 스크린드 호스트 게이트웨이

③ 스크린드 서브넷 게이트웨이

④ 응용레벨 게이트웨이

정답 : 114. ① 115. ④ 116. ①

2016년 국가(보) 9급

117 방화벽의 구축 형태 중 베스천 호스트 방식에 대한 설명으로 옳지 않은 것은?

① 외부와 내부 네트워크를 연결해주는 역할을 수행한다.

② 외부에서 내부 네트워크로 접속할 때 원하지 않는 접근은 차단할 수 없다.

③ 로그인 정보가 누출되면 내부 네트워크를 보호할 수 없다.

④ 베스천 호스트가 손상되면 내부 네트워크를 보호할 수 없다.

해설

② 방화벽 구축 형태 중 베스천 호스트 방식은 안전한 서버에 방화벽 S/W를 탑재해 사용하는 것으로 외부에서 내부 네트워크로 접속할 때 원하지 않는 접근은 베스천 호스트에 설치된 방화벽 S/W로 차단할 수 있다.

정보보안기사

118 일반적으로 DMZ에 위치하며 Anonymous FTP, 웹, DNS, SMTP, Proxy 서버 등과 같이 외부에 서비스를 제공하기 위하여 보안성을 향상시킨 서버들을 통칭하여 무엇이라 하는가?

① Bastion Host

② Viruswall

③ IDS

④ Dual-homed Gateway

해설

원래 베스천(bastion)은 중세 성곽의 가장 중요한 수비 부분을 의미하는데, 방화벽 시스템 관리자가 중점 관리하게 될 시스템이 된다. Bastion Host는 요새화 된 서버로 방어 능력을 갖춘 서버를 지칭하는 용어이다.

2016년 지방직 9급

119 다음에 해당하는 방화벽의 주축 형태로 옳은 것은?

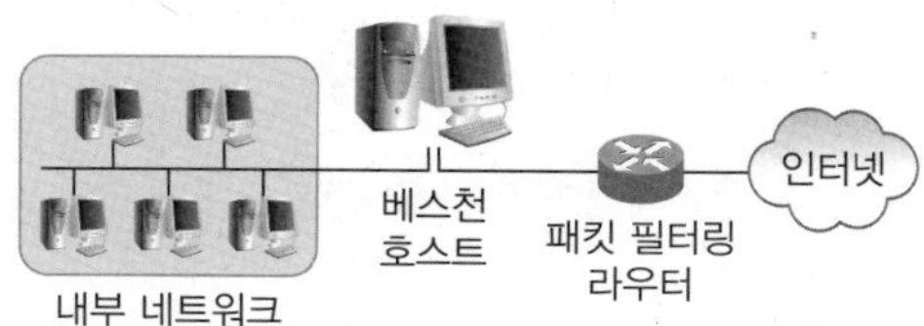

> 인터넷에서 내부 네트워크로 전송되는 패킷을 패킷 필터링 라우터에서 필터링함으로써 1차 방어를 수행한다.
> 베스천 호스트에서는 필터링 된 패킷을 프락시와 같은 서비스를 통해 2차 방어 후 내부 네트워크로 전달한다.

① 응용 레벨 게이트웨이

② 회로 레벨 게이트웨이

③ 듀얼 홈드 게이트웨이

④ 스크린 호스트 게이트웨이

해설

스크린 호스트 게이트웨이(Screen host gateway)

- 특징 : 스크린 라우터와 듀얼 홈G/W를 혼합한 형태이다. 인터넷에서 내부 네트워크로 전송되는 패킷을 패킷 필터링 라우터에서 필터링함으로써 1차 방어를 수행한다. 베스천 호스트에서는 필터링 된 패킷을 프락시와 같은 서비스를 통해 2차 방어 후 내부 네트워크로 전달한다.
- 장점 : 융통성이 뛰어나고 안정적이다.
- 단점 : 구축 비용이 비싸고 관리가 어렵다. 서비스 속도가 느리고 복잡하나 현재 가장 많이 사용하는 구축 형태이다.

정답 117. ② 118. ① 119. ④

2017년 서울시 9급

120 다음 지문에서 설명하는 방화벽으로 옳은 것은?

ㄱ. 다단계 보안을 제공하기 때문에 강력한 보안을 제공한다.
ㄴ. DMZ(DeMilitarization Zone)라는 완충 지역 개념을 이용한다.
ㄷ. 설치와 관리가 어렵고 서비스 속도가 느리다는 단점이 있다.

① 베스천 호스트(Bastion Host)
② 듀얼 홈드 게이트웨이(Dual Homed Gateway)
③ 패킷 필터링(Packet Filtering)
④ 스크린드 서브넷 게이트웨이(Screened Subnet Gateway)

2016년 해경(보호직) 9급

121 다음의 보기는 웹 방화벽의 주요 기능에 대한 설명이다. 보기 중에서 틀린 것을 고르시오.

① 웹 방화벽은 URL 단위의 탐지 기능을 가지며 파일 업로드 제어기능과 파일 검사 기능을 가질 수 있다.
② 클라이언트가 보낸 요청을 검사하여 악의적인 요청과 침입을 검사하고 차단하는 기능이 있다.
③ 웹 방화벽은 HTTP 헤더 데이터를 이용하여 사용자의 요청을 분석하는 기능을 위해 분석용 키(Key)를 가진다.
④ 웹 방화벽은 URL 및 서버 정보 위장 기능을 제공하여 사용자에게 실제 서버의 위치와 서버 정보를 숨기는 기능을 가진다.

해설

③ 웹 방화벽은 HTTP 헤더 데이터를 파싱하여 사용자의 요청을 분석한다. 이때 분석하는 방법은 패턴 탐지, 파일 변경 탐지, 업로드 필터링 등의 기법을 이용하여 사용자 요청이 정상으로 파악되면 웹 서버에 응답을 요청하고, 공격으로 파악되면 요청을 거부하고 오류 메시지를 발생한다.

2016년 해경(보호직) 9급

122 다음 중 침입탐지시스템(IDS)의 주요 기능이 아닌 것은?

① 데이터 수집(Raw Data Collection)
② 데이터 축약과 필터링(Data Reduction and Filtering)
③ 침입분석 및 탐지(Analysis and Intrusion Detection)
④ 역추적(Back Trace)

해설

- 역추적(Back Trace)은 IDS의 주요 기능이 아니다.
- 침입탐지시스템(IDS)의 구성 및 기능
  - 데이터 수집 : 통신에 사용되는 데이터, 패킷수집 단계
  - 데이터 가공 및 축약 : 침입 판정이 가능하게 의미 있는 정보를 추출(분류, 가공, 필터링(filtering), 축약(reduction))
  - 분석 및 탐지 : 핵심단계, 가공 및 축약된 Data를 분석해 침입여부 판정
  - 보고 및 대응 : 적절한 대응, 보안관리자에게 침입 사실 보고

정보보안기사

123 IDS의 비정상탐지 방법은 무엇인지 선택하시오.

① 브레인스토밍 ② 패턴매칭
③ 전문가 시스템 ④ 신경망 모델

정답 : 120. ④ 121. ③ 122. ④ 123. ④

해설

④ IDS에서 비정상탐지(이상탐지) 방법에는 정량적인 분석방법, 통계적인 분석방법, 예측가능한 패턴 생성 방법, 신경망 모델을 이용하는 방법 등이 포함된다.

2017년 교행직 9급

124 침입탐지시스템의 탐지 단계를 순서대로 바르게 나열한 것은?

> ㄱ. 데이터 수집(data collection)
> ㄴ. 침입 탐지(intrusion detection)
> ㄷ. 보고 및 대응(reporting and response)
> ㄹ. 데이터 필터링 및 축약(data filtering and reduction)

① ㄱ－ㄴ－ㄷ－ㄹ　　② ㄱ－ㄹ－ㄴ－ㄷ

③ ㄹ－ㄴ－ㄱ－ㄷ　　④ ㄹ－ㄷ－ㄱ－ㄴ

2014년 국가직 7급

125 침입탐지시스템(Intrusion Detection System)에 대한 설명으로 옳지 않은 것은?

① 호스트 기반과 네트워크 기반으로 나눌 수 있다.

② 침입탐지 기법은 크게 오용탐지(Misuse Detection) 기법과 이상탐지(Anomaly Detection) 기법으로 나눌 수 있다.

③ 데이터의 효과적인 필터링(Filtering)과 축약(Reduction)을 수행해야 한다.

④ 오용탐지 기법에는 정량적인 분석과 통계적인 분석 등이 포함된다.

해설

④ IDS에는 오용탐지(Misuse Detection) 기법과 이상탐지(Anomaly Detection) 기법이 있다. 오용탐지 기법은 기존의 침입방법들을 데이터베이스에 저장해 두었다가 사용자 행동 패턴이 기존의 침입 패턴과 일치하거나 유사한 경우에 침입이라 판단한다.
이상탐지 기법은 어떤 파일이 임계치 이상으로 트래픽 발생 시 즉, 평균에 벗어난 급격한 변화탐지, 공격에 대한 능동적 판단을 하는 것으로 탐지방법에는 정량적인 분석방법, 통계적인 분석방법, 예측가능한 패턴 생성 방법, 신경망 모델을 이용하는 방법 등이 있다.

정보보안기사

126 다음과 같은 기능을 수행하는 보안 도구는 무엇인가?

> • 사용자, 시스템 행동의 모니터링 및 분석
> • 시스템 설정 및 취약점에 대한 감사기록
> • 알려진 공격에 대한 행위 패턴 인식
> • 비정상적 행위 패턴에 대한 통계적 분석

① 침입차단시스템

② 침입탐지시스템

③ 가상사설망(VPN)

④ 공개키 기반 구조(PKI)

해설

침입탐지시스템 IDS(Intrusion Detection System) : 컴퓨터 또는 네트워크에서 발생하는 이벤트를 모니터링하고 침입 발생 여부를 탐지(Detection)하고 대응(Response)하는 자동화된 시스템이다. 기존 공격의 패턴을 이용해 공격을 감지하기 위해 signature 기반 감지 방식을 사용한다.

2015년 국가직 7급

127 기존에 알려진 취약성에 대한 공격 패턴 정보를 미리 입력해 두었다가 이에 해당하는 패턴을 탐지하는 기법의 시스템은?

① 이상탐지 기반의 침입탐지시스템

② 오용탐지 기반의 침입탐지시스템

③ 비특성 통계 분석 기반의 침입탐지시스템

④ 허니팟 기반의 침입탐지시스템

정답 124. ② 125. ④ 126. ② 127. ②

해설

오용탐지 기반의 침입탐지시스템은 기존에 알려진 취약성에 대한 공격 패턴 정보를 미리 데이터베이스에 입력해 두었다가 이에 해당하는 패턴을 탐지하는 기법의 시스템이다.

2015년 서울시 9급

128 다음은 오용탐지(Misuse Detection)와 이상탐지(Anomaly Detection)에 대한 설명이다. 이상탐지에 해당하는 것을 모두 고르면?

> ㉠ 통계적 분석 방법 등을 활용하여 급격한 변화를 발견하면 침입으로 판단한다.
> ㉡ 미리 축적한 시그니처와 일치하면 침입으로 판단한다.
> ㉢ 제로데이 공격을 탐지하기에 적합하다.
> ㉣ 임계값을 설정하기 쉽기 때문에 오탐률이 낮다.

① ㉠, ㉢　　② ㉠, ㉣

③ ㉡, ㉢　　④ ㉡, ㉣

해설

- ㉠ 이상탐지, ㉡ 오용탐지, ㉢ 이상탐지
- ㉣ 이상탐지 기법은 정상행위와 비정상행위를 가려내기 위한 명확한 기준(임계치)을 설정하기 어려워 오판율(False Positive)이 높다.

정보보안기사

129 다음에서 설명하고 있는 IDS의 공격 탐지 방법은 무엇인가?

> IDS에서 수집된 이벤트를 정상이라고 정의된 행위에 비교하여 상당히 이탈한 경우 비정상이라고 판단한다. 정상적인 행위를 프로파일화하기 위해서는 일정 기간의 Training 기간이 필요하며, 알려져 있지 않은 공격을 탐지하는 데 효율적이나 False positive 오류가 높다.

① Signature-based detection

② Anomaly-based detection

③ Stateful Protocol detection

④ Stateless Protocol detection

해설

- IDS시스템의 분석 및 탐지 방법에는 오용탐지(Misuse Detection)와 이상탐지(Anomaly Detection)가 있다.
- 이상탐지(Anomaly Detection) 방법은 어떤 파일이 임계치 이상으로 트래픽 발생 시 즉, 평균에 벗어난 급격한 변화를 탐지하며, 정상적인 행위를 프로파일화하기 위해서는 일정 기간의 training 기간이 필요하다. False Positive(긍정오류)는 공격이 아닌데 공격이라고 판단하는 경우이다.
- 이상탐지(Anomaly Detection) 방법은 정상적인 작업이라도 급격한 트래픽을 발생시키면 공격으로 잘못 판단하는 경우가 많아 False Positive(긍정오류) 비율이 높은 편이다.

2015년 지방직 9급

130 침입탐지시스템(IDS)의 탐지 기법 중 하나인 비정상행위(Anomaly) 탐지 기법의 설명으로 옳지 않은 것은?

① 이전에 알려지지 않은 방식의 공격도 탐지가 가능하다.

② 통계적 분석 방법, 예측 가능한 패턴 생성 방법, 신경망 모델을 이용하는 방법 등이 있다.

③ 새로운 공격 유형이 발견될 때마다 지속적으로 해당 시그니처(Signature)를 갱신해 주어야 한다.

④ 정상행위를 가려내기 위한 명확한 기준을 설정하기 어렵다.

정답 128. ① 129. ② 130. ③

해설

③ 새로운 공격 유형이 발견될 때마다 지속적으로 해당 시그니처(signature)를 취약점 DB에 갱신해 주어야 하는 탐지 방법은 오용탐지(Misuse Detection) 기법이다.

2016년 국가직 9급

131 침입탐지시스템(IDS)에서 알려지지 않은 공격을 탐지하는 데 적합한 기법은?

① 규칙 기반의 오용탐지

② 통계적 분석에 의한 이상(anomaly)탐지

③ 전문가 시스템을 이용한 오용탐지

④ 시그니처 기반(signature based) 탐지

해설

② 이상(anomaly)탐지 기법은 어떤 파일이 임계치 이상으로 트래픽 발생 시 즉, 평균에 벗어난 급격한 변화를 탐지해 공격으로 판단한다. 따라서 취약점 DB에 없는 알려지지 않은 공격도 탐지할 수 있다.

2017년 국가직 7급

132 다음은 침입탐지시스템의 탐지분석 기법에 대한 설명이다. ㉠~㉣에 들어갈 내용이 바르게 연결된 것은?

> 침입탐지시스템에서 (㉠)은 이미 발견되고 정립된 공격 패턴을 미리 입력해 두었다가 해당하는 패턴이 탐지되면 알려주는 것이다. 상대적으로 (㉡)가 높고, 새로운 공격을 탐지하기에는 부적합하다는 단점이 있다.
> (㉢)은 정상적이고 평균적인 상태를 기준으로 하여, 상대적으로 급격한 변화를 일으키거나 확률이 낮은 일이 발생하면 침입 탐지로 알려주는 것이다. 정량적인 분석, 통계적인 분석 등이 포함되며 상대적으로 (㉣)가 높다.

	㉠	㉡	㉢	㉣
①	이상탐지기법	False Positive	오용탐지기법	False Negative
②	이상탐지기법	False Negative	오용탐지기법	False Positive
③	오용탐지기법	False Negative	이상탐지기법	False Positive
④	오용탐지기법	False Positive	이상탐지기법	False Negative

2017년 경찰간부후보생

133 침입탐지방법에 관한 다음 설명 중 ( ) 안에 들어갈 내용으로 바르게 짝지은 것은 무엇인가?

> 오용탐지(Misuse)는 침입패턴 정보를 데이터베이스화하고, 사용자 혹은 침입자가 네트워크 및 호스트를 사용하는 활동 기록과 비교하여 동일하면 침입으로 식별하는 것이다. 이 방법은 False Positive가 (가)는 장점이 있지만, 반대로 False Negative가 (나)는 단점이 있다.

① (가) 높다, (나) 낮다

② (가) 낮다, (나) 높다

③ (가) 높다, (나) 높다

④ (가) 낮다, (나) 낮다

정보보안기사

134 다음은 특정 시스템에 대한 분류 또는 기능에 대한 정의이다. 특성이 다른 하나는 무엇인가?

① 단일 호스트 기반 ② 네트워크 기반

③ 베스천 호스트 ④ 비정상적인 행위탐지

해설

- 침입탐지시스템(IDS)에 대한 설명은 ① 단일 호스트 기반, ② 네트워크 기반, ④ 비정상적인 행위탐지이다.
- ③ 베스천 호스트는 침입차단시스템(방화벽)의 구축 형태 중 하나이다.

정답 131. ② 132. ③ 133. ② 134. ③

2014년 서울시 9급

135 IDS에 관한 다음의 설명 중 옳지 않은 것은?

① IDS를 이용하면 공격 시도를 사전에 차단할 수 있다.

② 기존 공격의 패턴을 이용해 공격을 감지하기 위해 signature 기반 감지 방식을 사용한다.

③ 알려지지 않았지만, 비정상적인 공격 행위를 감지해서 경고하기 위해 anomaly 기반 감지 방식을 사용한다.

④ DoS 공격, 패킷 조작 등의 공격을 감지하기 위해서는 network IDS를 사용한다.

⑤ IDS는 방화벽과 상호보완적 사용될 수 있다.

해설

① IDS(Intrusion Detection System)는 컴퓨터 또는 네트워크에서 발생하는 이벤트를 모니터링하고 침입 발생 여부를 탐지(Detection)하고 대응(Response)하는 자동화된 시스템으로, 기존 공격의 패턴을 이용해 공격을 감지하기 위해 signature 기반 감지 방식을 사용한다. 공격 시도를 사전에 차단할 수 있는 시스템은 한동안 나오기 어렵다.

2015년 경찰직 9급, 2014년 경찰직 9급

136 침입탐지시스템(IDS)에 대한 설명으로 가장 적절하지 않은 것은?

① 패킷의 유형에 따라 차단하거나 보내주는 간단한 패킷 필터링 기능을 제공한다.

② 네트워크상의 패킷을 분석하여 침입을 탐지하거나, 내부 사용자들의 활동을 감시하여 해킹 시도를 탐지한다.

③ 네트워크 기반, 호스트 기반, 오용탐지, 비정상 탐지 등이 있다.

④ 침입 경로를 찾을 수 있도록 탐지 대상으로부터 생성되는 로그를 제공한다.

해설

① 패킷의 유형에 따라 차단하거나 보내주는 간단한 패킷 필터링 기능을 제공하는 솔루션은 IDS가 아니라 방화벽(침입차단시스템)이다.

정보보안기사

137 다음은 응용 서비스와 보안 프로토콜을 연결한 것이다. 잘못 연결된 것은?

① 웹 보안 : SSL

② 가상 사설망 : IPSec

③ 침입탐지시스템 : Kerberos

④ 전자우편 보안 : S/MIME

해설

Kerberos(커버로스)는 티켓 기반 보안 알고리즘을 이용하는 중앙집중 인증 서비스로 침입탐지시스템(IDS)과는 거리가 멀다.

정보보안기사

138 다음에서 설명하고 있는 침입탐지시스템(IDS)은 무엇인가?

> 윈도우나 유닉스 등의 운영체제에서 부가적으로 설치되어 운영되거나 일반 클라이언트에 설치되며, 운영체제에 설정된 사용자 계정에 따라 어떤 사용자가 어떤 접근을 시도하고 어떤 작업을 했는지에 대한 기록을 남긴다. 전체적인 네트워크에 대한 침입탐지는 불가능하며 호스트 스스로가 공격 대상이 될 때에만 침입을 탐지할 수 있다.

① HIDS ② Firewall

③ NIDS ④ VPN

해설

① HOST 기반의 IDS는 서버 운영체제에 부가적으로 직접 설치 운영되며 구조가 간단하고 호스트에 기록되는 다양한 로그 자료를 통해 정확한 침입 탐지가 가능하다.

정답 : 135. ① 136. ① 137. ③ 138. ①

2016년 국가(보) 9급

139 ㉠~㉢에 들어갈 용어를 바르게 연결한 것은?

> (㉠) 기법은 이미 알려진 공격 패턴을 근거로 침입을 탐지하는 기법
> (㉡) 기법은 정상적인 활동에 대한 프로파일을 생성하고, 이 프로파일과 확률적으로 비교하여 벗어나는 행위를 탐지하는 기법
> (㉢) IDS(Intrusion Detection System)는 네트워크상의 모든 패킷을 캡처링한 후 이를 분석하여 침입을 탐지하는 시스템

	㉠	㉡	㉢
①	이상탐지	오용탐지	네트워크 기반
②	이상탐지	오용탐지	호스트 기반
③	오용탐지	이상탐지	네트워크 기반
④	오용탐지	이상탐지	호스트 기반

해설

- ③ IDS의 분석 및 탐지 기법에는 오용탐지(Misuse Detection)와 이상탐지(Anomaly Detection)가 있다. 오용탐지 기법은 기존의 침입방법들을 데이터베이스에 저장해 두었다가 알려진 공격 패턴을 근거로 침입을 탐지하는 기법이고 이상탐지 기법은 임계치 이상으로 트래픽 발생 시 즉, 평균에 벗어난 급격한 변화를 탐지하는 기법이다.
- 모니터링 대상에 따른 IDS의 종류에는 HOST 기반의 IDS와 네트워크 기반의 IDS가 있다. HOST 기반의 IDS는 윈도우나 유닉스 등의 운영체제에서 부가적으로 설치되어 운영되거나 일반 클라이언트에 설치되는 IDS이고, 네트워크 기반의 IDS는 네트워크에서 하나의 독립된 시스템으로 설치 운용되며 네트워크상의 모든 패킷을 캡처링한 후 이를 분석하여 침입을 탐지하는 시스템이다.

정보보안기사

140 다음 중 침입탐지시스템을 도입하기 위한 과정에서 가장 먼저 산정해야 하는 것은?

① 조직이 보호해야 할 자산 산정
② 과거의 침입에 의한 피해 산정
③ 침입탐지시스템을 조직에 맞게 커스트마이징
④ 침입탐지시스템의 설치위치 선정

해설

① 모든 정보 자산은 중요도와 관계없이 모두 식별되어야 하며, 이를 기초로 서비스의 종류와 그에 따른 보호 수준을 산정한 후 정보보호 목표를 세운다.

2015년 경찰직 9급

141 다음 중 해킹에 대한 설명으로 가장 적절하지 않은 것은?

① Zero Day 공격 : 시그니처(Signature) 기반의 침입탐지시스템으로 방어하는 것이 일반적이다.
② Buffer Overflow : 메모리에 할당된 버퍼의 양을 초과하는 데이터를 입력하는 공격이다.
③ Switch Jamming : 위조된 MAC 주소를 지속적으로 보내어 스위치 주소 테이블을 오버플로(Overflow) 시켜 테이블 관리가 불가능하도록 만든다.
④ SYN Flooding : TCP 연결 설정 과정의 취약점을 악용한 서비스 거부 공격이다.

해설

- Zero Day 공격은 보안 취약점을 이용하거나, 기존 보안제품에서 탐지되지 않는 코드를 이용하는 공격이다. 즉 신종 바이러스나 해킹수법이 나오면 회사 내 모든 PC를 전부 업데이트해야 한다.
- 그러나 많은 PC를 업데이트하면 처음 업데이트하는 PC와 나중에 업데이트하는 PC간 시간차가 생긴다.
- 이 시간차를 파고들어 나중에 업데이트 되는 PC를 신종 바이러스나 해킹방법으로 공격하는 기법이 제로데

정답 139. ③ 140. ① 141. ①

이 공격이다.

- 특정 시스템이나 네트워크 장비 같은 핵심 장비에서 기존에 알려지지 않은 취약점이 발생하고 그 취약점에 대한 패치가 발표되기도 전에 공격을 하는 수법이다.
- 이러한 제로데이 공격은 이전에 알려지지 않은 공격도 탐지가 가능한 이상탐지(Anomaly Detection) 기반의 IDS로 탐지가 가능하다.

2015년 국가직 9급

142 시스템의 보안 취약점이 발견된 뒤 이를 막을 수 있는 패치가 발표되기 전에 그 취약점을 이용한 악성코드나 해킹공격을 감행하는 수법은?

① APT 공격 ② 스턱스넷 공격
③ DDoS 공격 ④ 제로데이 공격
⑤ XSS 공격

해설

제로데이 공격은 보안 취약점을 이용하거나, 기존 보안 제품에서 탐지되지 않는 코드를 이용하는 공격이다. 즉 신종 바이러스나 해킹수법이 나오면 회사 내 모든 PC를 전부 업데이트해야 한다. 그러나 많은 PC를 업데이트하면 처음 업데이트하는 PC와 나중에 업데이트하는 PC간 시간차가 생긴다. 이 시간차를 파고들어 나중에 업데이트 되는 PC를 신종 바이러스나 해킹방법으로 공격하는 기법이 제로데이 공격이다.

2017년 경찰간부후보생

143 다음 지문에서 설명하는 것은 무엇인가?

> ① 침입탐지시스템(IDS, Intrusion Detection system)의 일종이다.
> ② Rule을 이용한 침입탐지 분석 기능을 가지고 있다.
> ③ 네트워크상에서 실시간 트래픽 분석, 프로토콜 분석이 가능하다.

① Snort ② Sniffer
③ Strings ④ Encase

해설

- Snort는 1998년 발표된 오픈소스 공개 네트워크 침입탐지(IDS)/침입방지(IPS)시스템이다.
- 침입탐지시스템(IDS, Intrusion Detection system)의 일종으로 실시간 트래픽 분석, 프로토콜 분석, 내용 검색/매칭, 침입탐지 Rule에 의거하여 버퍼 오버플로, 포트스캔, CGI 공격, OS 확인 시도 등의 다양한 공격과 스캔을 탐지할 수 있다.
- Rule을 이용한 침입탐지 분석 기능을 가지고 있다.
- 네트워크상에서 실시간 트래픽 분석, 프로토콜 분석이 가능하다.
  - Sniffer : 도청할 수 있도록 설치되는 도구이다.
  - String : 바이너리 내부에서 사용된 문자열을 추출한다.
  - Encase : 대표적인 디지털 포렌식 분석 도구이다.

2017년 지방직 9급

144 서비스 거부(Denial of Service) 공격 기법으로 옳지 않은 것은?

① Ping Flooding 공격
② Zero Day 공격
③ Teardrop 공격
④ SYN Flooding 공격

2015년 국가직 9급

145 해킹에 대한 설명으로 옳지 않은 것은?

① SYN Flooding은 TCP 연결 설정 과정의 취약점을 악용한 서비스 거부 공격이다.
② Zero Day 공격 : 시그니처(Signature) 기반의 침입탐지시스템으로 방어하는 것이 일반적이다.
③ APT는 공격 대상을 지정하여 시스템의 특성을 파악한 후 지속적으로 공격한다.
④ Buffer Overflow : 메모리에 할당된 버퍼의 양을 초과하는 데이터를 입력하는 공격이다.

정답 142. ④ 143. ① 144. ② 145. ②

해설

- 제로데이 공격(Zero Day Attack)이란 기존 보안제품에서 탐지되지 않는 새로운 코드를 이용해 나중에 업데이트 되는 PC를 신종 바이러스나 해킹방법으로 공격하는 것으로 보안패치가 발표되기도 전에 공격을 하는 수법이다.
- 시그니처(Signature) 기반의 오용탐지(Misuse Detection)기법은 취약점 DB에 새로운 공격 유형이 발견될 때마다 지속적으로 해당 시그니처(signature)를 갱신해 주어야 하기 때문에 알려진 공격만 탐지할 수 있는 단점이 있다.

2014년 국가직 7급

146 다음의 공격 유형과 그 대응 조치를 올바르게 연결한 것은?

〈공격 유형〉
1. Sendmail Daemon에 대해 알려진 패턴의 원격 버퍼 오버플로(Buffer Overflow) 공격
2. 계정 도용(Account Theft)
3. 해커가 임의로 파일을 삭제
4. XSS(Cross Site Scripting)

〈대응조치〉
ㄱ. WAP(Web Application Firewall)
ㄴ. OTP(One Time Password)
ㄷ. IPS(Intrusion Prevention System)
ㄹ. 디스크 포렌식(Disk Forensics)에 의한 자료복원

① 1－ㄱ, 2－ㄴ, 3－ㄹ, 4－ㄷ

② 1－ㄷ, 2－ㄴ, 3－ㄹ, 4－ㄱ

③ 1－ㄴ, 2－ㄱ, 3－ㄹ, 4－ㄷ

④ 1－ㄷ, 2－ㄱ, 3－ㄴ, 4－ㄹ

해설

- 원격 버퍼 오버플로 공격처럼 알려진 패턴공격은 침입방지시스템(IPS)으로 방어가 가능하다.
- 계정 도용은 일회용 패스워드로 패스워드를 매번 변경하면 방어가 가능하다.
- 해커가 임의로 파일을 삭제해도 디스크 포렌식을 통해 파일 복원이 가능하다.
- XSS는 웹 공격 방법으로 웹방화벽(Web Application Firewall)이 효율적인 방어 수단이다.

정보보안기사

147 아래의 보안 시스템은 무엇인가?

- 접근제어목록에 따른 접근제어와 탐지 후 통보라는 수동적 방어 개념의 침입차단시스템이나 침입탐지시스템과는 달리 이상 징후가 탐지되면 이를 자동적으로 사전에 차단하는 보안 솔루션이다.
- 외부의 침입요소를 탐지하고 공격 및 유해 트래픽에 대하여 자동 대응한다.

① IDS ② ESM

③ IPS ④ SSO

정보보안기사

148 다음 지문의 내용을 설명하는 보안 시스템은 무엇인가?

접근제어목록에 따른 접근제어와 탐지 후 통보라는 수동적 방어 개념의 침입차단시스템이나 침입탐지시스템과는 달리 이상 징후가 탐지되면 이를 자동적으로 사전에 차단하는 보안 솔루션이다.

① 통합보안관리시스템(Enterprise Security Management System)

② 바이러스 월(Virus Wall)

③ 침입방지시스템(Intrusion Prevention System)

④ 침입감내시스템(Intrusion Tolerant System)

해설

침입방지시스템(IPS)의 특징은 패킷을 버리거나 또는 의심이 가는 트래픽을 감지함으로써 공격 트래픽을 방어하는 기능을 갖고 있다. 즉 IPS는 IDS에서 한 발 나아가 공격이 실제 피해를 주기 전에 미리 능동적으로 공격을 차단하는 보안 솔루션이다.

정답 146. ② 147. ③ 148. ③

2015년 국가직 7급

149 다음에서 설명하는 보안 시스템은?

> 패킷을 버리거나 또는 의심이 가는 트래픽을 감지함으로써 공격 트래픽을 방어하는 기능을 갖고 있다. 트래픽을 수신하는 스위치의 모든 포트를 모니터하고 특정 트래픽을 막기 위해 적합한 명령어를 라우터나 침입차단시스템에 보낼 수 있다.
> 호스트 기반의 이 보안 시스템은 공격을 탐지하기 위해 서명이나 비정상 감지기술을 사용한다.

① IDS(Intrusion Detection System)

② IPS(Intrusion Prevention System)

③ DNS(Domain Name System)

④ VPN(Virtual Private Network)

해설

침입방지시스템(IPS)은 IDS에서 한 발 나아가 공격이 실제 피해를 주기 전에 미리 능동적으로 공격을 차단하는 보안 솔루션이다.

2016년 국가(보) 9급

150 정보보호 시스템들의 로그를 수집하여 분석 및 모니터링을 통해 전사적 차원의 정보시스템 보안성을 향상시키고 안전성을 높이는 시스템은?

① ESM(Enterprise Security Management)

② NAC(Network Access Control)

③ MAM(Mobile Application Management)

④ MDM(Mobile Device Management)

해설

- NAC(Network Access Control, 네트워크 접근제어) : 사전에 인가하지 않은 누리꾼이나 보안 체계를 갖추지 않은 정보기기의 통신망(네트워크) 접속을 적절히 조절하는 일을 한다. 특정 보안 기능을 적용한 뒤에나 접속할 수 있게 해 네트워크에 장애를 일으키는 빈도를 줄이는 게 목표다. 해킹 위협 등으로부터 정보 자산을 보호하기 위한 노력이자 관리 체계로도 이해할 수 있다.
- MDM(Mobile Device Management) : MDM(Mobile Device Management) : 원격으로 스마트폰, 태블릿 PC 등 모바일 단말기의 설정을 변경할 수 있는 애플리케이션이다. 해당 애플리케이션을 설치하면 특정 범위 내에서 카메라, 녹음 기능 등을 사용할 수 없게 설정된다. MDM는 정보 유출을 차단할 수 있어 보안이 중요한 업체에서 주로 사용하며, 삼성, 포스코, LG, SK 등 대기업에서도 설치를 권유하고 있다. 문제는 해당 애플리케이션이 개인정보를 수집하여 사생활을 감시할 수 있다는 데 있다. 또한 공장초기화를 거쳐도 개인적으로는 애플리케이션 삭제가 불가능해서 논란이 되고 있다.
- MAM(Mobile Application Management) : 모바일 기기에 설치된 앱과 데이터를 선택적으로 관리하는 솔루션이기 때문에 기업이 개인이 소유한 스마트 기기 전체를 중앙에서 제어하는 솔루션인 MDM과는 달리 개인의 영역과 기업의 영역을 나눠서 관리한다. MAM은 기업 자체가 앱스토어를 만들어 직원들에게 자신이 필요로 하는 업무용 앱을 내려 받을 수 있도록 하며 메인, 문서, 위치 파악 등 카테고리별로 앱을 제공하는 것이 특징이다.

2016년 해경(보호직) 9급

151 다음 지문에서 설명하고 있는 것은 무엇인가?

> 침입차단시스템(Firewall), 침입탐지시스템(IDS), 가상사설망(VPN) 등 서로 다른 보안 제품에서 발생하는 정보를 한 곳에서 모으는 역할을 하는 보안 관제 시스템

① ESM ② NMS

③ TMS ④ IPS

해설

ESM은 방화벽, 침입탐지시스템(IDS), 가상사설망(VPN) 등 다양한 종류의 보안 솔루션을 하나로 모은 통합보안관리시스템으로 최근 시스템자원관리(SMS), 네트워크자원관리(NMS) 등 전사적 자원관리시스템까지 포함하는 형태로 개발되는 추세이다.

정답 149. ② 150. ① 151. ①

정보보안기사

152 다음 중 프로토콜과 해당 프로토콜의 기능에 대해 잘못 설명한 것은?

① ARP : IP주소에 해당하는 48비트의 MAC 주소를 알아내기 위한 프로토콜

② IGMP : IP 멀티캐스트 그룹에서 호스트 멤버를 관리하는 프로토콜

③ UDP : 신뢰할 수 없는 비연결 지향 방식의 데이터그램 서비스를 제공하고자 하는 프로토콜

④ SNMP : 신뢰할 수 있는 연결 지향 서비스를 제공하며 데이터를 세그먼트 단위로 전송하는 프로토콜

해설

- SNMP(Simple Network Management Protocol)는 TCP/IP의 망 관리 프로토콜이다.
- 신뢰할 수 있는 연결 지향 서비스를 제공하며 데이터를 세그먼트 단위로 전송하는 프로토콜은 TCP에 대한 설명이다.

2016년 지방직 9급

153 응용계층 프로토콜에서 동작하는 서비스에 대한 설명으로 옳지 않은 것은?

① FTP : 파일전송 서비스를 제공한다.

② DNS : 도메인 이름과 IP주소 간 변환 서비스를 제공한다.

③ POP3 : 메일 서버로 전송된 메일을 확인하는 서비스를 제공한다.

④ SNMP : 메일전송 서비스를 제공한다.

해설

- SNMP(Simple Network Management Protocol)는 네트워크 관리와 모니터링을 위해 사용한다.
- 메일전송 서비스를 제공하는 프로토콜은 SMTP(Simple Mail Transfer Protocol)이다.

정보보안기사

154 다음의 설명은 네트워크 서비스 중의 하나이다. 어느 것에 관한 설명인가?

> TCP/IP 프로토콜 그룹을 이용하여 인터넷에서 장치를 관리하기 위한 서비스의 기반 프로토콜이다. 이것은 인터넷을 감시하고 관리하기 위한 기본적인 운영을 제공한다. 이것은 상호 동작하는 프로토콜을 사용함으로써 이루어지는데, 최상위 레벨에서의 관리는 SMI(Structure of Management Information)와 MIB(Mana gement Information Base)를 통해 이루어진다.

① CMIP ② SMTP

③ TFTP ④ SNMP

해설

SNMP는 TCP/IP의 망 관리 프로토콜로 패킷이 목적지까지 도달하는 동안 거치는 라우터 IP를 확인하는 도구이다. 이 도구는 UDP와 ICMP, TTL 값을 이용한다. 상대방의 IP주소를 알고 있는 상태에서, 상대방에게 인터넷 서비스를 제공하고 있는 회사를 알아내는 데 사용할 수 있다.

2017년 국가직 9급 네트워크 보안

155 IPv4의 주소 부족 현상을 해결하기 위한 접근 방법이 아닌 것은?

① NAT ② SNMP

③ IPv6 ④ DHCP

정보보안기사

156 다음 중 이메일(E-mail) 송수신을 위해서 사용되는 프로토콜로 가장 적절하지 않은 것은?

① SMTP ② POP3

③ IMAP ④ SNMP

정답 : 152. ④ 153. ④ 154. ④ 155. ② 156. ④

해설

SNMP는 TCP/IP의 망 관리 프로토콜로 TCP/IP 프로토콜 그룹을 이용하여 인터넷에서 장치를 관리하기 위한 서비스의 기반 프로토콜이다. 이것은 인터넷을 감시하고 관리하기 위한 기본적인 운영을 제공한다. 이것은 상호 동작하는 프로토콜을 사용함으로써 이루어지는데, 최상위 레벨에서의 관리는 SMI(Structure of Management Information)와 MIB(Management Information Base)를 통해 이루어진다.

정보보안기사

157 SNMP 프로토콜에 대한 설명으로 옳지 않은 것은?

① SNMP는 네트워크 관리를 담당한다.

② SNMP는 ISO OSI 7계층 가운데 3계층에 속한다.

③ SNMP는 분산 네트워크 관리 기능을 포함하고 있지 않다.

④ SNMP v3는 보안 기능을 보완했다.

해설

SNMP 특징

- SNMP는 네트워크 관리를 담당한다.
- SNMP는 ISO OSI 7계층 가운데 7계층인 응용계층에 속한다.
- SNMP는 잘 알려진 포트 161과 162를 통해 UDP의 서비스를 사용한다.
- SNMP V2는 중앙집중형 네트워크 관리 방법과 분산 네트워크 관리 기능을 지원한다.
- SNMP V3은 보안 기능을 보완했다.

정보보안기사

158 방화벽에서 TCP나 UDP 등의 프로토콜에 대해 필터링 정책을 세우기 위해서는 각각의 포트를 기준으로 필터링을 한다. 그렇다면 ICMP 프로토콜에 대해서는 일반적으로 어떠한 기준으로 필터링을 하는가?

① 포트 번호 ② TOS 값

③ 패킹의 id ④ 타입과 코드

해설

④ ICMP(Internet Control Message Protocol)는 인터넷상의 노드 간에 에러 사항이나 통신 제어를 위한 메시지를 보고하게 할 목적으로 만들어진 프로토콜이다. ICMP 프로토콜은 일반적으로 Type(타입)필드, Code(코드)필드, Checksum(체크섬)필드를 기준으로 필터링을 한다.

정보보안기사

159 ICMP에 대한 설명 중 적절하지 않은 것은 무엇인가?

① ICMP는 라우터가 에러 메시지를 다른 라우터에 전달하는 것을 허용한다.

② Ping은 ICMP echo request & reply를 이용한 응용프로그램이다.

③ ICMP는 네트워크 계층 프로토콜로 별도 IP Encapsulation없이 동작한다.

④ ICMP redirect 메시지는 라우터에 직접 접속된 네트워크에만 전송된다.

해설

③ ICMP는 네트워크 계층(3계층) 프로토콜로 IP로 캡슐화(Encapsulation) 되어 동작한다.

정보보안기사

160 데이터그램에서 TTL 필드가 0이 되었으나 아직 목적지에 도달하지 못한 경우 다음 중 어느 ICMP 오류 메시지가 보내어지는가?

① 목적지 도달 불가능(destination-unreachable)

② 시간 경과(time-exceeded)

③ 매개변수 문제(parameter-problem)

④ 발신지 억제(source-quench)

정답 157. ② 158. ④ 159. ③ 160. ②

해설

TIME EXCEEDED(시간 초과) : 패킷의 TTL(Time To Live) 필드 값이 0이 되어 패킷이 버려진 경우에 주로 발생한다. 기타의 시간 초과 현상에 의해 패킷이 버려진 경우도 이에 해당한다. 즉 데이터그램에서 TTL 필드가 0이 되었으나 아직 목적지에 도달하지 못한 경우 송신자에게 보내지는 오류 메시지이다.

정보보안기사

161 이 프로그램은 ICMP Request 메시지를 특정 호스트에 송신하여, 이에 대한 ICMP Reply를 수신함으로써 호스트의 활성화 여부를 검사해 보고, 요청과 응답에 대한 경과시간 RTT(Round-Trip-Time)를 알아볼 때 사용한다. 이것은 어떤 프로그램인가?

① TTL(Time To Live)

② Time Exceeded

③ Host Unreachable

④ PING

해설

ping이란 이름은 물체의 위치를 찾는 음파탐지기로부터 유래된 것으로 다른 호스트에 도착할 수 있는지를 검사하는 프로그램이다.

정보보안기사

162 네트워크로 들어오는 ICMP를 모두 허용할 경우 네트워크 매핑이나 해킹 툴의 통신 채널로 사용되는 등 보안상 문제점이 발생된다. 그러나 이를 모두 차단할 경우, 내부 네트워크에서 사용하는 몇몇 서비스의 제약을 받는데, 다음 중 이에 해당하지 않는 것은?

① 호스트의 ping 명령

② 윈도우 호스트의 tracert 명령

③ 유닉스 호스트의 traceroute 명령

④ 라우터의 (목적지 호스트까지) 최적 경로 발견

해설

④ ICMP 프로토콜은 인터넷상의 노드 간에 에러 사항이나 통신 제어를 위한 메시지를 보고하게 할 목적으로 만들어진 프로토콜이다. 라우터의 최적 경로를 발견하는 프로토콜은 경로제어 라우팅 프로토콜로 RIP, IGRP, OSPF, IS-IS 등이 있다.

정보보안기사

163 이 프로그램은 ICMP Request 메시지를 특정 호스트에 송신하여, 이에 대한 ICMP Reply를 수신함으로써 호스트의 활성화 여부를 검사해 보고, 요청과 응답에 대한 경과 시간 RTT(Round-Trip-Time)를 알아볼 때 사용한다. 이것은 어떤 프로그램인가?

① traceroute　　② ttl

③ ping　　④ timestamp

해설

ping이란 이름은 물체의 위치를 찾는 음파탐지기로부터 유래됐으며 다른 호스트에 도착할 수 있는지를 검사하는 프로그램이다.

2017년 경찰간부후보생, 정보보안기사

164 Traceroute 명령은 자신의 컴퓨터가 인터넷을 통해 목적지를 찾아가면서 거치는 구간의 정보를 기록하는 유틸리티이다. 이때 ICMP 프로토콜과 IP헤더의 (　) 필드를 사용하여 라우팅 경로를 추적한다. (　)에 들어갈 적합한 단어는 무엇인가?

① 버전　　② TOS

③ TTL　　④ Checksum

해설

TTL(Time To live : 수명 필드) : IP 패킷이 라우터를 지나칠 때마다 라우터는 TTL값이 1씩 감소된다. 그래서 TTL이 0이 되면, 패킷은 더 이상 전송하지 않고 폐기한다. 즉 TTL값이 0이 될 때까지 전송되지 않는 것은 전송할 수 없다고 생각하고 패킷을 버리게 된다.

정답 161. ④ 162. ④ 163. ③ 164. ③

2016년 해경(보호직) 9급

165 다음 지문은 무엇에 대한 설명인가?

> 패킷이 목적지까지 도달하는 동안 거치는 라우터 IP를 확인하는 도구이다. 이 도구는 UDP와 ICMP, TTL 값을 이용한다. 상대방의 IP주소를 알고 있는 상태에서, 상대방에게 인터넷 서비스를 제공하고 있는 회사를 알아내는 데 사용할 수 있다.

① traceroute ② ping
③ netstat ④ route

해설

traceroute는 자신의 컴퓨터가 인터넷을 통해 목적지에 찾아가면서 거치는 구간의 정보를 기록하는 유틸리티. IP주소나 URL로서 목적지를 입력하면 각 구간마다 지나는 게이트웨이 컴퓨터의 이름이나 주소, 그리고 걸리는 시간 등을 표시해 줌으로써 인터넷 경로상의 문제점이 있는 네트워크를 파악할 수 있게 한다. 여러 옵션 기능이 있으며, 이와 유사한 용도로는 핑(ping) 명령어가 있다.

정보보안기사

166 ICMP는 두 호스트 간에 또는 하나의 호스트와 라우터 같은 네트워크 장비 사이에서 에러 메시지를 주고받을 때 사용된다. ICMP에서 악성으로 사용되는 ICMP 메시지의 타입 중에 한 가지는 "ICMP redirect"이다. ICMP redirect 메시지는 호스트가 목적지 주소로 연결하고자 할 때, 해당 라우터가 최적의 경로임을 호스트에게 알려주기 위하여 ( )로부터 ( )로 보내어지는데, 이를 이용하여 해커는 시스템의 정보를 획득할 수 있다. 다음 중 ( )에 들어갈 말로 적절한 것은?

① 라우터-호스트 ② 라우터-라우터
③ 호스트-라우터 ④ 호스트-호스트

해설

① 인터넷에서 경로 설정은 라우터가 수행한다. 그런데 ICMP Redirect(방향 전환) 메시지는 목적지까지 찾아가는 데 더 좋은 경로가 있으면 라우터가 호스트에게 최적 경로를 알려주는 것이다.

2017년 국가직 9급 네트워크 보안

167 유닉스 시스템의 'traceroute'가 발신지에서 목적지까지의 패킷 전달 경로를 추적하는 과정에서 사용하지 않는 것은?

① ICMP
② TCP
③ UDP
④ IP 패킷의 TTL(Time To Live) 필드

2016년 해경(보호직) 9급

168 다음 중 IPv6의 전달방식 중 애니캐스트(Anycast)에 대한 설명으로 가장 바른 것은?

① 하나의 호스트에서 다른 하나의 호스트에게 전달하는 방식
② 하나의 호스트에서 그룹 내의 가장 가까운 곳에 있는 수신자에게 전달하는 방식
③ 다중 호스트를 여러 개의 호스트들에게 전달하는 방식
④ 하나의 호스트에서 모든 호스트들에게 전달하는 방식

해설

① 유니캐스트 ② 애니캐스트 ④ 브로드캐스트

정답 165. ① 166. ① 167. ② 168. ②

정보보안기사

169 ICMP의 Error Message에서 Router가 Host에게 경로를 바꾸게 하는 메시지는 무엇인가?

① 근원지 억제(Source Quench)

② 시간 초과(Time Exceeded)

③ 목적지 도착 불가(Destination Unreachable)

④ 방향 전환(Redirect)

해설

④ ICMP Redirect(리다이렉트)는 3계층에서 스니핑 시스템을 네트워크에 존재하는 또 다른 라우터라고 알림으로써 패킷의 흐름을 바꾸는 공격이다. 즉 라우팅 테이블을 변경하여 특정한 트래픽이 자신을 경유하도록 만든다.

SECTION 6 · 네트워크 기반 보안 공격

정보보안기사

170 다음 지문은 어떤 공격의 특성을 설명한 내용인가?

> 이 공격은 해킹처럼 시스템의 관리자 권한 획득, 시스템에 있는 데이터의 파괴 등을 행하지 않는다. 이 공격은 서비스를 사용할 수 없게 만든다. 또한 공격이 행해졌을 때 추적하기 어려우며, 이를 해결하기가 어렵다는 문제점을 지니고 있다.

① 스푸핑 공격

② 스니핑 공격

③ 서비스 거부(DoS) 공격

④ 사회공학적 공격

해설

DoS 공격이란 한꺼번에 수많은 컴퓨터가 특정 웹사이트에 접속함으로써 비정상적으로 트래픽을 늘려 해당 사이트의 서버를 마비시키는 해킹 방법이다. 시스템 및 네트워크의 취약점을 이용하여 사용 가능한 자원을 소비함으로써, 실제 해당 서비스를 사용하려고 요청하는 사용자들이 자원을 사용할 수 없도록 하는 공격이다.

2014년 서울시 9급

171 DDoS(Distributed Denial of Service)에 대한 설명으로 옳지 않은 것은?

① 좀비 PC가 되지 않기 위해서는 신뢰할 수 없는 기관의 프로그램은 설치하지 않는 것이 좋다.

② DDoS 공격은 특정 서버에 침입하여 자료를 훔쳐가거나 위조시키기 위한 것이다.

③ 좀비 PC가 되면 자신도 모르게 특정 사이트를 공격하는 수단으로 이용될 수 있다.

④ 공격을 당하는 서버에는 서비스가 중지될 수 있는 큰 문제가 발생한다.

⑤ 좀비 PC는 악성코드의 흔적을 지우기 위해 스스로 하드디스크를 손상시킬 수도 있다.

해설

② DoS/DDoS/DRDoS 공격은 시스템을 악의적으로 공격해 해당 시스템의 자원을 부족하게 하여 원래 의도된 용도로 사용하지 못하게 하는 공격이다. 즉 특정 서버에 침입하여 자료를 훔쳐가거나 위조시키기 위한 것이 아니라 서비스가 정상적으로 제공되지 못하도록 방해하는 것이다.

2014년 국가직 9급

172 서비스 거부(DoS : Denial of Service) 공격 또는 분산 서비스 거부(DDoS : Distributed DoS) 공격에 대한 설명으로 옳지 않은 것은?

정답 : 169. ④ 170. ③ 171. ② 172. ③

① TCP SYN이 DoS 공격에 활용된다.

② CPU, 메모리 등 시스템 자원에 과다한 부하를 가중시킨다.

③ 불특정 형태의 에이전트 역할을 수행하는 데몬 프로그램을 변조하거나 파괴한다.

④ 네트워크 대역폭을 고갈시켜 접속을 차단시킨다.

해설

- DDoS(분산서비스 거부공격)는 인터넷 또는 네트워크 연결상에서 다수의 시스템이 하나의 표적을 대상으로 다량의 패킷을 전송하여 네트워크 대역폭을 점유하는 방식으로 대상 시스템을 마비시키는 공격이다.
- 네트워크로 연결되어 있는 많은 수의 호스트의 패킷을 범람시킬 수 있는 DoS(Denial of Service) 공격용 프로그램을 분산 설치하여 이들이 서로 통합된 형태로 공격, 대상 시스템에 성능저하 및 시스템 마비를 일으킨다.
- 에이전트 역할을 수행하는 데몬 프로그램을 변조하거나 파괴하는 등의 행위와는 거리가 멀다.

2014년 경찰직 9급

173 다음은 네트워크 기반 공격에 대한 설명이다. 가장 적절한 것은?

> 네트워크로 연결되어 있는 많은 수의 호스트의 패킷을 범람시킬 수 있는 DoS(Denial of Service) 공격용 프로그램을 분산 설치하여 이들이 서로 통합된 형태로 공격 대상 시스템에 성능저하 및 시스템 마비를 일으킨다.

① DRDoS(분산반사서비스 거부) 공격

② DoS(서비스 거부) 공격

③ DDoS(분산서비스 거부) 공격

④ Smurf(스머프) 공격

해설

DDoS(분산서비스 거부) 공격은 공격자, 마스터, 에이전트, 공격 대상으로 구성된 메커니즘을 통해 DoS 공격을 다수의 PC에서 대규모로 수행하는 공격이다.

정보보안기사

174 아래의 공격은 어떤 공격인지 선택하시오.

> 암호화 되어 있고 TCP, UDP, ICMP를 사용할 수 있다.
> TCP Syn Flooding, UDP Flooding, ICMP Flooding, Smurf 공격이 가능하다.
> IP Spoofing 기능도 가진다.

① Stacheldraht ② Shaft

③ Trinoo ④ TFN

해설

TFN(Tribal Flood Network : 트리벌 플러드)

- TFN은 Trinoo와 거의 유사한 분산 서비스 거부(DDoS) 도구로 많은 소스에서 하나 혹은 여러 개의 목표 시스템에 대해 서비스 거부 공격을 수행한다.
- TFN은 UDP Flooding 공격을 할 수 있을 뿐만 아니라 TCP Syn Flooding 공격, ICMP Flooding Attack(스머프 공격) 등을 할 수 있다.
- Trinoo에서 조금 발전된 형태라 볼 수 있다.

정보보안기사

175 다음 중 공격 유형이 다른 하나는?

① Trinoo Attack

② Smurf Attack

③ Land Attack

④ Syn flooding Attack

해설

- 트리노(Trinoo) Attack은 해킹 당한 컴퓨터가 다시 제3의 전산망을 공격하도록 한 분산 공격형(DDoS) 프로그램을 말한다. 마스터 서버에 서비스 거부 명령이 내려지면 이와 연결된 서버는 전자상거래 사이트나 금융기관, 국가 기관 등 공격 목표에 일제히 막대한 양의 쓰레기 데이터를 보내 전산망을 마비시키게 된다.
- Trinoo Attack은 분산 공격형(DDoS) 공격 유형이고, Smurf Attack, Land Attack, Syn flooding Attack은 DoS 공격 유형이다.

정답 173. ③ 174. ④ 175. ①

2016년 국가(보) 9급

176 네트워크 보안 공격에 대한 설명으로 옳은 것은?

① Smurf 공격은 공격 대상의 IP주소로 위장된 다량의 ICMP echo reply 패킷을 전송하여 서비스를 거부하는 공격이다.

② MITM 공격은 네트워크에 에러 메시지를 전송하거나 네트워크 흐름을 통제하는 공격이다.

③ Salami 공격은 위조된 ARP reply 패킷을 전송하여 서비스를 거부하는 공격이다.

④ Teardrop 공격은 출발지와 목적지의 IP주소가 동일하게 위조된 SYN 패킷을 전송하는 공격이다.

해설

- MITM(중간자공격) : 암호통신을 도청하는 수법의 하나로 통신하고 있는 두 당사자 사이에 끼어들어 당사자들이 교환하는 공개정보를 자기 것과 바꿔 버림으로써 들키지 않고 도청을 하거나 통신내용을 바꾸는 수법이다.
- 살라미(Salami) 공격 : 티끌 모아 태산, 많은 사람들로부터 눈치채지 못할 정도의 적은 금액을 빼내는 컴퓨터 사기수법의 하나이다. 이탈리아 음식 살라미 소시지를 조금씩 얇게 썰어 먹는 모습을 연상시킨다고 해서 붙은 이름이다.
- Teardrop 공격 : 네트워크 프로토콜 스택의 취약점을 이용한 공격 방법으로 시스템에서 패킷을 재조립할 때, 비정상 패킷이 정상 패킷의 재조립을 방해함으로써 네트워크를 마비시키는 공격이다.
- ARP Spoofing : 위조된 ARP reply 패킷을 전송하여 개인정보 등의 데이터를 중간에서 가로채기하거나 서비스를 거부하는 공격이다.
- LAND Attack : 출발지와 목적지의 IP주소가 동일하게 위조된 SYN 패킷을 전송하는 공격이다.

2016년 국가직 7급

177 발신지 IP주소가 공격 대상의 IP주소로 위조된 ICMP 패킷을 특정 브로드캐스트 주소로 보내어 공격 대상이 대량의 ICMP reply 패킷을 받도록 하는 공격 기법은?

① SYN flooding ② Smurf attack

③ Land attack ④ Teardrop

해설

Smurf Attack(스머프 어택)은 발신지 IP주소가 공격 대상의 IP주소로 위조된 ICMP 패킷을 특정 브로드캐스트 주소로 보내어 공격 대상이 다량의 ICMP reply 패킷을 받도록 하는 공격 기법이다.

정보보안기사

178 TCP 세션 설정 과정인 '3-way Handshaking'의 취약점을 이용한 공격은 무엇인가?

① Smurf ② Ping of Death

③ Teardrop ④ SYN Flooding

정보보안기사

179 TCP의 3-way 핸드셰이킹의 취약점을 이용한 공격 기법은?

① Land 공격

② Ping of Death

③ SYN Flooding 공격

④ Smurf 공격

해설

Syn Flooding Attack(TCP Syn Flooding)은 TCP의 연결방식의 구조적 문제점, 즉 3-way Handshaking(핸드셰이킹)의 취약점을 이용한 공격 기법이다.

정답 176. ① 177. ② 178. ④ 179. ③

정보보안기사

180 다음 설명에 해당되는 공격 유형은?

> TCP의 연결방식의 구조적 문제점을 이용한 방법이다. 특정 포트에 대해 공격자가 SYN 패킷을 보내면 대상 서버는 SYN/ACK 패킷을 보낸다. 이때 공격자가 ACK 패킷을 보내면 TCP 연결이 완성되는데 SYN/ACK 패킷을 받은 후 ACK 패킷을 보내지 않으면 대상 서버는 ACK 패킷을 일정 시간 동안 기다리다 다시 정상상태로 돌아온다. 이때를 틈타 공격자가 계속해서 SYN 패킷을 보내고 ACK 패킷을 보내지 않으면, 대상 서버는 순간적으로 많은 양의 접속을 대기하다가 더 이상 해당 포트에 대해 SYN 패킷을 받지 못해 서비스를 하지 못하게 된다.

① Heap based Buffer Overflow

② Format string

③ SYN flooding

④ TCP Section Hijacking

해설

- SYN Flooding Attack(TCP Syn Flooding) : TCP의 연결방식의 구조적 문제점, 즉 3-way 핸드셰이킹의 취약점을 이용한 공격 기법으로, TCP 프로토콜의 초기 연결 설정 단계를 공격한다.
- TCP는 Transmition Control Protocol의 약자로 UDP와는 달리 신뢰성 있는 연결을 담당한다. 따라서 서버와 클라이언트 간에 본격적인 통신이 이루어지기 전에는 다음 그림과 같이 소위 '3 Way handshaking' 이라는 정해진 규칙이 사전에 선행되어야 한다.

정보보안기사

181 아래의 내용으로 알맞은 것을 선택하시오.

> SYN Flooding은 많은 수의 ( )요청을 하고( )을 클라이언트가 보내주지 않는다.

① SYN, ACK　　② SYN, IP

③ ACK, SYN　　④ ACK, NACK

2014년 국회직 9급

182 TCP SYN flood 공격에 대해 가장 바르게 설명한 것은?

① 브로드캐스트 주소를 대상으로 공격

② TCP 프로토콜의 초기 연결 설정 단계를 공격

③ TCP패킷의 내용을 엿보는 공격

④ 통신과정에서 사용자의 권한 탈취를 위한 공격

⑤ TCP패킷의 무결성을 깨뜨리는 공격

해설

② SYN Flooding Attack(TCP Syn Flooding) : TCP의 연결방식의 구조적 문제점, 즉 3-way 핸드셰이킹의 취약점을 이용한 공격 기법으로, TCP 프로토콜의 초기 연결 설정 단계를 공격한다.

정보보안기사

183 다음 지문을 보고 ( )에 적합한 단어를 고르시오.

> 네트워크 대역폭은 한정되어 있다. 웹 서버 동시 사용자는 1,000명으로 정해져 있다.(가정)
> 정상적인 접속을 방해하기 위한 목적으로 TCP의 3-way handshaking 과정의 프로세스를 악용하여 서버를 다운시키기 위해 1,000개 이상의 ( ) packet을 보낸다. 이는 서버 가용성 고갈로 정상 동작을 방해할 수 있다.

① ack　　② fin

③ arp　　④ syn

해설

syn flooding 공격은 다수의 syn 신호를 공격 대상자에게 전송하고 ack 신호를 반송하지 않아 공격 대상자의 시스템의 백로그Q가 가득 차게 해서 정상 동작을 하지 못하게 하는 공격 방법이다.

정답 180. ③ 181. ① 182. ② 183. ④

2015년 서울시 9급

184 SYN flooding을 기반으로 하는 DoS 공격에 대한 설명으로 옳지 않은 것은?

① 향후 연결요청에 대해 피해 서버의 대응 능력을 무력화시키는 공격이다.

② 공격 패킷의 소스 주소로 인터넷상에서 사용되지 않는 주소를 주로 사용한다.

③ 운영체제에서 수신할 수 있는 SYN 패킷의 수를 제한하지 않는 것이 원인이다.

④ 다른 DoS 공격에 비해서 작은 수의 패킷으로 공격이 가능하다.

해설

- ③ 운영체제에서 수신할 수 있는 SYN 패킷의 재시도 횟수를 제한하는 것이 SYN Flooding을 기반으로 하는 DoS 공격의 대책이 될 수 있다. 그러나 운영체제에서 수신할 수 있는 SYN 패킷의 수를 일정하게 제한하면 다른 정상적인 연결이 제한되므로 권장하는 대응 방법은 아니다.
- Syn Flooding의 원인은 TCP 연결 설정 과정 중에 3 Way Handshaking 과정에서 Half-Open 연결 시도가 가능하다는 취약점을 이용한 공격으로, 공격 대상 시스템은 외부로부터 접속 요청을 더 이상 받아들일 수가 없게 되어 정상적인 서비스를 제공할 수 없게 되는 것이다.

2017년 경찰간부후보생

185 다음 중 지문에서 설명하는 공격 방식과 바르게 짝지어진 것은 무엇인가?

> 가. 패킷을 전송할 때 출발지 IP주소와 목적지 IP주소를 동일하게 만들어 전송하는 공격
> 나. TCP 3-way handshaking 과정 중 Listen 상태에서 SYN을 받은 서버가 SYN/ACK를 전달한 후 ACK를 무한정 기다리게 하는 공격
> 다. 공격자가 다량의 ICMP Echo Request의 출발지 IP주소를 피해 시스템의 IP주소로, 목적지 IP주소를 Direct Broadcast IP주소로 spoofing하는 공격

	가	나	다
①	Smurf Attack	SYN Flooding Attack	Land Attack
②	SYN Flooding	Attack Land Attack	Smurf Attack
③	Land Attack	SYN Flooding Attack	Smurf Attack
④	SYN Flooding	Attack Smurf Attack	Land Attack

해설

- Land Attack : 자신의 IP주소와 포트를 대상 서버의 IP주소 및 포트와 동일하게 조작하여 전송하는 공격이다.
- Syn Flooding Attack : TCP의 연결방식의 구조적 문제점 즉, 3-way 핸드셰이킹의 취약점을 이용한 공격 기법이다.
- Smurf Attack : ICMP와 BroadCasting(브로드캐스트는 위험성으로 인해 IPv6에서는 삭제)을 이용한 공격으로 ICMP 패킷을 특정 브로드캐스트 주소로 보내어 공격 대상이 대량의 ICMP Reply 패킷을 받도록 하는 공격 기법이다.

정보보안기사

186 다음의 지문은 어떠한 공격 기법에 관한 설명인가?

> 공격 패킷을 받은 호스트가 IP 패킷에서 출발지 IP를 이용하여 응답 패킷을 만들어 전송하였으나 공격 패킷의 출발지 IP가 자신의 IP주소와 같아 패킷이 외부로 전송되지 않고 자신의 컴퓨터에 부하를 발생시키는 상황이 벌어진다. 즉, 루프상태에 빠지게 되어 IP 프로토콜 스택에 심각한 장애를 유발시키는 공격이다.

① Ping of Death ② Land Attack

③ TearDrop ④ Syn Flooding

해설

Land Attack은 출발지와 목적지의 IP주소를 공격자의 IP와 동일하게 만들어서 공격 대상에게 보내는 공격이다.

정답 : 184. ③ 185. ③ 186. ②

정보보안기사

187 네트워크 공격 기법에서 출발지 주소와 목적지 주소를 같게 하여 공격하는 방법은 무엇인가?

① Land Attack

② Section Hijacking

③ TCP Syn Flooding

④ DoS

정보보안기사

188 다음에서 설명하는 공격 방식은?

> 출발지와 목적지의 IP주소를 공격자의 IP와 동일하게 만들어서 공격 대상에게 보내는 공격
> 패킷을 받은 호스트는 응답을 위해서 수신한 패킷에서 출발지 IP를 이용하여 패킷을 전송하려 해도 외부로 전송하지 못하는 공격
> 패킷 전송 시 루프 상태에 빠지게 되어 결국 IP 프로토콜 스택에 심각한 장애를 유발시키는 공격

① Ping of Death Attack

② Teardrop Attack

③ Land Attack

④ Smurf Attack

2016년 국회직 9급

189 서버 관리자가 해커의 공격이 발생하고 있음을 감지하고 tcpdump 프로그램으로 네트워크 패킷을 캡처하였다. 다음의 요약된 캡처 정보가 나타내는 공격으로 옳은 것은?

```
13:07:13.639870 192.168.1.73.2321 >192.168.1.73.http..
13:07:13.670484 192.168.1.73.2321 >192.168.1.73.http..
13:07:13.685593 192.168.1.73.2321 >192.168.1.73.http..
13:07:13.693481 192.168.1.73.2321 >192.168.1.73.http..
13:07:13.712833 192.168.1.73.2321 >192.168.1.73.http..
```

① Smudge 공격

② LAND 공격

③ Ping of Death 공격

④ Smurf 공격

⑤ Port Scan 공격

해설

② Tcpdump는 주어진 조건식을 만족하는 네트워크 인터페이스를 거치는 패킷들의 헤더들을 출력해 주는 프로그램으로 Tcpdump를 이용하여 네트워크를 감시하고 데이터를 수집함으로써 해당 네트워크에서 나타나는 불법적인 패킷이나 공격 시도에 대한 패킷들을 확인할 수 있다. Tcpdump가 캡처한 요약정보를 보면 송신자 IP와 수신자 IP가 일치하는 패킷이 서버에 반복해 전송되고 있다. 그러므로 이것은 Land Attack의 시도라고 볼 수 있다.

2014년 국가직 7급

190 서비스 거부 공격(DoS : Denial of Service)에 대한 설명으로 옳지 않은 것은?

① Smurf 공격은 공격 대상의 IP주소를 근원지로 대량의 ICMP 응답 패킷을 전송하여 서비스 거부를 유발시키는 공격이다.

② Syn Flooding 공격은 TCP 3-Way Handshaking 과정에서 Half-Open 연결 시도가 가능하다는 취약점을 이용한 공격이다.

③ Land 공격은 출발지와 목적지의 IP주소를 상이하게 설정하여 IP 프로토콜 스택에 장애를 유발하는 공격이다.

④ Ping of Death 공격은 비정상적인 ICMP 패킷을 전송하여 시스템의 성능을 저하시키는 공격이다.

해설

③ Land 공격은 출발지와 목적지의 IP주소를 동일하게 설정하여 IP 프로토콜 스택에 장애를 유발하는 공격이다.

정답 187. ① 188. ③ 189. ② 190. ③

정보보안기사

191 MTU보다 큰 패킷을 분할하여 전송한 후 패킷의 재조합 과정에서 문제점을 이용한 공격 방법은 무엇인가?

① SYN Flooding ② Ping of Death
③ Teardrop Attack ④ Trinoo

2017년 국가직 9급 네트워크 보안

192 패킷 재조합의 문제를 악용하여 오프셋이나 순서가 조작된 일련의 패킷 조각들을 보냄으로써 자원을 고갈시키는 서비스 거부(DoS) 공격은?

① Land ② Teardrop
③ SYN flooding ④ Smurf

2014년 지방직 9급

193 보안 공격에 대한 설명으로 옳지 않은 것은?

① Land 공격 : UDP와 TCP패킷의 순서번호를 조작하여 공격 시스템에 과부하를 발생시킨다.

② DDoS(Distributed Denial of Service) 공격 : 공격자, 마스터 에이전트, 공격 대상으로 구성된 메커니즘을 통해 DoS 공격을 다수의 PC에서 대규모로 수행한다.

③ Trinoo 공격 : 1999년 미네소타대학교 사고의 주범이며 기본적으로 UDP 공격을 실시한다.

④ SYN Flooding 공격 : 각 서버의 동시 사용자 수를 SYN 패킷만 보내 점유하여 다른 사용자가 서버를 사용할 수 없게 만드는 공격이다.

해설

① tear drop : UDP와 TCP패킷의 순서번호를 조작하여 공격 시스템에 과부하를 발생시킨다.

2017년 국회직 9급

194 다음 중 캐싱(Caching) 장비가 응답하지 않도록 설정된 다수의 HTTP GET 패킷을 특정 시스템에 전송하여 서비스를 마비시키는 공격으로 옳은 것은?

① Slowloris 공격
② HTTP GET Flooding 공격
③ ARP Spoofing 공격
④ DNS Spoofing 공격
⑤ HTTP CC(Cache-control) 공격

정보보안기사

195 다음은 포트스캔에 대한 설명이다. 이 중 잘못된 것을 고르시오.

① 공격하려는 컴퓨터에서 열려 있는 포트를 검색하는 것이다.

② 포트를 검색하기 위해서는 먼저 IP를 알아내야 한다.

③ 컴퓨터에 존재하는 포트는 232개이다.

④ TCP 또는 UDP 포트가 어떤 서비스를 하고 있거나 LISTENING 상태이면 이 포트는 열려 있다.

해설

- 포트 번호는 16bit로 0번에서 65,535번까지 있다.
- 0번에서 1023번 포트는 Well Known Port라 한다.
- well known port는 TCP 또는 UDP에서 쓰이는 0번부터 65535번까지의 포트 중에서 IANA(Internet Assigned Number Authority)에 의해 할당된 0번부터 1023번까지의 포트이다.
- well known port Number 즉, 잘 알려진 포트 번호는 우리가 일반적으로 많이 사용하는 서비스의 포트 번호들이라고 할 수 있다.
- well known port는 응용프로그램 개발자가 사용할 수 없는 영역으로 메이저 벤더들이 이미 약속해서 사용하는 것이다.

정답 191. ③ 192. ② 193. ① 194. ⑤ 195. ③

- 1024~65535는 지정되지 않은 영역으로 1024~49151 포트는 등록된 포트(Registered port)라 하고, 49152~65535는 private port number 또는 동적포트(dynamic port number)라 한다.

2017년 국가직 7급

196 해킹 수단과 그 공격 방법에 대한 설명으로 옳지 않은 것은?

① Ransomware－파일을 암호화한 후 복호화를 조건으로 금전을 요구한다.

② Rootkit－스택에 할당된 버퍼보다 큰 코드를 삽입하여 오동작을 일으킨다.

③ SQL Injection－데이터베이스에 질의어를 변조하여 공격한다.

④ Cross-site Scripting－웹 페이지에 악성 스크립트를 삽입하여 정보를 획득한다.

정보보안기사

197 다음 중 포트 스캔의 설명으로 틀린 것은?

① 포트가 열려 있는 것을 확인하면 시스템의 활성화 정보도 얻을 수 있다.

② 열린 포트라 하더라도 아무 응답이 없는 경우가 있다.

③ 닫힌 포트에서는 TCP의 SYN 연결요청에 대하여 ACK가 오지 않는다.

④ TCP의 NULL 패킷으로도 포트의 활성화 여부를 알아낼 수 있다.

해설

③ 3-Way handshake 연결에서 닫힌 포트는 TCP의 SYN 연결요청에 대하여 RST+ACK 패킷을 전송받는다.

2016년 국가(보) 9급

198 다음 그림은 TCP half open 스캔 절차이다. ㄱ과 ㄴ에 들어갈 패킷을 바르게 연결한 것은?

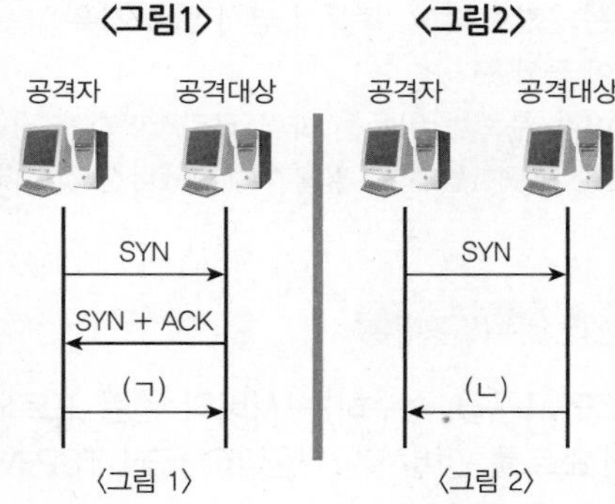

※ 〈그림1〉은 공격 대상 서버의 포트가 열린 경우이고, 〈그림2〉는 공격 대상 서버의 포트가 닫힌 경우

	ㄱ	ㄴ
①	ACK	ACK
②	ACK	RST
③	RST	RST+ACK
④	RST	SYN+ACK

해설

③ TCP hall open 스캔은 공격자가 SYN 패킷을 공격 대상 서버에 보낸 후 포트가 열려 있는 서버로부터 SYN+ACK 패킷을 받으면 공격자는 즉시 RST(강제 종료) 패킷을 보내 연결을 끊음으로써 TCP 3-way handshaking 과정을 맺지 않아 로그를 남기지 않는 방법이다.

2014년 국가직 9급

199 네트워크 스캐닝 기법 중 TCP패킷에 FIN, PSH, URG 플래그를 설정해서 패킷을 전송하는 것은?

① TCP SYN 스캐닝 ② UDP 스캐닝

③ NULL 스캐닝 ④ X-MAS tree 스캐닝

정답 : 196. ② 197. ③ 198. ③ 199. ④

해설

- XMAS 스캔은 TCP 헤더 내에 ACK, FIN, RST, SYN, URG 플래그를 모두 설정하여 전송하는 패킷이다.
- 이렇게 설정하여 전송하면 역시 포트가 열려 있을 경우에는 응답이 없고, 포트가 닫혀 있을 경우에는 RST 패킷이 돌아온다.
- XMAS라 부르는 이유는 마치 크리스마스에 받는 종합 선물 세트처럼 모든 필드가 세팅됐다는 것이다.

2017년 국가직 생활안전분야 9급

200 TCP 표준을 준수하는 서버의 열린 포트와 닫힌 포트를 판별하기 위한 TCP FIN, TCP NULL, TCP Xmas 포트 스캔 공격 시, 대상 포트가 닫힌 경우 세 가지 공격에 대하여 동일하게 서버가 응답하는 것은?

① SYN/ACK ② RST/ACK

③ RST ④ 응답 없음

2015년 국가직 9급

201 특정한 목표를 겨냥해서 사전에 치밀하게 계획한 다음 장기적으로 집중적이고 은밀하게 공격하는 수법은?

① DDoS 공격

② 리버스 엔지니어링 공격

③ 레이스 컨디션 공격

④ 세션 하이재킹 공격

⑤ APT 공격

해설

APT 공격은 정부 또는 금전 및 특정회사의 중요 정보의 획득을 목적으로 하는 일련의 범죄 그룹에 의해서 특정 사이트 및 기업을 상대로 지속적으로 취약점과 목적을 가지고 해킹하는 공격이다.

정보보안기사

202 다음 중 대표적인 네트워크 스캐닝 기능을 가진 툴이 아닌 것은?

① NMAP ② SSCAN2K

③ TRACEROUTE ④ NESSUS

해설

TRACEROUTE는 특정 호스트까지의 네트워크 라우팅 경로 및 경유하는 IP를 보여준다. 네트워크와 라우팅의 문제점을 찾아내는 목적으로 많이 사용된다.

2017년 서울시 9급

203 다음 중 APT(Advanced Persistent Threat) 공격에 대한 설명 중 옳지 않은 것은?

① 사회공학적 방법을 사용한다.

② 공격 대상이 명확하다.

③ 가능한 방법을 총동원한다.

④ 불분명한 목적과 동기를 가진 해커 집단이 주로 사용한다.

2016년 국가(보) 9급

204 다음에서 설명하는 보안 공격 유형은?

- 먼저 목표를 정하여 사전 조사를 실시한다.
- 조사를 바탕으로 공격 대상 컴퓨터에 악성코드를 감염시킨다.
- 내부 인프라로 서서히 침투하여 몰래 드나들 수 있도록 백도어 및 툴을 설치한다.
- 내부 인프라 접속 권한을 상승시키고 정보를 탈취하기 시작한다.
- 이후 장기간에 걸쳐 내부 인프라를 장악한 후, 더 많은 정보를 유출하거나 시스템을 파괴하는 등 또 다른 보안사고를 유발한다.

① 루트킷(Rootkit) 공격

② 랜섬웨어(Ransomware) 공격

정답 200. ③ 201. ⑤ 202. ③ 203. ④ 204. ③

③ 지능형 지속 위협(APT) 공격

④ 블루스나프(BlueSnarf) 공격

해설

③ APT 공격 프로세스는 사전조사 및 시도→내부 침입 성공→악성코드 전파 확산→중요 정보 유출의 기본적인 단계를 거친다.

2015년 경찰직 9급

205 다음 성명에 해당하는 공격은 무엇인가?

- 침입 후 즉시 정보를 빼가지 않고, 때를 기다리면서 관련된 모든 정보를 천천히 살펴보며 은밀히 활동하고, 정보를 유출하거나 보안서비스를 무력화 시킨다.
- 불특정 다수를 대상으로 하지 않고, 특정 대상을 지정해 공격한다.
- 보안관리가 소홀한 외부용역 등을 공격의 수단으로 활용하는 사례가 늘고 있다.

① 스머프(Smurf) 공격

② 핵티비즘(Hacktivism) 공격

③ 분산 서비스 거부(Distributed DoS) 공격

④ 지능형 지속 위협(Advanced Persistent Threat) 공격

해설

204번 해설 참조

2015년 지방직 9급

206 시스템 침투를 위한 일반적인 해킹 과정 중 마지막 순서에 해당하는 것은?

① 공격

② 로그 기록 등의 흔적 삭제

③ 취약점 분석

④ 정보 수집

해설

② 일반적인 해킹 과정은 정보수집 후, 취약점을 분석해 공격을 실시하며, 공격이 성공하면 주요 자료를 해킹하거나 악성코드를 심은 후 로그 기록 등의 흔적을 삭제해 추적을 방지하고 범죄사실을 숨긴다.

2016년 국가(보) 9급

207 컴퓨터 기반 사회공학적 공격 기법에 해당하지 않는 것은?

① 피싱(phishing)

② 파밍(pharming)

③ 스미싱(smishing)

④ 스푸핑(spoofing)

해설

- 인간기반 사회공학 기법
  - 직접적인 접근 – 도청
  - 어깨너머 훔쳐보기 – 휴지통 뒤지기
- 컴퓨터 기반 사회공학 기법
  - 피싱(Phishing) – 파밍(Pharming)
  - 스미싱(Smishing) – 시스템 분석
  - 악성 소프트웨어 전송
  - 인터넷을 이용한 사회공학 공격
- 스푸핑은 네트워크 과정에서 송신자나 수신자를 속이는 방법으로 네트워크 기반으로 볼 수 있다.

2017년 국가직 9급 정보시스템 보안

208 웹 애플리케이션에 대한 보안 취약점을 이용한 공격으로 옳지 않은 것은?

① Shoulder Surfing

② Cross Site Scripting

③ SQL Injection

④ Cross Site Request Forgery

정답 205. ④ 206. ② 207. ④ 208. ①

2016년 해경(보호직) 9급

209 최근 많이 발생되는 공격 사례로 인터넷 사용자의 컴퓨터에 침입하여 내부 문서나 사진파일, 스프레드시트 등 사용자의 파일들을 암호화하여 파일을 열지 못하도록 한 뒤 돈을 보내주면 암호화를 풀 수 있는 프로그램을 전송해준다며 금품을 요구하는 악성 프로그램을 뜻한다. 이러한 공격을 무엇이라고 하는가?

① 랜섬웨어(Ransomware)

② APT(Advanced Persistent Threat)

③ DDoS(Distributed Denial of Service)

④ 스미싱(Smishing)

해설

미국에서 발견된 스파이웨어 등의 신종 악성 프로그램으로 컴퓨터 사용자의 문서를 암호화해 볼모로 잡고 돈을 요구한다고 해서 '랜섬(ransom)'이라 한다. 인터넷 사용자의 컴퓨터에 잠입해 내부 문서나 스프레드시트, 그림파일 등을 암호화해 열지 못하도록 만들고 첨부된 이메일 주소로 접촉해 돈을 보내 주면 해독용 열쇠 프로그램을 전송해 준다며 금품을 요구하기도 한다.

2017년 국가직 9급

210 다음 설명에 해당하는 것은?

> PC나 스마트폰을 해킹하여 특정 프로그램이나 기기 자체를 사용하지 못하도록 하는 악성코드로서 인터넷 사용자의 컴퓨터에 설치되어 내부 문서나 스프레드시트, 이미지 파일 등을 암호화하여 열지 못하도록 만든 후 돈을 보내주면 해독용 열쇠 프로그램을 전송해 준다며 금품을 요구한다.

① Web Shell　② Ransomware

③ Honeypot　④ Stuxnet

2016년 서울시 9급

211 아래 〈보기〉의 지문은 신문에서 발췌한 기사이다. 빈칸에 들어갈 단어로 적절한 것은?

> 취업준비생 김다정(28)씨는 지난 5월 7일 공격으로 취업을 위해 모아뒀던 학습 및 준비 자료가 모두 암호화돼 버렸다. 컴퓨터 화면에는 암호를 알려주는 대가로 100달러(약 11만 5,000원)를 요구하는 문구가 떴지만, 결제해도 데이터를 되찾을 수 없다는 지인의 조언에 데이터복구 업체를 통해 일부 자료만 복구해 보기로 했다. 그런데 업체를 통해 데이터 일부를 복구한 지 하루 만인 지난 10일 또 다시 공격을 받아 컴퓨터가 먹통이 돼 버렸다.

① 하트블리드(Heart Bleed)

② 랜섬웨어(Ransomware)

③ 백오리피스(Back Orifice)

④ 스턱스넷(Stuxnet)

해설

랜섬웨어의 패해를 최소화하기 위한 방법

- 중요한 파일들은 백업해 놓는 습관을 기른다.
- 네트워크 폴더 사용자 접근권한을 변경한다.
- 자주 사용하는 SW를 최신으로 업데이트한다.
- 윈도우OS를 최신으로 업데이트한다.
- 취약점 공격 차단 프로그램을 설치한다.
- 중요 파일 권한을 변경한다.

정보보안기사

212 아래의 내용 중에서 윈도우 공유폴더 포트가 아닌 것은 무엇인가?

① UDP 137　② UDP 138

③ TCP 201　④ TCP 445

해설

③ 윈도우 공유폴더 포트(원격지 관리를 위해서 아래의 포트가 방화벽에서 오픈되어야 함)

- UDP : 137, 138　• TCP : 139, 445

정답 209. ① 210. ② 211. ② 212. ③

SECTION 7 · 해킹과 대책

2014년 국가직 7급

213 보안 사고에 대한 설명으로 옳지 않은 것은?

① 파밍(pharming)은 신종 인터넷 사기 수법으로 해당 사이트가 공식적으로 운영하고 있던 도메인 자체를 탈취하는 공격 기법이다.

② 스파이웨어(spyware)는 사용자의 동의 없이 시스템에 설치되어, 금융 정보 및 마케팅용 정보를 수집하거나 중요한 개인정보를 빼내가는 악의적 프로그램을 말한다.

③ 피싱(phishing)은 금융기관 등의 웹 사이트에서 보낸 이메일(email)로 위장하여 링크를 유도해 타인의 인증 번호나 신용카드 번호, 계좌 정보 등을 빼내는 공격 기법이다.

④ 스니핑(sniffing)은 백도어(backdoor) 등의 프로그램을 사용하여 원격에서 남의 패킷 정보를 도청하는 해킹 유형의 하나로 적극적 공격에 해당한다.

해설

스니핑은 네트워크의 중간에서 남의 패킷 정보를 도청하는 해킹 유형의 하나이다. 수동적 공격에 해당하며, 도청할 수 있도록 설치되는 도구를 스니퍼(Sniffer)라고 한다. 네트워크 내의 패킷은 대부분 암호화되어 있지 않아 해킹에 이용 당하기 쉽기 때문에 이를 보완하는 여러 기법이 개발되고 있다.

정보보안기사

214 다음 지문에서 설명하고 있는 공격 방식을 무엇이라 하는가?

> 네트워크 패킷이나 버스를 통해 전달되는 중요한 정보를 엿보고 가로채는 공격행위로, 암호화하지 않고 랜 라인을 통해서 전송되는 대화내용, 계정정보, 카드번호, 주민등록번호 등의 내용을 도청할 수 있는 방식의 공격

① 스니핑 공격 ② 패킷 변조 공격

③ 사회공학 공격 ④ 스푸핑 공격

해설

- 스니핑은 네트워크의 중간에서 남의 패킷 정보를 도청하는 해킹 유형의 하나이다. 수동적 공격에 해당하며, 도청할 수 있도록 설치되는 도구를 스니퍼(Sniffer)라고 한다. 네트워크 내의 패킷은 대부분 암호화되어 있지 않아 해킹에 이용 당하기 쉽기 때문에 이를 보완하는 여러 기법이 개발되고 있다.
- Sniffing은 네트워크 중간에서 상대방의 패킷 정보를 도청하는 수동적 공격이다. Sniffing 공격의 대응 방안으로 텔넷의 경우 원격 접속 시 평문 패킷의 암호화를 지원하기 위해 SSH를 사용한다.

정보보안기사

215 스니핑을 하려면 랜카드를 스니핑이 가능한 모드로 변경을 해야 한다. 어떤 모드로 변경해야 하는가?

① Promiscuous mode

② Reply mode

③ Response mode

④ Port Mirroring mode

해설

- 스니핑은 네트워크의 중간에서 다른 사람의 패킷 정보를 도청하는 해킹 유형의 하나이다. 수동적 공격에 해당하며, 도청할 수 있도록 설치되는 도구를 스니퍼(Sniffer)라고 한다. 네트워크 내의 패킷은 대부분 암호화되어 있지 않아 해킹에 이용 당하기 쉽기 때문에 이를 보완하는 여러 기법이 개발되고 있다.
- 대표적인 수동적 공격은 스니핑으로 수동적 공격의 특징은 탐지하기가 매우 어렵다는 점이다.
- 공격자는 자신의 NIC카드(LAN카드)의 설정을 Promiscuous Mode(필터링 해제)로 설정하여 간단하게 스니핑을 할 수 있다.

정답 : 213. ④ 214. ① 215. ①

2017년 서울시 9급

216 스위칭 환경에서 스니핑(Sniffing)을 수행하기 위한 공격으로 옳지 않은 것은?

① ARP 스푸핑(Spoofing)

② ICMP 리다이렉트(Redirect)

③ 메일 봄(Mail Bomb)

④ 스위치 재밍(Switch Jamming)

해설

메일 폭탄은 DoS 공격 방법이다.

2016년 해경(보호직) 9급

217 스니핑(Sniffing)을 방지하기 위한 대책으로 올바르지 못한 것은?

① 스위치 포트에 접근 제한을 설정한다.

② 전자메일을 이용할 때에는 IPSec 기술을 사용하여 암호화한다.

③ 원격 접속 프로그램으로는 telnet 대신 ssh 프로토콜을 이용한다.

④ VPN을 이용하여 네트워크 구간을 암호화한다.

해설

- ② 전자메일을 이용할 때는 PGP나 S/MIME을 이용해 암호화한다.
- IPSec은 네트워크 계층인 인터넷 프로토콜에서 보안성을 제공해 주는 표준화된 기술로 원격지에서 인증 및 데이터 암호화를 지원한다. 보통 IPSec은 외부와 접속하는 최종 라우터 앞에 솔루션으로 설치되며 외부 침입자의 불법적인 접근이나 해킹을 방지할 수 있다. 보통 스니핑은 내부 네트워크에서 발생하므로 IPSec을 이용하는 것은 효과적인 방법이라고 할 수 없다.

2016년 국가(보) 9급

218 (ㄱ)과 (ㄴ)에 들어갈 용어를 바르게 연결한 것은?

> (ㄱ)은(는) 네트워크 중간에서 상대방의 패킷 정보를 도청하는 수동적 공격이다.
> (ㄱ) 공격의 대응 방안으로 텔넷의 경우 원격 접속 시 평문 패킷의 암호화를 지원하기 위해(ㄴ)을 사용한다.

	ㄱ	ㄴ
①	ARP	watch SSH
②	ARP	watch PGP
③	Sniffing	SSH
④	Sniffing	PGP

해설

- 스니핑은 네트워크의 중간에서 남의 패킷 정보를 도청하는 해킹 유형의 하나이다. 수동적 공격에 해당하며, 도청할 수 있도록 설치되는 도구를 스니퍼(Sniffer)라고 한다. 네트워크 내의 패킷은 대부분 암호화되어 있지 않아 해킹에 이용 당하기 쉽기 때문에 이를 보완하는 여러 기법이 개발되고 있다. Sniffing 공격의 대응 방안으로 텔넷의 경우 원격 접속 시 평문 패킷의 암호화를 지원하기 위해 SSH를 사용한다.
- SSH는 네트워크 보안 도구 중 하나로 원격접속을 안전하게 할 수 있게 해주는 프로토콜이다. PGP와 마찬가지로 공개키 암호화 방식을 사용하여 암호화된 메시지를 전송할 수 있는 시스템으로 원격 시스템에 접속할 때 사용하는 서비스로서 telnet, rlogin, rcp 등은 암호화하지 않은 상태의 평문으로 데이터가 전송되므로 보안에 취약할 수 있다. 따라서 이를 보완하기 위해 전송되는 데이터를 비대칭키(공개키) 암호기법으로 암호화한다.

정답 216. ③ 217. ② 218. ③

정보보안기사

219 다음 중 Sniffing 공격에 대한 대처방법으로써 가장 적절한 것은?

① 서버 접속 시 사용하는 패스워드를 자주 변경한다.

② SSL, SSH 등의 암호화 프로토콜을 사용한다.

③ 각종 시스템에 대하여 로그를 남기고 자주 모니터링한다.

④ 방화벽을 설치한다.

해설

- ② 전자메일을 이용할 때는 PGP나 S/MIME을 이용해 암호화한다.
- 패스워드를 자주 변경해 해킹을 예방할 수 있고, 로그를 남겨 침입을 추적할 수 있다.
- 방화벽의 주된 목적은 외부침입을 차단하는 것으로 내부자에 의해 주로 발생되는 스니핑 공격을 막기에는 효과적이지 않다.

정보보안기사

220 다음 지문의 괄호 안에 가장 적합한 것은?

> Anti Sniffer 도구의 특징은 로컬 네트워크에서 워크 카드의 ( ) 유무를 체크하여 스니퍼가 작동하고 있는지를 체크하는 것이다.

① Duplex Mode ② MAC

③ Promiscuous ④ ARP

해설

③ 기본적으로 TCP/IP에선 자신을 거쳐 가더라도 목적지가 자신이 아니라면 수신하지 않는 것이 일반적인데 랜카드를 조작하여 목적지가 어디든 무조건 수신하도록 옵션을 줄 수도 있다. 이 옵션을 Promiscuous mode(프리미스큐어스 모드)라고 한다.

2015년 국가직 9급

221 다음에서 설명하는 스니퍼 탐지 방법에 이용되는 것은?

> 스니핑 공격을 하는 공격자의 주요 목적은 사용자 ID와 패스워드의 획득에 있다.
> 보안관리자는 이 점을 이용해 가짜 ID와 패스워드를 네트워크에 계속 보내고, 공격자가 이 ID와 패스워드를 이용하여 접속을 시도할 때 스니퍼를 탐지한다.

① ARP ② DNS

③ Decoy ④ ARP watch

해설

유인(Decoy)을 이용한 스니퍼 탐지방법은 스니퍼를 실행하는 공격자는 일반적으로 사용자 ID와 패스워드를 도청한 후 이 도청한 ID와 패스워드를 이용하여 다른 시스템을 공격하는 것을 이용하는 것이다. 즉 네트워크 상에 클라이언트/서버를 설정하여 미리 설정된 사용자 ID와 패스워드를 지속적으로 흘려 공격자가 이 패스워드를 사용하게 한다. 관리자는 IDS 또는 네트워크 감시 프로그램을 이용하여 이러한 미리 설정된 ID와 패스워드를 사용하는 시스템을 탐지함으로서 스니퍼를 탐지할 수 있다.

2014년 국가직 9급

222 공격자가 자신이 전송하는 패킷에 다른 호스트의 IP주소를 담아서 전송하는 공격은?

① 패킷 스니핑(Packet Sniffing)

② 스미싱(Smishing)

③ 버퍼 오버플로(Buffer Overflow)

④ 스푸핑(Spoofing)

해설

- 스푸핑은 해커가 악용하고자 하는 호스트의 IP주소나 이메일 주소를 바꾸어서 이를 통해 해킹하는 것을 말한다.

정답 219. ② 220. ③ 221. ③ 222. ④

• 스푸핑은 컴퓨터들이 통신하는 과정에 필요한 주소를 임의의 다른 값으로 변조하는 행위나 위조 지문을 악용하여 지문 인식 시스템을 속이고 통과하는 행위 등 다양한 형태를 가진다.

2016년 지방직 9급

223 네트워크 공격에 대한 설명으로 옳지 않은 것은?

① Spoofing : 네트워크에서 송수신 되는 트래픽을 도청하는 공격이다.

② Section hijacking : 현재 연결 중인 세션을 가로채는 공격이다.

③ Teardrop : 네트워크 프로토콜 스택의 취약점을 이용한 공격 방법으로 시스템에서 패킷을 재조립할 때, 비정상 패킷이 정상 패킷의 재조립을 방해함으로써 네트워크를 마비시키는 공격이다.

④ Denial of Service : 시스템 및 네트워크의 취약점을 이용하여 사용 가능한 자원을 소비함으로써, 실제 해당 서비스를 사용하려고 요청하는 사용자들이 자원을 사용할 수 없도록 하는 공격이다.

해설

① 네트워크에서 송수신 되는 트래픽을 도청하는 공격은 스니핑(Sniffing)에 대한 설명이다.

정보보안기사

224 다음 중 공격 방법인 스푸핑 기법(Spoofing)에 대한 설명으로 맞는 것은?

① 네트워크 사용자의 계정을 불법적으로 획득하는 기술

② 패킷에 발신자 IP주소를 조작하여 공격하는 기법

③ 시스템에 과부하를 주어 작동 중지 및 서비스 거부를 하게 하는 기법

④ 메시지를 가로챘다가 나중에 재전송하는 방법

해설

② 스푸핑이란 「골탕 먹이다」, 「속여 먹이다」라는 뜻을 지닌 spoof에서 나온 말이다. 해커가 악용하고자 하는 호스트의 IP주소나 이메일 주소를 바꾸어서 이를 통해 해킹하는 것을 말한다. 스푸핑은 컴퓨터들이 통신하는 과정에 필요한 주소를 임의의 다른 값으로 변조하는 행위나 위조 지문을 악용하여 지문 인식 시스템을 속이고 통과하는 행위 등 다양한 형태를 가진다.

① 네트워크 사용자의 계정을 획득하는 기술은 패스워드 크래커(Password Cracker) 공격 중 사전 공격에 해당한다.

③ 시스템에 과부하를 주어 작동 중지 및 서비스 거부를 하게 하는 방법은 DoS 공격에 대한 설명이다.

④ 메시지를 가로챘다가 나중에 재전송하는 방법은 중간자공격에 대한 설명이다.

2016년 서울시 9급

225 다음 중 Spoofing 공격에 대한 설명으로 옳지 않은 것은?

① ARP Spoofing : MAC 주소를 속임으로써 통신 흐름을 왜곡시킨다.

② IP Spoofing : 다른이가 쓰는 IP를 강탈해 특정 권한을 획득한다.

③ DNS Spoofing : 공격 대상이 잘못된 IP주소로 웹 접속을 하도록 유도하는 공격이다.

④ ICMP Redirect : 공격자가 클라이언트의 IP주소를 확보하여 실제 클라이언트처럼 패스워드 없이 서버에 접근한다.

해설

• ICMP Redirect는 ICMP 프로토콜 중 하나의 타입으로, 더 좋은 경로가 있으면 라우터가 ICMP Redirect 패킷을 보낸다.
• 라우터가 ICMP Redirect 패킷을 보내면 Host의 라우팅 테이블이 변경된다.

정답 223. ① 224. ② 225. ④

- ICMP redirect 메시지는 호스트가 목적지 주소로 연결하고자 할 때, 해당 라우터가 최적의 경로임을 호스트에게 알려주기 위하여 라우터로부터 호스트로 보내어지는데 이를 이용하여 해커는 시스템의 정보를 획득할 수 있다.

2015년 지방직 9급, 2016년 해경(보호직) 9급

226 서비스 거부 공격 방법이 아닌 것은?

① ARP spoofing ② Smurf

③ SYN flooding ④ UDP flooding

해설

- ARP spoofing 이란 LAN카드의 고유한 주소인 MAC Address를 동일 네트워크에 존재하는 다른 PC의 LAN카드 주소로 위장해 다른 PC에 전달되어야 하는 정보를 가로채는 공격 방식이다. Man in the Middle(중간자) 공격 기법이라 한다.
- 네트워크 공격 중에 같은 LAN에 있는 공격 대상에게 MAC 주소를 속여 클라이언트에서 서버로 가는 패킷이나 서버에서 클라이언트로 가는 패킷을 중간에서 가로챈다. 즉 ARP spoofing은 서비스 거부 공격이라기보단 수동적 공격에 해당하는 스니핑 방법이다.

정보보안기사

227 다음 지문은 어떤 공격 방법을 설명하고 있는가?

> 네트워크 공격 중에 같은 LAN에 있는 공격 대상에게 MAC 주소를 속여 클라이언트에서 서버로 가는 패킷이나 서버에서 클라이언트로 가는 패킷을 중간에서 가로챈다.

① IP-Spoofing ② DoS

③ Sniffing ④ ARP-Spoofing

해설

ARP-Spoofing은 Man in the Middle(중간자) 공격 기법이라도 하며 LAN카드의 고유한 주소인 MAC Address를 동일 네트워크에 존재하는 다른 PC의 LAN카드 주소로 위장해 다른 PC에 전달되어야 하는 정보를 가로채는 공격 방식이다.

2014년 국회직 9급

228 네트워크의 OSI 3계층 주소(IP주소)와 연관된 2계층 주소(MAC 주소)를 틀리게 알려주어서 정보를 가로채는 데에 활용되는 공격 기법은?

① Smurf 공격 ② Teardrop 공격

③ DDoS 공격 ④ ARP Spoofing

⑤ Phishing 공격

2016년 국가직 7급

229 ARP(Address Resolution Protocol) 스푸핑(Spoofing) 기법을 이용한 스니핑(Sniffing) 공격의 대응책으로 적절하지 않은 것은?

① 데이터를 암호화하여 전송한다.

② 라우터에 패킷 필터를 설정하여 서로 다른 LAN 간에 전송되는 패킷들을 검열하고 차단한다.

③ ARP 테이블 내의 MAC 주소 값을 정적(static)으로 설정한다.

④ 주기적으로 프러미스큐어스(promiscuous) 모드에서 동작하는 기기들이 존재하는지 검사함으로써 스니핑 중인 공격자를 탐지한다.

해설

② ARP-Spoofing 공격은 2계층인 MAC 주소를 이용하는 LAN 환경에서 발생하는 Sniffing 공격으로, IP주소를 이용하는 라우터로 서로 다른 LAN 간에 전송되는 패킷을 검사하고 차단하는 방법은 적절하지 않다.

정답 226. ① 227. ④ 228. ④ 229. ②

2016년 국가(보) 9급

230 ARP Spoofing 공격에 대응하기 위한 명령어로 옳은 것은?

① arp–a IP주소 MAC 주소

② arp–d IP주소 MAC 주소

③ arp–s IP주소 MAC 주소

④ arp–v IP주소 MAC 주소

해설

시스템의 옵션 지정
arp–s 〈IP주소〉〈MAC 주소〉
여기서 s는 static 옵션으로 정적으로 고정시키는 것으로 ARP 스푸핑 공격의 대응책 중 하나이다.

2016년 서울시 9급

231 다음 중 성격이 다른 공격 유형은?

① Section Hijacking Attack

② Targa Attack

③ Ping of Death Attack

④ Smurf Attack

해설

- Section Hijacking Attack은 세션을 가로채 인증을 우회하는 공격이다.
- Targa Attack, Ping of Death Attack, Smurf Attack은 DoS 공격 유형에 해당한다.

2017년 국가직 9급 네트워크 보안, 2018년 경찰간부후보생

232 스위치 환경 하에서 나타나는 스니핑(Sniffing) 기법이 아닌 것은 무엇인가?

① Switch Jamming

② ARP Spoofing

③ ICMP Redirect

④ TCP Section Hijacking

정보보안기사

233 세션 하이재킹(Section Hijacking)에 대한 설명으로 잘못된 것을 선택하시오.

① Telnet, FTP 등 TCP를 사용한 모든 세션의 갈취가 가능하다.

② TCP의 취약점을 이용한 능동적 공격 방법이다.

③ TCP의 Sequence Number를 이용한 공격이다.

④ TCP의 취약점을 사용하여 클라이언트와 서버 양쪽 모두 데이터 전송을 못하게 하는 공격이다.

해설

④ 클라이언트와 서버 양쪽 모두 사용불능으로 만들면 단순한 DoS 공격이 된다. 세션 하이재킹은 데이터 탈취가 목표이므로 클라이언트는 잠시 기능을 정지시키고, 서버는 정상기능을 유지하도록 해야 한다.

2017년 국회직 9급

234 다음 중 TCP 세션 하이재킹에 대한 설명으로 옳은 것은?

① 서버와 클라이언트의 통신에서 TCP의 송신 포트 제어에 문제가 발생하도록 공격한다.

② 서버와 클라이언트의 통신에서 TCP의 ACK 넘버 제어에 문제가 발생하도록 공격한다.

③ 서버와 클라이언트의 통신에서 TCP의 시퀀스 넘버 제어에 문제가 발생하도록 공격한다.

④ 서버와 클라이언트의 통신에서 TCP의 체크섬 제어에 문제가 발생하도록 공격한다.

정답 : 230. ③ 231. ① 232. ④ 233. ④ 234. ③

정보보안기사

235 피싱은 개인정보를 도용하기 위해서 설계된 속임수의 한 유형이며 스팸 전자메일, 전화, 팝업창 등으로 사용자들이 중요 개인정보(신용카드번호, 주민번호, 계좌정보 등)를 스스로 제공토록 유도하여 개인정보를 도용하는 기법이다. 다음 중 피싱에 대한 적절한 대처 방법이 아닌 것은 무엇인가?

① 금융 관련 회사에서 개인정보 확인 메일이 오는 경우는 해당 기관에 직접 확인 전화한다.

② 최신 보안패치, 최신 업데이트된 바이러스 백신, 스파이웨어 방지 프로그램, 방화벽 등으로 대처한다.

③ 전자메일 링크주소 클릭 시 보이는 팝업창에서는 보안 인증서를 위조하기 어려워 상대적으로 신뢰할 수 있으므로 금융거래 정보를 입력해도 된다.

④ 의심스런 전자메일 메시지의 링크주소는 함부로 클릭하지 않는다.

2014년 지방직 9급

236 피싱(Phishing)에 대한 설명으로 옳지 않은 것은?

① Private Data와 Fishing의 합성어로서 유명 기관을 사칭하거나 개인정보 및 금융 정보를 불법적으로 수집하여 금전적인 이익을 노리는 사기 수법이다.

② Wi-Fi 무선 네트워크에서 위장 AP를 이용하여 중간에 사용자의 정보를 가로채 사용자인 것처럼 속이는 수법이다.

③ 일반적으로 이메일을 사용하여 이루어지는 수법이다.

④ 방문한 사이트를 진짜 사이트로 착각하게 하여 아이디와 패스워드 등의 개인정보를 노출하게 하는 수법이다.

해설

② 무선랜의 취약점 중 위장 AP를 이용하여 사용자 정보를 취득하는 것은 일종의 중간자 공격으로 볼 수 있다.

2015년 경찰직 9급

237 다음 중 보안 사고에 대한 설명으로 가장 적절하지 않은 것은?

① 스미싱(Smishing)은 주로 스마트폰 문자에다 URL을 첨부하여 URL을 클릭 시 악성 앱이 설치되어 개인정보나 금융정보를 빼내거나 이를 활용하여 금전적 손해를 끼친다.

② 피싱(Phishing)은 공공기관이나 금융기관을 사칭하여 개인정보나 금융정보를 빼내거나 이를 활용하여 금전적 손해를 끼친다.

③ 파밍(Pharming)은 신종 인터넷 사기 수법으로 해당 사이트가 공식적으로 운영하고 있던 도메인 자체를 탈취한다.

④ 스니핑(Sniffing)은 공격자가 자신이 전송하는 패킷에 다른 호스트의 IP주소를 담아서 전송한다.

해설

- 스니핑은 네트워크의 중간에서 남의 패킷 정보를 도청하는 해킹 유형의 하나이다. 수동적 공격에 해당하며, 도청할 수 있도록 설치되는 도구를 스니퍼(Sniffer)라고 한다. 네트워크 내의 패킷은 대부분 암호화되어 있지 않아 해킹에 이용 당하기 쉽기 때문에 이를 보완하는 여러 기법이 개발되고 있다.
- 공격자가 자신이 전송하는 패킷에 다른 호스트의 IP주소를 담아 전송하는 공격 기법은 IP 스푸핑 공격에 대한 설명이다.

정답 235. ③ 236. ② 237. ④

2015년 국가직 9급

238 다음에서 설명하는 보안 공격은?

> 피싱(Phishing)보다 한 단계 진화된 수법으로 진짜 사이트 주소를 입력하더라도 가짜 사이트로 접속을 유도해 개인정보를 훔치는 수법이다. 즉, 합법적으로 소유하고 있던 사용자의 도메인을 탈취하거나 도메인 네임 시스템(DNS) 또는 프락시 서버의 주소를 변조함으로써 사용자들로 하여금 진짜 사이트로 오인하여 접속하도록 유도한 뒤에 개인정보를 훔치는 공격 기법이다.

① 파밍(Pharming) 공격
② 스미싱(Smishing) 공격
③ ARP 스푸핑(Spoofing) 공격
④ 세션 하이재킹(Section Hijacking) 공격
⑤ 중간자 개입(Man–in–the–middle) 공격

2017년 서울시 9급

239 다음의 지문은 무엇을 설명한 것인가?

> ㄱ. 전자금융거래에서 사용되는 단말기 정보, 접속 정보, 거래 내용 등을 종합적으로 분석하여 의심 거래를 탐지하고 이상금융거래를 차단하는 시스템이다.
> ㄴ. 보안 프로그램에서 방지하지 못하는 전자금융 사기에 대한 이상거래를 탐지하여 조치를 할 수 있도록 지원하는 시스템이다.

① MDM ② FDS
③ MDC ④ RPO

정보보안기사

240 다음은 두 신종 해킹 기법에 대한 설명이다. 두 괄호 안에 순서대로 들어갈 수 있는 적당한 명칭들을 고르시오.

> ( )은 정상적인 웹서버를 해킹해 위장 사이트를 개설한 후, 인터넷 이용자들의 금융정보 등을 빼내는 사회공학적인 신종 사기수법으로 뱅크 프라우드(Bank Proud) 또는 스캠(Scam)이라고도 한다. 보통 금융기관 등의 웹사이트에서 보낸 이메일로 위장, 링크를 유도해 개인의 인증번호나 신용카드 번호, 계좌정보 등을 빼내간다.
> ( )은 합법적으로 소유하고 있던 사용자의 도메인을 탈취하거나 도메인네임시스템(DNS) 이름을 속여 사용자들이 진짜 사이트로 오인하도록 유도, 개인정보를 훔치는 새로운 수법이다. 이 방법은 사용자가 익숙하게 이용해온 인터넷 주소 자체를 강탈해 사용하기 때문에 사용자들이 아무리 도메인 주소나 URL 주소를 주의해 본다 해도 쉽게 속을 수밖에 없어 발생 시 대규모 피해를 볼 수밖에 없다.

① 피싱, 랜섬 ② 피싱, 파밍
③ 랜섬, 피싱 ④ 파밍, 랜섬

2017년 지방직 9급

241 〈보기1〉의 사이버 공격 유형과 그에 대한 〈보기2〉의 설명을 바르게 연결한 것은?

보기1

> ㄱ. 피싱(Phishing)
> ㄴ. 파밍(Pharming)
> ㄷ. 스미싱(Smishing

보기2

> A. 공격자가 도메인을 탈취하여 사용자가 정확한 사이트 주소를 입력해도 가짜 사이트로 연결되도록 하는 방법이다.
> B. 이메일 또는 메신저를 사용해서 신뢰할 수 있는 사람 또는 기업이 보낸 메시지인 것처럼 가장하여 신용정보 등의 기밀을 부정하게 얻으려는 사회공학기법이다.
> C. 문자메시지로 신뢰할 수 있는 사람이 보낸 것처럼 가장하여, 링크 접속을 유도한 뒤 개인정보를 빼내는 방법이다.

정답 238. ① 239. ② 240. ② 241. ③

ㄱ	ㄴ	ㄷ
① A	B	C
② A	C	B
③ B	A	C
④ B	C	A

2014년 경찰직 9급

242 보안 공격에 대한 설명으로 가장 적절하지 않은 것은?

① 스미싱(Smishing)은 문자메시지를 이용하는 기법으로, 신뢰할 수 있는 사람 또는 기업이 보낸 것처럼 가장하여 개인정보를 요구한다.

② 파밍(Pharming)은 신종 인터넷 사기수법으로 해당 사이트가 공식으로 운영하고 있던 도메인 자체를 탈취하는 공격 기법이다.

③ 스파이웨어(Spyware)는 사용자의 동의 없이 시스템에 설치되어 금융정보 및 마케팅 정보를 수집하거나 중요한 개인정보를 빼내가는 악의적인 프로그램을 말한다.

④ 패킷 스니핑(Packet Sniffing)은 공격자가 자신이 전송하는 패킷에 다른 호스트의 IP 주소를 담아 전송하는 공격 기법이다.

해설

- 스니핑은 네트워크의 중간에서 남의 패킷 정보를 도청하는 해킹 유형의 하나로 수동적 공격에 해당한다. 남의 패킷을 도청할 수 있도록 설치되는 도구를 스니퍼(Sniffer)라고 한다.
- 네트워크 내의 패킷은 대부분 암호화되어 있지 않아 해킹에 이용 당하기 쉽기 때문에 이를 보완하는 여러 기법이 개발되고 있다.
- 공격자가 자신이 전송하는 패킷에 다른 호스트의 IP주소를 담아 전송하는 공격 기법은 IP 스푸핑 공격에 대한 설명이다.

2017년 서울시 9급

243 정부는 사이버 테러를 없애기 위하여 2012년 8월 정보통신망법 시행령 개정으로 100만 명 이상 이용자의 개인정보를 보유했거나 전년도 정보통신서비스 매출이 100억 원 이상인 정보통신서비스 사업자의 경우 망 분리를 도입할 것을 법으로 의무화했다. 다음 중 망 분리 기술로 옳지 않은 것은?

① DMZ ② OS 커널분리
③ VDI ④ 가상화 기술

정보보안기사

244 다음 지문 내용에 해당하는 기술은?

> 해킹을 시도하는 해커의 실제 위치를 실시간으로 알아내고자 하는 기술로, 해커의 실제 위치를 알아내거나 IP주소가 변경된 패킷의 실제 송신지를 알아내는 기술을 의미한다.

① Firewall ② IDS 기술
③ 역추적 기술 ④ IPS 기술

해설

역추적 기술이란 사이버 범죄를 시도하는 공격자의 실제 위치를 탐색하는 기술을 의미한다. 즉, 해킹을 시도하는 해커의 실제 위치를 실시간으로 추적하는 기술로서, 해커가 우회 공격을 하는 경우 해커의 실제 위치를 추적하는 기술을 TCP 연결 역추적(TCP connection trace-back)이라 하고, IP주소가 변경된 패킷의 실제 송신지를 추적하는 기술을 IP 패킷 역추적(IP packet traceback)이라고 한다.

정답 : 242. ④ 243. ① 244. ③

MEMO

정보보호론 기출문제집

PART

05

애플리케이션 보안

애플리케이션 보안

SECTION 1 • 이메일 보안

정보보안기사

01 전자우편 전송에 사용되는 기본 프로토콜은?

① Sendmail ② SMTP

③ S/MIME ④ SNMP

해설

- SMTP(Simple Mail Transfer Protocol : 이메일 전송 프로토콜)는 인터넷상에서 전자메일을 전송할 때 쓰이는 표준적인 프로토콜이다.
- SMTP 프로토콜에 의해 전자메일을 발신하는 서버(server)를 SMTP 서버라고 한다.
- 메일 사이에서 발생하는 것을 전송해 주는 프로토콜로 인터넷에서 이메일을 교환할 때 그 과정을 정렬해주며 TCP를 이용한다(25번 포트).
- 센드메일(sendmail)은 가장 일반적으로 사용되고 있는 간이 SMTP 서버 소프트웨어로 네트워크상의 서버 간에 메일을 송수신하는 유닉스의 대표적인 메일 서버이다.

정보보안기사

02 다음 보기의 괄호 안에 들어갈 내용으로 알맞은 것끼리 짝지은 것은?

> 메일 서비스의 구성은 직접 전송과 전달제어를 하는 SMTP와 사용자 기반의 메일서비스를 위한(a), (b) 프로토콜이 있다.

① a : MUA b : MTA ② a : POP b : SMTP

③ a : IMAP b : SMTP ④ a : POP b : IMAP

해설

- POP(Post Office Protocol)는 메일 서버로 전송된 메일을 확인하는 서비스를 제공한다.
- IMAP(Internet Messaging Access Protocol)는 이메일 관리 방법(보낸 편지함, 지운 편지함, 보관 편지함 등 분류하는 기능)을 제공한다.

2016년 국가(보) 9급

03 전자우편의 보안성 향상을 위해 개발된 것이 아닌 것은?

① SMTP ② PGP

③ S/MIME ④ PEM

해설

SMTP(Simple Mail Transfer Protocol : 이메일 전송 프로토콜)는 인터넷상에서 전자메일을 전송할 때 쓰이는 표준적인 프로토콜이다.

정보보안기사

04 인터넷에서 전자우편을 사용할 때 보내고자 하는 내용을 암호 알고리즘을 이용하여 암호화해서 해당 키(Key)가 있어야만 내용을 볼 수 있도록 하는 것으로 기밀성, 무결성, 인증, 부인방지 등의 기능을 지원하는 보안 기술은 무엇인가?

① S-HTTP ② SSL

③ PGP ④ SSO

해설

PGP는 필 짐머만(Phil Zimmermann)이 독자적으로 개발한 것으로, 인터넷의 표준화 조직인 인터넷 엔지니어

정답 1. ② 2. ④ 3. ① 4. ③

링 태스크 포스(IETF)에서 표준으로 채택한 PEM에 비해 보안성은 못하지만, 이것을 설정한 프로그램이 공개되어 있어서 현재 가장 많이 사용되고 있다.

2014년 국가직 9급

05 PGP(Pretty Good Privacy)에 대한 설명으로 옳지 않은 것은?

① PGP는 전자우편용 보안 프로토콜이다.

② 공개키 암호 알고리즘을 사용하지 않고, 대칭키 암호화 알고리즘으로 메시지를 암호화한다.

③ PGP는 데이터를 압축해서 암호화한다.

④ 필 짐머만(Phil Zimmermann)이 개발하였다.

해설

② PGP는 비대칭키(공개키) 암호화 알고리즘을 사용한다.

2014년 국가직 7급

06 다음 설명에 해당하는 것은?

> 송신자 측에는 전송할 이메일(email)에 대한 전자서명 생성에 사용되며, 수신자 측에서는 이메일에 포함된 전자서명의 확인 작업에 사용된다.
> 비대칭 암호 기술을 사용한다.
> 이메일 애플리케이션에 플러그인(plug-in) 방식으로 확장이 가능하다.
> 최초 개발자는 '필 짐머만(Phil Zimmermann)'이다.

① PGP(Pretty Good Privacy)

② PKI(Public-Key Infrastructure)

③ MIME(Multipurpose Internet Mail Extensions)

④ IKE(Internet Key Exchange)

해설

- PGP(Pretty Good Privacy)는 인터넷에서 사용되고 있는 전자우편(이메일)용 보안 프로토콜로 이메일 보안이나 파일 암호화에 사용된다.
- PGP는 인터넷에서 전자우편을 사용할 때 보내고자 하는 내용을 암호 알고리즘을 이용하여 암호화해서 해당 키(Key)가 있어야만 내용을 볼 수 있도록 하는 것으로 기밀성, 무결성, 인증, 송신 부인방지 등의 기능을 지원하는 이메일 보안 기술이다.

정보보안기사

07 다음 설명 중 틀린 것은?

① 안전한 이메일 시스템을 위해서는 PKI와의 연동이 중요하다.

② PGP는 공개키 암호시스템을 사용하지 않는다.

③ PEM은 공개키 시스템과 공용키 시스템을 모두 사용한다.

④ S/MIME은 안전한 이메일을 위해 RSA사에서 제안한 표준이다.

해설

PGP는 비대칭키(공개키) 암호화 알고리즘을 사용한다.

2016년 국회직 9급

08 PGP(Pretty Good Privacy)에 대한 설명으로 옳지 않은 것은?

① 이메일 보안이나 파일 암호화에 사용된다.

② 공개키 인증을 위해 PGP 인증서를 사용한다.

③ 자신의 공개키를 전달하는 데 인증기관의 서명이 필요하다.

④ 이메일에 서명할 때, 서명자의 패스워드를 요구한다.

⑤ 이메일 관리 프로그램에 플러그인도 가능하다.

정답 5. ② 6. ① 7. ② 8. ③

해설

③ PGP는 인증기관을 사용하지 않고 대신 신뢰망이라는 방법을 사용한다.

2017년 국가직 생활안전분야 9급

09 메일 수신 서버 또는 웹 메일 서버로부터 전자우편 메시지를 자신의 컴퓨터 단말장치로 전송받는 데 사용되는 프로토콜이 아닌 것은?

① IMAP(Internet Mail Access Protocol)

② RTP(Realtime Transport Protocol)

③ POP(Post Office Protocol)

④ HTTP(HyperText Transfer Protocol)

2017년 국가직 9급 정보시스템 보안

10 전자우편서비스 관련 프로토콜에 대한 설명으로 옳지 않은 것은?

① SMTP(Simple Mail Transfer Protocol)는 송신자의 메일 서버로부터 수신자의 메일 서버로 메시지 전송을 담당한다.

② MIME(Multipurpose Internet Mail Extension)은 SMTP를 확장하여 오디오, 비디오, 응용 프로그램 기타 여러 종류의 데이터 파일을 주고받을 수 있다.

③ Secure/MIME은 MIME 데이터를 전자서명과 암호화 기술을 이용하여 암호화, 인증, 메시지 무결성, 송신처 부인방지 등을 제공한다.

④ IMAP(Internet Message Access Protocol)은 POP3와 다르게 SMTP 프로토콜을 의존하지 않고, 이메일의 원본을 서버에서 삭제한다.

2018년 경찰간부후보생

11 다음 지문은 무엇에 관한 설명인가?

> ① Phil Zimmermann이 개발한 대표적인 이메일 보안 프로토콜이다.
> ② RSA와 Diffie-Hellman 등으로 공개키 생성이 가능하다.
> ③ 암호 알고리즘을 이용하여 기밀성, 인증, 무결성, 부인방지 등의 기능 지원이 가능하다.

① POP3 ② S/MIME

③ PEM ④ PGP

정보보안기사

12 다음은 PGP 인증에 대한 내용으로 그 내용이 잘못된 것은 무엇인가?

① PGP 메시지는 메시지 요소, 서명요소, 세션키 요소로 구성된다.

② 메시지 요소는 파일 이름과 생성된 시간의 타임스태프, 전송되거나 저장될 실제적인 데이터를 포함한다.

③ 서명요소는 타임스탬프, 메시지 다이제스트, 메시지 다이제스트의 상위 2바이트, 송신자 공개키의 키 ID로 구성된다.

④ 세션키는 암호화하지 않고 세션키로 암호화된 데이터와 함께 전송한다.

해설

④ 세션키를 수신자의 공개키로 암호화하고, 세션키로 암호화된 데이터와 함께 전송한다.

정답 9. ② 10. ④ 11. ④ 12. ④

정보보안기사

13 아래 지문이 설명하는 도구는 무엇인가?

> 원격 시스템에 접속할 때 사용하는 서비스로서 telnet, rlogin, rcp 등은 암호화하지 않은 상태의 평문으로 데이터가 전송되므로 보안에 취약할 수 있다. 따라서 이를 보완하기 위해 전송되는 데이터를 비대칭키 암호기법으로 암호화한다.

① stp ② svp

③ samba ④ ssh

해설

- SSH(Secure Shell)는 네트워크 보안 도구 중 하나로 원격접속을 안전하게 할 수 있게 해주는 프로토콜이다.
- PGP와 마찬가지로 공개키 암호화 방식을 사용하여 암호화된 메시지를 전송할 수 있는 시스템으로 원격 시스템에 접속할 때 사용하는 서비스로서 telnet, rlogin, rcp 등은 암호화하지 않은 상태의 평문으로 데이터가 전송되므로 보안에 취약할 수 있다. 따라서 이를 보완하기 위해 전송되는 데이터를 비대칭키(공개키) 암호기법으로 암호화한다.

2016년 지방직 9급

14 SSH(Secure SHell)를 구성하고 있는 프로토콜 스택으로 옳지 않은 것은?

① SSH User Authentication Protocol

② SSH Section Layer Protocol

③ SSH Connection Protocol

④ SSH Transport Layer Protocol

해설

② SSH 프로토콜 스택에 SSH Section Layer Protocol은 없다.

정보보안기사

15 전자우편 보안 시스템의 문제점인 PEM 구현의 복잡성, PGP의 낮은 보안성과 기본 시스템과의 통합이 용이하지 않다는 점을 보완하기 위해 IETF의 작업 그룹에서 RSADSI(RSA Data Security Incorporation)의 기술을 기반으로 개발한 전자우편 보안 시스템은?

① POP3 ② IMAP

③ S/MIME ④ SMTP

해설

S/MIME은 공개키 암호 기술을 적용한 표준 보안 메일 규약으로 훔쳐보기(Snooping), 변조(Tampering), 위조(Forgery) 등의 위험을 방지할 수 있다.

2016년 국가직 9급

16 전자우편의 보안 강화를 위한 S/MIME(Secure/Multipurpose Internet Mail Extension)에 대한 설명으로 옳은 것은?

① 메시지 다이제스트를 수신자의 공개키로 암호화하여 서명한다.

② 메시지를 대칭키로 암호화하고 이 대칭키를 발신자의 개인키로 암호화한 후 암호화된 메시지와 함께 보냄으로써 전자우편의 기밀성을 보장한다.

③ S/MIME를 이용하면 메시지가 항상 암호화되기 때문에 S/MIME 처리 능력이 없는 수신자는 전자우편 내용을 볼 수 없다.

④ 국제표준 X.509 형식의 공개키 인증서를 사용한다.

해설

- ④ 공인인증기관을 사용, 즉 국제표준 X.509 형식의 공인인증서 공개키(RSA)를 사용한다.
- S/MIME는 S/MIME 처리 능력이 없는 수신자를 위해 옵션에서 암호화 기능을 뺄 수 있다(항상 암호화하는 건 아니다).

정답 13. ④ 14. ② 15. ③ 16. ④

정보보안기사

17 MIME 데이터를 안전하게 송수신할 수 있도록 하는 S/MIME 전자우편 보안 프로토콜에 대해 잘못 설명하고 있는 것은?

① MIME에 보안 기능이 추가된 전자우편 프로토콜이다.

② 전자우편 SW업체와 보안서비스 업체들에 의해 제공되고 있다.

③ RSA암호화 시스템을 사용하여 전자우편을 안전하게 보낸다.

④ S/MIME은 전자인증이 필요 없다.

해설

S/MIME은 공인인증기관을 사용한다. 즉 국제표준 X.509 형식의 공인인증서 공개키(RSA)를 사용한다.

정보보안기사

18 전자우편은 많은 보안상의 취약점을 가지고 있다. 이에 전자우편의 보안성을 향상시키기 위한 보안 도구나 표준들이 제시되었다. 다음 중 전자우편의 보안성을 향상시키기 위한 보안 도구나 표준끼리 짝지어진 것은?

(1) PEM	(2) RSA	(3) DES
(4) S/MIME	(5) PGP	

① (1), (2), (3) ② (1), (4), (5)

③ (2), (4), (5) ④ (3), (4), (5)

해설

이메일 보안통신규약(비밀성, 무결성, 인증, 부인방지 기능지원) 표준의 종류

1. PEM(Privacy Enhanced Mail)
2. PGP(Pretty Good Privacy)
3. SSH(Secure Shell)
4. S/MIME
5. #Mail

RSA는 공개키(비대칭키) 암호 알고리즘이고, DES는 대칭키 암호 알고리즘이다.

정보보안기사

19 전자메일 보안기술인 PGP와 S/MIME에 대한 설명이다. 그 내용이 틀린 것은 무엇인가?

① S/MIME에서 사용자는 키 생성 등록 및 인증서 저장과 검색을 수행한다.

② S/MIME는 암호화된 서명방식으로 DSS, RSA를 사용하고 세션키 분배방식으로 Diffile-Helman, RSA 공개키 방식을 사용한다.

③ PGP 메시지는 메시지 요소, 서명요소, 세션키로 구성된다.

④ S/MIME는 세션키를 이용한 콘텐츠 암호화 방식으로 DES를 사용한다.

해설

Secure MIME 특징

- 응용계층에서 전자우편 내용을 암호화한다.
- 상업적 전자우편 시스템에서 주로 사용한다.
- 공인인증기관을 사용, 즉 국제표준 X.509 형식의 공인인증서 공개키(RSA)를 사용한다.
- S/MIME은 MIME에 전자서명과 암호화를 더한 형태로 RSA 암호시스템을 이용한다.

정보보안기사

20 다음 중 전자우편의 보안을 위한 요구사항이 아닌 것은 무엇인가?

① 기밀성 : 전자우편 수신자가 아닌 다른 사용자가 내용을 볼 수 없어야 한다.

② 사용자 인증 : 전자우편을 실제로 보낸 사람과 송신자가 동일해야 한다.

③ 수신 부인방지 : 전자우편을 수신하고도 받지 않았다고 부인하지 않아야 한다.

④ 데이터 공유 : 양질의 데이터를 포함한 전자우편은 공유를 위해 관리자가 복사를 해두어도 된다.

정답 : 17. ④ 18. ② 19. ④ 20. ④

해설

④ 메일은 수신자가 아닌 사용자는 내용을 볼 수 없게 해야 한다.

2018년 국가직 9급

21 전자우편 보안 기술이 목표로 하는 보안 특성이 아닌 것은?

① 익명성 ② 기밀성
③ 인증성 ④ 무결성

정보보안기사

22 개인차원에서 스팸메일(Spam Mail)에 대한 대책을 설명한 것 중 옳지 않은 것은?

① 게시판에 글을 올릴 때 가능하면 개인의 이메일 주소를 공개하지 않는다.
② 스팸으로 의심되는 경우 열어보지 않고, 스팸을 통해서는 제품 구매나 서비스 이용을 하지 않는다.
③ 메일 클라이언트 프로그램의 메일 필터링 기능을 이용한다.
④ 휴대폰 스팸방지를 위해 이용자가 차단할 수 있는 방법이 없으므로 통신사로 신고한다.

해설

④ 개인차원에서 스팸메일에 대한 대책으로는 이동통신사에서 제공하는 스팸차단 서비스를 이용하거나 단말기의 스팸차단 기능 등을 이용할 수 있다.

정보보안기사

23 다음 중 스팸방지 기술과 관련이 없는 것은?

① SPF(Sender Policy Framework)
② RBL(Real-time Spam Black Lists)
③ PGP(Pretty Good Privacy)
④ Sender ID

해설

PGP(Pretty Good Privacy)는 인터넷에서 사용되고 있는 전자우편(이메일)용 보안 프로토콜로 이메일 보안이나 파일 암호화에 사용되는 이메일 보안 기술이다.

SECTION 2 · FTP 보안

정보보안기사

24 다음에서 설명하고 있는 것은?

> 인터넷상의 컴퓨터들 간에 파일을 교환하기 위한 표준 프로토콜(IETF RFC 959)이며, 인터넷의 TCP/IP 응용 서비스 중 하나이다.

① ATM ② SSO
③ FTP ④ SMTP

해설

③ 인터넷을 통하여 어떤 한 컴퓨터에서 다른 컴퓨터로 파일을 송수신할 수 있도록 지원하는 방법과 그런 프로그램을 통칭하기도 한다.

정보보안기사

25 다음의 보기 중 FTP(File Transfer Protocol) 및 TFTP(Trivial File Transfer Protocol)에 대한 설명으로 틀린 것은?

① 정상적인 서비스 Connection을 위해 1개의 포트만을 사용한다.
② 클라이언트에서 FTP모드를 Active 또는 Passive 모드로 전환할 수 있다.
③ /etc/ftpusers에 사용자 ID를 등록하여 접근을 제한할 수 있다.
④ TFTP는 FTP와 비슷한 역할을 하지만, 인증 과정을 거치지 않고 바로 원격 파일을 읽거나 저장할 수 있는 프로토콜이다.

정답 21. ① 22. ④ 23. ③ 24. ③ 25. ①

해설

정상적인 서비스 Connection을 위해서는 2개의 포트(20 : 전송, 21 : 제어)를 사용한다. 즉 20번 포트에서 File을 전송하고, 21번 포트에서 제어한다.

정보보안기사

26 아래의 설명은 무엇인가?

> 한 호스트에 계속 메일을 보내서 메일 시스템을 마비시키는 것은 메일을 처리하기도 전에 계속 메일이 오기 때문에/var/spool/mqueue에 계속 쌓여 시스템의 부하를 유발한다.

① Mail Storm

② 트로이 목마

③ Active Contents

④ Mail용 Shell Script 공격

정보보안기사

27 다음 중에서 FTP에 대한 설명으로 그 내용이 틀린 것은 무엇인가?

① FTP는 TCP/IP 네트워크상에서 한 호스트에서 다른 호스트로 데이터 파일을 전송하는 표준 프로토콜로 IETF RFC 959이다.

② FTP Client와 Server는 2개의 Connection인 Protocol Interpreter와 Data Transmission Process로 나누어진다.

③ FTP는 ID와 Password로 인증 시에 제어 연결과 데이터 연결이 모두 이루어진다.

④ FTP는 데이터 전송은 20번 포트, 1024 이후 포트를 사용한다.

해설

③ FTP는 정상적인 서비스 Connection을 위해서는 2개의 포트(20 : 전송, 21 : 제어)를 사용한다. 즉 20번 포트에서 File을 전송하고, 21번 포트에서 제어한다.

2018년 경찰간부후보생

28 FTP(File Transfer Protocol)에 관한 다음 설명 중 가장 옳지 않은 것은 무엇인가?

① 네트워크에서 컴퓨터 간 파일 송·수신을 위한 프로토콜이다.

② FTP는 두 개의 잘 알려진(well-known) TCP 포트를 사용한다.

③ 포트 20번은 제어 연결을 위해 사용되고, 포트 21번은 데이터 연결을 위해 사용된다.

④ FTP는 기본적으로 Active Mode와 Passive Mode를 지원한다.

정보보안기사

29 유닉스 시스템에서 FTP를 계정별로 사용할 수 없도록 설정하는 파일은?

① /etc/ftpusers ② /var/adm/ftpusers

③ /bin/passwd ④ /etc/passwd

해설

① FTP 서비스 사용 시 사용자 계정별로 로그인을 제한하기 위한 파일은/etc/ftpusers이다. 그리고/etc/usrt_list도 로그인을 제한한다. 따라서 root계정을 허용하기 위해서는 ftpusers와 usrt_list에서 root를 삭제해야 한다.
일반적으로 root, daemon, lp, guest 등 Well-known 계정들을 등록하여 해당 계정의 로그인을 금지한다.

정답 26. ① 27. ③ 28. ③ 29. ①

정보보안기사

30 FTP에 대한 설명으로 틀린 것을 선택하시오.

① TCP 21포트를 사용하여 서버에서 FTP 명령과 디렉터리 목록을 전송한다.

② TCP 20포트는 서버와 클라이언트 사이에서 데이터를 전달하고 데이터 전송이 완료되면 종료한다.

③ FTP는 ASCII, Binary 파일 및 바이트 스트림, 레코드 형식을 지원한다.

④ FTP는 Port Mode와 Passive Mode로 운영된다.

해설

④ FTP에는 Active Mode와 Passive Mode가 있다.

정보보안기사

31 FTP에 대한 설명으로 틀린 것은 무엇인가?

① FTP 클라이언트가 동작하는 컴퓨터에 방화벽으로 인해 정상적인 동작이 이루어지지 않는 경우에 수동모드를 이용하여 명령어 전송을 위한 통신채널을 생성한다.

② FTP Bounce 공격은 PORT 명령 주소와 FTP 클라이언트 IP주소가 동일하지 않은 경우 발생할 수 있다.

③ FTP는 명령 전송 포트와 데이터 전송 포트가 분리되어 있고 명령 전송 포트는 TCP 22번 포트를 사용한다.

④ FTP의 취약점은 서버가 데이터를 송신 시에 클라이언트를 파악하지 않고 전송하는 문제점을 가진다.

해설

27번 해설 참고

2016년 국가(보) 9급

32 FTP 보안에 대한 설명으로 옳지 않은 것은?

① 임의의 계정으로 로그인 시도를 반복적으로 수행하여 사용자 계정의 패스워드를 유추할 수 있는 취약점이 있다.

② 사용자 인증정보 유출 방지를 위한 보안 대책으로 SCP, SFTP, FTPS 등이 있다.

③ 익명 FTP는 모든 사용자에게 동일한 사용자 아이디와 유효한 사용자 이메일 주소를 패스워드로 요구한다.

④ FTP 보안 대책으로 반드시 서비스 사용이 필요하지 않은 경우 FTP 서비스 사용을 금지하는 것이 좋다.

해설

③ 익명 FTP에서 입력하는 비밀번호(guest, 이메일 주소)는 실제 비밀번호가 아니며 단지 누가 접속하고 있는지 서버에 로그로 기록하는 데 쓰일 뿐으로 항상 유효하지는 않다.

2017년 국가직 9급 정보시스템 보안

33 FTP 서버가 데이터를 전송할 때 목적지가 어디인지 검사하지 않는 설계상의 문제점을 이용한 FTP 공격 유형은?

① FTP Bounce 공격

② Land 공격

③ TFTP 공격

④ Smurf 공격

정답 30. ④ 31. ③ 32. ③ 33. ①

정보보안기사

34 다음은 TFTP에 대한 설명이다. 그 내용이 틀린 것을 선택하시오.

① TFTP는 별도의 인증 없이 빠르게 데이터를 송수신한다.

② TFTP는 UDP를 사용하고 Port 69번을 활용하여 데이터를 전송한다.

③ TFTP는 하드디스크가 없는 장비들이 네트워크를 통해서 부팅할 수 있도록 제안된 프로토콜이다.

④ access-list를 통해서 UDP 69번 포트를 오픈할 경우 연결은 되지만, 데이터는 전송되지 않는다.

해설

FTP	TFTP
TCP 기반	UDP 기반
20, 21번 포트	69번 포트
로그인 절차가 있다.	로그인 절차가 없다.
파일 디렉터리를 볼 수 있다.	파일 디렉터리를 볼 수 없다.

정보보안기사

35 TFTP(Trivial File Transfer Protocol)는 패스워드 없이 FTP 접속이 가능한 프로그램으로 보안에 취약한 서비스이다. 이 서버에 대한 설명으로 잘못된 것은?

① 디렉터리 리스팅 기능을 사용하기 위해서는 미리 사용자 등록을 해야 한다.

② Diskless client 설치 시 주로 사용된다.

③ TFTP 서비스를 사용하지 않을 경우/etc/inetd.conf 파일에서 해당 서비스를 주석처리한다.

④ 설정이 잘못된 경우 누구나 파일 접근권한이 설정된다.

해설

① TFTP는 로그인 절차가 없어 패스워드 없이 FTP 접속이 가능하기 때문에 설정이 잘못되면 인증을 거치지 않고 누구나 접근이 가능한 취약점을 가지고 있다.

2017년 국가직 생활안전분야 9급

36 클라이언트와 서버 간의 파일 전송을 위한 FTP(File Transfer Protocol)에 대한 설명으로 옳지 않은 것은?

① TCP 포트 21은 제어 연결을 위해, TCP 포트 20은 데이터 연결을 위해 사용된다.

② 공개 파일 접근을 허용하는 사이트에서는 익명(anonymous) 로그인을 사용할 수 있으나, 익명 사용자에게는 보안상 제한적인 명령어만 사용하도록 한다.

③ 로그인 시 사용자 아이디와 패스워드를 사용하더라도 로그인 정보 도청이 가능하다.

④ FTP 대신에 TELNET를 사용함으로써 인증과 무결성의 보안 문제를 해결할 수 있다.

SECTION 3 · 웹 보안(Web Security)

정보보안기사

37 다음 중 Web 또는 WWW(World Wide Web)에 대한 설명이 다른 것은 무엇인가?

① TCP를 이용한다.

② 일반적으로 80번 포트를 이용한다.

③ Hyper-Text 기반의 멀티미디어 정보형태로 다양한 서비스가 가능하다.

④ 데이터 전달의 효율성을 위해 서버당 한 개의 커넥션을 생성한다.

정답 34. ④ 35. ① 36. ④ 37. ④

해설

데이터 전달의 효율성을 위해 서버당 여러 개의 커넥션을 생성한다.

정보보안기사

38 안전한 웹서버를 만들기 위한 방법으로 옳지 않은 것은?

① 같은 서버의 일반 사용자가 파일을 쓸 수 없도록 웹서버의 자식 프로세스는 루트 권한으로 실행한다.

② CGI 프로그램은 가능한 컴파일 언어로 사용하고 권한은 711로 한다.

③ 사용자의 입력(FORM, HIDDEN 값 등의 변형)을 자세히 검사한다.

④ Chroot를 사용하여 웹서버를 설치한다.

해설

- ① Web Server는 Port mapping 때문에 root로 실행돼야 한다. 그러나 웹서버의 자식 프로세스는 반드시 nobody 권한으로 실행되도록 설정되어야 한다. Nobody로 실행되어야 하는 이유는 시스템에서 어떠한 권한도 가지지 않은 ID로 실행되어야 웹서비스가 해킹 당해도 해당 웹서버로의 접근이 제한될 수 있기 때문이다.
- Chroot는 가상의 루트 디렉터리를 생성하는 것으로 현재는 가상화 기술의 발달로 활용도는 계속 떨어지고 있다.

정보보안기사

39 웹에서 사용하는 HTTP 프로토콜 중 HTTP 1.0 버전의 요청(Request) 방식이 아닌 것은?

① GET 방식 ② POST 방식

③ HEAD 방식 ④ DISCONNECT 방식

해설

DISCONNECT 방식은 없다.

정보보안기사

40 다음 중 HTTP 요청 방식에 속하지 않는 것은?

① GET ② HEAD

③ OPTIONS ④ CHANGE

해설

HTTP 요청 방식에는 GET, POST, HEAD, OPTIONS, PUT, DELETE, TRACE, CONNECT 등이 있다.

2017년 경찰간부후보생

41 다음은 웹서버 로그에서 볼 수 있는 상태코드(응답코드)로 HTTP/1.1에서 정의한 것이다. 옳지 않은 것은 무엇인가? (상태코드 : 설명)

① 200 : OK

② 400 : Access Denied

③ 404 : Not Found

④ 500 : Internal Server Error

해설

400 : Bad Request 요청메시지의 문법 오류

정보보안기사

42 웹에서 사용하는 HTTP 프로토콜 중 HTTP 응답(Response) 코드로 맞게 설명한 것은?

① 100번 코드–정보 전송

② 200번 코드–성공

③ 300번 코드–재전송(redirection)

④ 400번 코드–서버 측 에러

해설

① 100번 코드는 정보 전송이 아니고 정보(Information)이다.

③ 300번 코드는 재전송이 아니고 재지정(Redirection)이다.

④ 400번 코드는 서버측 에러가 아니고 클라이언트, 즉 에러이다.

정답 38. ① 39. ④ 40. ④ 41. ② 42. ②

정보보안기사

43 다음 중 HTTP의 상태코드(HTTP 1.1 기준)와 설명이 틀린 것은?

① 100 : Continue

② 200 : OK

③ 300 : Not Found

④ 500 : Internal Server Error

해설

300 Multiple Choices(복수 선택 즉, 요청된 URL이 여러 개의 데이터를 명시) Not Found는 404 에러이다.

2016년 국가(보) 9급

44 클라이언트 측에서 웹사이트에 접속할 때 발생하는 HTTP에러코드와 이의 원인을 설명한 것으로 옳지 않은 것은?

① 401 Unauthorized : 특정 웹사이트에 접속하기 위해 정확한 사용자 아이디와 암호를 입력하여야 하는 데, 잘못된 정보를 입력하였을 경우

② 403 Forbidden : 다른 요청이나 서버의 구성과 충돌이 발생할 경우

③ 404 Not Found : URL이나 링크가 변경되어 요청한 주소의 페이지가 없을 경우

④ 414 Request-URI Too Long : 요청에 사용된 URL이 서버가 감당할 수 없을 만큼 너무 길 경우

해설

- 403 : 클라이언트 요청에 대한 접근을 차단한다.
- 409 Conflict(충돌, 즉 다른 요청이나 서버의 구성과 충돌이 있음을 나타낸다.)

정보보안기사

45 다음 중 http 프로토콜 상태코드에 대한 설명으로 옳지 않은 것은 ?

① 204 : request가 실행되었으나 클라이언트에게 보낼 데이터가 없음

② 400 : request 문법이 잘못 되었음

③ 404 : 서버는 요청된 URL을 찾을 수 없음

④ 500 : 서버가 바쁘기 때문에 서비스를 할 수 없음

해설

- 500 Internal Server Error(서버 내부에러)
- 503 Service Unavailable(서비스를 사용할 수 없음, 즉 서버가 현재 잠정적인 오버로딩(overloading)이나 서버의 유지 작업 때문에 요구를 처리할 수 없다는 것으로 얼마 후에는 완화될 수 있다는 것이다.)

2015년 경찰직 9급

46 다음 중 웹 브라우저와 웹 서버 간에 안전한 정보 전송을 위해 사용되는 암호화 방법으로 가장 적절한 것은?

① SSH(Secure Shell)

② PGP(Pretty Good Privacy)

③ SSL(Secure Socket Layer)

④ S/MIME(Secure Multipurpose Internet Mail Extension)

해설

- SSL(Secure Socket Layer)은 인터넷 프로토콜(Internet protocol)이 보안면에서 기밀성을 유지하지 못한다는 문제를 극복하기 위해 개발되었다. SSL은 인터넷에서 인증서로 상대방을 인증하고, 기밀성과 무결성을 제공한다. 본래 SSL은 표준화되기 전의 이름으로, 표준화된 정식 명칭은 전송계층 보안(TLS : Transport Layer Security)이다.
- 이메일 보안통신규약(비밀성, 무결성, 인증, 부인방지 기능 지원) 표준의 종류
  1. PEM(Privacy Enhanced Mail)
  2. PGP(Pretty Good Privacy)
  3. SSH(Secure Shell)
  4. S/MIME
  5. #Mail

정답 : 43. ③ 44. ② 45. ④ 46. ③

정보보안기사

47 1993년 웹 서버와 브라우저 간의 안전한 통신을 위해 넷스케이프에 의해 개발되어, 네트워크 세션계층에서 적용되며, 응용계층의 FTP, TELNET, HTTP 등의 프로토콜의 안전성을 보장하는 것을 무엇이라고 하는가?

① S-HTTP ② SSL

③ SET ④ TTL

해설

SSL은 인터넷에서 인증서로 상대방을 인증하고, 기밀성과 무결성을 제공한다. 본래 SSL은 표준화되기 전의 이름으로, 표준화된 정식 명칭은 TLS(Transport Layer Security:전송계층 보안)이다. 즉 SSL 3.0 규격은 TLS 1.0과 호환 규격으로 정의되었다. 문제에서는 최초 개발된 1993년 설명을 하고 있으므로 최초 버전인 SSL 1.0에 대한 설명을 하고 있는 것이다.

2014년 지방직 9급

48 웹 브라우저와 웹 서버 간에 안전한 정보 전송을 위해 사용 되는 암호화 방법은?

① PGP ② SSH

③ SSL ④ S/MIME

해설

SSL은 웹 브라우저와 웹 서버 간에 안전한 정보 전송을 위하여 RSA 알고리즘을 이용하는 공개키 암호화 시스템을 이용한다.

정보보안기사

49 SSL 보안 프로토콜에서 Man in the Middle 공격에 대응할 수 있는 것은 무엇인가?

① 웹 브라우저가 검증되지 않는 서버 인증서는 사용하지 않는다.

② 송신되는 데이터를 송신자 컴퓨터의 전자서명 값을 추가하여 송신자의 신원을 확인한다.

③ 클라이언트와 서버가 데이터를 암호화하고 복호화한다.

④ 서버와 클라이언트 인증서를 사용한다.

해설

③ SSL에서는 중간자 공격을 예방하기 위해서 대칭키 방식과 공개키 방식을 응용해 데이터를 암·복호화한다.

2017년 교행직 9급

50 그림은 인터넷 전자메일 설정 화면이다. ㉠~㉢에 들어갈 프로토콜을 바르게 짝지은 것은?

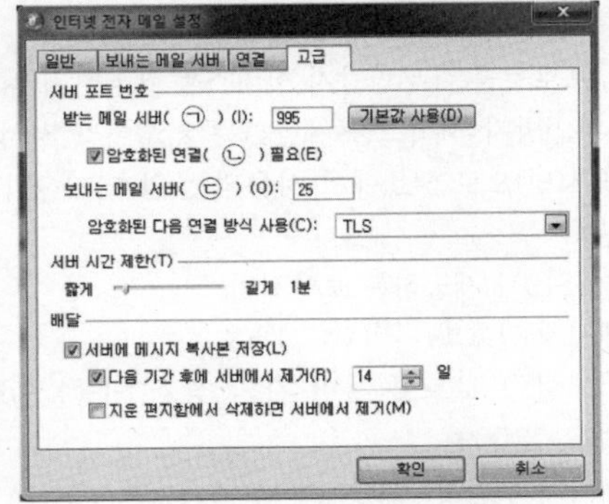

	㉠	㉡	㉢
①	SSL	POP3	SMTP
②	POP3	SSL	SMTP
③	POP3	SMTP	SSL
④	SMTP	SSL	POP3

2018년 국가직 9급

51 SSL(Secure Socket Layer)에서 메시지에 대한 기밀성을 제공하기 위해 사용되는 것은?

① MAC(Message Authentication Code)

② 대칭키 암호 알고리즘

③ 해시함수

④ 전자서명

정답 47. ② 48. ③ 49. ③ 50. ② 51. ②

정보보안기사

52 SSL(Secure Socker Layer)은 넷스케이프 사에서 개발한 프로토콜로 인터넷상에서 교환되는 정보를 보호하는 암호 프로토콜이다. SSL에 사용되는 암호 기술과의 관계가 잘못 설명된 것은?

① 키교환 프로토콜 – RSA

② 메시지 암호화 – DES

③ 디지털 서명 – EIGamal

④ 메시지 무결성– HMAC

해설

- SSL 프로토콜은 부인방지 서비스를 제공하지 않는다. 즉, 부인방지 서비스를 제공하는 기술이 전자서명(디지털 서명)으로 SSL에서 사용되는 암호 기술과 거리가 멀다.
- TLS(SSL)가 제공하는 보안서비스
  - 메시지 암호화(기밀성) : DES
  - 키교환 프로토콜(서버 간의 상호 인증) : RSA, DSS, X.509
  - 메시지 무결성 : HMAC–MD5, HMAC–SHA1

정보보안기사

53 다음 중 SSL 프로토콜에 관한 설명으로 틀린 것은?

① SSL 프로토콜은 종단 간 보안서비스를 제공한다.

② SSL 프로토콜은 세 개의 계층으로 구성되어 있다.

③ 기밀성 제공을 위한 비밀키는 핸드셰이크 프로토콜에 의해 생성된다.

④ 인터넷상의 안전한 데이터 전송을 위하여 트랜스포트 계층과 애플리케이션 계층 사이에 위치한다.

해설

② SSL 프로토콜은 두 개의 계층으로 구성되어 있다. 상부 계층에는 SSL 핸드셰이크 프로토콜(Hand shake protocol), SSL 암호사양 변경 프로토콜(Change cipher spec protocol), SSL 경고 프로토콜(Alert protocol)이 있고, 하부 계층에는 실질적인 보안서비스를 제공하는 SSL 레코드 프로토콜(Record protocol)이 있다.

2016년 국가(보) 9급

54 SSL 프로토콜 스택에 포함되지 않는 것은?

① handshake 프로토콜

② alert 프로토콜

③ record 프로토콜

④ user authentication 프로토콜

해설

SSL 프로토콜 스택은 다음과 같다.

- Hand shake protocol : 클라이언트와 서버 간의 상호 인증, 암호 알고리즘, 암호키, MAC알고리즘 등의 속성을 사전협의 (사용할 알고리즘 결정 및 키분배 수행)
- Change cipher spec protocol : 방금 협상된 cipher(암호) 규격과 암호키 이용, 추후 레코드의 메시지 보호할 것을 명령
- Alert protocol : 다양한 에러 메시지 전달
- Record protocol : 전송계층을 지나기 전에 애플리케이션 데이터를 암호화한다(상위 계층에서 수신된 메시지를 전달하는 역할을 담당).

정보보안기사

55 보안 향상을 위해 사용하는 기술인 SSL 프로토콜에서 세션정보와 연결정보를 공유하기 위해 이용되는 프로토콜을 무엇이라 하는가?

① Handshake 프로토콜

② Change Cipherspec 프로토콜

③ Alert 프로토콜

④ Record 프로토콜

정답 : 52. ③ 53. ② 54. ④ 55. ①

2017년 국가직 9급 네트워크 보안

56 SSL(Secure Socket Layer)에서 서버와 클라이언트 간의 인증과 키 교환 메시지를 주고받는 프로토콜은?

① Record

② Handshake

③ Change Cipher Spec

④ Alert

정보보안기사

57 SSL(Secure Socket Layer) 프로토콜에서 SSL 세션을 처음 시작할 때, 클라이언트와 서버 간에 안전한 연계의 수립을 위하여 클라이언트와 서버 간 상호 인증을 수행하고 암호 메커니즘 등의 정보를 교환하며 세션키를 생성하는 역할을 하는 프로토콜은?

① Handshake 프로토콜

② Record 프로토콜

③ Change Clpher Spec 프로토콜

④ IKE 프로토콜

해설

SSL 프로토콜 스택은 다음과 같다

- Hand shake protocol : 클라이언트와 서버 간의 상호인증, 암호 알고리즘, 암호키, MAC알고리즘 등의 속성을 사전협의 (사용할 알고리즘 결정 및 키분배 수행)
- Change cipher spec protocol : 방금 협상된 cipher (암호) 규격과 암호키 이용, 추후 레코드의 메시지 보호할 것을 명령
- Alert protocol : 다양한 에러 메시지 전달
- Record protocol : 전송계층을 지나기 전에 애플리케이션 데이터를 암호화한다(상위 계층에서 수신된 메시지를 전달하는 역할을 담당).

2015년 국가직 9급

58 TLS 서브 프로토콜 중에서 데이터를 분할, 압축, 암호 등의 기능을 수행하는 프로토콜은?

① Handshake protocol

② Change Cipher Spec protocol

③ Alert protocol

④ Record protocol

⑤ Heartbeat protocol

해설

57번 해설 참조

2016년 국가(보) 9급

59 SSL(Secure Socket Layer)의 레코드 프로토콜에서 응용메시지를 처리하는 동작 순서를 바르게 나열한 것은? (MAC : Message Authentication Code)

① 압축→단편화→암호화→MAC 첨부→SSL 레코드 헤더 붙이기

② 압축→단편화→MAC 첨부→암호화→SSL 레코드 헤더 붙이기

③ 단편화→MAC 첨부→압축→암호화→SSL 레코드 헤더 붙이기

④ 단편화→압축→MAC 첨부→암호화→SSL 레코드 헤더 붙이기

해설

- SSL(Secure Socket Layer)의 Record protocol(레코드 프로토콜)은 상위 계층에서 수신된 메시지를 전달하는 역할을 담당하며 클라이언트와 서버 간 약속된 절차에 따라 메시지에 대한 분할(단편화 : fragmentation), 압축, 메시지 인증 코드 생성 및 암호화 과정 등의 기능을 수행한다.
- 레코드 프로토콜에서 응용메시지를 처리하는 동작순서는 단편화→압축→MAC 첨부→암호화→SSL 레코드 헤더 붙이기의 과정을 거친다.

정답 56. ② 57. ① 58. ④ 59. ④

2017년 국회직 9급

60 〈보기〉에서 설명하는 SSL 프로토콜로 옳은 것은?

> 이 프로토콜을 이용하여 서버와 클라이언트가 서로를 인증하고, 암호와 MAC 알고리즘, 그리고 SSL 레코드 안에 보낼 데이터를 보호하는 데 사용할 암호키를 협상할 수 있다.

① Alert Protocol
② Handshake Protocol
③ Record Protocol
④ Change Cipher Spec Protocol
⑤ Encapsulating Security Payload Protocol

2015년 국가직 9급

61 다음 지문의 괄호 안에 들어갈 말로 옳은 것은?

> ( )은/는 HTTP 기반의 통신 서비스에서 보안 기능을 제공하기 위한 한 방안의 오픈 소스 라이브러리이다. C언어로 작성되어 있는 중심 라이브러리 안에는, 기본적인 암호화 기능 및 여러 유틸리티 함수들이 구현되어 있다.

① IPSec ② OpenSSL
③ Kerberos ④ MySQL
⑤ PGP

해설

- OpenSSL은 인터넷을 통해 데이터를 송수신할 때 원본 내용을 암호화할 수 있게 해주는 프로토콜이다. 이슈가 되고 있는 하트블리드는 OpenSSL에서 클라이언트와 웹 서버 간 암호화 통신이 제대로 이뤄지는지 확인하기 위해 사용되는 프로토콜인 하트비트(HeartBeat)에서 발견된 취약점이다.
- 이 취약점은 하트비트라는 프로토콜에서 클라이언트 요청 메시지를 처리할 때 데이터 길이 검증을 수행하지 않아 시스템 메모리에 저장된 64KB 크기의 데이터를 외부에서 아무런 제한 없이 탈취할 수 있는 취약점이다.
- 하트블리드 해킹을 통해 데이터가 조금씩 밖으로 빼돌려져 개인 정보 유출 사태가 나타날 수 있다.

2015년 국가직 7급, 2015년 국회직 9급

62 SSL을 구성하는 프로토콜 중에서 상위 계층에서 수신된 메시지를 전달하는 역할을 담당하며 클라이언트와 서버 간 약속된 절차에 따라 메시지에 대한 단편화, 압축, 메시지 인증 코드 생성 및 암호화 과정 등을 수행하는 프로토콜은?

① Handshake protocol
② Alert protocol
③ Record protocol
④ Change Cipher Spec protocol

해설

57번 해설 참조

2015년 국가직 9급

63 전송계층 보안 프로토콜인 TLS(Transport Layer Security)가 제공하는 보안서비스에 해당하지 않는 것은?

① 메시지 부인방지
② 클라이언트와 서버 간의 상호 인증
③ 메시지 무결성
④ 메시지 기밀성

해설

TLS(SSL)가 제공하는 보안서비스
- 메시지 암호화(기밀성) : DES
- 키교환 프로토콜(서버 간의 상호 인증) : RSA, DSS, X.509
- 메시지 무결성 : HMAC-MD5, HMAC-SHA1

정답 60. ② 61. ② 62. ③ 63. ①

정보보안기사

64 아래의 설명으로 올바른 것을 선택하시오.

> (ㄱ)에 비해서 강력한 암호화를 실현할 수 있다.
> (ㄴ)는 SSL을 기반으로 한 IETF 인터넷 표준이다.
> (ㄱ)은 TCP/IP에서만 대응하지만, 전송계층 보안은 네트워크나 순차 패킷교환, 애플토크 등의 통신망 통신규약에도 대응이 가능하다. 또 오류 메시지 처리 기능이 개선되어 미국 마이크로소프트사, 넷스케이프사가 (ㄴ)을 진화시켰다.

	(ㄱ)	(ㄴ)
①	TLS	WTLS
②	SSL	SHTTP
③	SSL	TLS
④	WTLS	IEEE 802.1x

2016년 국회직 9급

65 아래 그림은 TLS(Transport Layer Security)를 통해 쇼핑몰에 로그인하는 화면이다. 이에 대한 설명으로 옳지 않은 것은?

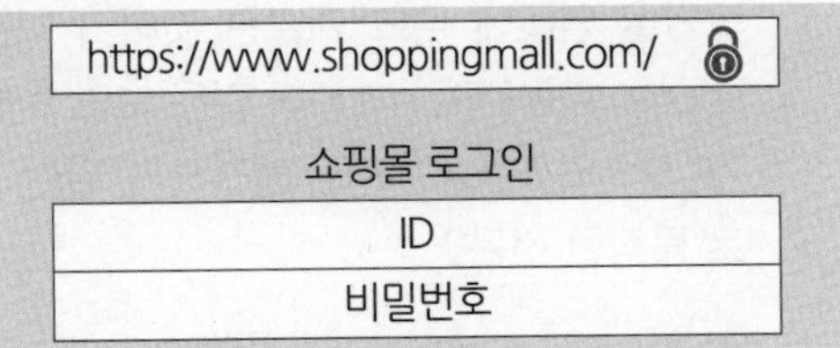

① TLS는 현재 1.1 버전까지 발표되었다.
② TLS는 SSL을 기반으로 한 IETF 인터넷 표준이다.
③ 서버 인증서를 통해 서버를 인증하고 키교환을 한다.
④ 상호 교환된 키로 사용자의 패스워드는 암호화된다.
⑤ 주소창에 있는 자물쇠를 클릭하면 서버 인증서를 볼 수 있다.

해설

TLS는 현재 1.3 버전까지 발표되었다.

2016년 국가(보) 9급

66 HTTPS에 대한 설명으로 옳지 않은 것은?

① HTTPS 연결로 명시되면 포트 번호 443번이 사용되어 SSL을 호출한다.
② HTTPS는 웹 브라우저와 웹 서버 간의 안전한 통신을 구현하기 위한 것이다.
③ HTTPS는 HTTP over TLS 표준 문서에 기술되어 있다.
④ HTTPS 사용 시 요청된 문서의 URL은 암호화할 수 없다.

해설

HTTPS 사용 시 암호화되는 통신 요소는 다음과 같다.
- 요청 문서 URL
- 문서 내용
- 브라우저 양식 내용
- HTTP 헤더 내용
- 브라우저가 서버에게 보낸 쿠키와 서버가 브라우저로 보낸 쿠키

정보보안기사

67 전자상거래 보안 기술인 S-HTTP에 대한 설명으로 잘못된 것을 선택하시오.

① 암호화는 DES, RC2 알고리즘을 사용한다.
② S-HTTP는 서명을 위해서 RSA와 DSA를 사용한다.
③ 메시지 축약을 위해서 MD2, MD5, SHA를 사용한다.
④ 공개키로 PKCS-7 형식과 X.500를 사용한다.

해설

- ④ X.500 시리즈는 전자인증서(공인인증서) 표준 규격이며, 공개키(RSA) 기반의 인증 시스템 표준이다.
- S-HTTP는 SSL과 비슷한 기능을 제공하기 때문에 사용이 저조한 편이다.

정답 64. ③ 65. ① 66. ④ 67. ④

정보보안기사

68 차세대 IP인 IPv6에 적용되어 향후 IPv6이 사용되어도 호환성을 유지할 수 있는 장점이 있는 보안 프로토콜은?

① S/MIME ② OSI

③ IPSec ④ SSL

해설

① S/MIME은 안전한 이메일을 위해 RSA사에서 제안한 표준이다.

③ IPSec은 네트워크 계층인 인터넷 프로토콜에서 보안성을 제공해 주는 표준화된 기술로 데이터 송신자의 인증을 허용하는 인증 헤더(AH)와, 송신자의 인증 및 데이터 암호화를 함께 지원하는 ESP(Encapsulating Security Payload) 등 두 종류의 보안서비스가 있으며, 보안 게이트웨이 간의 보안 터널을 제공하는 터널 모드와 종단 호스트 간의 보안 터널을 제공하는 트랜스포트 모드(전송 모드)를 제공한다.

④ SSL은 현재 전 세계에서 사용되는 인터넷상거래 시 요구되는 개인 정보와 크레디트카드 정보의 보안 유지에 가장 많이 사용되고 있는 프로토콜이다. 최종 사용자와 가맹점 간의 지불 정보보안에 관한 프로토콜이라고 할 수 있다.

2014년 지방직 9급

69 가상사설망의 터널링 기능을 제공하는 프로토콜에 대한 설명으로 옳은 것은?

① IPSec은 OSI 3계층에서 동작하는 터널링 기술이다.

② PPTP는 OSI 1계층에서 동작하는 터널링 기술이다.

③ L2F는 OSI 3계층에서 동작하는 터널링 기술이다.

④ L2TP는 OSI 1계층에서 동작하는 터널링 기술이다.

해설

- IPSec은 IETF가 IP계층(네트워크 계층) 보안을 위해 제안한 프로토콜이다.
- PPTP, L2F, L2TP는 OSI 2계층에서 동작하는 터널링 기술이다.
- VPN에서 사용하는 프로토콜
  - PPTP(Point to Point Tunneling Protocol) : 컴퓨터와 컴퓨터가 1 대 1 방식으로 데이터를 전송하여, 다른 시스템이나 인터넷으로 보안을 유지하면서 가상사설망(VPN)을 지원해주는 프로토콜이다.
  - L2F(layer 2 forwarding) : 미국 시스코 시스템즈사가 개발한 터널용 프로토콜. PPTP나 IPSec와 달리, 데이터링크층 수준에서 캡슐화가 가능하고, IP 네트워크 이외에서도 이용할 수 있다.
  - L2TP(Layer 2 Tunneling Protocol) : PPTP와 L2F를 통합한 프로토콜이다.
  - IPSec(Internet Protocol Security) : IPSec은 인터넷 계층에서 동작하며, 모든 트래픽을 암호화하고 인증기능을 제공한다.

정보보안기사

70 인터넷에서 이용되고 있는 IP프로토콜은 패킷 교환망에서 단순히 데이터의 신뢰성 있는 전송만을 염두에 두고 개발한 것이기 때문에 IP spooling이나 IP sniffing과 같은 보안 허점이 생겨나게 되었는데, 이를 해결하기 위한 방안으로 등장한 것은?

① SSL ② IPSec

③ TLS ④ IPv6

해설

- IPSec은 네트워크에서 IP에 보안성을 제공해 주는 프로토콜로 안전에 취약한 인터넷에서 안전한 통신을 실현하는 통신 규약이다.
- IPSec의 등장 배경은 IP 계층에서 패킷에 대한 보안을 제공하기 위해 IETF(Internet Engineering Task Force)에서 설계한 프로토콜 모음으로서 특정 암호화나 인증 방법을 규정하지 않고, 대신에 프레임워크와 메커니즘을 제공함으로써 사용자에게 해싱과 암호화/

정답 : 68. ③ 69. ① 70. ②

인증 방법을 선택하게 된다.

• SSL과 TLS는 인터넷 프로토콜(Internet protocol)이 기밀성을 유지하지 못한다는 문제를 극복하기 위해 개발되었다. SSL은 인터넷에서 인증서로 상대방을 인증하고, 기밀성과 무결성을 제공한다. 본래 SSL은 표준화되기 전의 이름으로, 표준화된 정식 명칭은 전송 계층 보안(TLS : Transport Layer Security)이다.

정보보안기사

71 다음은 무엇에 대한 설명인가?

> IP 계층에서 패킷에 대한 보안을 제공하기 위해 IETF(Internet Engineering Task Force)에서 설계한 프로토콜 모음으로서 특정 암호화나 인증 방법을 규정하지 않고, 대신에 프레임워크와 메커니즘을 제공함으로써 사용자에게 해싱과 암호화/인증 방법을 선택하게 된다.

① 전자서명(Digital Signature)

② 커버로스(Kerberos)

③ IP보안(IPSec)

④ 전송계층 보안(Tls, Transport Layer Security)

해설

IPSec에서 지원하는 IP보안이란 IP 계층에서 패킷에 대한 보안을 제공하기 위해 IETF(Internet Engineering Task Force)에서 설계한 프로토콜 모음으로서 특정 암호화나 인증 방법을 규정하지 않고, 대신에 프레임워크와 메커니즘을 제공함으로써 사용자에게 해싱과 암호화/인증 방법을 말한다.

2015년 지방직 9급

72 IPSec에 대한 설명으로 옳지 않은 것은?

① 네트워크 계층에서 패킷에 대한 보안을 제공하기 위한 프로토콜이다.

② 인터넷을 통해 지점들을 안전하게 연결하는 데 이용될 수 있다.

③ 전송 모드와 터널 모드를 지원한다.

④ AH(Authentication Header)는 인증 부분과 암호화 부분 모두를 포함한다.

해설

④ IPSec에서 AH(Authentication Header)는 인증 서비스를 담당하고, ESP(Encapsulating Security Payload)는 암호화를 담당한다.

2017년 경찰간부후보생

73 IPSec 프로토콜에서 AH(Authentication Header) 프로토콜이 제공하는 보안 기능이 아닌 것은 무엇인가?

① 무결성 ② 인증

③ 기밀성 ④ 재전송 공격 방지

2016년 국가(보) 9급

74 IPSec 프로토콜의 인증 헤더(AH)와 보안 페이로드 캡슐화(ESP)에서 제공하는 보안서비스 중 ESP에서만 제공하는 보안서비스는?

① 재전송 공격 방지 ② 메시지 기밀성

③ 메시지 무결성 ④ 개체 인증

해설

② ESP(Encapsulating Security Payload) 프로토콜은 IP 데이터그램에서 제공하는 선택적 인증과 무결성, 메시지 기밀성(암호화) 그리고 재전송 공격 방지 기능을 한다. 터널 종단 간에 협상된 키와 암호화 알고리즘으로 데이터그램을 암호화한다.

정답 : 71. ③ 72. ④ 73. ③ 74. ②

2015년 서울시 9급

75 다음 <보기>에서 설명하는 것은 무엇인가?

> IP 데이터그램에서 제공하는 선택적 인증과 무결성, 기밀성 그리고 재전송 공격 방지 기능을 한다. 터널 종단 간에 협상된 키와 암호화 알고리즘으로 데이터그램을 암호화한다.

① AH(Authentication Header)

② ESP(Encapsulation Security Payload)

③ MAC(Message Authentication Code)

④ ISAKMP(Internet Security Association & Key Management Protocol)

해설

IPSec에서 AH(Authentication Header)는 인증 서비스를 담당하고, ESP(Encapsulating Security Payload)는 암호화를 담당한다.

2014년 국가직 9급

76 보안 프로토콜인 IPSec(IP Security)의 프로토콜 구조로 옳지 않은 것은?

① Change Cipher Spec

② Encapsulating Security Payload

③ Security Association

④ Authentication Header

해설

- Change Cipher Spec은 SSL프로토콜에서 방금 협상된 cipher(암호) 규격과 암호키 이용, 추후 레코드의 메시지 보호할 것을 명령하는 역할을 담당하는 프로토콜이다.
- IPSec에서 사용하는 프로토콜의 종류
  - AH(Authentication Header) : 인증 서비스/비연결형 무결성을 담당한다.
  - ESP(Encapsulating Security Payload) : 비연결형 기밀성/무결성/인증 서비스를 담당한다.
  - SA(Security Association) : IPSec은 공개키 암호화 방식을 사용한다. 이러한 요소들을 IPSec에서는 SA로 정의한다.
  - IKE(Internet Key Exchange) : IKE프로토콜은 SA를 협의하기 위해 사용된다.

2017년 서울시 9급

77 다음은 인터넷망에서 안전하게 정보를 전송하기 위하여 사용되고 있는 네트워크 계층 보안 프로토콜인 IPSec에 대한 설명이다. 이들 중 옳지 않은 것은?

① DES-CBC, RC5, Blowfish 등을 이용한 메시지 암호화를 지원

② 방화벽이나 게이트웨이 등에 구현

③ IP 기반의 네트워크에서만 동작

④ 암호화/인증방식이 지정되어 있어 신규 알고리즘 적용이 불가능하다.

2017년 국가직 7급

78 IPSec 표준은 네트워크상의 패킷을 보호하기 위하여 AH(Authentication Header)와 ESP(Encapsulating Security Payload)로 구성된다. AH와 ESP 프로토콜에 대한 설명으로 옳지 않은 것은?

① AH 프로토콜의 페이로드 데이터와 패딩 내용은 기밀성 범위에 속한다.

② AH 프로토콜은 메시지의 무결성을 검사하고 재연(Replay) 공격 방지 서비스를 제공한다.

③ ESP 프로토콜은 메시지 인증 및 암호화를 제공한다.

④ ESP는 전송 및 터널 모드를 지원한다.

정답 75. ② 76. ① 77. ④ 78. ①

정보보안기사

79 다음 지문은 IPSec에 대한 설명이다. 그 내용이 틀린 것은?

① IPSec은 재생공격을 막기 위해서 Sequence Number를 붙여서 실현한다.

② IPSec은 중간자 공격에 대해서 HMAC(Hash based Message Authentication Code)를 사용해 방어한다.

③ ESP auth는 데이터 무결성을 위해서 HMAC를 계산한 것이다.

④ AH는 인증과 무결성, 기밀성을 제공한다.

해설

IPSec에서 AH와 ESP의 역할

- AH(Authentication Header) : 인증 서비스, 비연결형, 무결성, 재연(Replay) 공격 방지 서비스를 제공한다.
- ESP(Encapsulating Security Payload) : 비연결형 기밀성(암호화) 서비스를 제공한다.

2014년 서울시 9급

80 다음 중 IPSec에 대한 설명으로 옳지 않은 것은?

① IPSec은 network layer에서 동작한다.

② Tunnel mode에서는 기존 패킷 앞에 IPSec 헤더 정보가 추가된다.

③ IKE 프로토콜은 SA를 협의하기 위해 사용된다.

④ AH 프로토콜은 메시지에 대한 인증과 무결성을 제공하기 위해 사용된다.

⑤ ESP 헤더는 메시지의 기밀성을 제공하기 위해 사용된다.

해설

모두 IPSec에 대한 옳은 설명이다.

정보보안기사

81 아래의 IPSec에 대한 설명으로 올바른 것은 무엇인가?

> IPSec는 네트워크 계층의 보안을 위해서 ( ) 프로토콜과 ( ) 프로토콜을 사용하여 보안 연계 서비스를 제공한다.

① TCP, UDP ② AH, TCP

③ AH, ESP ④ ISAKMP, TCP

정보보안기사

82 IPSec의 핵심인 SA(Security Association)에 대해서 가장 바르게 설명한 것은 무엇인가?

① 송신자와 수신자는 하나의 SA를 공유하는 형태이다.

② 보안연계는 전역적으로 유일한 값을 가진다.

③ SA는 목적지 단말과 사용하는 프로토콜로 구성된다.

④ 하나의 SA는 단방향 데이터 전송에 적용되며 데이터 보호를 위해서 보안 파라미터를 포함한다.

해설

SA(Security Association)

- 데이터 송수신자 간에 비밀 데이터(인증되었거나, 암호화된 데이터)를 교환할 때 사전에 암호 알고리즘, 키교환 방법, 키교환 주기 등에 대한 합의가 이루어져야 한다.
- 데이터 교환 전에 통일되어야 할 이러한 요소들을 IPSec에서는 SA(Security Association)로 정의한다.
- IPSec에서 SA 설정과정은 다음과 같다.
  1. IKE 보안 파라미터 협상과정
  2. IKE SA용 마스터키 설정
  3. 상호인증 과정
  4. 클라이언트에게 파라미터 값 전달
  5. IPSec SA 보안파라미터 협상
  6. 세션키 생성
  7. 상호인증

정답 79. ④ 80. 정답 없음 81. ③ 82. ④

2017년 국가직 9급

83 IPSec에서 두 컴퓨터 간의 보안 연결 설정을 위해 사용되는 것은?

① Authentication Header

② Encapsulating Security Payload

③ Internet Key Exchange

④ Extensible Authentication Protocol

2017년 국가직 9급 네트워크 보안

84 IPSec에 대한 설명으로 옳지 않은 것은?

① 전송 모드에서 AH(Authentication Header)는 IP 페이로드와 IP 헤더의 선택된 부분을 인증한다.

② 전송 모드에서 ESP(Encapsulating Security Payload)는 IP 헤더는 암호화하지 않고 IP 페이로드를 암호화한다.

③ 터널 모드에서는 패킷 암호화를 지원하는 ESP와 인증을 제공하는 AH가 같이 사용되어야 한다.

④ IKE(Internet Key Exchange) 프로토콜을 사용하여 보안 연관(Security Association)을 설정한다.

해설

- 터널 모드에서는 AH 단독 사용, ESP 단독 사용은 가능하다. 그러나 AH+ESP 함께 사용은 불가능하다.
- 전송 모드에서는 AH 단독 사용, ESP 단독 사용, AH+ESP 함께 사용이 가능하다.

2016년 국가직 7급

85 IPSec 프로토콜과 이를 이용한 두 가지 운영 모드에 대한 설명으로 옳지 않은 것은?

① AH(Authentication Header) 프로토콜은 발신지 호스트를 인증하고 IP패킷의 페이로드의 무결성을 제공한다.

② 전송 모드에서 IPSec은 본래의 IPv4 패킷 헤더를 암호화하지 않는다.

③ ESP(Encapsulation Security Payload) 프로토콜은 발신지 인증과 페이로드의 무결성 및 기밀성을 제공한다.

④ 터널 모드는 송신자와 수신자가 모두 호스트인 경우에 사용되어 네트워크 전 구간에서 전체 IP 패킷을 암호화한다.

해설

- 터널 모드는 송신자와 수신자가 모두 라우터인 경우에 사용되어 네트워크 전 구간에서 전체 IP 패킷을 암호화한다.
- Tunnel mode에서는 기존 패킷 앞에 IPSec 헤더 정보가 추가된다.
- 터널 모드에서 IPSec은 본래의 IPv4 패킷(패킷 헤더, 세그먼트 헤더, 데이터)을 암호화한다. 즉, Tunnel Mode는 IP 헤더를 포함한 모든 Payload를 암호화한다.

2016년 국가(보) 9급

86 다음은 IPSec 터널 모드에서 IP 패킷을 암호화하고 인증 기능을 수행하는 그림이다. ㉠과 ㉡에 추가되는 헤더 정보를 바르게 연결한 것은?

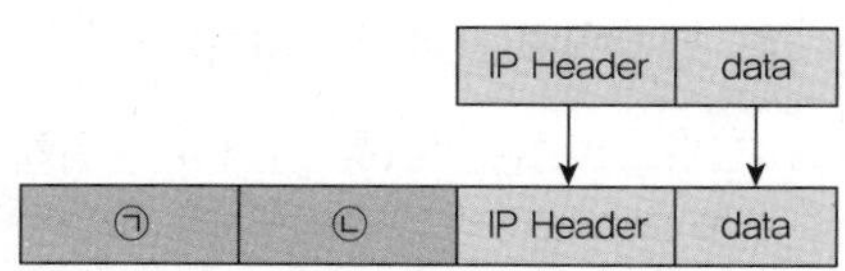

	㉠	㉡
①	new IP header	ESP/AH
②	ESP/AH new	IP header
③	IKE header new	IP header
④	new IP header	header

정답 83. ③ 84. ③ 85. ④ 86. ①

해설

① 터널 모드는 라우터가 수행하며, 기존 패킷 앞에 IPSec(AH/ESP) 헤더가 추가되고, 그 앞에 라우터에서 부여한 새로운 IP 헤더가 추가된다.

2016년 국회직 9급

87 IPSec에 대한 설명으로 옳지 않은 것은?

① IPSec 정책 설정 과정에서 송·수신자의 IP 주소를 입력한다.

② AH(Authentication Header) 프로토콜은 무결성을 제공한다.

③ 트랜스포트(Transport) 모드에서는 IP헤더도 암호화된다.

④ 재전송 공격을 막기 위해 IP패킷별로 순서 번호를 부여한다.

⑤ IKE(Internet Key Exchange) 프로토콜로 세션키를 교환한다.

해설

③ 전송(Transport) 모드는 호스트가 수행하며, IP헤더를 암호화하지 않는다.

정보보안기사

88 TCP/IP 기반의 개방형 네트워크인 인터넷에서 한 네트워크에서 다른 네트워크로 이동하는 모든 데이터 정보를 암호화하여 사설망 기능을 제공하기 위해 도입된 기술은 무엇인가?

① VLAN(Virtual Local Area Network)

② VLSM(Virtual Length Subnet Mask)

③ VPN(Virtual Private Network)

④ NAT(Network Address Translation)

해설

- VPN(Virtual Private Network)은 우리말로 가상사설망이다. 즉, 인터넷망과 같은 공중망을 사설망처럼 이용해 회선 비용을 크게 절감할 수 있는 기업통신 서비스를 이르는 말이다.
- 일반적으로 안전하지 않은 공용 네트워크를 이용하여 사설 네트워크를 구성하는 기술로서, 전용선을 이용한 사설 네트워크에 비해 저렴한 비용으로 안전한 망을 구성할 수 있다.
- 공용 네트워크로 전달되는 트래픽은 암호화 및 메시지 인증 코드 등을 사용하여 기밀성과 무결성을 제공한다.
- TCP/IP 기반의 개방형 네트워크인 인터넷에서 한 네트워크에서 다른 네트워크로 이동하는 모든 데이터 정보를 암호화하여 사설망 기능을 제공하기 위해 도입된 기술이다.

2015년 국가직 9급

89 IPSec에 대한 설명으로 옳지 않은 것은?

① Tunnel Mode는 IP 헤더를 포함한 모든 Payload를 암호화한다.

② Transport Mode에서 송·수신자의 IP주소는 바뀌게 된다.

③ ESP 프로토콜은 인증을 사용하지 않을 수도 있다.

④ ESP 프로토콜의 경우 암호화 알고리즘으로 DES, 3DES, AES 등을 사용할 수 있다.

⑤ AH 프로토콜의 경우 기밀성을 보장하지 못한다.

해설

② 전송 모드(Transport Mode)에서는 송·수신자의 IP 주소는 바뀌지 않는다. 그래서 수신자의 IP주소가 노출되는 위험이 있다.

정답 : 87. ③ 88. ③ 89. ②

2016년 국가(보) 9급

90 다음에서 설명하는 네트워크는?

> 일반적으로 안전하지 않은 공용 네트워크를 이용하여 사설 네트워크를 구성하는 기술로서, 전용선을 이용한 사설 네트워크에 비해 저렴한 비용으로 안전한 망을 구성할 수 있다.
> 공용 네트워크로 전달되는 트래픽은 암호화 및 메시지 인증 코드 등을 사용하여 기밀성과 무결성을 제공한다.

① LAN(Local Area Network)

② WAN(Wide Area Network)

③ MAN(Metropolitan Area Network)

④ VPN(Virtual Private Network)

해설

VPN은 공중망을 이용하여 사설 네트워크가 요구하는 서비스를 제공할 수 있도록 네트워크를 구성해주기 때문에 가상 사설 네트워크라고 한다.

정보보안기사

91 VPN에 대한 설명으로 그 내용이 틀린 것은 무엇인가?

① 무결성을 확인하기 위해서 MAC를 사용한다.

② 원격으로 LAN과 LAN을 인터넷을 통하여 연결하고 보안서비스를 제공한다.

③ 출발지와 목적지를 보호하기 위해서 암호화된 터널 모드를 제공한다.

④ 공개키 암호시스템으로 데이터 기밀성을 보장한다.

해설

④ VPN은 데이터 암호화 기술로 대칭키를 사용해서 데이터의 기밀성을 보장한다.

2015년 서울시 9급, 2016년 해경(보호직) 9급

92 가상사설망(VPN)이 제공하는 보안서비스에 해당하지 않는 것은?

① 패킷 필터링　　② 데이터 암호화

③ 접근제어　　④ 터널링

해설

VPN이 제공하는 보안서비스(요소기술)는 다음과 같다.

1. 데이터 암호화 기술(대칭키 사용)
   - 데이터의 기밀성을 보장하기 위한 암호화, 복호화 기술
2. 터널링 기술
   - 공중망에서 전용선과 같은 보안 효과를 얻기 위한 기술
   - VPN기술 중 터널링 기술은 VPN의 기본이 되는 기술로서 터미널이 형성되는 양 호스트 사이에 전송되는 패킷을 추가 헤더 값으로 인캡슐화하는 기술
   - VPN 터널링은 OSI 3계층 암호화 기술이다.
3. 인증 기술
   - 접속 요청자의 적합성을 판단하기 위한 인증 기술
4. 접근제어 기술
   - 적절한 권한을 가진 인가자만 특정 시스템이나 정보에 접근할 수 있도록 통제하는 것
   - 패킷 필터링은 방화벽 시스템의 종류 중 라우터에서 Access List로 구현되는 방식의 방화벽

정보보안기사

93 다음 ( )에 알맞은 OSI 계층은?

> VPN 기술 중 터널링 기술은 VPN의 기본이 되는 기술로서 터미널이 형성되는 양 호스트 사이에 전송되는 패킷을 추가 헤더 값으로 인캡슐화하는 기술이다. VPN 터널링은 OSI( ) 암호화 기술이다.

① 1계층　　② 2계층

③ 3계층　　④ 4계층

해설

③ VPN 터널링은 공중망에서 전용선과 같은 보안 효과를 얻기 위한 기술로 OSI 3계층 암호화 기술이다.

정답 90. ④ 91. ④ 92. ① 93. ③

2017년 국가직 9급

94 가상사설망에서 사용되는 프로토콜이 아닌 것은?

① L2F ② PPTP

③ TFTP ④ L2TP

2016년 국가직 9급

95 가상사설망(VPN)에 대한 설명으로 옳지 않은 것은?

① 공중망을 이용하여 사설망과 같은 효과를 얻기 위한 기술로서, 별도의 전용선을 사용하는 사설망에 비해 구축 비용이 저렴하다.

② 사용자들 간의 안전한 통신을 위하여 기밀성, 무결성, 사용자 인증의 보안 기능을 제공한다.

③ 네트워크 종단점 사이에 가상터널이 형성되도록 하는 터널링 기능은 SSH와 같은 OSI 모델 4계층의 보안 프로토콜로 구현해야 한다.

④ 인터넷과 같은 공공 네트워크를 통해서 기업의 재택근무자나 이동 중인 직원이 안전하게 회사 시스템에 접근할 수 있도록 해준다.

해설

- ③ VPN기술 중 터널링 기술은 VPN의 기본이 되는 기술로서 터미널이 형성되는 양 호스트 사이에 전송되는 패킷을 추가 헤더 값으로 캡슐화하는 기술이다.
- VPN 터널링은 OSI 3계층 암호화 기술이다.

2017년 경찰간부후보생

96 최근 사이버 범죄자들은 인터넷 접속 시 추적을 피하기 위해 VPN(Virtual Private Network) 서비스를 사용하고 있다. 다음 중 VPN에서 사용하는 프로토콜이 아닌 것은 무엇인가?

① PPTP(Point to Point Tunneling Protocol)

② L2TP(Layer 2 Tunneling Protocol)

③ PGP(Pretty Good Privacy)

④ IPSec(Internet Protocol Security)

해설

PGP(Pretty Good Privacy)는 인터넷에서 사용되고 있는 전자우편(이메일)용 보안 프로토콜이다. 이메일 보안이나 파일 암호화에 사용된다. 인터넷에서 전자우편을 사용할 때 보내고자 하는 내용을 암호 알고리즘을 이용하여 암호화해서 해당 키(Key)가 있어야만 내용을 볼 수 있도록 하는 것으로 기밀성, 무결성, 인증, 송신 부인방지 등의 기능을 지원하는 이메일 보안 기술이다.

정보보안기사

97 Zone Transfer에 대한 부적절한 설정으로 내부 네트워크의 구성에 대한 정보를 과다하게 노출시킬 우려가 있는 TCP/IP서비스는 다음 중 어느 것인가?

① SNMP ② DNS

③ FTP ④ Ping

해설

- Zone Transfer(구역 전달)란 마스터 DNS 서버와 슬레이브 DNS 서버의 존(zone) 파일 동기화를 위해 마스터 DNS 서버의 존 레코드(zone record)를 슬레이브 DNS 서버로 복제하는 것이다.
- DNS에는 안정성 향상과 트래픽 및 부하 분산을 위해 존 구성에 따라 다수의 슬레이브 DNS 서버를 운영할 수 있으며, 이를 위해 슬레이브 DNS 서버에는 어느 마스터 서버로부터 어떤 주기로 존 파일을 읽어 올 것인가를 명시하게 된다.
- 구역 전달은 일반적으로 공개된 기능은 아니나 설정에 따라서는 DoS 공격이나 심각한 정보 유출 등에 이용될 수 있는 위험성이 있다.

정답 : 94. ③ 95. ③ 96. ③ 97. ②

정보보안기사

98 다음 중 안전한 VPN 연결을 위해 가장 적합한 프로토콜로 짝지어진 것은 무엇인가?

① TLS and SSL

② S/MIME and SSH

③ IPSec and L2TP

④ PKCS#10 and X.509

정보보안기사

99 다음 중 VLAN의 역할은 무엇인가?

① Routing 도메인을 분리한다.

② Collision 도메인을 분리한다.

③ Broadcast 도메인을 분리한다.

④ Fragmentation Segment를 제공한다.

2017년 국가직 9급 네트워크 보안

100 클라이언트가 위조된 웹사이트에 접속하게 하는 것을 목적으로 하는 공격 기법은?

① DNS 스푸핑　② ARP 스푸핑

③ 스니핑　④ SYN flooding

2015년 국가직 9급

101 다음에서 설명하는 웹 서비스 공격은?

> 공격자가 사용자의 명령어나 질의어에 특정한 코드를 삽입하여 DB 인증을 우회하거나 데이터를 조작한다.

① 직접 객체 참조

② Cross Site Request Forgery

③ Cross Site Scripting

④ SQL Injection

해설

SQL Injection 공격은 웹 클라이언트의 반환 메시지를 이용하여 불법 인증 및 정보를 유출하는 공격이다. 웹 응용 프로그램에 강제로 구조화 조회 언어(SQL) 구문을 삽입하여 내부 데이터베이스(DB) 서버의 데이터를 유출 및 변조하고 관리자 인증을 우회할 수도 있다.

2016년 국회직 9급

102 DNS(Domain Name System)의 보안 위협과 DNSSEC(Domain Name System Security Extension) 대응에 대한 설명으로 옳지 않은 것은?

① Cache Poisoning 공격은 DNS 캐시에 저장된 정보를 오염시켜 공격자가 지정한 주소로 유도한다.

② DNS Spoofing은 서버에서 응답하는 IP주소를 변조하여 의도하지 않은 주소로 유도한다.

③ DNSSEC는 서버의 응답에 전자서명을 부가함으로써 서버인증 및 무결성을 제공한다.

④ DNSSEC는 인증체인 형태로 확장되어 계층적 구조의 DNS 서버에도 적용될 수 있다.

⑤ DNSSEC는 서버의 응답을 숨기지는 않지만, 서비스 거부 공격을 막는 효과가 있다.

해설

- DNSSEC(DNS Security Extension)는 도메인 네임 시스템(DNS)이 갖고 있는 보안 취약점을 극복하기 위한 DNS 확장 표준 프로토콜이다.
- DNSSEC는 DNS 응답 정보에 전자서명 값을 첨부하여 보내고 수신측이 해당 서명 값을 검증함으로써 서버인증 및 위변조 방지, 정보의 무결성을 제공하는 구조로 이루어져 있다.
- DNSSEC는 인증체인 형태로 확장되어 계층적 구조의 DNS 서버에도 적용될 수 있다.
- DNSSEC의 단점으로는 DNS 메시지에 대한 기밀성은 제공하지 않으며, DNSSEC 스펙에는 서비스 거부 공격(DoS)에 대한 방지책이 없다. 그러나 캐싱 서비스를 통해 이러한 공격에 대해 어느 정도까지는 상위 계층 서버를 보호할 수 있다.

정답 98. ③ 99. ③ 100. ① 101. ④ 102. ⑤

2018년 경찰간부후보생

103 DNSSEC는 DNS(Domain Name System)가 갖고 있는 보안 취약점을 극복하기 위한 DNS 확장 표준 프로토콜이다. DNSSEC이 예방할 수 있는 공격 기법은 무엇인가?

① 파밍(Pharming)

② 피싱(Phishing)

③ 스미싱(Smishing)

④ 랜섬웨어(Ransomware)

정보보안기사

104 아래의 내용은 DNS(Domain Name Server)에 대한 설명이다. 그 내용이 틀린 것을 선택하시오.

① 도메인 네임 시스템(DNS)이 갖고 있는 보안 취약점을 극복하기 위한 DNS 확장 표준 프로토콜이다.

② DNS은 URL을 해석하기 위해서 순환 및 반복 쿼리를 활용하여 URL을 IP주소로 변환한다.

③ DNS는 DNSSEC를 사용하여 보안 기능을 제공할 수 있으며 DNSSEC는 암호화를 지원하며 서명 기능은 지원하지 않기 때문에 별도의 서명 기능 모듈을 추가해서 운영해야 한다.

④ DNS 레코드는 DNS에 정보를 제공하는 것으로 사용자는 호스트의 이름을 IPv6 주소로 매핑한다.

해설

DNSSEC(DNS Security Extension)

- 도메인 네임 시스템(DNS)이 갖고 있는 보안 취약점을 극복하기 위한 DNS 확장 표준 프로토콜이다.
- DNS 응답 정보에 전자서명 값을 첨부하여 보내고 수신측이 해당 서명 값을 검증함으로써 서버인증 및 위변조 방지, 정보의 무결성을 제공하는 구조로 이루어져 있다.

2017년 교행직 9급

105 다음은 SQL 삽입(injection) 공격을 위한 SQL 명령문이다. 빈칸 ㉠에 들어갈 명령어로 옳은 것은?

보기1

```
( ㉠ ) user_id FROM member WHERE
(user_id=' ' OR '1'='1') AND
(user_pw=' ' OR '1'='1');
```

보기2

- member : 테이블명
- user_id : 필드명
- user_pw : 필드명

① DROP　　② CREATE

③ INSERT　　④ SELECT

2014년 국가직 9급

106 웹 서버 보안에 대한 설명으로 옳지 않은 것은?

① 웹 애플리케이션은 SQL 삽입 공격에 안전하다.

② 악성 파일 업로드를 방지하기 위하여 필요한 파일 확장자만 업로드를 허용한다.

③ 웹 애플리케이션의 취약점을 방지하기 위하여 사용자의 입력값을 검증한다.

④ 공격자에게 정보 노출을 막기 위하여 웹 사이트의 맞춤형 오류 페이지를 생성한다.

해설

웹 애플리케이션은 SQL 삽입 공격에 취약하다.

정답 103. ① 104. ③ 105. ④ 106. ①

2017년 서울시 9급

107 다음 중 데이터베이스 관리자(Database Administrator)가 부여할 수 있는 SQL기반 접근권한 관리 명령어로 옳지 않은 것은?

① REVOKE ② GRANT

③ DENY ④ DROP

2017년 경찰간부후보생

108 웹과 DB를 연동한 애플리케이션에서 SQL injection 공격을 방어하기 위한 방지법이 아닌 것은?

① DB 애플리케이션을 최소 권한으로 구동한다.

② DB에 내장된 프로시저를 사용한다.

③ 원시 ODBC에러를 사용자가 볼 수 있도록 코딩한다.

④ DB의 테이블 이름, 컬럼 이름, SQL 구조 등이 외부 HTML에 포함되어 나타나지 않도록 한다.

해설

원시 ODBC에러가 외부로 노출되어 있으면 공격자가 에러 메시지를 참고로 내부 SQL구조를 추측하여 SQL injection 공격을 성공할 수 있다.

2018년 국가직 9급

109 웹 애플리케이션의 대표적인 보안 위협의 하나인 인젝션 공격에 대한 대비책으로 옳지 않은 것은?

① 보안 프로토콜 및 암호 키 사용 여부 확인

② 매개변수화된 인터페이스를 제공하는 안전한 API 사용

③ 입력값에 대한 적극적인 유효성 검증

④ 인터프리터에 대한 특수문자 필터링 처리

2014년 서울시 9급, 2014년 경찰직 9급

110 다음은 어떤 공격에 대한 설명인가?

> 웹사이트에서 입력을 엄밀하게 검증하지 않는 취약점을 이용하는 공격으로 사용자로 위장한 공격자가 웹사이트 프로그램 코드를 삽입하여 나중에 이 사이트를 방문하는 다른 사용자의 웹 브라우저에서 해당 코드가 실행되도록 한다.

① HTTP 세션 탈취(Section hihacking)

② 피싱(Phishing)

③ 클릭 탈취(Click jacking)

④ 사이트 간 스크립팅(Cross-site Scripting : XSS)

⑤ 파밍(pharming)

해설

사이트 간 스크립팅(Cross-site Scripting : XSS) 공격에서 공격자는 XSS 취약점이 존재하는 웹사이트에 자신이 만든 악의적인 스크립트를 업로드하고, 이것을 일반 사용자의 컴퓨터에 전달하여 실행시킬 수 있다. 이러한 공격으로 사용자 쿠키를 훔쳐서 해당 사용자 권한으로 로그인하거나 브라우저를 제어한다.

2017년 경찰간부후보생

111 다음 중 공격 명칭과 공격에 대한 설명이 바르게 짝지어진 것은 무엇인가?

> 가. ARP Spoofing-IP주소를 위·변조하는 공격
> 나. XSS(Cross site scripting)-게시물에 실행코드와 태그의 업로드가 규제되지 않는 경우 이를 악용하여 열람한 타 사용자의 PC로부터 정보를 유출할 수 있는 공격
> 다. MITM(Man-In-The-Middle)공격-통신하고 있는 두 당사자 사이에 끼어들어 당사자들이 교환하는 정보를 자기 것과 바꾸어 버림으로써 들키지 않고 도청을 하거나 통신 내용을 바꾸는 공격

정답 107. ④ 108. ③ 109. ① 110. ④ 111. ③

① 가, 나　　② 가, 다
③ 나, 다　　④ 가, 나, 다

해설

- ARP Spoofing 공격은 IP주소가 아니고 MAC 주소를 위·변조하는 공격으로 LAN카드의 고유한 주소인 MAC Address(2계층)를 동일 네트워크에 존재하는 다른 PC의 LAN카드 주소로 위장해 다른 PC에 전달되어야 하는 정보를 가로채는 공격 방식이다.
- ARP Spoofing 공격을 Man in the Middle(중간자) 공격 기법이라 하며, 공격에 성공하면 네트워크 공격 중에 같은 LAN에 있는 공격 대상에게 MAC 주소를 속여 클라이언트에서 서버로 가는 패킷이나 서버에서 클라이언트로 가는 패킷을 중간에서 가로챌 수 있게 된다.

2017년 국가직 7급

112 XSS 공격에 대한 설명으로 옳은 것은?

① 자료실에 올라간 파일을 다운로드할 때 전용 다운로드 프로그램이 파일을 가져오는데, 이때 파일 이름을 필터링 하지 않아서 취약점이 발생한다.

② 악성 스크립트를 웹 페이지의 파라미터 값에 추가하거나, 웹 게시판에 악성 스크립트를 포함시킨 글을 등록하여 이를 사용자의 웹 브라우저 내에서 적절한 검증 없이 실행되도록 한다.

③ 네트워크 통신을 조작하여 통신 내용을 도청하거나 조작하는 공격 기법이다.

④ 데이터베이스를 조작할 수 있는 스크립트를 웹 서버를 이용하여 데이터베이스로 전송한 후 데이터베이스의 반응을 이용하여 기밀 정보를 취득하는 공격 기법이다.

2015년 국가직 9급

113 XSS(Cross site Scripting)에 대한 설명으로 옳지 않은 것은?

① 웹페이지가 사용자에게 입력받은 데이터를 필터링하지 않고 그대로 동적으로 생성된 웹페이지에 포함하여 사용자에게 재전송할 때 발생한다.

② 해킹을 통해 시스템 권한을 획득한 후 시스템에 직접 명령을 입력할 수 있는 셸을 실행한다.

③ 쿠키를 통해 웹페이지 사용자의 정보 추출을 할 수 있다.

④ 클라이언트에서 실행되는 언어로 작성된 악성 스크립트 코드를 게시판, 이메일 등에 포함시켜 전달한다.

⑤ 웹사이트에 방문하는 사용자를 악성 코드가 포함되어 있는 사이트로 리다이렉션 시킬 수 있다.

해설

② XSS는 해킹을 통해 시스템 권한을 획득하는 것이 아니라 웹 페이지에 악의적인 스크립트를 포함시켜 열람 시 실행되게 만드는 것이다. 이때 첨부파일로 업로드하는 악성 코드는 대부분 웹 셸이다. 웹 셸(Web Shell)이란 웹서비스를 제공하는 웹서버에 몰래 숨어들어 작동하는 악성코드이다.

정답 112. ② 113. ②

2017년 국회직 9급

114 다음은 XSS(Cross-site Scripting) 공격을 수행하기 위한 각 단계들을 나타낸다. ㄱ~ㅁ을 순서에 맞게 나열한 것으로 옳은 것은?

ㄱ. 사용자 시스템에서 XSS 코드가 실행된다.
ㄴ. 웹 사용자는 공격자가 작성해 놓은 XSS 코드를 포함한 게시판의 글에 접근한다.
ㄷ. 공격자는 XSS 코드를 포함한 게시판의 글을 웹 서버에 저장한다.
ㄹ. 결과가 공격자에게 전달된다.
ㅁ. XSS 코드를 포함한 게시판의 글이 웹 서버에서 사용자에게 전달된다.

① ㄴ－ㄱ－ㄷ－ㄹ－ㅁ

② ㄴ－ㄱ－ㄹ－ㄷ－ㅁ

③ ㄴ－ㄷ－ㅁ－ㄱ－ㄹ

④ ㄷ－ㄴ－ㄱ－ㅁ－ㄹ

⑤ ㄷ－ㄴ－ㅁ－ㄱ－ㄹ

2017년 국가직 생활안전분야 9급

115 다음에 열거된 순서대로 진행되는 공격은?

- 취약점이 존재하는 웹 서버의 애플리케이션에 악성코드를 삽입
- 해당 웹 서비스 사용자가 공격자가 작성하여 저장한 악성코드에 접근
- 웹 서버는 사용자가 접근한 악성코드가 포함된 게시판의 글을 사용자에게 전달
- 사용자 브라우저에서 악성 스크립트가 실행
- 실행 결과가 공격자에게 전달되고 공격자는 공격을 종료

① 저장(stored) Cross-Site Scripting

② 반사(reflected) Cross-Site Scripting

③ 명령어 삽입(command injection)

④ SQL 삽입(injection)

2017년 국가직 9급 정보시스템 보안

116 Cross Site Scripting(XSS) 공격 유형에 해당하지 않는 것은?

① Reflash XSS 공격

② Reflected XSS 공격

③ DOM(Document Object Model) 기반 XSS 공격

④ Stored XSS 공격

해설

Reflash XSS 공격이란 없다.

2016년 국가(보) 9급

117 보안이 취약한 웹 게시판이 저장 XSS 공격을 받았다고 가정했을 때, 이를 해결하기 위한 방법으로 가장 적절한 것은?

① 가상사설망을 통해서만 사용자 게시판에 접근하도록 한다.

② 접근권한을 설정하여 허가된 사용자만 글을 올릴 수 있게 한다.

③ 사용자 게시글 속에 있는 악성 스크립트 코드를 찾아서 제거한다.

④ SSL을 사용하여 사용자가 게시글을 올릴 수 있게 한다.

해설

- XSS 취약점에 대응하려면 사용자를 식별하기 위해서 쿠키에 비밀번호와 같은 민감한 정보는 담지 않아야 한다.
- 사용자 게시글 속에 있는 악성 스크립트 코드를 찾아서 제거한다.
- 스크립트 코드에 사용되는 특수문자를 이해하고 정확한 필터링을 해야 한다.
- 가장 효과적인 방법은 사용자가 입력 가능한 문자(예를 들면 알파벳, 숫자, 몇몇의 특수문자)만을 정해 놓고 그 문자열이 아니면 모두 필터링한다.

정답 114. ⑤ 115. ① 116. ① 117. ③

• 이 방법은 추가적인 XSS 취약점에 사용되는 특수문자를 사전에 예방하는 장점이 있다.

2017년 서울시 9급

118 다음 중 XSS(Cross-Site Scripting) 공격에서 불가능한 공격은?

① 서버에 대한 서비스 거부(Denial of Service) 공격

② 쿠키를 이용한 사용자 컴퓨터 파일 삭제

③ 공격 대상에 대한 쿠키 정보 획득

④ 공격 대상에 대한 피싱 공격

해설

② XSS는 쿠키값을 획득할 수 있는 공격으로, 쿠키 자체로는 컴퓨터 파일을 삭제할 수 없다.

2017년 국가직 9급 정보시스템 보안

119 웹 취약점 중 디렉터리 탐색을 차단하기 위해 사용자 입력 문자열에 필터링을 적용하는 특수문자는?

① $ ② /

③ -- ④ 〉

해설

주요 공격에 사용되는 특수문자

주요 관련 공격	주요 특수문자
XSS	〈
XSS	〉
XSS	&
XSS	"
XSS	?
SQL 삽입 공격	--
SQL 삽입 공격	=
SQL 삽입 공격	;
SQL 삽입 공격	*
SQL 삽입 공격	.
SQL 삽입 공격	..
XSS, SQL 삽입 공격	'
XSS, SQL 삽입 공격	/

2016년 국가(보) 9급

120 괄호 안에 들어갈 웹의 취약점은?

( )는(은) 불특정 다수를 대상으로 로그인된 사용자가 자신의 의도와는 무관하게 공격자가 의도한 행위(수정, 삭제, 등록, 송금) 등을 하게 만드는 공격이다.

① 명령 삽입 취약점

② XSS 취약점

③ 디렉터리 리스팅 취약점

④ CSRF 취약점

해설

CSRF는 기본적으로는 XSS 공격과 매우 유사하며 XSS 공격의 발전된 형태라고 보기도 한다. 하지만, XSS 공격은 악성 스크립트가 클라이언트에서 실행되는 데 반해, CSRF 공격은 사용자가 악성 스크립트를 서버에 요청한다는 차이가 있다.

정보보안기사

121 데이터를 컴퓨터에 입력하기 전이나 입력 중에 데이터를 변경하는 방법은 무엇인가?

① Data leakage

② Data diddling

③ Trap door

④ Piggybacking

해설

Data diddling(자료 다듬기)은 한 번 입력된 자료의 변경이 힘든 경우에 자료의 입력 전에 자료를 다시 한 번 검토하고 잘 다듬는 일을 의미한다.

정답 118. ② 119. ② 120. ④ 121. ②

2018년 경찰간부후보생

122 웹 서비스 공격 기법에 관한 다음 설명 중 공격 기법을 바르게 짝지은 것은 무엇인가?

> (가) 게시판의 글에 원본과 함께 악성코드를 삽입하여 글을 읽을 경우 악성코드가 실행되도록 함으로써 클라이언트의 정보를 유출하는 공격 기법
> (나) 공격자의 악의적인 데이터로 예상하지 못한 명령을 실행하거나 적절한 권한 없이 데이터에 접근하도록 인터프리터를 속이는 공격 기법
> (다) 사용자가 자신의 의지와는 무관하게 공격자가 의도한 행위를 특정 웹사이트에 요청하게 하는 공격 기법

① (가) CSRF, (나) Injection, (다) XSS

② (가) XSS, (나) Injection, (다) CSRF

③ (가) CSRF, (나) XSS, (다) File Upload

④ (가) XSS, (나) File Upload, (다) Injection

2015년 서울시 9급

123 다음은 웹사이트와 브라우저에 대한 주요 공격 유형 중 하나이다. 무엇에 대한 설명인가?

> 웹페이지가 웹사이트를 구성하는 방식과 웹사이트가 동작하는 데 필요한 기본 과정을 공략하는 공격으로, 브라우저에서 사용자 몰래 요청이 일어나게 강제하는 공격이다. 다른 공격과 달리 특별한 공격 포인트가 없다. 즉, HTTP 트래픽을 변조하지도 않고, 문자나 인코딩 기법을 악의적으로 사용할 필요도 없다.

① 크로스사이트 요청 위조

② 크로스사이트 스크립팅

③ SQL 인젝션

④ 비트플리핑 공격

해설

- 사이트 간 요청 위조(CSRF : Cross Site Request Forgery)는 특정 사용자를 대상으로 하지 않고, 불특정 다수를 대상으로 로그인된 사용자가 자신의 의지와는 무관하게 공격자가 의도한 행위(수정, 삭제, 등록, 송금 등)를 하게 만드는 공격이다.
- CSRF는 기본적으로는 XSS 공격과 매우 유사하며 XSS 공격의 발전된 형태라고 보기도 한다. 하지만, XSS 공격은 악성 스크립트가 클라이언트에서 실행되는 데 반해, CSRF 공격은 사용자가 악성 스크립트를 서버에 요청한다는 차이가 있다.

정보보안기사

124 웹 서비스는 기업에서 웹을 통해 모든 업무를 처리할 수 있도록 웹 기반 분산 시스템을 지원하기 위해 만들어진 것이다. 웹 서비스에서 분산 시스템상의 애플리케이션들 사이의 통신을 지원하기 위한 기술과 가장 관련이 적은 것은?

① ERP(Enterprise Resource Planning)

② SOAP(Simple Object Access Protocol)

③ WSDL(Web Service Description Language)

④ UDDI(Universal Description, Discovery and integration)

해설

ERP(Enterprise Resource Planning, 전사적자원관리)란 기업 내 생산, 물류, 재무, 회계, 영업과 구매, 재고 등 경영 활동 프로세스들을 통합적으로 연계해 관리해 주며, 기업에서 발생하는 정보들을 서로 공유하고 새로운 정보의 생성과 빠른 의사결정을 도와주는 전사적자원관리시스템 또는 전사적통합시스템을 말한다.

2016년 국가(보) 9급

125 일반적으로 이메일 형식으로 전달되며, 이메일 혹은 게시판 등에 거짓 정보나 소문 등을 실어 사용자를 겁주거나 속이는 것은?

정답 122. ② 123. ① 124. ① 125. ①

① 혹스(Hoax)

② 트로이 목마(Trojan horse)

③ 백도어(Backdoor)

④ 스파이웨어(Spyware)

해설

혹스(Hoax)는 이메일, 인터넷 메신저, 문자메시지 등의 통신수단에 거짓 정보 또는 유언비어, 괴담 등을 실어 마치 사실인 것처럼 사용자를 속이는 가짜 바이러스를 말한다. 혹스는 '장난삼아 속이다, 감쪽같이 속이다, 골탕 먹이다'는 뜻이다.

SECTION 4 · 데이터베이스 보안

정보보안기사

126 다음은 DB 보안 요구사항을 기술한 것이다. 이 중 가장 거리가 먼 것은?

① 부적절한 접근 방지

② 데이터의 무결성 보장

③ 정보 유출의 부인방지

④ 추론 방지

해설

- 데이터베이스 보안 요구사항에는 흐름제어, 추론제어, 접근제어, 암호화기법 등이 있다.
- 정보 유출의 부인방지와는 관계가 없다.

정보보안기사

127 다음 중 데이터베이스에 대한 보안 요구사항으로 가장 거리가 먼 것은?

① 데이터에 대한 추론통제 기능

② 데이터에 대한 흐름통제 기능

③ 데이터에 대한 부인방지 기능

④ 허가 받지 않은 사용자에 대한 접근통제 기능

해설

126번 해설 참고

2017년 경찰간부후보생

128 다음 지문에서 설명하는 DB 보안 요구사항은 무엇인가?

> ① 기밀이 아닌 데이터로부터 기밀 정보를 얻어내는 기능성을 의미한다.
> ② DB데이터는 상호연관 가능성이 있어, 데이터에 직접 접근하지 않고도 가용한 데이터 값을 이용할 수 있다.
> ③ 통계적인 데이터 값으로부터 개별적인 데이터 항목에 대한 정보를 추적하지 못하도록 하는 것을 의미한다.

① 추론 방지 ② 데이터 무결성

③ 감사 기능 ④ 사용자 인증

해설

추론 제어(추론 방지)는 간접적인 데이터 노출로부터 데이터를 보호하기 위한 것이다.

정보보안기사

129 다음 지문은 특정 DB 보안 요구사항을 설명한 것이다. 어떤 요구사항인가?

> • 데이터베이스 내에 있는 자료 값들이 정확하도록 보장하는 관리 작업
> • 잘못된 갱신으로부터의 보호나 불법적인 조작에 대한 보호를 통한 정확성 유지

① 추론 방지 ② 감사 기능

③ 데이터 무결성 ④ 사용자 인증

해설

데이터베이스 보안 요구사항 중 데이터 무결성이란 불법적인 방법으로 정보가 변경되는 것을 막는 것이다.

정답 126. ③ 127. ③ 128. ① 129. ③

2018년 경찰간부후보생

130 데이터베이스 보안 요구사항에 관한 다음 설명 중 가장 옳지 않은 것은 무엇인가?

① 부적절한 접근방지-인가된 사용자의 접근만이 허락되고 모든 접근요청은 DBMS가 검사한다.

② 추론방지-통계적인 데이터 값으로부터 개별적인 데이터 항목에 대한 정보를 추적하지 못하도록 해야 하는 것을 의미한다.

③ 사용자 인증-별도의 엄격한 사용자 인증방식이 필요하다.

④ 다단계 보호-데이터에 대한 등급분류를 통하여 책임추적성을 보장한다.

2015년 지방직 9급

131 데이터베이스 보안의 요구사항이 아닌 것은?

① 데이터 무결성 보장

② 기밀 데이터 관리 및 보호

③ 추론 보장

④ 사용자 인증

해설

③ 데이터베이스 보안의 요구사항 중 추론제어는 추론을 보장하는 것이 아니라 민감하지 않은 데이터 아이템들을 조합하여 민감한 데이터를 추론하는 것을 방지하는 것이다.

2014년 지방직 9급

132 데이터베이스 보안 요구사항 중 비기밀 데이터에서 기밀 데이터를 얻어내는 것을 방지하는 요구사항은?

① 암호화 ② 추론 방지

③ 무결성 보장 ④ 접근통제

해설

추론 제어(추론 방지)는 간접적인 데이터 노출로부터 데이터를 보호하기 위한 것이다.

2016년 해경(보호직) 9급

133 다음은 데이터베이스 보안에 대한 설명이다. 보기 중에서 옳지 않은 것은?

① 데이터베이스에 대한 모든 접근에 대한 검사기록이 생성되어야 한다.

② 인가되지 않은 사용자에 의한 데이터의 변경과 파괴와 시스템 오류로부터 데이터베이스를 보호해야 한다.

③ 기밀성과 무결성을 보장하기 위해 데이터에 대한 등급 분류는 필요없다.

④ 데이터베이스의 물리적 보호는 자연재해나 컴퓨터 시스템에 손상을 주는 위험으로부터 데이터베이스를 보호하는 것을 의미한다.

해설

기밀성과 무결성을 보장하기 위해 데이터에 대한 다단계 보호를 위한 데이터의 등급 분류가 필요하다.

정보보안기사

134 다음 중 데이터베이스 보안 유형과 거리가 먼 것은?

① 접근제어(Access Control)

② 가상테이블(Views)

③ 암호화(Encryption)

④ 롤백(Rollback)

해설

- 롤백은 데이터베이스에서 오류가 발생했을 때 오류가 발생하기 전 상태로 복구하는 방법이다.
- 데이터베이스 보안유형에는 다음과 같다.
  - SQL기반의 접근통제(권한부여, 허가규칙)

정답 130. ④ 131. ③ 132. ② 133. ③ 134. ④

- 뷰(view : 가상테이블) 기반의 접근통제
- DB값 암호화(Encryption)
- 지속적인 보안 점검

정보보안기사

135 DB의 보안유형과 가장 거리가 먼 것은?

① DB 웹 서비스 ② 허가 규칙

③ 가상 테이블 ④ 암호화

해설

134번 해설 참고

SECTION 5 · 디지털 콘텐츠 보호 방안

정보보안기사

136 음악, 미디어, 게임, 소프트웨어 등의 각종 디지털 정보 콘텐츠에 대해서 불법유통을 방지하는 서비스에 대한 설명으로 틀린 것은 무엇인가?

① 디지털 저작권 관리에서 디지털 콘텐츠에 원저작자의 정보를 기입하는 Watermarking 기술을 사용한다.

② 건전한 디지털 콘텐츠의 유통을 위해서 콘텐츠 사용시에 라이선스를 요구하는 인증된 사용자만 사용할 수 있다.

③ 국사 정보 및 테러 정보 등과 같은 중요한 정보를 삽입하는 기술은 반드시 가시성을 확보해야 한다.

④ DRM은 콘텐츠의 유통을 관리하는 시스템이다.

해설

③ 워터마크는 원본의 내용을 왜곡하지 않는 범위 내에서 사용자가 인식하지 못하도록 저작권 정보를 디지털 콘텐츠에 삽입하는 기술이다.

정보보안기사

137 최근 인터넷을 이용한 전자상거래가 활성화되고 있다. 전자상거래에서 멀티미디어 콘텐츠의 지적 소유권 보호를 위해 콘텐츠에 사용자 정보를 숨겨 저작권 및 소유권을 보호하는 방법은?

① 워터마킹

② PGP(Pretty Good Privacy)

③ 암호화

④ SHTTP(Secure-HTTP)

해설

- 워터마크란 저작권 보호를 위해 영상에 삽입된 보이지 않은 부호 또는 영상을 의미한다.
- 워터마크는 콘텐츠의 저작권보호를 위해 워터마크를 콘텐츠의 내용에 변경 없이 삽입하고 추출하는 기술로 저작권자는 재판에서 영상의 워터마크를 검출해 저작권을 주장할 수 있다.

2014년 서울시 9급

138 다음에서 설명하고 있는 기술은?

> 이것은 디지털 콘텐츠의 저작권을 보호하기 위한 기술로 DVD와 다운로드된 음원, 유료 소프트웨어 등에 적용된다. 이는 주로 콘텐츠의 불법적인 복제나 허가받지 않는 기기에서의 콘텐츠 소비를 방지한다.

① DRM ② IPS

③ GPL ④ VPN

⑤ DOM

해설

DRM은 허가되지 않은 사용자로부터 디지털 콘텐츠를 안전하게 보호함으로써 콘텐츠 저작권 관련 당사자의 권리 및 이익을 지속적으로 보호 및 관리하는 시스템이다.

정답 135. ① 136. ③ 137. ① 138. ①

2016년 지방직 9급

139 ㄱ, ㄴ에 들어갈 용어로 옳은 것은?

> (ㄱ) 은(는) 디지털 콘텐츠를 구매할 때 구매자의 정보를 삽입하여 불법 배포 발견 시 최초의 배포자를 추적할 수 있게 하는 기술이다.
> (ㄴ)은(는) 원본의 내용을 왜곡하지 않는 범위 내에서 사용자가 인식하지 못하도록 저작권 정보를 디지털 콘텐츠에 삽입하는 기술이다.

	ㄱ	ㄴ
①	크래커(Cracker)	커버로스(Kerberos)
②	크래커(Cracker)	워터마킹(Watermarking)
③	핑거프린팅(Fingerprinting)	커버로스(Kerberos)
④	핑거프린팅(Fingerprinting)	워터마킹(Watermarking)

해설

- 핑거프린팅은 워터마크와 삽입기술은 비슷하나 구매자의 정보를 삽입하여 불법 복제자를 추적할 수 있게 하는 기술이다.
- 워터마크란 저작권 보호를 위해 영상에 삽입된 보이지 않은 부호 또는 영상을 의미한다.

정보보안기사

140 인터넷 전자상거래에서 저작권자나 판매자의 정보가 아닌 디지털 콘텐츠를 구매한 사용자의 정보를 삽입함으로써 이후에 발생하게 될 콘텐츠의 불법 유포자를 추적하는 데 사용되는 DRM의 기술은?

① 스테가노그래피 기술

② 보안토큰 기술

③ 워터마킹 기술

④ 핑거프린팅 기술

해설

핑거프린팅은 워터마크와 삽입기술은 비슷하나 구매자의 정보를 삽입하여 불법 복제자를 추적할 수 있게 하는 기술이다.

2017년 교행직 9급

141 다음은 디지털 콘텐츠 저작권 보호에 활용되는 기술에 대한 설명이다. 빈칸 ㉠에 공통으로 들어갈 용어로 옳은 것은?

> 디지털 ㉠은 디지털 콘텐츠를 구매할 때 구매자의 정보를 삽입하여 불법 배포 발견 시 최초의 배포자를 추적할 수 있게 하는 기술이다.
> 이 기술을 사용하면 판매되는 콘텐츠마다 구매자의 정보가 들어 있으므로, 불법적으로 재배포된 콘텐츠 내에서 ㉠된 정보를 추출하여 구매자를 식별할 수 있다.

① 스미싱(Smishing)

② 노마디즘(Nomadism)

③ 패러다임(Paradigm)

④ 핑거프린팅(Fingerprinting)

2018년 경찰간부후보생

142 다음 지문에서 설명하는 기술과 바르게 짝지은 것은?

> (가) 디지털콘텐츠를 구매할 때 구매자의 정보를 삽입하여 불법 배포 발견 시 최초의 배포자를 추적할 수 있게 하는 기술이다.
> (나) 원본의 내용을 왜곡하지 않는 범위 내에서 사용자가 인식하지 못하도록 저작권 정보를 디지털콘텐츠에 삽입하는 기술이다.
> (다) 공격자가 공격전에 공격 대상에 대한 다양한 정보를 수집하는 기술이다.

① (가)워터마킹, (나)핑거프린팅, (다)워터링홀

② (가)핑거프린팅, (나)워터링홀, (다)풋프린팅

③ (가)풋프린팅, (나)워터마킹, (다)핑거프린팅

④ (가)핑거프린팅, (나)워터마킹, (다)풋프린팅

정답 139. ④ 140. ④ 141. ④ 142. ④

2017년 국가직 7급

143 DRM(Digital Right Management)에 대한 설명으로 옳지 않은 것은?

① 문서의 열람, 편집, 프린트 등에 대한 접근 권한을 설정한다.

② 문서 사용에 인가를 부여받은 사용자에게 접근을 허용한다.

③ DRM 모듈로 운영되는 시스템의 하드디스크는 도난 당하더라도 정보 유출의 위험이 적다.

④ 사용하기 불편하므로 인증서를 전혀 사용하지 않는다.

2014년 국가직 9급

144 DRM(Digital Right Management)에 대한 설명으로 옳지 않은 것은?

① 디지털 콘텐츠의 불법 복제와 유포를 막고, 저작권 보유자의 이익과 권리를 보호해 주는 기술과 서비스를 말한다.

② DRM은 파일을 저장할 때, 암호화를 사용한다.

③ DRM 탬퍼 방지 기술은 라이선스 생성 및 발급관리를 처리한다.

④ DRM은 온라인 음악서비스, 인터넷 동영상 서비스, 전자책, CD/DVD 등의 분야에서 불법 복제 방지 기술로 활용된다.

해설

DRM 탬퍼 방지 기술이란 디지털 콘텐츠의 불법 복제와 유포를 막고, 저작권 보유자의 이익과 권리를 보호해 주는 기술과 서비스로 복제 방지 등 위조에 대한 저항성을 제공하는 기술이다.

2017년 경찰간부후보생

145 다음 지문에서 설명하는 기법은 무엇인가?

> ① 그림 또는 문장 속에 비밀자료를 숨겨서 전달하는 방법
> ② 그림의 픽셀 중 일부를 저장하고 싶은 데이터로 대체하여 저장하는 방법
> ③ 원본 그림과 대체된 그림을 육안으로 봐서는 구별할 수 없다.

① 전자서명(Digital Signature)

② 인증서(Certificate)

③ 스테가노그래피(Steganography)

④ 제로데이 공격(Zero-Day Attack)

해설

스테가노그래피는 워터마크와 비슷하지만, '저작권 보호'보다는 '정보를 은밀하게 전달'하기 위한 목적이 더 크다.

2014년 국회직 9급

146 사진이나 텍스트 메시지 속에 데이터를 잘 보이지 않게 은닉하는 기법으로서 911테러 당시 테러리스트들이 그들의 대화를 은닉하기 위해 사용한 기법은?

① 전자서명 ② 대칭키 암호

③ 스테가노그래피 ④ 영지식 증명

⑤ 공개키 암호

해설

145번 해설 참고

정답 143. ④ 144. ③ 145. ③ 146. ③

2014년 국가직 7급

147 이미지 파일 또는 MP3 파일 등에 인지하지 못할 정도의 미세한 변화를 주어 정보를 숨기는 기술은?

① 스테가노그래피

② 워터마킹

③ 핑거프린팅

④ 암호

해설

스테가노그래피는 메시지가 전송되고 있다는 사실을 숨기는 기술로 내용을 숨기기 위해 은닉 채널이나 보이지 않는 잉크를 사용하는 것과 매우 유사한 기술로 이미지 및 오디오 파일과 같은 다양한 디지털 매체를 통해 메시지를 숨겨 전송하는 것을 말한다.

2017년 국가직 7급

148 다음에서 설명하는 것은?

> 전달하려는 정보를 이미지 또는 문장 등의 일에 인간이 감지할 수 없도록 숨겨서 전달하는 기술
> 이미지 파일의 경우 원본 이미지와 대체 이미지의 차이를 육안으로 구별하기 어렵다.

① 인증서(Certificate)

② 스테가노그래피(Steganography)

③ 전자서명(Digital Signature)

④ 메시지 인증 코드(Message Authentication Code)

SECTION 6 · 보안 취약점 정보 제공

정보보안기사

149 다음에 대한 설명으로 맞는 것은?

> 국제 웹보안 표준기구이며, 웹에 대한 정보 노출, 악성파일 및 스크립트 보안 취약점 등을 연구하며, 10대 웹 애플리케이션 취약점을 정기적으로 발표하는 비영리 단체

① OWASP ② SANS

③ ISACA ④ BSI

해설

국제웹보안표준기구 OWASP(The Open Web Application Security Project)는 오픈소스 웹 애플리케이션 보안 프로젝트로 국제 웹보안 표준기구이며, 웹에 대한 정보 노출, 악성파일 및 스크립트 보안 취약점 등을 연구하며, 10대 웹 애플리케이션 취약점을 정기적으로 발표하는 비영리 단체이다.

2016년 국가직 9급

150 OWASP(The Open Wep Application Security Project)에서 발표한 2013년도 10대 웹 애플리케이션 보안 위험 중 발생 빈도가 높은 상위 3개에 속하지 않는 것은?

① Injection

② Cross Site Scripting

③ Unvalidated Redirects and Forwards

④ Broken Authentication and Section Management

해설

- 2013년 10대 웹 애플리케이션 취약점 중 상위 3개는 다음과 같다.
  - A1 : Injection(인젝션)
  - A2 : Broken Authentication and Section Management(인증 및 세션 관리 취약점)

정답 147. ① 148. ② 149. ① 150. ③

- A3 : Cross-Site Scripting(XSS : 크로스 사이트 스크립팅)

• Unvalidated Redirects and Forwards(검증되지 않은 리다이렉트 및 포워드)는 10번째 취약점으로 발표되었다.

2017년 경찰간부후보생

151 OWASP는 주로 웹에 관한 정보 노출, 악성파일 및 스크립트, 보안 취약점을 연구하고 있다. '10대 웹 애플리케이션 취약점' 2013년 에디션에 속하지 않는 것은 무엇인가?

① Buffer Overflow(버퍼 오버플로)

② Broken Authentication and Section Management(인증 및 세션 관리 취약점)

③ Cross Site Scripting(크로스 사이트 스크립팅)

④ Injection(인젝션)

해설

Buffer Overflow(버퍼 오버플로)는 OWASP(국제웹보안기구)에서 선정한 10대 웹 애플리케이션 취약점에 포함되지 않는다.

2017년 국가직 9급 정보시스템 보안

152 OWASP(Open Web Application Security Project)에서 발표한 2013년 Mobile Security Project Top 10의 위협 요소로 옳지 않은 것은?

① 안전하지 않은 세션처리(Improper Section Handling)

② 취약한 권한 및 인증(Poor Authorization and Authentication)

③ 안전하지 않은 데이터 저장(InSecure Data Storage)

④ 서버 측 인젝션(Server Side Injection)

해설

④ 항목은 잘못 기재한 것을 찾는 것으로 매년 바뀌므로 10개 위협요소를 모두 외울 필요는 없다.

2017년 국회직 9급

153 OWASP(The Open Web Application Security Project)에서 2013년에 발표한 10대 웹 취약점에 속하지 않는 것은?

① 인젝션

② 크로스 사이트 요청 변조

③ 인증 및 세션 관리 취약점

④ 취약한 간접 객체 참조

⑤ 검증되지 않은 리다이렉트 및 포워드

해설

취약한 간접 객체 참조가 아니라 취약한 직접 객체 참조이다.

정답 151. ① 152. ④ 153. ④

MEMO

PART 06 시스템 보안

시스템 보안

SECTION 1 · 운영체제 개요

정보보안기사

01 운영체제의 기본 목적으로 거리가 먼 것은?

① 처리능력 향상

② 응답시간 단축

③ 신뢰도 향상

④ 응용프로그램 취약성 조치

해설

응용프로그램 취약성을 조치하기 위해 Windows 보안 업데이트를 하거나 백신 소프트웨어를 최신으로 업데이트하고 시스템을 검사한다.

2016년 국가(보) 9급

02 괄호 안에 들어갈 말로 옳은 것은?

> 운영체제의 구조는 이중 모드(dual mode)로 되어 있는데, 이는 사용자 모드(user mode)와 커널 모드(kernel mode, 또는 운영체제 실행 모드)이다. 이 중 사용자 모드는 특권 명령어를 사용할 수 없으며, 이러한 경우에 사용자 프로세스는 운영체제에게 도움을 요청하게 되는데, 이를( )(이)라 한다. 즉, ( )는 (은) 실행 중인 프로그램과 운영체제 사이에 인터페이스를 제공하는 것이다.

① 시스템 관리(System Management)

② 시스템 호출(System Call)

③ 프로세스 관리(Process Management)

④ 스케줄링(Scheduling)

해설

시스템 호출(System Call)

- 운영체제가 제공하는 각종 서비스를 이용자가 이용할 수 있도록 개방한 것으로 이용자는 이것을 호출함으로써 복잡한 프로그램을 작성할 필요가 없게 된다. 또 여러 개의 프로그램 간에서 동일한 명세를 가질 수 있다.
- 사용자 프로그램에서 운영체제의 기능을 불러 내기 위한 프로그램 절차(C 언어에서는 함수) 호출. OS 하에서는 사용자 프로그램에서 메모리나 입출력 장치를 직접 조작하는 것이 허락되지 않으므로 파일이나 입출력 장치나 메모리에 액세스할 때 사용한다. 유닉스에서는 표준 시스템 콜 세트가 정해져 있다.

2017년 서울시 9급

03 리눅스 커널 보안 설정 방법으로 옳지 않은 것은?

① 핑(ping) 요청을 응답하지 않게 설정한다.

② 싱크 어택(SYNC Attack) 공격을 막기 위해 백로그 큐를 줄인다.

③ IP 스푸핑된 패킷을 로그에 기록한다.

④ 연결 종료 시간을 줄인다.

정보보안기사

04 다음 지문에 해당하는 운영체제 개념은?

> 아주 짧은 일정 시간 동안만 CPU를 사용하고 다음 사용자에게로 사용 권한을 전환한다. 각 사용자는 자신이 컴퓨터 시스템을 독점하고 있는 것처럼 생각할 수 있다.

정답 : 1. ④ 2. ② 3. ② 4. ③

① 다중 프로그래밍 운영체제

② 다중 처리기용 운영체제

③ 시분할 운영체제

④ 분산 운영체제

해설

③ 하나의 CPU는 같은 시점에서 여러 개의 작업을 동시에 수행할 수 없기 때문에 CPU 전체 사용시간을 작은 작업시간량(Time Slice)으로 나누어서 그 시간 동안 번갈아가며 CPU를 할당하여 각 작업을 처리한다.

정보보안기사

05 다중처리(Multi-processing) 운영체제를 바르게 설명한 것은?

① 2개 이상의 처리기로 구성된 시스템을 통합적으로 제어 및 관리하는 운영체제

② 2개 이상의 처리기로 구성된 시스템에서 파일 분산처리만을 종합적으로 제어 및 관리하는 운영체제

③ 다중 사용자를 지원하는 시스템에 클라이언트가 네트워크를 통해 접속할 수 있도록 환경을 제공하는 모든 운영체제

④ 각 처리기(Processor)간의 프로세스나 자료를 고립시켜 네트워크 부하를 줄이는 방식의 운영체제

해설

다중처리(Multi-processing) 운영체제 : 여러 개의 프로세서(Processor)가 공용 기억장치(Shared Memory)를 통해 자원을 공유하면서 수행하는 시스템이다. 이를 위해서 여러 프로세서 간의 기억장치를 공유할 수 있어야 한다.

정보보안기사

06 다음 중 지문의 괄호 안에 들어갈 용어로 맞는 것은?

( )은(는) 시스템에 예기치 않은 상황이 발생하였을 때, 운영체제에 알리고 이를 해결하기 위한 메커니즘을 의미한다. CPU는 이것의 발생을 알리는 신호를 받으면 프로그램 카운터의 내용과 프로그램 수행 상태에 관한 모든 정보를 저장한 후, 문제의 해결을 위한 처리과정이 기술된 프로그램인 이것의 시작주소를 프로그램 카운터로 옮긴다.

① 버퍼링 ② 인터럽트

③ 페이징 ④ DMA

해설

인터럽트는 컴퓨터 시스템에 예기치 않은 일이 발생했을 때 그것을 CPU에게 알려 주는 메커니즘이다. 실행되는 프로그램에 의해서가 아니라 다른 메커니즘에 의해 발생되는 제어 흐름의 변경을 말한다. 전자계산기에서 어떤 특수한 상태가 발생하면 그로 인해 현재 실행하고 있는 프로그램이 일시 중단되고, 그 특수한 상태를 처리하는 프로그램으로 옮겨져 처리한 후 다시 원래의 프로그램을 처리하는 현상을 말한다.

정보보안기사

07 프로그램 실행 중 응급상태가 발생하여 CPU는 긴급처리를 위해서 현재 수행중이던 프로그램을 중단한 것을 인터럽트라고 한다. 이러한 인터럽트에서 전원공급, 타이밍 소자 등의 요인에 의해서 발생되는 인터럽트를 무엇이라고 하는가?

① 외부 인터럽트

② 입출력 인터럽트

③ 기계착오 인터럽트

④ 슈퍼바이저 호출

정답 : 5. ① 6. ② 7. ①

SECTION 2 · 운영체제 주요 구성기술

정보보안기사

08 다음 중 프로세스와 관련된 설명으로 가장 거리가 먼 것은?

① 프로세스는 프로세스 제어블록(PCB)으로 나타내며 운영체제가 프로세스에 대한 중요한 정보를 저장해 놓은 저장소를 의미한다.

② 하나의 프로세스는 생성·실행·준비·대기·보류·교착·종료의 상태 변화를 거치게 된다.

③ 프로세스란 스스로 자원을 요청하고 이를 할당받아 사용하는 능동적인 개체를 의미한다.

④ 스레드는 프로세스보다 큰 단위이며, 자원의 할당에는 관계하지 않고 프로세서 스케줄링의 단위로써 사용하게 된다.

해설

④ 운영체제가 해야 하는 논리적 작업을 프로세스라 한다. 스레드는 그 작업을 성취하는 데 필요한 많은 하위 작업 중의 하나로 프로세스보다 작은 단위이다. 하나의 프로세스는 하나의 스레드로 구성될 수 있고, 여러 개의 스레드로 구성될 수 있다. 따라서 스레드는 프로세스보다 작은 단위이며, 자원의 할당에는 관계하지 않고 프로세서 스케줄링의 단위로써 사용하게 된다.

정보보안기사

09 다음 지문은 무엇을 설명하는 것인가?

> 실행 중인 프로그램
> 프로시저가 활동 중인 것
> 비동기적인 행위를 일으키는 주체
> PCB의 존재로서 명시되는 것

① 페이지 ② 프로세스

③ 모니터 ④ 세그멘테이션

해설

프로세스란 컴퓨터 내에서 실행중인 프로그램을 일컫는 용어이다.

정보보안기사

10 모든 프로세스는 PCB(Process Control Block)를 가진다. PCB는 운영체제가 프로세스를 관리하는 데 필요한 모든 정보를 유지하는 자료구조 테이블이다. PCB가 보유하고 있는 정보로 그 내용이 틀린 것을 선택하시오.

① 다음에 실행될 프로세스에 대한 포인터

② 현재의 프로세스 상태로 준비, 대기, 실행 등의 상태 정보

③ CPU 사용시간 및 실제 사용되는 시간 정보

④ 입출력 상태 정보 및 사용되는 디스크 스케줄링 기법

해설

④ PCB에는 사용되는 디스크 스케줄링 기법에 대해서는 보유하지 않는다.

2016년 해경(보호직) 9급

11 다음 중 프로세스 스케줄링을 통한 CPU 성능 요소가 아닌 것은?

① CPU 이용률(Utilization)

② 시스템 처리율(Throughput)

③ 대기 시간(Waiting time)

④ 확장성(Expansibility)

해설

스케줄링 평가 기준

- CPU 사용률(CPU Utilization) : 전체 시스템 시간 중 CPU가 작업을 처리하는 시간의 비율

정답 8. ④ 9. ② 10. ④ 11. ④

- 처리량(Throughput) : CPU가 단위 시간당 처리하는 프로세스의 개수
- 응답 시간(Response Time) : 대화식 시스템에서 요청 후 응답이 오기 시작할 때까지의 시간
- 대기 시간(Waiting Time) : 프로세스가 준비 큐 내에서 대기하는 시간의 총합
- 반환 시간(Turnaround Time) : 프로세스가 시작해서 끝날 때까지 걸리는 시간

정보보안기사

12 CPU 스케줄링 기법 중에서 어떤 작업이 시스템의 자원을 차지할 것인지를 결정해 큐에 적재하는 것은 무엇인가?

① 단기 스케줄러

② 중기 스케줄러

③ 장기 스케줄러

④ Wait up

정보보안기사

13 다음 중 Linux 시스템의 스케줄링 기법과 관련하여 옳지 않은 것은?

① 우선순위 기반 선점형(Preemptive) 스케줄링 기법을 사용한다.

② 우선순위 값에 상관없이 프로세스를 실행한다.

③ 각 CPU마다 Runqueue라는 자료구조를 사용하며 이에 Runnable Task와 Expired Task를 구분하여 스케줄링 한다.

④ I/O를 많이 하는 프로세스의 우선순위를 상대적으로 높게 한다.

해설

② 리눅스에서 우선순위 값이 클수록 프로세스 우선순위가 높다.

정보보안기사

14 아래의 지문에 알맞은 것을 선택하시오.

> CPU 스케줄링에 대한 것으로 일정한 시간 할당량만큼 CPU를 점유하고 시간 할당량을 초과하면 다시 준비 큐로 되돌아온다.

① 최소작업 우선 스케줄링

② 우선순위 스케줄링

③ 순환할당 스케줄링

④ 다단계 큐

정보보안기사

15 운영체제에서 여러 프로세스를 병행처리하기 위한 기법인 세마포어(Semaphore)에 대한 설명으로 틀린 것은?

① Dijkstra가 상호배제 문제를 해결하기 위해 제안하였다.

② 세마포어 연산을 처리하는 도중에는 인터럽트가 발생해서는 안 된다.

③ 공유 자원에 접근할 수 있는 최대 허용치만큼 사용자의 동시 접근을 허용한다.

④ 병행성을 위하여 다수의 프로세스가 동시에 그 값을 수정하도록 한다.

해설

④ 세마포어의 상호배제는 임계영역의 개념을 이용하여 두 프로세스가 하나의 공유 자원을 상호 배타적으로 사용하여 동시에 수행할 수 없도록 하는 것이다. 즉 다수의 프로세스가 동시에 그 값을 수정하지 못하게 한다.

정답 : 12. ① 13. ② 14. ③ 15. ④

정보보안기사

16 UNIX 시스템에서 실시간 처리를 위해 사용하고 있는 Round Robin 스케줄링 방식에서 시간 할당량의 크기가 무한히 커질 경우 유사한 효과를 내는 기법은 무엇인가?

① SRT 스케줄링

② SJF 스케줄링

③ FCFS(FIFO) 스케줄링

④ MLQ 스케줄링

정보보안기사

17 임계구역을 위해 각 프로세스는 동기화된 도구를 통해 임계구역(임계영역)의 제한 조건을 지킬 수 있는 자료를 함께 공유하게 된다. 즉 다수의 프로세스가 동시에 그 값을 수정하지 못하게 한다. 이러한 동기화된 도구에 대한 명칭은 무엇인가?

① 세마포아 ② 임계구역

③ 시스템 호출 ④ 교착상태

해설

세마포어(Semaphore)는 철도의 까치발 신호기 또는 해군의 수기 신호라는 뜻으로, 운영 체계 또는 프로그램 작성 내에서 공유 자원에 대한 접속을 제어하기 위해 사용되는 신호이다.

정보보안기사

18 유닉스의 프로세스 간의 통신기법인 IPC(Inter Process Communication)에서 운영체제가 지원하는 상호배제 메소드를 이용한 동기화 방식은 무엇인가?

① Message Queue ② Signal

③ Named Pipe ④ Semaphore

해설

17번 해설 참고

정보보안기사

19 다음 지문은 무엇에 대한 설명인가?

> 운영체제에서 병행 프로세스를 처리함에 있어서 공유 자원을 한 시점에 한 개의 프로세스만 접근하도록 하는 기법으로써 하나의 프로세스가 공유 자원을 사용 중일 때 다른 프로세스는 공유 자원에 접근하는 것을 금지하는 기법

① 임계 영역(Critical Sections)

② 교착 상태(Deadlock)

③ 상호 배제(Mutual Exclusion)

④ 환형 대기(Circular wait)

정보보안기사

20 다음 중 교착 상태(Deadlock)가 발생하는 필수 조건에 해당하지 않는 것은?

① 점유와 대기 : 프로세스가 다른 자원을 요구하면서 할당 받아 점유하고 있는 자원을 해제하지 않을 때

② 상호배제 : 각각의 프로세스들이 필요한 자원에 대해 배타적 통제권을 요구할 때

③ 비선점 : 프로세스에 할당된 자원은 끝날 때까지 강제로 중단할 수 없을 때

④ 선점 : 다른 프로세스가 CPU를 차지하고 있을 때 자신이 프로세스를 중지시키고 CPU를 할당할 수 있을 때

정보보안기사

21 메모리가 부족할 때 사용할 수 있는 하드디스크 공간으로, 실제 메모리가 부족할 경우 디스크 부분을 마치 메모리처럼 사용한 공간으로 메모리가 부족할 경우 사용하는 공간은 무엇인가?

정답 16. ③ 17. ① 18. ④ 19. ③ 20. ④ 21. ③

① Real Memory ② Main Memory Unit

③ Swap Space ④ paging

해설

③ 스왑파일은 컴퓨터의 실제 메모리, 즉 램의 가상 메모리 확장으로 사용되는 하드디스크상의 공간이다.

정보보안기사

22 가상기억장치의 메모리 관리 기법은 할당기법, 호출기법, 배치기법, 교체기법이 존재한다. 이 중에서 배치기법은 주된 페이지를 주기억장치 어디에 적재할 것인지를 결정하는 방법이다. 이러한 배치기법 중에서 가장 큰 메모리 영역에 기억장치를 할당하는 기법은 무엇인가?

① First Fit ② Best Fit

③ Worst Fit ④ Paging

해설

① 최초 적합(first fit): 프로세스의 크기보다 큰 최초의 영역에 할당한다.
② 최적 적합(best fit) : 프로세스의 크기보다 큰 영역 중 가장 작은 영역에 할당한다.
③ 최악 적합(worst fit) : 프로세스의 크기보다 큰 영역 중 가장 큰 영역에 할당한다.

2017년 경찰간부후보생

23 디스크 스케줄링 정책 중 큐의 항목을 순차적으로 처리하는 것은 무엇인가?

① SSTF(Shortest Service Time First)

② FIFO(First-In-First-Out)

③ SCAN

④ C-SCAN(Circular SCAN)

해설

② 스케줄링의 가장 간단한 형태는 선입선처리(FIFO : First-In-First-Out)이다. 이를 사용하면 요청 큐에 먼저 도착한 요청이 우선적으로 서비스 받게 된다.

정보보안기사

24 새로운 페이지나 세그먼트가 적재될 주기억장치의 공간이 없을 때 주기억 장치에 있는 페이지나 세그먼트들 중에 어느 것을 제거할 것인가를 결정짓는 전략을 재배치 전략이라고 한다. 재배치 기법에 대한 설명 중에서 옳지 않은 것은?

① LRU 기법 : 사용 횟수가 가장 적은 페이지를 찾아 교체한다.

② NUR 기법 : 최근에 사용되지 않은 페이지를 찾아 교체한다.

③ LFU 기법 : 참조 횟수가 가정 적은 페이지를 교체한다.

④ OPT 기법 : 앞으로 가장 오랫동안 사용되지 않을 페이지를 교체한다.

해설

LRU기법의 기준은 사용 횟수가 아니고, 미사용 기간이다.

정보보안기사

25 아래의 그림에 대한 설명은 무엇인가?

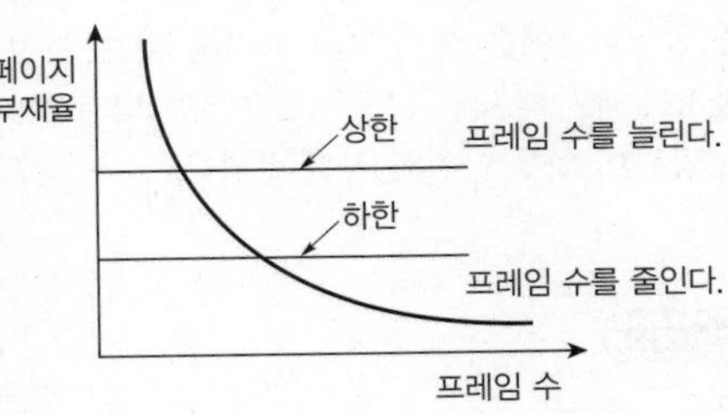

① Working Set

② Locality

③ Page Fault Frequency

④ Multi Programming

정답 : 22. ③ 23. ② 24. ① 25. ③

정보보안기사

26 다중 프로그래밍 기법에서 분할된 주기억장치에 프로그램을 할당하고 반납하는 과정을 반복하면서 사용되지 않고 남는 기억장치의 빈 공간들이 발생한다. 특히 동적 분할 기법을 사용할 때 분할된 영역이 할당될 프로그램의 크기보다 작기 때문에 프로그램이 할당될 수 없어 사용되지 않고 빈 공간으로 남게 되는 현상을 무엇이라고 하는가?

① 내부 단편화(Internal Fragmentation)

② 외부 단편화(External Fragmentation)

③ 오버레이 영역(Overlay Area)

④ 세그먼트 영역(Segment Area)

해설

- 단편화 : 연속으로 기억장치를 할당하여 사용할 경우 크기가 맞지 않아서 사용되지 못하는 공간이 생길 수 있는데, 이러한 공간을 단편화 공간이라고 한다. 내부 단편화와 외부 단편화가 있다.
- 내부 단편화(Internal Fragmentation) : 분할의 사용하고 남은 일부분을 말한다. 예를 들어 100 크기를 갖는 분할에 80 크기를 갖는 프로그램을 배치하였을 경우 20의 공간이 내부 단편화 공간이 된다.
- 외부 단편화(External Fragmentation) : 분할의 크기가 프로그램의 크기보다 작아서 사용되지 못한 것을 말한다. 예를 들어 100 크기를 갖는 분할이 있을 때 120 크기를 갖는 프로그램은 배치되지 못하며 100의 공간이 외부 단편화 공간이 된다.

정보보안기사

27 프로세스가 일정 시간 동안 특정 메모리 영역을 집중적으로 참고하는 것을 부르는 용어는 무엇인가?

① thrashing ② swapping

③ locality ④ DMA

정보보안기사

28 주기억장치에 프로그램을 할당하고 반납하는 과정을 반복하면서 사용되지 않고 남는 기억장치의 영역을 단편화라고 한다. 이 중 내부 단편화(internal fragmentation)에 대한 해결 방법은 무엇인가?

① Coalescing(통합)/Compaction(압축) 기법

② Paging

③ Thrashing

④ Swapping

정보보안기사

29 프로세스 메모리 영역에서 Static 변수가 저장되는 영역은 무엇인가?

① Stack Area ② Text Area

③ Data Area ④ Buffer Area

2017년 경찰간부후보생

30 컴퓨터의 메모리는 사용되는 방식에 따라 여러 개의 영역으로 나누어 생각할 수 있는데, 프로그램 실행 중 malloc() 등의 system call로 할당되어 사용되다가 free() 등의 system call로 해제되는 영역은 무엇인가?

① Text 영역 ② Data 영역

③ Stack 영역 ④ Heap 영역

해설

- ④ 어떤 프로그램을 동작시키면 메모리에 프로그램이 동작하기 위한 가상의 메모리 공간이 생성되는데, 이 메모리 공간은 다시 그 목적에 따라 상위, 하위 메모리로 나눈다.
- 상위 메모리에는 스택(Stack)이라는 메모리 공간이 형성되고, 하위 메모리에는 힙(Heap)이 생성된다.
- 스택과 달리 힙 영역은 운영체제가 관리한다. 즉 힙

정답 : 26. ② 27. ③ 28. ① 29. ③ 30. ④

영역의 메모리 중에 사용하지 않는 메모리를 할당해 준다. 컴퓨터의 기억 장소에서 그 일부분이 프로그램들에 할당 되었다가 회수되는 작용이 되풀이되는 영역으로, 스택 영역은 엄격하게 후입선출(LIFO) 방식으로 운영되는 데 비해, 히프는 프로그램들이 요구하는 블록의 크기나 요구/횟수 순서가 일정한 규칙이 없다는 점이 다르다. 대개 히프의 기억 장소는 지시자(pointer) 변수를 통해 동적으로 할당받고 돌려준다.

정보보안기사

31 아래 표의 내용으로 맞는 것을 선택하시오.

종류	세부내용
(가)	CPU가 요청한 주소 지점에 인접한 데이터들이 앞으로 참조될 가능성이 높은 현상
(나)	최근 사용된 데이터가 재사용될 가능성이 높은 현상
(다)	분기가 되는 한 데이터가 기억장치에 저장된 순서대로 순차적으로 인출되고 실행될 가능성이 높은 현상

① 가 : 순차적, 나 : 시간적, 다 : 공간적

② 가 : 순차적, 나 : 공간적, 다 : 시간적

③ 가 : 지역성, 나 : 시간적, 다 : 순차적

④ 가 : 공간적, 나 : 시간적, 다 : 순차적

정보보안기사

32 캐시 메모리 교체 알고리즘 중에서 향후 가장 참조되지 않을 페이지를 교체하는 방법과 참조비트와 수정비트를 사용하는 방법은 각각 무엇인가?

① Random, SCR

② LRU, NUR(Not Used Recently)

③ LFU, SCR

④ Optimal, NUR(Not Used Recently)

정보보안기사

33 Cache 교체 알고리즘 중에서 최초 참조비트를 1로 설정하고 1인 경우 0으로 세트, 0인 경우 교체를 수행하는 Cache 교체 알고리즘은 무엇인가?

① LRU

② Random

③ LFU

④ Second Chance Replacement

정보보안기사

34 Cache 메모리의 일관성 유지 방법에서 Cache와 Memory 간의 불일치를 해결하기 위해서 Cache 메모리에 기록하고 메모리에 나중에 기록하는 방법은 무엇인가?

① write back ② write through

③ write batch ④ write delay

정보보안기사

35 아래 내용은 디스크 접근시간에 대한 것이다. (가)~(다)에 순서대로 들어갈 말은 무엇인가?

Disk 접근 시간	상세설명
(가)	현 위치에서 특성 실린더(트랙)로 디스크 헤드가 이동하는 데 소요되는 시간
(나)	가고자 하는 섹터가 디스크 헤드까지 도달하는 데 걸리는 시간
(다)	데이터를 전송하는 데 걸리는 시간

① 탐색시간, 회전 지연시간, 전송시간

② 탐색시간, 전송시간, 회전 지연시간

③ 전송시간, 탐색시간, 회전 지연시간

④ 전송시간, 회전시간, 탐색시간

정답 : 31. ④ 32. ④ 33. ④ 34. ① 35. ①

정보보안기사

36 다음 아래 설명에 해당하는 것은?

> 메모리를 여러 개의 조각으로 분리해서 프로그램을 재배치할 수 있게 하면 베이스/바운드 레지스터를 무제한적으로 사용케 하는 효과를 얻을 수 있다.

① 베이스 레지스터

② 바운드 레지스터

③ 태그 부착 아키텍처

④ 세그먼테이션/페이징

해설

- 세그먼테이션은 어느 순간에 필요한 한 부분만을 주기억 공간에 존재하도록 프로그램을 세그먼트 단위로 나누는 프로그래머 정의 또는 모니터 구현 기법이다.
- 페이징은 블록 크기가 고정된 방식으로 사용자가 작성한 프로그램은 기계적으로 페이지 단위로 분해된다.

정보보안기사

37 RAID와 가장 반대되는 개념이라고 할 수 있는 것은 무엇인가?

① Hamming Code ② Disk Mirror

③ Parity Bit ④ Disk Spanning

해설

Disk Spanning은 여러 개의 디스크를 하나의 논리적인 단위로 묶는 방법이다.

정보보안기사

38 다음 중 RAID 레벨에 대한 설명으로 올바른 것을 고르시오.

> (ㄱ) 저장되는 데이터를 동일한 디스크에 Mirroring 즉 완전 이중화해 저장을 수행한다.
> (ㄴ) 패리티 비트를 분산저장해 안정성이 향상되었다.

① (ㄱ) RAID 0, (ㄴ) RAID 1

② (ㄱ) RAID 1, (ㄴ) RAID 4

③ (ㄱ) RAID 1, (ㄴ) RAID 5

④ (ㄱ) RAID 1, (ㄴ) RAID 6

SECTION 3 · 보안 운영체제

2016년 해경(보호직) 9급

39 다음은 운영체제의 보안을 위한 분리 중에서 어떤 분리에 대한 설명인지 보기 중에서 고르시오.

> 프로그램의 접근을 제한하여 허용된 영역 밖의 객체에 대해 접근하지 못하게 한다.

① 암호적 분리 ② 물리적 분리

③ 시간적 분리 ④ 논리적 분리

해설

④ 각 프로세스가 논리적인 구역을 갖도록 하는 방법이다. 따라서 프로세스는 자신의 구역 안에서는 어떤 일을 하든지 자유지만, 할당된 구역 밖에서 할 수 있는 일은 엄격하게 제한된다.

2016년 해경(보호직) 9급

40 다음 중 파일에 대한 부적절한 접근으로부터 보호하기 위한 방법이 아닌 것은?

① 접근제어 행렬(Access control matrix)

② 파일 압축(Compression)

③ 파일의 명명법(Naming)

④ 암호화(Encryption)

해설

파일 압축은 전송 시 효율성을 높이는 방법으로 파일에 대한 부적절한 접근으로부터 보호하기 위한 방법과는 거리가 멀다.

정답 36. ④ 37. ④ 38. ③ 39. ④ 40. ②

2016년 국회직 9급

41 TPM(Trusted Platform Module)에 대한 설명으로 옳지 않은 것은?

① 하드웨어 기반으로 안전한 저장공간과 실행영역을 제공한다.

② 난수발생기, 암·복호화 엔진, RSA 키 생성기 등을 포함한다.

③ 비휘발성 메모리 영역에 최상위 루트 키가 탑재된다.

④ 단계적으로 인증된 절차로 운영체제가 부팅되도록 한다.

⑤ 국내 공인인증서 저장 시 서명키를 저장하는 표준방식이다.

해설

⑤ TPM은 암호화 키 생성, 저장/무결성 검증을 위한 측정값 저장/디지털 인증서 관련 신뢰 연산을 제공하지만, 서명키(개인키)를 저장하는 표준방식은 아니다.

2014년 경찰직 9급

42 악성코드에 대한 설명으로 가장 적절하지 않은 것은?

① 웜(Worm)은 자신의 명령어를 다른 프로그램 파일의 일부분에 복사하여 컴퓨터를 오동작하게 하는 종속형 컴퓨터 악성코드이다.

② 전자메일 바이러스는 자신의 복사본을 전자메일을 통해 보내어 모뎀이나 하드디스크를 계속 작동시킨다.

③ 파일 감염 바이러스는 대부분 메모리에 상주하며 프로그램을 감염시킨다.

④ 트로이 목마는 겉으로 보기에 정상적인 프로그램인 것 같으나 악성코드를 숨겨두어 시스템을 공격한다.

해설

- ① 웜은 독립형 악성코드이다.
- 독립형 악성코드 : 웜과 좀비
- 기생형(종속형) 악성코드 : 바이러스, 논리폭탄, 백도어

2017년 국회직 9급

43 시스템 하드웨어 레벨에서 보안을 향상시키는 방안으로 TPM(Trusted Platform Module)이 있다. TPM이 지원하지 않는 기능은?

① 암호키 생성 및 저장

② 인증된 부트(Authenticated Boot)

③ 디바이스 및 플랫폼 인증

④ 원격 검증(Remote Attestation)

⑤ 감사(Audit)

2018년 경찰간부후보생

44 다음 지문은 무엇에 관한 설명인가?

> ① 기기 내부에 암호화 및 복호화 그리고 전자서명을 위한 프로세스 및 연산장치가 내장되어 있어 암호화와 관련된 키의 생성 및 검증 등이 가능하다.
> ② 보안토큰을 말하는 것으로 USB토큰 형태 이외에도 칩 형태, PCMCIA토큰 형태 등을 갖는다.

① OTP(One Time Password)

② TPM(Trusted Platform Module)

③ PKI(Public Key Infrastructure)

④ HSM(Hardware Security Module)

정답 : 41. ⑤ 42. ① 43. ⑤ 44. ④

SECTION 4 · 클라이언트 보안

2016년 서울시 9급, 2016년 해경(보호직) 9급, 2015년 경찰직 9급

45 다음 중 컴퓨터 바이러스의 발전단계에 대한 설명으로 가장 적절하지 않은 것은?

① 원시형 바이러스 : 가변 크기를 갖는 단순하고 분석하기 쉬운 바이러스

② 암호화 바이러스 : 바이러스 프로그램 전체 또는 일부를 암호화시켜 저장하는 바이러스

③ 갑옷형 바이러스 : 백신 개발을 지연시키기 위해 다양한 암호화 기법을 사용하는 바이러스

④ 매크로 바이러스 : 매크로를 사용하는 프로그램 데이터를 감염시키는 바이러스

해설

원시형 바이러스는 고정 크기를 갖는다.

2018년 국가직 9급

46 프로그램을 감염시킬 때마다 자산의 형태뿐만 아니라 행동 패턴까지 변화를 시도하기도 하는 유형의 바이러스는?

① 암호화된(Encrypted) 바이러스

② 매크로(Macro) 바이러스

③ 스텔스(Stealth) 바이러스

④ 메타모픽(Metamorphic) 바이러스

2015년 지방직 9급

47 MS 오피스와 같은 응용 프로그램의 문서 파일에 삽입되어 스크립트 형태의 실행 환경을 악용하는 악성 코드는?

① 애드웨어　　② 트로이 목마

③ 백도어　　④ 매크로 바이러스

해설

④ 자주 사용하는 여러 개의 명령어를 묶어서 하나의 키 입력 동작으로 만든 것을 매크로라고 한다. 여러 번 해야 하는 일을 간단하게 수행하기 위하여 사용하기도 하지만, 문서 안의 같은 문자열을 한꺼번에 변경할 때도 사용된다.

2015년 국가직 7급

48 다음 ㉠~㉢에 들어갈 말을 바르게 나열한 것은?

> 독립적으로 자기 복제를 실행하여 번식하는 빠른 전파력을 가진 컴퓨터 프로그램 또는 실행 가능한 코드는 (㉠)이다.
> 스마트폰에 악성코드로 연결되는 주소가 포 함된 메시지를 전송하여 악성코드를 유도하는 공격을 (㉡)이라 한다.
> (㉢)은 인터넷 프로토콜 계층에서 동작하며, 모든 트래픽을 암호화하고 인증기능을 제공한다.

	㉠	㉡	㉢
①	바이러스	파밍	SSL
②	파밍	스미싱	SSL
③	웜	파밍	IPSec
④	웜	스미싱	IPSec

해설

- 웜 : 프로그램 안에서 스스로 자신을 복제하거나 프로그램과 프로그램 사이 또는 컴퓨터와 컴퓨터 사이를 이동하여 전파시키는 프로그램 조각이다.
- 스미싱(Smishing) : 스마트폰에 악성코드로 연결되는 주소가 포함된 메시지를 전송하여 악성코드를 배포하여 소액결제를 유도하는 공격이다. 문자메시지(SMS)와 피싱(phishing)의 합성어로, 인터넷 접속이 가능한 스마트폰의 문자메시지를 이용한 휴대폰 해킹을 뜻한다.
- IPSec(Internet Protocol Security) : 네트워크 계층인 인터넷 프로토콜에서 보안성을 제공해 주는 표준화된 기술로 데이터 송신자의 인증을 허용하는 인증

정답 45. ① 46. ④ 47. ④ 48. ④

헤더(AH)와, 송신자의 인증 및 데이터 암호화를 함께 지원하는 ESP(Encapsulating Security Payload) 등 두 종류의 보안서비스가 있으며, 보안 게이트웨이 간의 보안 터널을 제공하는 터널 모드와 종단 호스트 간의 보안 터널을 제공하는 트랜스포트 모드(전송 모드)를 제공한다.

2017년 국가직 생활안전분야 9급

49 다음 설명에 해당하는 악성 소프트웨어를 옳게 짝지은 것은?

> ㄱ. 시스템 및 응용 소프트웨어의 취약점을 악용하거나 전자우편 또는 공유 폴더를 이용하며, 네트워크를 통해서 컴퓨터에서 컴퓨터로 빠르게 전파된다.
> ㄴ. 사용자 컴퓨터 내에서 자신 또는 자신의 변형을 다른 실행 프로그램에 복제하여 그 프로그램을 감염시킨다.
> ㄷ. 겉으로 보기에는 유용해 보이지만, 정상적인 프로그램 속에 숨어 있는 악성 소프트웨어로, 사용자가 프로그램을 실행할 때 동작한다.

	ㄱ	ㄴ	ㄷ
①	웜	바이러스	트로이 목마
②	바이러스	웜	봇
③	바이러스	웜	트로이 목마
④	웜	바이러스	봇

정보보안기사

50 다음 지문은 무엇을 설명한 것인가?

> 일반 프로그램에 악의적인 루틴을 추가하여 그 프로그램을 사용할 때 본래의 기능 이외에 악의적인 기능까지 은밀히 수행하도록 하는 공격을 말한다. 예를 들어 사용자 암호를 도출하기 위해서 합법적인 로그인(login) 프로그램으로 가장하고 정상적인 로그인 순서와 대화를 모방하여 작성될 수 있다.

① 트로이 목마(Netbus)

② 매크로 바이러스(Macro virus)

③ 웜(I-Worm/Hybris)

④ 악성 스크립트(mIRC)

해설

트로이 목마는 악의적인 프로그램을 건전한 프로그램처럼 포장하여 일반 사용자들이 의심 없이 자신의 컴퓨터 안에서 이를 실행시키고, 실행된 프로그램은 특정 포트를 열어 공격자의 침입을 돕고 추가적으로 정보를 자동 유출하며 자신의 존재를 숨기는 기능 등을 수행하는 공격 프로그램이다.

정보보안기사

51 다음 중에서 트로이 목마에 대한 설명으로 틀린 것은?

① 백도어 종류도 트로이 목마의 일종이다.

② 유틸리티 프로그램 내에 악의적인 코드를 내장하거나, 그 자체를 유틸리티 프로그램으로 위장한다.

③ 특정 환경/조건이나 배포자의 의도에 따라 사용자의 정보 유출 또는 자료 파괴 같은 피해를 입힌다.

④ 네트워크나 전자메일 등을 통해 자신을 복제하는 악성 프로그램을 말한다.

해설

④ 네트워크나 전자메일 등을 통해 자신을 복제하는 악성 프로그램은 웜이다.

2016년 해경(보호직) 9급

52 다음은 트로이 목마의 특징에 대한 설명이다. 성격이 가장 다른 하나는?

① 원격조정 ② 시스템 파일 파괴

③ 자기복제 ④ 데이터 유출

정답 49. ① 50. ① 51. ④ 52. ③

해설

- 트로이 목마는 자기복제를 하지 않는다. 트로이 목마의 일반적인 기능은 원격조정, 패스워드 가로채기, 키보드 입력 가로채기(키로그) 및 데이터 유출, 시스템 파일 파괴 형태이다.
- ③ 자기복제는 바이러스나 웜의 특징이다.

정보보안기사

53 보안 침해 목적으로 만들어진 악성코드에 대한 설명 중 잘못된 것은?

① virus, worm, 트로이 목마 프로그램 등의 다양한 유형이 있다.

② 윈도우 보안패치를 통해 위험성을 어느 정도 감소시킬 수 있다.

③ 백신 프로그램을 이용하면 항상 바이러스를 확실히 치료할 수 있다.

④ 파일시스템 무결성 검사는 악성코드 탐지에 도움이 된다.

정보보안기사

54 트로이 목마 프로그램으로 사용자의 키보드 입력을 가로채는 목적으로 사용되기 때문에 이 프로그램이 동작하는 컴퓨터에서 입력되는 모든 것이 기록되어 개인정보 등이 도용당하게 되는 해킹 기법은 무엇인가?

① 포트스캔 ② 쿠키

③ DoS ④ 키로그

해설

④ 컴퓨터 사용자의 키보드 움직임을 탐지해 ID나 패스워드, 계좌번호, 카드번호 등과 같은 개인의 중요한 정보를 몰래 빼 가는 해킹 공격을 키로거 공격이라 한다.

2014년 국회직 9급

55 인터넷 뱅킹 등에서 숫자를 화면에 무작위로 배치하여 마우스나 터치로 비밀번호를 입력하게 하는 가상 키보드의 사용 목적으로 가장 적절한 것은?

① 키보드 오동작 방지

② 키보드 입력 탈취에 대한 대응

③ 데이터 입력 속도 개선

④ 비밀번호의 무결성 보장

⑤ 해당 서비스의 가용성 보장

해설

② 터치 스크린을 이용한 가상 키보드에 대한 설명이다.

2018년 국가직 9급

56 프로그램이나 손상된 시스템에 허가되지 않는 접근을 할 수 있도록 정상적인 보안 절차를 우회하는 악성 소프트웨어는?

① 다운로더(downloader)

② 키 로거(key logger)

③ 봇(bot)

④ 백도어(backdoor)

2017년 서울시 9급

57 다음 중 백도어(BackDoor) 공격으로 옳지 않은 것은?

① 넷버스(Netbus)

② 백오리피스(Back Orifice)

③ 무차별(Brute Force) 공격

④ 루트킷(RootKit)

정답 : 53. ③ 54. ④ 55. ② 56. ④ 57. ③

2014년 국회직 9급

58 다음은 공격자가 남긴 C 프로그램 파일과 실행 파일에 관한 정보이다. 제시된 정보로부터 유추할 수 있는 공격으로 가장 적합한 것은?

```
$ ls-l
total 20
-rwsr-xr-x 1 root root 12123 Sep 11 11:11 util
-rw-rw-r-1  root root 70      Sep 11 11:11 util.c
$ cat util.c
#include <stdlib.h>
void main()
{
 setuid(0);
 setgid(0);
 system("/bin/bash");
}
```

① Eavesdropping 공격

② Brute Force 공격

③ Scanning 공격

④ Backdoor 공격

⑤ 패스워드 유추 공격

해설

- ④ 백도어도 트로이 목마의 일종이다.
- SetUID란 파일이 실행되는 동안 해당 파일 소유자의 권한을 획득하는 것을 말한다.
- 명령어는 일반 유저가 자신의 패스워드를 변경할 수 있도록 SetUID가 설정된 파일은 실행되는 동안에 잠깐 관리자 권한을 빌려오고, 작업을 마친 후엔 다시 권한을 돌려주게 된다.

2014년 국가직 9급

59 컴퓨터 바이러스에 대한 설명으로 옳지 않은 것은?

① 트랩도어(Trapdoor)는 정상적인 인증 과정을 거치지 않고 프로그램에 접근하는 일종의 통로이다.

② 웜(Worm)은 네트워크 등의 연결을 통해 자신의 복제품을 전파한다.

③ 트로이 목마(Trojan Horse)는 정상적인 프로그램으로 가장한 악성 프로그램이다.

④ 루트킷(Rootkit)은 감염된 시스템에서 활성화되어 다른 시스템을 공격하는 프로그램이다.

해설

루트킷은 시스템 침입 후 침입 사실을 숨긴 채 차후의 침입을 위한 백도어, 트로이 목마 설치, 원격 접근, 내부 사용 흔적 삭제, 관리자 권한 획득 등 주로 불법적인 해킹에 사용되는 기능들을 제공하는 프로그램의 모음이다.

2016년 해경(보호직) 9급

60 안티 루트킷의 주요 기능이 아닌 것은 무엇인가?

① 숨긴 파일 찾기

② 수정된 레지스트리 찾기

③ 보호해체된 프로세스 탐지

④ 로그파일 수정

해설

- 루트킷은 시스템 침입 후의 공격을 도와주는 프로그램의 집합으로 해커 도구 모음이라 할 수 있다.
- 안티 루트킷은 숨겨진 악성코드 방지 기술이다.
- 로그파일을 수정하는 것은 해커가 침입한 사실을 숨기기 위해서 하는 행위로 안티 루트킷과는 거리가 멀다.

정답 : 58. ④ 59. ④ 60. ④

정보보안기사

61 루트킷(Rootkit)은 시스템 침입 후 사실을 숨긴 채 차후 침입을 위해서 백도워, 트라이목마 설치, 원격접근, 내부 사용 흔적 삭제, 관리자 권한획득 등 주로 불법적인 해킹에 사용되는 기능을 제공하는 프로그램 모임이다. 그럼, 안티 루트킷 도구 중에서 시스템 내에 숨겨진 유해 파일을 검색하고 복사 및 제어할 수 있는 도구는 무엇인가?

① GMER ② NMAP
③ nbtscan ④ MBSA

해설

GMER : 안티 루트킷(Anti-RootKit) 프로그램으로 컴퓨터 시스템 내에 숨겨진 루트킷(RootKit) 등을 찾아낼 수 있는 도구이다.

정보보안기사

62 다음 중 스파이웨어로부터 컴퓨터를 보호하기 위해 필요한 조치와 거리가 먼 것은?

① 운영체제와 보안 소프트웨어의 업데이트를 가급적 자제한다.

② PC용 방화벽을 설치하여 사용한다.

③ 불명확한 사이트의 프로그램 설치는 가급적 자제한다.

④ 신뢰할 수 있는 웹사이트에서만 프로그램을 다운로드한다.

해설

스파이웨어란 다른 사람의 컴퓨터에 잠입하여 중요한 개인정보를 빼가는 악성 소프트웨어이다.

2016년 해경(보호직) 9급

63 악성코드를 운반하는 페이로드(payload)의 네 가지 분류와 예가 잘못 연결된 것은?

① 시스템 파괴–논리폭탄, Stuxnet

② 공격에이전트–랜섬웨어, 트랩 도어

③ 정보 유출–키로거, 피싱, 스파이웨어

④ 잠입–백도어, 루트킷

해설

악성코드를 운반하는 페이로드(payload)의 네 가지 분류와 예

- 시스템 파괴 : 논리폭탄, Stuxnet
- 공격에이전트 : 좀비, 봇
- 정보 유출 : 키로거, 피싱, 스파이웨어
- 잠입 : 백도어, 루트킷

2017년 국가직 9급

64 보안 침해 사고에 대한 설명으로 옳은 것은?

① 크라임웨어는 온라인상에서 해당 소프트웨어를 실행하는 사용자가 알지 못하게 불법적인 행동 및 동작을 하도록 만들어진 프로그램을 말한다.

② 스니핑은 적극적 공격으로 백도어 등의 프로그램을 사용하여 네트워크상의 남의 패킷 정보를 도청하는 해킹 유형의 하나이다.

③ 파밍은 정상적으로 사용자들이 접속하는 도메인 이름과 철자가 유사한 도메인 이름을 사용하여 위장 홈페이지를 만든 뒤 사용자로 하여금 위장된 사이트로 접속하도록 한 후 개인 정보를 빼내는 공격 기법이다.

④ 피싱은 해당 사이트가 공식적으로 운영하고 있던 도메인 자체를 탈취하는 공격 기법이다.

정답 : 61. ① 62. ① 63. ② 64. ①

해설

② 스니핑은 소극적 공격에 해당한다.
③ 피싱에 대한 설명이다.
④ 파밍에 대한 설명이다.

정보보안기사

65 다음 중 스파이웨어 감염을 파악할 수 있는 내용으로 가장 거리가 먼 것은 무엇인가?

① 원하지 않는 광고창이 발생한다.
② 사용자가 광고 프로그램을 종료하지 못하거나 삭제를 하지 못한다.
③ 홈 페이지에서 즐겨찾기 등이 특정 사이트로 임의적 변경되었다.
④ 대량의 트래픽을 발생시키는 좀비 PC가 된다.

해설

스파이웨어(Spyware)
- 사용자 동의 없이 설치되어 통제권한의 제한과 주요 정보를 갈취하는 악성 프로그램으로 다른 사람의 컴퓨터에 잠입하여 중요한 개인정보를 빼가는 악성 소프트웨어를 의미한다.
- 스파이웨어는 사용자 동의 없이 설치되어 중요 정보를 외부로 유출한다는 점에서 트로이 목마와 유사하지만, 공격자가 원격에서 조정하는 기능이 없이 단지 정보를 수집하여 전송한다는 점에서 트로이 목마와 차이가 있다.

정보보안기사

66 Code Red Virus와 마찬가지로 DDoS를 실행하여 네트워크 부하를 유발하는 바이러스로 마이크로소프트의 데이터베이스 관리 시스템인 SQL서버의 취약점을 이용한 웜은 무엇인가?

① 슬래머웜　　② 스파이웨어
③ 모리스　　④ 코드레드 웜

해설

슬래머웜(Slammer worm)
- 윈도 서버(MS-SQL 서버)의 취약점을 이용해 대량의 네트워크 트래픽을 유발하여 네트워크를 마비시키는 바이러스이다.
- DDoS를 실행하여 네트워크 부하를 유발하는 바이러스로 마이크로소프트의 데이터베이스 관리 시스템인 SQL서버의 취약점을 이용한 웜이다.

2017년 서울시 9급

67 스파이웨어 주요 증상으로 옳지 않은 것은?

① 웹브라우저의 홈페이지 설정이나 검색 설정을 변경, 또는 시스템 설정을 변경한다.
② 컴퓨터 키보드 입력내용이나 화면표시내용을 수집, 전송한다.
③ 운영체제나 다른 프로그램의 보안설정을 높게 변경한다.
④ 원치 않는 프로그램을 다운로드하여 설치하게 한다.

정보보안기사

68 아래 웜 중에서 IIS의 버퍼 오버플로 취약점을 이용하여 공격한 것은 무엇인가?

① 님다　　② 슬래머웜
③ 모리스　　④ 코드레드 웜

해설

코드레드(Code Red)
- 코드레드는 마이크로소프트의 웹서버를 해킹 경유지로 이용해 시스템에 피해를 주는 인터넷 웜이다.
- IIS를 구동하고 있는 윈도 서버급만 감염이 되며 IIS 서버의 버퍼 오버플로 취약점을 이용하여 공격한다.
- 퍼스널 컴퓨터에는 감염되지 않기 때문에 개인 사용자에게는 피해가 없다.

정답 : 65. ④　66. ①　67. ③　68. ④

2016년 해경(보호직) 9급, 2014년 국가직 9급

69 다음 설명에 해당하는 컴퓨터 바이러스는?

> 산업소프트웨어와 공정 설비를 공격 목표로 하는 극도로 정교한 군사적 수준의 사이버 무기로 지칭된다. 공정 설비와 연결된 프로그램이 논리제어장치(Programmable Logic Controller)의 코드의 악의적으로 변경하여 제어권을 획득한다. 네트워크와 이동저장매체인 USB를 통해 전파되며, SCADA(Supervisory Control and Data Acquisition) 시스템이 공격 목표이다.

① 오토런 바이어스(Autorun virus)

② 백도어(Backdoor)

③ 스턱스넷(Stuxnet)

④ 봇넷(Botnet)

해설

바이러스 코드 안에 스턱스넷으로 시작하는 이름의 파일이 많아 붙여진 이름이다. 2010년 6월 벨라루스에서 처음 발견되었다. 스턱스넷은 작동 원리가 완전히 규명되지 않았으며, 스스로 비밀 서버에 접속해 업데이트를 하는 방식의 정교하게 제작된 컴퓨터바이러스다. 직원들이 바이러스에 감염된 USB 저장장치나 MP3 플레이어를 회사 컴퓨터에 연결할 때 침투한다. 전체 바이러스 감염 사례의 60%가 이란에 집중되어 있으며, 이란 핵시설을 마비시키기 위해 미국이나 이스라엘이 퍼뜨린 사이버 무기인 것으로 추정된다.

2017년 경찰간부후보생

70 다음 지문에서 설명하는 공격 방법은 무엇인가?

> ① 웹 서버에 명령을 실행하여 관리자 권한을 획득하는 공격 방법이다.
> ② 웹 애플리케이션의 첨부파일에 대한 부적절한 신뢰와 불충분한 점검으로 인해 악의적인 공격 코드가 웹 서버로 전송, 실행되는 방법이다.
> ③ 파일 업로드 취약점을 이용하며, 이것의 종류로는 서버 명령을 실행할 수 있는 asp, cgi, php, jsp 파일 등이 있다.

① 웹 셀(Web Shell)

② 워터링 홀(Watering Hole)

③ APT(Advanced Persistent Threats)

④ Encase

해설

① 분산서비스 거부(DDoS) 공격에 동원되는 좀비 PC의 경우 PC에 악성코드가 설치돼 원격에서 공격자의 명령대로 특정 사이트를 마비시킬 정도의 트래픽을 발생시키는 것인 반면, 웹 셀은 홈페이지 서버 등에 설치돼 공격자가 원격에서 개인정보 유출 및 스팸메일 발송을 하는 것이 가능하다.

2015년 국가직 9급

71 소프트웨어 보안 약점의 유형과 그러한 약점을 이용한 공격의 예로 옳지 않은 것은?

① DB와 연동된 웹 애플리케이션에서 입력값에 대한 유효성 검증 누락-SQL 삽입 공격

② 검증되지 않은 외부 입력이 웹서버의 동적 웹페이지 생성에 사용-XSS 공격

③ 사용자 입력값을 외부사이트 주소로 사용하여 자동 연결-피싱(Phishing) 공격

④ XQuery를 사용하여 XML 데이터에 대한 동적 쿼리 생성 시 외부 입력에 대한 유효성 검증 누락-인증우회 공격

⑤ 검증되지 않은 외부 입력이 XPath 쿼리문 생성 시 문자열로 사용-리버스 엔지니어링 공격

해설

- ⑤ 검증되지 않은 외부 입력이 XPath 쿼리문 생성을 위한 문자열로 사용하면 XQuery 취약점에 노출된다.
- 리버스 엔지니어링(역공학) : 소프트웨어 공학의 한 분야로, 이미 만들어진 시스템을 역으로 추적하여 처음의 문서나 설계기법 등의 자료를 얻어내는 일을 말한다. 전통적인 공학인 순공학(Forward Engineering)은 개념으로부터 실물을 얻어내는 과정이라면 역

정답 69. ③ 70. ① 71. ⑤

공학은 그와는 반대로 실물로부터 개념을 얻어내는 과정이라 할 수 있다. 이것은 시스템을 이해하여 적절히 변경하는 소프트웨어 유지보수 과정의 일부이다. 리버스 엔지니어링 공격이란 공격자가 리버스 엔지니어링을 통해 공격 대상에 대한 분석을 수행해 취약점을 찾아 공격하는 것이다.

2016년 국회직 9급

72 다음 용어에 대한 설명으로 옳지 않은 것은?

① Rootkit : 시스템 침입 후의 공격을 도와주는 프로그램의 집합

② Obfuscation : 코드를 분석하기 어렵도록 변조하는 행위

③ Ransomware : 복호화를 조건으로 금전을 요구하기 위해 피해자의 데이터를 암호화하는 악성코드

④ Cross-Site Scripting : 웹 애플리케이션의 데이터를 악성 스크립트 코드로 변조하는 공격

⑤ Sandbox : 악성코드가 시스템 자원에 쉽게 접근하도록 만든 백도어

해설

샌드박스는 보호된 영역 내에서 프로그램을 동작시키는 것으로, 외부 요인에 의해 악영향이 미치는 것을 방지하는 보안 모델이다. '아이를 모래밭(샌드박스) 밖에서 놀리지 않는다'라고 하는 말이 어원이라고 알려져 있다.

2018년 경찰간부후보생

73 다음 지문은 무엇에 관한 설명인가?

> 일반적인 정보검색엔진에서는 검색되지 않지만, 특정한 환경의 웹 브라우저에서만 접속되어 검색되는 사이트를 가리킨다.
> 주로 사이버 범죄가 이루어지는 공간이다.

① 웹 셸(Web Shell)

② 다크 웹(Dark Web)

③ 스턱스넷(StuxNet)

④ 고스트넷(GhostNet)

2017년 국가직 9급

74 다음 설명에 해당하는 것은?

> • 응용 프로그램이 실행될 때 일종의 가상머신 안에서 실행되는 것처럼 원래의 운영체제와 완전히 독립되어 실행되는 형태를 말한다.
> • 컴퓨터 메모리에서 애플리케이션 호스트 시스템에 해를 끼치지 않고 작동하는 것이 허락된 보호받는 제한 구역을 가리킨다.

① Whitebox ② Sandbox

③ Middlebox ④ Bluebox

2014년 서울시 9급

75 다음은 무엇에 대한 설명인가?

> 이것은 네트워크상의 트랜젝션에 대한 상태 정보를 포함하는 일종의 토큰으로 주로 웹서버가 웹브라우저로 전송하여 클라이언트 쪽에 저장하고 나서 사용자가 해당 사이트를 재방문할 경우 웹브라우저나 웹서버에 재전송하는 형태로 많이 이용된다. 그러나 이는 원하지 않는 보안상의 취약점을 야기할 수 있으므로 사용자가 이것을 주기적으로 삭제해 주는 것이 바람직하다.

① 애플릿(applet)

② URL(Uniform Resource Locator)

③ 공개키 인증서(public key certificate)

④ DOI(Digital Object Identifier)

⑤ 쿠키(Cookie)

정답 : 72. ⑤ 73. ② 74. ② 75. ⑤

2014년 국회직 9급

76 웹 쿠키에 대한 설명으로 가장 옳지 않은 것은?

① 웹 서비스 사용자의 PC 저장소에 저장된다.
② 웹 서비스의 세션을 유지하는 데 사용될 수 있다.
③ 서버에서 웹 서비스 사용자의 접근 기록을 추적할 수 있다.
④ 쿠키는 Java Script 같은 웹 개발언어를 통해서는 접근이 불가하다.
⑤ 상태정보를 저장하지 않는 HTTP를 보완하기 위한 기술이다.

해설

쿠키는 Java Script 같은 웹 개발언어를 통해 cookie 변수 등을 만들어 접근해 사용할 수 있다.

정보보안기사

77 다음 지문에서 설명하는 것은 무엇인가?

> 사용자가 특정 홈페이지를 접속할 때 생성되는 정보를 담은 임시 파일로 웹브라우저(Internet Explorer, Netscape, Firefox 등)의 특정 디렉터리에 저장됨
> 다음에 접속했을 때는 별도의 로그인 절차 없이 사이트에 빠르게 접속할 수 있음
> 이 안에는 이용자가 인터넷에서 어떤 내용을 봤는지, 어떤 상품을 샀는지 등 모든 정보가 기록되기 때문에 사생활 침해의 소지가 있음
> 온라인 광고업체들은 이것을 이용해서 인터넷 사용자의 기호 등을 수집·분석해 광고 전략을 짜는데 활용해왔음

① 액티브엑스(Active X)
② 세션(Section)
③ 임시 파일
④ 쿠키(Cookie)

2017년 국가직 9급 정보시스템 보안

78 쿠키(cookie)에 대한 설명으로 옳지 않은 것은?

① 쿠키에 저장되는 내용은 각각의 웹사이트별로 다를 수 있다.
② 쇼핑몰 사이트에서 장바구니 시스템을 이용할 때 쿠키 정보를 이용한다.
③ 쿠키는 바이러스를 스스로 전파한다.
④ 쿠키를 이용하면 사용자들의 특정 사이트 방문 여부 확인이 가능하다.

2017년 국가직 생활안전분야 9급

79 쿠키에 대한 설명으로 옳지 않은 것은?

① 웹 사이트 접속 시 HTTP의 무상태성(Statelessness)을 보완하기 위해 사용되는 정보이다.
② 사용자가 웹 사이트에 접속할 때 사용자 컴퓨터에서 생성되어 해당 웹 서버에 임시 파일로 전송·저장된다.
③ 보존 기간에 따라 임시(또는 세션) 쿠키와 영구(persistent) 쿠키로 분류할 수 있다.
④ 사용자가 인식하지 못하는 사이에 사용자의 다양한 정보가 쿠키에 담겨 웹 서버로 전송될 수 있기 때문에 개인정보에 대한 피해가 발생할 수 있다.

해설

쿠키는 웹 서비스 사용자의 PC의 저장소에 저장되는 변수이다.

2017년 경찰간부후보생

80 다음 중 쿠키 세션 위조 공격과 그 방지방법에 대한 설명으로 옳지 않은 것은 무엇인가?

정답 76. ④ 77. ④ 78. ③ 79. ② 80. ③

① SSO(Single-Sign-On)를 사용하는 응용 프로그램의 경우 공격자는 쿠키를 알아냄으로써 공격을 수행할 수 있다.

② 사용자 PC에 저장되는 쿠키정보는 불안전하므로 암호화하여 변조를 방지할 수 있다.

③ 세션이 비활성 상태인 동안에도 발생 가능하다.

④ 세션관리 정보를 서버 측에 저장하고 서버 측 세션을 사용하도록 구현함으로써 쿠키 세션 위조 공격을 방지할 수 있다.

해설

③ 세션 쿠키가 유출되면 해커가 침입하여 다른 사용자의 세션에 액세스할 수 있다. 보통 세션은 20분 미만 정도 활성 상태를 유지하는 데 쿠키 세션 위조 공격은 세션이 활성 상태인 동안에만 발생 가능하다.

2016년 해경(보호직) 9급

81 다음 중 인터넷 익스플로러의 인터넷 옵션에 대한 설명으로 옳지 않은 것은?

① 임시 인터넷 파일 폴더에 있는 쿠키를 삭제할 수 있다.

② 임시 인터넷 파일 폴더는 변경할 수 있으나, 할당할 디스크 공간의 크기를 변경할 수는 없다.

③ 인터넷 영역에 적용할 보안 수준을 설정할 수 있다.

④ 인터넷 영역에 대한 개인정보 설정을 선택할 수 있다.

해설

② 임시 인터넷 파일 폴더를 변경할 수 있으며, 할당할 디스크 공간의 크기를 변경할 수 있다.

정보보안기사

82 다음 지문에서 설명하고 있는 것은 무엇인가?

> 최근에 은행, 게임, 음악 등 많은 웹 사이트에서 사용 중인 이것에서 다양한 취약점이 발견되어 사용자의 주의가 요망되고 있다. 이것은 자바 애플릿과는 달리 사용자 PC의 파일, 레지스트리 등 시스템 자원에 접근이 가능하고 공격자가 웹 인터페이스를 통해 언제든지 호출 가능한 취약한 구조로 설계된 경우가 적지 않으며, 이것에서 발생하는 취약점을 이용한 공격은 애드웨어 등에서 널리 사용되고 있다.

① 자바스크립트(Javascript)

② 액티브엑스(ActiveX)

③ 프락시(Proxy)

④ 쿠키(Cookie)

2017년 국가직 9급 정보시스템 보안

83 사용자와 시스템 또는 시스템 간의 활성화된 접속을 관리하는 시스템 보안 기능은?

① 계정과 패스워드 관리

② 세션 관리

③ 파일 관리

④ 로그 관리

정보보안기사

84 다음 중 프락시 서버(Proxy Server) 의 기능을 올바르게 설명한 것은?

① Email 보안서비스 기능 제공

② 데이터의 일관성을 보장

③ FTP 서비스만 지원

④ 캐시기능 및 인증기능 제공

정답 : 81. ② 82. ② 83. ② 84. ④

2017년 국가직 9급

85 임의로 발생시킨 데이터를 프로그램의 입력으로 사용하여 소프트웨어의 안전성 및 취약성 등을 검사하는 방법은?

① Reverse Engineering

② Canonicalization

③ Fuzzing

④ Software Prototyping

SECTION 5 • 윈도우 서버 보안

정보보안기사

86 윈도우 시스템에서 다양한 하드웨어를 쉽게 추가할 수 있는 서비스의 근본적인 기능은 무엇인가?

① HAL(Hardware Abstraction Layer)

② Object Manager

③ Local Process Call

④ IO Manager

정보보안기사

87 윈도우 운영체제는 디스크 용량에 따라 적합한 파일 구조를 선택할 필요가 있다. 작은 용량의 디스크로부터 큰 용량의 디스크까지 각각에 적합한 파일 구조를 순서대로 나열한 것은?

① FAT16–FAT32–NTFS

② FAT16–NTFS–FAT32

③ FAT32–NTFS–FAT16

④ NTFS–FAT16–FAT32

해설

① NTFS는 대용량을 지원한다. 볼륨당 권장 크기는 2TB이지만, 그 이상의 파일도 만들 수 있다.

2016년 해경(보호직) 9급

88 다음 중 윈도우 파일시스템에 대한 설명으로 맞지 않는 것은?

① NTFS는 윈도우 NT/2000/2003의 전용파일시스템이다.

② FAT16은 고용량 하드디스크를 지원한다.

③ NTFS는 자체적인 보안을 설정할 수 있다.

④ NTFS는 파일정보를 MFT(Master File Table)에 저장한다.

해설

FAT16은 2GB 이하 저용량 하드디스크에 사용된다.

2017년 경찰간부후보생

89 윈도우(Windows)에서 지원하지 않는 파일시스템은 무엇인가?

① FAT32 ② EXT2

③ NTFS ④ FAT16

해설

EXT2는 리눅스에서 지원하는 파일 시스템이다.

2014년 국회직 9급

90 다음 NTFS 파일시스템에 대한 설명 중 옳지 않은 것은?

① 파티션에 대한 접근권한 설정이 가능함

② 사용자별 디스크 사용공간 제어 가능

③ 기본 NTFS 보안 변경 시 사용자별 NTFS 보안 적용 가능

④ 미러(Mirror)와 파일 로그가 유지되어 비상시 파일 복구 가능

⑤ 파일에 대한 압축과 암호화를 지원하지 않음

정답 : 85. ③ 86. ① 87. ① 88. ② 89. ② 90. ⑤

해설

⑤ NTFS는 압축 알고리즘을 사용하고 파일 단위로 압축을 지원하여 디스크 공간을 증가시킬 수 있다.

2016년 국가(보) 9급

91 다음에서 설명하는 윈도우 NTFS 파일시스템의 구조는?

> 모든 파일 및 디렉터리에 대한 정보가 저장된다. 즉, 정보는 파일 내용을 정의하는 속성의 집합으로 구성된다.

① PBS ② MFT
③ 시스템 파일 ④ 백업 슈퍼블록

해설

MFT는 볼륨이 존재하는 모든 파일과 디렉터리의 정보를 담고 있는 테이블로 NTFS의 핵심이다. 그러므로 이 테이블을 분석하면 볼륨에 있는 모든 파일과 디렉터리에 대한 정보를 전부 알아낼 수 있다.

2018년 경찰간부후보생

92 윈도우 파일 시스템 NTFS(New Technology File System)에 관한 다음 설명 중 가장 옳지 않은 것은 무엇인가?

① NTFS는 기본 NTFS 보안의 공유 보안과 동일하게 Everyone 그룹에 대해서는 모든 권한이 '허용'이다.
② 기본 NTFS 보안을 변경하면 사용자마다 서로 다른 NTFS 보안을 적용시킬 수 있다.
③ 파일과 폴더에 대한 보안강화 및 접근제어가 가능하다.
④ 저용량 볼륨에 최적화되어 있다.

정보보안기사

93 파일시스템 중에서 암호화 설정이 가능하고, 압축, 대용량 파일시스템을 지원하며 가변 클러스터 크기(512~64KB)를 지원하고 트랜잭션을 복구, 오류 수정이 가능한 파일 시스템은 무엇인가?

① FAT12 ② FAT16
③ FAT32 ④ NTFS

정보보안기사

94 다음 중 윈도우 운영체제의 c:₩temp 및 그 하위 디렉터리를 암호화하는 명령은?

① winhelp
② cipher /e /d /s:c:₩temp
③ dir/w
④ runas

해설

- ② 매개변수 없이 cipher를 사용하면 현재 디렉터리와 이에 포함된 모든 파일의 암호화 상태를 표시한다.
- /e : 지정한 디렉터리를 암호화한다. 나중에 추가되는 파일이 암호화되도록 디렉터리에 표시한다.
- /d : 지정한 디렉터리를 해독한다. 나중에 추가되는 파일이 암호화되지 않도록 디렉터리에 표시한다.
- /s : 주어진 디렉터리와 모든 하위 디렉터리에 대해 지정된 작업을 수행한다.

정보보안기사

95 Administrators 그룹이 가진 권한을 대부분 가지나, 로컬 컴퓨터에서만 관리할 능력을 가지고 있다. 윈도우 계정에서 로컬 사용자 계정을 생성할 수 있고 자원을 공유하거나 멈출 수 있다. 시스템 전체 권한은 없지만, 시스템을 관리할 수 있는 계정은 무엇인가?

① User ② Admin
③ Power Users ④ Guests

정답 91. ② 92. ④ 93. ④ 94. ② 95. ③

정보보안기사

96 윈도우 레지스트리 중에서 파일의 각 확장자에 대한 정보와 파일과 프로그램 간 연결에 대한 정보를 가진 것을 고르시오.

① HKEY_CLASSES_ROOT 계층

② HKEY_LOCAL_MACH 계층

③ HKEY_CURRENT_CONFIG 계층

④ HKEY_USER 계층

2017년 경찰간부후보생

97 윈도우(Windows) 시스템의 레지스트리(Registry)에 대한 설명으로 옳지 않은 것은 무엇인가?

① HKEY_CLASSES_ROOT는 시스템에 등록된 파일 확장자와 그것을 열 때 사용할 애플리케이션에 대한 맵핑 정보 등을 갖고 있다.

② HKEY_CURRENT_USER는 시스템이 시작할 때 사용하는 하드웨어 프로파일 정보를 저장하고 있다.

③ HKEY_USERS는 시스템에 있는 모든 계정과 그룹에 관한 정보를 저장하고 있다.

④ HKEY_LOCAL_MACHINE은 시스템에 있는 하드웨어, 소프트웨어 정보를 갖고 있다.

해설

- HKEY_CURRENT_USER
  - 현재 로그인한 사용자의 설정을 담고 있다.
  - 현재 시스템에 로그인하고 있는 사용자와 관련된 시스템 정보를 저장하고 있다.
- 시스템이 시작할 때 사용하는 하드웨어 프로파일 정보를 저장하고 있는 하이브는 HKEY_CURRENT_CONFIG이다.

정보보안기사

98 윈도우 레지스트리 중에서 프로그램 간의 연결 정보를 가지고 있는 것은 무엇인가?

① HKEY_CLASSES_ROOT

② HKEY_CURRENT_USER

③ HKEY_USERS

④ HKEY_CURRENT_CONFIG

해설

HKEY_CLASSES_ROOT(HKCR)

- OLE 객체 클래스 ID와 같은 등록된 응용 프로그램의 정보를 담고 있다.
- 시스템에 등록된 파일 확장자에 대한 정보와 그것을 열 때 사용할 애플리케이션에 대한 맵핑 정보 등을 갖고 있다(바로가기 관련키라고도 함 : 예 txt→메모장 설정).

정보보안기사

99 윈도우 운영체제의 레지스트리 보안과 관련된 다음 설명 중 옳지 않은 것은?

① 실행 창에서 regedt32를 실행한 후 메뉴 중 보안을 선택하여 설정할 수 있다.

② 레지스트리를 주기적으로 백업받아야 한다.

③ 윈도우의 세부적 세팅을 가능하게 하기 위해 모든 사용자가 접근 가능하게 한다.

④ 레지스트리 키에도 사용권한을 설정할 수 있다.

해설

③ 레지스트리는 윈도우 시스템에서 사용하는 시스템 구성 정보를 저장한 데이터베이스로 다른 사람이 레지스트리 편집기를 사용하지 못하게 막아야 한다.

정답 96. ① 97. ② 98. ① 99. ③

2018년 경찰간부후보생

100 다음 중 윈도우 레지스트리 키가 아닌 것은 무엇인가?

① HKEY_CLASSES_ROOT

② HKEY_CURRENT_USER

③ HKEY_MACHINE_SAM

④ HKEY_USERS

2015년 경찰직 9급

101 다음 설명에 해당하는 윈도우 인증 구성요소는 무엇인가?

- 모든 계정의 로그인에 대한 검증
- 시스템 자원 및 파일 등에 대한 접근권한을 검사
- NT 보안의 중심요소, 보안 서브 시스템이라고 부르기도 함

① IPSec(IP Security)

② LSA(Local Security Authority)

③ SRM(Security Reference Monitor)

④ SAM(Security Account Manager)

해설

LSA(Local Security Authority) : 로컬보안인증

- 윈도우 기반의 로컬 시스템에서 로컬 보안 정책과 사용자 인증을 담당하는 서브 시스템이다.
- 사용자 정보와 보안 권한에 관한 정보를 가진 토큰을 생성하며, 감사 메시지를 생성하고 기록하는 일을 한다.

정보보안기사

102 윈도우 인증방법에서 계정과 암호를 검증하기 위해서 암호화 모듈을 로딩하고 계정을 검증하는 것은 무엇인가?

① Winlogon

② RAID

③ LSA(Local Security Authority)

④ SAM

2015년 국가직 9급

103 다음에서 설명하는 윈도우 인증 구성요소는?

사용자의 계정과 패스워드가 일치하는 사용자에게 고유의 SID(Security Identifier)를 부여한다.
SID에 기반을 두어 파일이나 디렉터리에 대한 접근의 허용 여부를 결정하고 이에 대한 감사 메시지를 생성한다.

① LSA(Local Security Authority)

② SRM(Security Reference Monitor)

③ SAM(Security Account Manager)

④ IPSec(IP Security)

해설

보안참조모니터(SRM)는 사용자가 특정 객체에 액세스할 권리가 있는지, 또 해당 객체에 특정 행위를 할 수 있는지를 검사하는 기능이다.

정보보안기사

104 윈도우에서 악성 프로그램이 사용하는 자동 실행 설정 방법이 아닌 것은?

① 자동 시작 폴더를 이용하는 방법

② Bat 파일을 이용하는 방법

③ 특정 응용프로그램의 설정을 이용하는 방법

④ 바탕화면에 숨김 파일로 두는 방법

해설

④ 악성 프로그램을 자동 실행하는 설정에는 system.ini 파일을 이용하는 방법도 있다.

정답 : 100. ③ 101. ② 102. ③ 103. ② 104. ④

2014년 지방직 9급

105 MS Windows 운영체제 및 Internet Explorer의 보안 기능에 대한 설명으로 옳은 것은?

① Windows7의 각 파일과 폴더는 사용자에 따라 권한이 부여되는데, 파일과 폴더에 공통적으로 부여할 수 있는 사용권한은 모든 권한·수정·읽기·쓰기의 총 4가지이며, 폴더에는 폴더 내용 보기라는 권한을 더 추가할 수 있다.

② BitLocker 기능은 디스크 볼륨 전체를 암호화하여 데이터를 안전하게 보호하는 기능으로 Window XP부터 탑재되었다.

③ Internet Explorer10의 인터넷 옵션에서 개인정보 수준을 '낮음'으로 설정하는 것은 모든 쿠키를 허용함을 의미한다.

④ Window7 운영체제의 고급 보안이 포함된 Windows 방화벽은 인바운드 규칙과 아웃바운드 규칙을 모두 설정할 수 있다.

해설

① 파일과 폴더에 공통적으로 부여할 수 있는 사용권한은 모든 권한, 수정, 읽기 및 실행, 읽기, 쓰기, 특정 권한 등 6가지이다.
② 비트로커(BitLocker)는 마이크로소프트 윈도우 비스타, 윈도우 서버 2008, 윈도우 7, 윈도우 8, 윈도우 8.1, 윈도우 10 운영체제에 포함된 완전한 디스크 암호화 기능이다.
③ 개인정보 설정에서 낮음 단계와 별개로 모든 쿠키 허용이라는 단계가 있다. 모든 쿠키를 허용하는 것은 낮음 단계가 아니고 모든 쿠키 허용 단계이다.
낮은 단계는 압축된 개인정보 취급방침이 없는 타사의 쿠키를 차단하고, 사용자의 암묵적 동의 없이 사용자에게 연락하는 데 사용할 수 있는 정보를 저장하는 타사의 쿠키를 제한한다.
④ 방화벽의 인바운드는 외부에서 내부로 들어오는 네트워크 데이터를 의미하며, 아웃바운드는 자신의 컴퓨터에서 나가는 네트워크 데이터를 의미한다. Windows 방화벽은 인바운드/아웃바운드 규칙을 모두 설정할 수 있다.

정보보안기사

106 다음 중 윈도우 운영체제의 공유폴더 사용의 취약성을 이용한 공격에 대한 설명 중 잘못된 내용은?

① Microsoft 파일/프린터 공유 프로그램 서비스가 공격 대상이 된다.

② NetBIOS over TCP/IP 기능이 악용된다.

③ 반드시 해킹툴을 이용해 취약성 공격을 해야 한다.

④ 동일 망의 사용자가 원격 PC의 공유된 디스크나 폴더에 접근한다.

2017년 경찰간부후보생

107 다음은 윈도우7 운영체제의 명령어 창에서 어떤 명령어를 실행한 출력 결과의 일부이다. 실행한 명령어는 무엇인가?

```
이미지 이름                     PID 세션 이름              세션#  메모리 사용
========================= ======== ================ =========== ============
System Idle Process              0 Services                   0         20 K
System                           4 Services                   0     13,904 K
smss.exe                       304 Services                   0        916 K
csrss.exe                      420 Services                   0      5,616 K
wininit.exe                    480 Services                   0      4,260 K
csrss.exe                      496 Console                    1     96,584 K
winlogon.exe                   548 Console                    1      8,816 K
services.exe                   580 Services                   0     10,236 K
lsass.exe                      600 Services                   0     18,316 K
svchost.exe                    708 Services                   0     11,816 K
svchost.exe                    752 Services                   0      9,240 K
svchost.exe                    816 Services                   0     34,944 K
dwm.exe                        852 Console                    1     59,640 K
svchost.exe                    868 Services                   0     62,248 K
svchost.exe                    952 Services                   0     34,008 K
```

① netstat−an ② ipconfig/all

③ tasklist ④ arp−a

해설

tasklist는 현재 실행 중인 각기 다른 로컬 컴퓨터 프로세스들을 모두 나열한다.

2016년 국가(보) 9급

108 다음의 실행 결과를 제시하는 명령어는?

프로토콜	로컬 주소	외부주소	상태
TCP	111.111.111.111:49217	222.222.222.221:ms-sd-s	ESTABLISHED
		(중략)	
TCP	111.111.111.111:49216	222.222.222.221:ftp	TIME WAIT

정답 105. ④ 106. ③ 107. ③ 108. ④

① nslookup　　② route

③ tracert　　④ netstat

해설

- netstat 명령은 연결포트 등의 네트워크 상태 정보(프로토콜, 로컬 주소, 외부주소, 상태)를 확인할 수 있게 한다.
- Netstat 명령은 TCP/IP 네트워크상에서 특정 시스템의 Protocol의 상태나 연결상태 혹은 서비스 중인 TCP, UDP 현황을 조회하고, 프로토콜에 대한 통계를 볼 수 있는 명령도구로 TCP/IP 프로토콜을 설치해야만 사용할 수 있는 명령 도구이다.

정보보안기사

109 다음은 윈도우7 운영체제의 명령어 창에서 어떤 명령어를 실행한 출력 결과의 일부이다. 실행한 명령어는 무엇인가?

이미지 이름	PID	세션 이름	세션#	메모리 사용
========	======	=======	===	=======
System Idle Process	0	Services	0	12 K
System	4	Services	0	284 K
smss.exe	472	Services	0	844 K
csrss.exe	592	Services	0	4,672 K
csrss.exe	648	Console	1	16,528 K
wininit.exe	656	Services	0	4,288 K
services.exe	708	Services	0	9,260 K
lsass.exe	732	Services	0	8,900 K
winlogon.exe	740	Console	1	6,244 K
lsm.exe	768	Services	0	4,580 K
svchost.exe	868	Services	0	7,340 K
nvvsvc.exe	928	Services	0	5,780 K
svchost.exe	960	Services	0	6,564 K
	1048	Services	0	3,228 K

① netstat–an　　② ipconfig/all

③ tasklist　　④ arp–a

정보보안기사

110 유닉스 시스템에서 패킷의 입출력 상태, 라우팅 테이블 등을 보여주는 명령은?

① nslookup　　② netstat

③ ifconfig–a　　④ man inetd.conf

해설

108번 해설 참고

2016년 국가직 9급

111 윈도우에서 지원하는 네트워크 관련 명령어와 주요 기능에 대한 설명으로 옳지 않은 것은?

① route : 라우팅 테이블의 정보 확인

② netstat : 연결 포트 등의 네트워크 상태 정보 확인

③ tracert : 네트워크 목적지까지의 경로정보 확인

④ nslookup : 사용자 계정 정보 확인

해설

nslookup : 특정 도메인 명에 대한 IP주소를 확인할 수 있는 명령어이다.
예) nsloolup www.google.com–>172.217.24.4
도메인에 대한 IP 정보 및 도메인 네임과 관련된 여러 검색을 할 수 있다.

2017년 교행직 9급

112 시스템 관리자는 새로운 사용자를 추가하고 권한을 부여하기 위해 현재 시스템의 그룹을 확인하고자 한다. MS 윈도 명령 프롬프트에서 시스템의 그룹을 확인하기 위한 그림의 빈칸 ㉠에 들어갈 명령어로 옳은 것은?

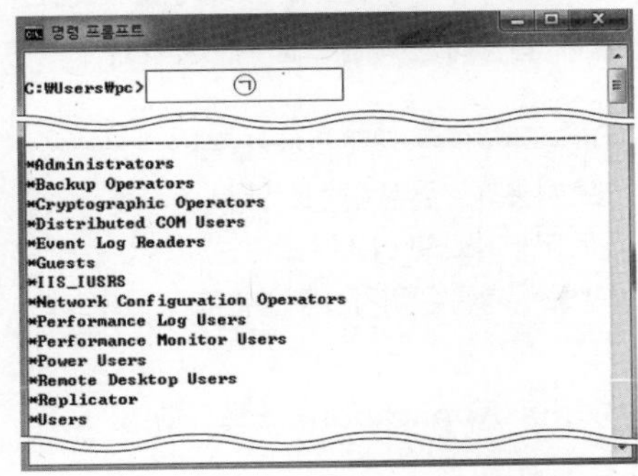

① net localgroup　　② ping localgroup

③ netstat localgroup　　④ tracert localgroup

해설

net localgroup은 모든 그룹의 목록을 출력하는 명령어이다.

정답 109. ③　110. ②　111. ④　112. ①

정보보안기사

113 다음은 네트워크 기반 유틸리티에 대한 설명이다. 틀린 것은?

① ipconfig : 해당 컴퓨터의 IP 설정과 관련된 기능 수행

② arp : 라우팅 테이블에 대한 정보 출력

③ tracert : 목적지 IP주소까지의 경로에서 중계 역할을 하는 라우터의 주소 표시

④ nslookup : DNS 서버에 연결해서 IP주소나 도메인 이름에 대한 질의

해설

- ARP는 'Address Resolution Protocol'의 약어로서 IP주소(논리적 주소)를 근거로 NIC 주소(물리적 주소)를 찾는 기능이다(IP주소에 해당되는 MAC 주소를 찾고자 할 때 ARP 사용).
- arp-a : 현재 자신이 속한 LAN(WLAN 포함) 내에 어떠한 장치들이 참여(join)하고 있는지를 확인하는 방법으로 주로 arp 명령어를 이용한다.
- 라우팅 테이블의 정보를 확인할 수 있는 명령어는 route이다.

2016년 해경(보호직) 9급

114 윈도우(Windows) 2008 서버에서의 로그 관리는 이벤트 뷰어라는 관리 도구를 사용한다. 다음에 설명하는 이벤트는 무엇인가?

> 파일이나 다른 개체 만들기, 열기, 삭제 등의 리스트 사용과 관련된 이벤트이다.
> 로그인 시도 및 잘못된 로그인 시도 이벤트이며 이벤트 유형은 관리자가 지정한다.

① 응용(Application) 프로그램 및 로그

② 보안(Security) 로그

③ 시스템(System) 로그

④ 리소스(Resource) 로그

2017년 국가직 9급 네트워크 보안

115 윈도우 시스템에서 "route PRINT-4" 명령을 실행한 결과로 표현되는 정보가 아닌 것은?

① 네트워크 마스크 ② 게이트웨이

③ TCP/UDP 포트 ④ 인터페이스

해설

③ 열린 포트를 확인하는 명령어는 netstat이다.

2017년 국가직 9급 정보시스템 보안

116 윈도우 시스템이 동작하기 위한 프로세스와 그에 대한 설명을 바르게 연결한 것은?

> (가) Winlogon 서비스에 대한 필요한 인증 프로세스를 담당한다.
> (나) 사용자 세션을 시작하는 기능을 담당한다.
> (다) 사용자가 미리 지정한 시간에 작업을 실행시키는 작업 스케줄을 담당한다.

	(가)	(나)	(다)
①	smss.exe	mstask.exe	lsass.exe
②	smss.exe	lsass.exe	mstask.exe
③	lsass.exe	mstask.exe	lsass.exe
④	lsass.exe	smss.exe	mstask.exe

정보보안기사

117 유닉스 시스템에서 su(switch user) 명령어에 대해서 로그를 기록하려고 한다. 어떤 것을 수정해야 하는가?

① /etc/su.conf ② /etc/syslog.conf

③ /etc/hosts ④ /etc/inetd.conf

정답 : 113. ② 114. ② 115. ③ 116. ④ 117. ②

정보보안기사

118 시스템 로그 파일은 사용자의 정보를 기록하는 중요한 파일이다. 침입자가 있을 경우 그를 추적하거나 접근한 내용을 검사할 수 있는 정보를 제공하여 주기 때문에 침입자는 로그 파일에 접근하여 자신의 기록을 삭제하려고 한다. 침입자로부터 로그 파일을 보호하는 방법 중 가장 옳지 못한 것은?

① 로그 파일을 가능한 여러 곳에 만든다.

② 과도한 크기에 대비하여 로그 파일의 크기는 일정 용량으로 제한해야 한다.

③ 로그 파일의 내용을 암호화하여 기록한다.

④ CD-ROM 등에 기록하는 다른 시스템에 별도로 보관한다.

해설

② 로그 파일 크기를 제한하기보다는 백업 후 삭제 등의 지속적인 관리를 주기적으로 해야 한다.

정보보안기사

119 윈도우 시스템에 대한 설명으로 틀린 것은 무엇인가?

① $C, $D, $ADMIN의 기본 공유폴더는 Everyone 그룹에게 모든 권한이 주어진다.

② net share 명령을 통해서 공유 폴더를 확인할 수 있다.

③ 윈도우 파일 시스템은 FAT 16, FAT 32, NTFS가 존재하며, NTFS는 윈도우 NT, 윈도우 2000, 윈도우 XP에서 사용된다.

④ 윈도우에서는 Manager에게 작업을 분담시키고 하드웨어를 제어하는 것은 Object Manager이다.

해설

Object Manager는 파일, 포트, 프로세스, 스레드와 같은 각 객체에 대한 정보를 제공한다.

SECTION 6 · UNIX 서버 보안

정보보안기사

120 다음 중에서 유닉스(Unix) 운영체제에 관한 내용이 아닌 것은?

① 다중 사용자, 다중 작업(multi-user, multi-task)

② OLE(Object Linking Embedding)

③ Solaris, HP-UX, AIX

④ sh, csh, ksh, tsh

해설

OLE는 윈도우에서 데이터와 데이터를 연결하는 방법을 말한다.

2016년 해경(보호직) 9급

121 유닉스 계열의 시스템에서 핵심부분인 커널(Kernel)에 대한 설명으로 옳지 않은 것은?

① 유닉스 시스템의 구성은 커널(Kernel), 셸(Shell), 파일시스템(File System)으로 구성되며, 커널은 프로세스 관리, 메모리 관리, 입출력 관리를 수행한다.

② 커널(Kernel)은 데몬(Daemon) 프로세스를 실행하고 관리한다.

③ 유닉스 계열의 시스템이 부팅될 때 가장 먼저 읽혀지는 핵심 부분으로 보조기억장치에 상주한다.

④ 커널(Kernel)은 셸(Shell)과 상호 연관되며 작업을 수행한다.

해설

③ 커널은 유닉스 계열의 시스템이 부팅될 때 가장 먼저 읽혀지는 핵심 부분으로 주기억장치에 상주한다.

정답 118. ② 119. ④ 120. ② 121. ③

정보보안기사

122 아래의 내용은 무엇에 대한 설명인가?

> 시스템에서 일어나는 모든 상황들이 기록되는 데몬으로 외부 비인가자가 루트 권한을 획득한 후 제일 먼저 kill시키는 행동을 할 만큼 시스템의 모든 기능을 관리 기록하는 데몬이다.

① inetd ② xinetd
③ syslogd ④ system

정보보안기사

123 유닉스 Shell에서 AT&T에서 개발된 것으로 대부분의 유닉스에서 기본적인 Shell은 무엇인가?

① Korn Shell(ksh) ② TC Shell(tcsh)
③ Bourne Shell(sh) ④ Bash Shell(bash)

정보보안기사

124 유닉스 시스템의 세 가지 핵심 컴포넌트는 무엇인가?

① Kernel, Shell, File System
② HAL, Sub-directories, Files
③ NTFS, Kernel, Shell
④ Ethernet, NFS, NIS+

정보보안기사

125 유닉스의 특징이 아닌 것은?

① 다중 작업 기능을 제공한다.
② 다중 사용자 기능을 제공한다.
③ 이식이 타 운영체제보다 떨어진다.
④ 계층적 트리 구조 파일시스템을 가진다.

해설

③ 유닉스는 C언어로 구성되어 있어 타 기종에 이식성이 용이하다.

정보보안기사

126 유닉스(UNIX) 운영체제의 디렉터리(Directory)에 포함되지 않는 정보는 어느 것인가?

① 파일의 사용자
② 파일의 현재 위치
③ 파일의 이름
④ 파일의 보호

정보보안기사

127 루트 파일 시스템 사용률이 100%일 때 점검 사항으로 타당하지 않은 것은?

① /dev 장치 파일에 쓰려고 시도하거나 올바르지 않은 장치 이름을 사용할 때 큰 파일이 생길 수 있다.
② /tmp 파일 안에 대용량의 파일이 존재한다면 이를 지우고 재부팅한다.
③ 쿼터를 부여한 사용자 디렉터리에 큰 파일들이 존재하는지 살펴본다.
④ /var 이 루트 파티션에 있을 때 /var/adm 안의 큰 관리용 파일을 살펴본다.

해설

- 루트 파일시스템(/)의 사용률이 100%인 경우 먼저 시스템 로그가 저장되는 /var 디렉터리를 점검한다. 그리고 가변성이 있는 디렉터리인 /tmp, spool 등의 디렉터리와 core 파일, 특히 /dev 디렉터리의 I/O와 관련된 오류로 생성되는 core 파일을 우선적으로 점검하여야 한다.
- ③ 쿼터는 각 사용자별로 최대 사용량을 제한하는 데 사용된다.

정답 : 122. ③ 123. ③ 124. ① 125. ③ 126. ① 127. ③

2017년 국가직 9급 정보시스템 보안

128 유닉스 시스템의 디렉터리별 역할에 대한 설명을 바르게 연결한 것은?

> (가) 시스템의 환경 설정 및 주요 설정 파일을 담고 있다.
> (나) 기본적으로 실행 가능한 파일을 담고 있다.
> (다) 각 사용자의 작업 디렉터리를 담고 있다.

	(가)	(나)	(다)
①	/bin	/home	/etc
②	/home	/etc	/bin
③	/etc	/bin	/home
④	/bin	/etc	/home

정보보안기사

129 UNIX 시스템에서 다음의 chmod 명령어 실행 후의 파일 test1의 허가비트(8진법 표현)는?

```
% ls -l test1
-rw-r--r--1 root user 2320 Feb 9 13:20 test1
% chmod o-r test1
% chmod g-r test1
```

① 644　② 244
③ 600　④ 640

해설

test1의 퍼미션은 user(4+2+0), group(4+0+0), other(4+0+0)으로 644이다. 그리고 chmod로 o(other)와 g(group)의 r(읽기) 권한을-(삭제) 하였으므로 퍼미션은 600이 된다.

2017년 경찰간부후보생

130 유닉스(Unix) 운영체제에서 파일에 대한 권한을 모두 허용(-rwxrwxrwx)하는 모드(명령어)는 무엇인가?

① chmod 777　② chmod a-rwx
③ chmod 666　④ chmod ug+rw

해설

- 퍼미션은 r(4), w(2), x(1)이다. 즉 rwx는 (4+2+1)로 7이된다.
- 퍼미션이 rwxrwxrwx이므로 777이 되며, 접근권한 변경 명령어는 chmod이다.

2018년 국가직 9급

131 〈보기 1〉은 리눅스에서 일반 사용자(hello)가 'ls -al'을 수행한 결과의 일부분이다. 〈보기 2〉의 설명에서 옳은 것만을 모두 고른 것은?

보기1

> -rwxr-xr-x 1 hello world 4096 Nov 21 15:12 abc.txt
> (-rwxr-xr-x: ⓐ, hello: ⓑ)

보기2

> ㄱ. ⓐ는 파일의 소유자, 그룹, 이외 사용자 모두가 파일을 읽고 실행할 수 있지만, 파일의 소유자만이 파일을 수정할 수 있음을 나타낸다.
> ㄴ. ⓑ가 모든 사용자(파일 소유자, 그룹, 이외 사용자)에게 읽기, 쓰기, 실행 권한을 부여하려면 'chmod 777 abc.txt'의 명령을 입력하면 된다.
> ㄷ. ⓑ가 해당 파일의 소유자를 root로 변경하려면 'chown root abc.txt'의 명령을 입력하면 된다.

① ㄱ　② ㄱ, ㄴ
③ ㄴ, ㄷ　④ ㄱ, ㄴ, ㄷ

정답 : 128. ③　129. ③　130. ①　131. ②

2016년 국가(보) 9급

132 다음의 명령어를 실행한 파일의 접근권한으로 옳은 것은?

```
chmod 751 test.c
```

① -rwxr-x--x ② -rwxrw---x

③ -rwxr-x--- ④ -rw-r-----

해설

퍼미션은 r(4), w(2), x(1)이다. 즉 7은 (4+2+1)이므로 rwx가 되고 5는 (4+0+1)로 r-x 가 되고 1은 (0+0+1) 이므로--x가 된다.
test.c 파일이므로 첫 번째는 -가 되고, 7은 rwx가 되고, 5는 r-x가 되고, 1은 --x가 된다.
그래서 최종적으로 -rwxr-x--x가 된다.

정보보안기사

133 다음 보기 중 Unix의 디렉터리 권한관리에 대한 설명으로 적합한 것을 모두 선택하시오.

가. 읽기 권한은 있으면 실행 권한이 없어도 파일 리스트를 볼 수 있다.
나. 디렉터리 권한을 0700으로 설정하면 소유자만 디렉터리 내의 파일을 읽을 수 있다.
다. 디렉터리 소유자라도 해당 디렉터리에 대한 실행 권한이 없으면 디렉터리 내의 파일에 접근할 수 없다.
라. 디렉터리 실행 권한이 있으면 디렉터리로 들어갈 수 있다.

① 가 ② 가, 나

③ 가, 나, 다 ④ 가, 나, 다, 라

정보보안기사

134 Unix 시스템에서 서버에 현재 login한 사용자의 정보를 알 수 있게 해주는 명령어는 무엇인가?

① rlogin ② finger

③ ftp ④ uname

정보보안기사

135 외부에서 들어오는 사용자 등이 특정 디렉터리에 접근이 불가능하도록 하는 프로그램은 무엇인가?

① chroot ② chmod

③ chwon ④ sulog

해설

chroot는 path가 지정한 곳으로 루트 디렉터리를 바꾸는 UNIX 명령어이다.

정보보안기사

136 다음은 유닉스 계열에서 파일 및 디렉터리에 접근 허가권을 설정하는 명령어를 설명한 것이다. (A)와 (B)의 명령어를 바르게 열거한 것은?

(A) 파일과 디렉터리에 접근권한을 변경한다.
(B) 파일과 디렉터리에 소유자 및 소유 그룹을 변경한다.

① (A) chmod, (B) chown

② (A) chfile, (B) chuser

③ (A) chdir, (B) chgroup

④ (A) chroot, (B) chmount

2017년 국가직 9급 정보시스템 보안

137 사용자의 계정명, 로그인한 시간, 로그아웃한 시간, 터미널 번호나 IP주소를 출력하는 유닉스 시스템 명령어는?

① last ② lastcomm

③ acctcom ④ chown

정답 132. ① 133. ④ 134. ② 135. ① 136. ① 137. ①

정보보안기사

138 다음 유닉스 명령어는 시스템 사용자에 대한 정보를 얻기에 적당하다. 해당 명령어와 기능이 짝지어진 것 중 올바르지 않은 것은?

① who, w–사용자 및 사용자의 컴퓨터 확인

② last–사용자들의 로그인/로그아웃 일시 기록 확인

③ lastcomm–사용자들의 시스템 명령 및 프로세스 기록 확인

④ traceroute–네트워크 현재 접속 현황 확인

해설

Traceroute는 특정 호스트까지의 네트워크 라우팅 경로 및 경유하는 IP를 보여준다.

정보보안기사

139 wtmp 파일은 로그인, 리부팅한 정보 등을 기록(계정들의 로그인 및 로그아웃에 대한 정보)하는 로그파일이다. 다음과 같이 계정의 최종 접근 내역의 내용을 보여주는 명령어는?

```
buster ttyp0 xxx.146.44.117 Thu Dec 9 20:47-20:57(00:10)
wise ttyp2 98AE63EE.ipt.aol Thu Dec 9 19:24-19:30(00:06)
jerry ttyp2 98AE63EE.ipt.aol Thu Dec 9 19:23-19:24(00:00)
park ftp ppp-ts1-port4.sa Sun Nov 7 00:13-00:15(00:02)
hspark pts/2 147.46.76.171 Sat Nov 6 13:56-14:01(00:05)
moksoon ftp ts7-70t-18.idire Sat Nov 6 13:26-13:30(00:03)
```

① who ② last

③ w ④ lastcomm

해설

last 명령어는 로그인과 로그아웃 기록을 보여주는 명령어이다.

정보보안기사

140 pacct 로그는 사용자 로그인에서부터 로그아웃까지 사용한 명령어를 기록한다. 다음과 같은 접근 내역을 보여주는 명령어는?

```
lpd F root ___ 0.08 secs Mon Sep 19 15:06
date hacker ttyp7 0.02 secs Mon Sep 19 15:06
sh cenda ttyp3 0.05 secs Mon Sep 19 15:04
calculus D mtdog ttyq8 0.95 secs Mon Sep 19 15:09
more X urd ttypf 0.14 secs Mon Sep 19 15:03
mail S root ttyp0 0.95 secs Mon Sep 19 15:03
```

① who ② last

③ w ④ lastcomm

해설

lastcomm 명령은/var/adm/pacct의 내용을 참조하여 이전에 실행된 명령들에 대한 정보를 표시한다.

정보보안기사

141 유닉스 시스템에서 여러 가지 명령어 중 현재 로딩 된 셀을 점검하여 적절한 서비스를 제공하는지에 대한 서비스 제어를 할 수 있다. 현재 로딩 된 셀 종류를 보는 명령어는?

① df ② ls

③ ps ④ find

해설

ps(Process Status) : 시스템에서 상주하는 프로세스(PID) 정보를 알려준다.

정답 : 138. ④ 139. ② 140. ④ 141. ③

정보보안기사

142 다음 지문에서 설명하는 정보를 획득하기 위한 유닉스 명령어는 무엇인가?

> 시스템에서 수행 중인 PID 정보
> 시스템에서 수행 중인 명령어의 TTY 정보
> 시스템에서 수행 중인 프로세스의 사용자 정보
> 시스템에서 로딩된 셸 정보

① at ② cat

③ ps ④ cron

정보보안기사

143 다음은 리눅스 시스템에서 signal에 대한 사용과 번호에 대한 설명이다. 틀린 것은?

① HUP-1 : Hangup(재실행을 하고자 하는 경우 발생)

② KILL-9 : Kill(실행을 정지한 후 다시 실행을 계속하기 위한 대기)

③ SEGV-11 : Segment Violation(허가되지 않은 메모리 영역 접근)

④ TERM-15 : Terminate(가능한 한 정상 종료)

해설

KILL-9는 다른 프로세스와 연관되어 있어 kill 명령으로 프로세스를 종료시키지 못할 경우 강제적으로 실행을 정지하기 위한 Signal이다.

정보보안기사

144 현재 유닉스 시스템상에서 실행 중인 프로세스가 참조하는 파일에 대한 정보를 보여주는 도구는 다음 중 무엇인가?

① tripwire ② COPS

③ lsof ④ fportn

해설

① tripwire는 파일 무결성 점검 도구이다.
② COPS(computerizes oracle and password system)은 취약성 점검 도구이다.
③ 유닉스 시스템에서 실행 중인 모든 프로세스에 의해서 참조되는 파일들에 대한 정보를 보여주는 도구는 lsof(LiSt Open Files)로 특정 포트를 사용하는 프로세스의 정보도 알 수 있어 공격당한 시스템을 조사할 때 필수적이다.
④ fportn은 윈도우 시스템용 lsof이다.

정보보안기사

145 다음은 파일에 대한 정보를 알 수 있는 명령들이다. 설명이 틀린 것은?

① find : 파일 hierarchy을 검색한다.

② whereis : 이진파일과 맨(man)페이지도 검색한다.

③ which : 전체 디렉터리에서 실행 가능한 파일을 검색한다.

④ file : 파일 타입을 볼 수 있다.

해설

which 명령은 $PATH 내의 실행 파일의 위치를 알려준다.

2016년 해경(보호직) 9급, 2017년 경찰간부후보생, 2015년 국가직 9급

146 유닉스(Unix)의 로그 파일과 기록되는 내용을 바르게 연결한 것은?

> ㄱ. history : 명령창에 실행했던 명령 내역
> ㄴ. sulog : su 명령어 사용 내역
> ㄷ. xferlog : 실패한 로그인 시도 내역
> ㄹ. loginlog : FTP 파일 전송 내역

① ㄱ, ㄴ ② ㄱ, ㄷ

③ ㄴ, ㄷ ④ ㄷ, ㄹ

정답 142. ③ 143. ② 144. ③ 145. ③ 146. ①

해설

- xferlog : FTP 파일 전송 내역
- loginlog : 실패한 로그인 시도 내역

2017년 국가직 7급

147 솔라리스 10에서 FTP 파일전송 시 발생되는/var/log/xferlog 기록 내용에 대한 설명으로 옳지 않은 것은?

> Thu Feb 2 16:41:30 2017 1 192.168.10.1 2870 (㉠)
> /tmp/12-ftp.bmp (㉡) b (㉢) _ o r wish ftp 0 * (㉣) c 2870 0

① ㉠ – 응답 포트 번호

② ㉡ – 전송된 파일의 이름

③ ㉢ – 바이너리 파일 전송

④ ㉣ – 인증서버를 사용하지 않음

정보보안기사

148 아래 내용은 xferlog의 일부분이다. xferlog 형식에 대한 내용으로 맞지 않는 것은?

> Thu Feb 2 16:41:30 2017 1 (❶) 192.168.10.1 (❷) 2870 (❸)
> /tmp/12-ftp.bmp (❹) b o r wish
> ftp 0 * c 2870 0

① ①번은 접근날짜와 전송을 위한 총 시간을 나타낸다.

② ②번은 remote hostname을 나타낸다.

③ ③번은 파일의 총 크기를 나타낸다.

④ ④번은 전송한 파일을 나타낸다.

해설

② xferlog 설명

Thu Feb 2 16:41:30 2017 1 (접근날짜와 총 시간) 192.168.10.1 (원격접속IP) 2870 (파일SIZE)

/tmp/12-ftp.bmp (전송한 파일) b (Binary(파일종류)) o (outgoing)

r (real) wish (로그인한id) ftp (서비스방법) 0 (인증방법) * (전송상태)

c (성공) 2870 0

정보보안기사

149 다음은 ProFTPD 을 사용한 파일의 송수신 내역을 보여주는 로그기록이다. 해당 로그 파일은?

> Sat Apr 21 00:53:44 2001 1 sis.or.kr 14859/tmp/statdx2.c a _ i r root ftp 1 root c
> Sat Apr 21 00:54:09 2001 1 sis.or.kr 821/etc/passwd a _ o r root ftp 1 root c

① utmp ② sulog

③ xferlog ④ access_log

해설

xferlog는 FTP 파일 전송 내역을 기록하는 로그이다.

2018년 국가직 9급

150 유닉스/리눅스 시스템의 로그 파일에 기록되는 정보에 대한 설명으로 옳지 않은 것은?

① utmp – 로그인, 로그아웃 등 현재 시스템 사용자의 계정 정보

② loginlog – 성공한 로그인에 대한 내용

③ pacct – 시스템에 로그인한 모든 사용자가 수행한 프로그램 정보

④ btmp – 실패한 로그인 시도

해설

loginlog : 실패한 로그인 시도 내역

정답 : 147. ① 148. ② 149. ③ 150. ②

정보보안기사

151 유닉스(Unix)의 로그 파일과 기록되는 내용을 옳게 짝지은 것은?

> ㉠ utmp : 현재 사용자의 정보를 기록
> ㉡ sulog : su 명령어 사용 내역을 기록
> ㉢ xferlog : 실패한 로그인 시도를 기록
> ㉣ loginlog : FTP 파일 전송 내역을 기록
> ㉤ wtmp : 로그인, 리부팅한 정보 등을 기록

① ㉠, ㉡, ㉢

② ㉠, ㉡, ㉤

③ ㉡, ㉢, ㉣

④ ㉢, ㉣, ㉤

해설

- xferlog : FTP 파일 전송 내역
- loginlog : 실패한 로그인 시도 내역

정보보안기사

152 유닉스 로그에 대한 설명이다. 그 내용이 틀린 것은 무엇인가?

① wtmp : 사용자 로그인과 로그아웃에 대한 정보

② pacct : 사용자가 로그인 후에 로그아웃 할 때까지 입력한 명령과 시간, tty 등에 대한 정보

③ lastlog : 루트에 대한 마지막 접근 로그

④ btmp : 5번 이상 로그인 실패 시에 기록

해설

lastlog : 최근 로그인 시각(마지막 로그인 시각)을 기록한 로그이다.

정보보안기사

153 유닉스 시스템에서 로그인 실패 정보를 보유한 것은 (   )이고, 이것을 보기 위한 프로그램은 (   )이다.

① utmp, lastlog　　② btmp, lastb

③ wtmp, lasta　　④ last, lastb

해설

- btmp : 실패한 로그인 정보를 담고 있는 로그 파일이다.
- lastb : lastb 명령은/var/log/btmp 로그 파일을 기본값으로 보여주는데 이 부분을 제외하고는 last 명령어와 동일하다.

2018년 경찰간부후보생

154 리눅스 시스템 로그(log) 파일 중 계정들의 로그인 및 로그아웃에 대한 정보를 가진 파일은 무엇인가?

① wtmp　　② dmesg

③ xferlog　　④ btmp

2018년 경찰간부후보생

155 리눅스 명령어에 관한 다음 설명 중 바르게 짝지은 것은 무엇인가?

> (가) 파일과 디렉터리의 퍼미션(Permission) 변경
> (나) 파일과 디렉터리의 소유권(Ownership) 변경
> (다) 사용자 패스워드 변경
> (라) 계정 생성

	(가)	(나)	(다)	(라)
①	umask	chown	passwd	netuser
②	chmod	chgroup	passwd	useradd
③	chmod	chown	passwd	useradd
④	umask	chown	chpwd	useradd

정답 : 151. ② 152. ③ 153. ② 154. ① 155. ③

2017년 교행직 9급

156 유닉스 시스템에 대한 설명으로 옳지 않은 것은?

① who 명령어는 utmp 로그의 내용을 사용한다.

② wtmp 로그의 내용은 ps 명령어로 확인할 수 있다.

③ 파일의 접근권한은 ls - l 명령어로 확인할 수 있다.

④ syslog에서 서비스의 동작과 에러를 확인할 수 있다.

정보보안기사

157 아래의 내용은 무엇인가?

```
jslim ftpd5812 123.45.4.80 Tue Apr 17 21:44-21:59(00:15)
yyjk pts/1 hng.cisa.or Tue Apr 17 17:59 still logged in
yhkim pts/1 123.45.2.149 Mon Apr 16 20:06-20:34(00:28C)
kong pts/1 123.45.2.146 Mon Apr 16 16:36-18:13(01:37)
chief pts/0 123.45.2.26 Mon Apr 16 10:38-14:35(2+03:56)
reboot systemboot Mon Apr 16 01:52
hcjung pts/1 hcjung Mon Apr 15 01:21-crash(00:30)
```

① wtmp ② utmp

③ sulog ④ lastlog

해설

- wtmp는 로그인, 리부팅한 정보 등의 기록(계정들의 로그인 및 로그아웃에 대한 정보)하는 로그파일이다.
- wtmp 파일을 분석 : last -w -F -f wtmp 〉〉wtmp.txt

정보보안기사

158 유닉스에서 'lastb' 라는 명령어를 통해 이 파일에 저장된 실패된 로그 정보를 검색할 수 있다. 이 파일은 무엇인가?

① utmp ② syslog

③ wtmp ④ btmp

해설

④ lastb명령어는 btmp 로그파일을 기본값으로 보여준다. btmp 로그파일은 5번 이상 로그인 실패를 했을 경우에 로그인 실패 정보를 기록한다.

정보보안기사

159 linux 로그파일 중 보안인증 관련 메시지 및 TCP Wrapper의 메시지 등 아래와 같은 로그를 가지는 로그파일은?

```
Apr 19 23:23:35 unsecure in.telnetd[645] :
connect from 172.16.2.14
Apr 19 23:23:41 unsecure login : LOGIN ON 2
BY hcjung FROM hcjung
Apr 20 23:24:29 unsecure in.telnetd[1218] :
refused connect from bluebird.a3sc.or.kr
Apr 20 23:25:27 unsecure in.telnetd[1219] :
connect from 172.16.2.161
```

① system log ② access_log

③ secure ④ pacct

해설

secure 로그는 telnet, ftp, pop, smpt, ssh 접속에 대한 로그인 인증내역을 기록한다.

정답 : 156. ② 157. ① 158. ④ 159. ③

2016년 서울시 9급

160 Linux system의 바이너리 로그파일인 btmp(솔라리스의 경우는 loginlog 파일)를 통해 확인할 수 있는 공격은?

① Password Dictionary Attack

② SQL Injection Attack

③ Zero Day Attack

④ SYN Flooding Attack

해설

① btmp(솔라리스는 loginlog)는 5번 이상 로그인 실패를 했을 경우 로그인 실패 정보를 기록하는 로그파일이다. 패스워드 사전 공격 시 로그인 실패 정보 등을 갖고 있다.

정보보안기사

161 아래 명령의 실행결과를 보고 맞는 설명을 고르면?

```
[root@sis]# crontab-l
0 0 * * 0/bin/test.sh
[root@sis]#
```

① 위의 명령(crontab−l)은 crontab을 설정하기 위한 명령이다.

② 위 명령의 실행 결과/bin/test.sh 명령이 생성된다.

③ 본 시스템은 매주 일요일 0시 0분에 /bin/test.sh을 실행한다.

④ crontab 명령은 root만이 실행할 수 있다.

해설

③ crontab 파일의 구문(syntax)은 "분(0~59분), 시(0~23시), 일(1일~31일), 월(1월~12월), 요일(일요일~월요일), 실행명령어"이다.
위 스크립트는 0(0분), 0(0시), *(매일), *(매월), 0(일요일)/bin/test.sh 명령어가 실행하라는 의미이다.

1. minute(분) : 0−59
2. hour(시) : 0−23
3. day_of_month(일) : 1−31
4. month(월) : 1−12
5. weekday(요일) : 일요일부터 토요일까지를 나타내는 0−6
6. command(명령) 셀 명령

2017년 국가직 9급 정보시스템 보안

162 유닉스 시스템에 기록되는 로그파일에 대한 설명을 바르게 연결한 것은?

(가) 시스템에 로그인한 모든 사용자가 수행한 프로그램에 대한 정보를 기록
(나) 사용자의 로그인, 로그아웃 시간과 시스템의 종료 시간, 시작 시간을 기록
(다) FTP 접속을 기록

	(가)	(나)	(다)
①	wtmp	pacct	loginlog
②	wtmp	loginlog	xferlog
③	pacct	loginlog	wtmp
④	pacct	wtmp	xferlog

정보보안기사

163 아래의 crontab에 대한 해석으로 올바른 것을 선택하시오.

```
10 2-5 * * * /home/user/jslim
```

① 2시부터 5시까지 10분마다 jslim을 실행

② 무조건 10분에 맞추어 jslim을 실행

③ 10분에 2번, 5번 jslim을 실행

④ 10일날 2시에서 5시 사이에서 jslim을 실행

정답 160. ① 161. ③ 162. ④ 163. ①

2016년 국가(보) 9급

164 운영체제에서 제공하는 파일 및 디렉터리 관리에 대한 설명으로 옳지 않은 것은?

① 윈도우 NT 계열의 운영체제는 파일과 디렉터리에 대한 접근제어를 통제하기 위하여 NTFS를 사용한다.

② 윈도우 NTFS는 모든 권한, 수정, 읽기 및 실행, 폴더내용 보기, 읽기, 쓰기와 같은 6가지 권한을 설정하여 운영한다.

③ 유닉스 계열은 파일이나 디렉터리 등의 자원에 대한 접근제어를 위해 소유권과 접근 권한을 할당한다.

④ 유닉스 계열에서는 'etc/passwd' 파일이나 'shadow' 파일의 읽기 및 쓰기 권한을 일반 사용자에게 부여해도 안전하다.

해설

④ 보통은 passwd 파일에 비밀번호에 대한 정보가 있을 거라고 생각하지만, 비밀번호에 대한 정보는 shadow 파일에 있다. 둘 다 시스템관리에 중요한 파일이므로 일반 사용자에게 읽기 및 쓰기 권한을 부여하는 것은 적절하지 않다.

2017년 국가직 7급

165 다음은 유닉스에서 /etc/passwd 파일의 구성을 나타낸 것이다. ㉠~㉣에 대한 설명으로 옳은 것은?

```
root : x : 0 : 0 : root : /root : /bin/bash
           ㉠  ㉡         ㉢      ㉣
```

① ㉠-사용자 소속 그룹 GID

② ㉡-사용자 UID

③ ㉢-사용자 계정 이름

④ ㉣-사용자 로그인 셸

2017년 경찰간부후보생

166 리눅스(Linux) 사용자의 패스워드를 암호화하여 저장하고 있는 파일은 무엇인가?

① /etc/shadow ② /etc/passwd

③ /etc/skel ④ /etc/group

2017년 국가직 7급

167 유닉스(Unix) 운영체제에서 사용자의 패스워드에 대한 해쉬값이 저장되어 있는 파일은?

① /etc/shadow ② /etc/passwd

③ /etc/profile ④ /etc/group

2017년 국가직 7급

168 리눅스 파일의 접근제어에 대한 설명으로 옳지 않은 것은?

① 모든 종류의 파일은 inode라는 파일 관리 수단으로 운영체제에 의해서 관리된다.

② passwd 명령으로 패스워드를 설정하면, 패스워드에 대한 암호화나 해시된 값이 /etc/passwd에 저장된다.

③ superuser 계정은 시스템의 모든 권한이 가능하므로 외부에 노출되지 않도록 주의해야 한다.

④ 어떤 권한을 가지고 있는가에 대한 UID, GID가 별도로 존재한다.

정답 164. ④ 165. ④ 166. ① 167. ① 168. ②

정보보안기사

169 아래의 상황을 부적절하게 설명하고 있는 것은?

```
# vi/etc/passwd
root :x:0:1:Super-User:/:/usr/local/bin/bash
daemon:x:1:1::/:
bin:x:2:2::/usr/bin:
sys :x:3:3::/:
adm :x:4:4:Admin:/var/adm :
lp :x:71:8:Line Printer Admin:/usr/spool/lp :
sis :x:0:1::/home/sis :/bin/sh
#
```

① 해커가 sis라는 일반 계정을 만들어 백도어로 사용하고 있는 것으로 판단된다.

② sis 사용자는 Bourne Shell을 사용하고 있다.

③ shadow 파일을 사용하지 않으므로 일반 계정을 가지고 있는 사용자라면 크랙 프로그램을 이용하여 쉽게 root 권한을 얻을 가능성이 크다.

④ etc/passwd 파일이 수정될 수 있다.

해설

③ /etc/passwd 파일의 규정에 의해 패스워드가 저장되는 두 번째 필드가 x(shadowed)로 표시되기 때문에 shadow 파일을 사용하고 있다. 그러나 root가 아닌 계정인 sis가 root 권한(uid=0, gid=1)을 갖는 것은 반드시 심각한 문제가 있을 것이라고 예측할 수 있다.

정보보안기사

170 UNIX에서 로그인 패스워드와 함께 일방향 해시 함수에 입력되는 12비트 난수 값을 무엇이라고 하는가?

① 솔트(salt) ② 맬로리

③ 세션 키(CEK) ④ 메시지

해설

솔트는 여러 사용자에 의해 중복 사용된 동일한 패스워드가 서로 다르게 저장되도록 한다.

2017년 국가직 9급 정보시스템 보안

171 리눅스 시스템에서 /etc/shadow 파일 내용에 대한 설명으로 옳지 않은 것은?

```
testuser:Ep6mckrOLChF:12818:0:99999:5:7:0:12842
            ㉠          ㉡      ㉢    ㉣
```

① ㉠ – 암호화된 패스워드

② ㉡ – 최근 패스워드 바꾼 날

③ ㉢ – 현재 패스워드의 유효기간

④ ㉣ – 패스워드 만료 전 유저에게 바꿀 것을 경고하는 기간

정보보안기사

172 pwconv 명령은 password 파일과 shadow 파일의 동기화를 수행하는 명령이다. 다음 중 pwconv 명령의 설명 중 틀린 것은?

① password 파일을 수정 후에 pwconv 명령을 수행한다.

② password 과 shadow 파일을 일치시킨다.

③ shadow 파일에는 없고 password 파일에만 존재하는 내용을 shadow 파일에 갱신한다.

④ password 파일에는 없고 shadow 파일에만 존재하는 내용을 password 파일에 갱신한다.

해설

④ pwconv 명령은 /etc/passwd 파일 내용 중 두 번째 필드에 있는 암호화된 패스워드 부분이 /etc/shadow 파일에 저장되도록 하는 명령이다.

정답 169. ③ 170. ① 171. ④ 172. ④

정보보안기사

173 관리자가 유닉스 시스템 점검 시 필수로 확인해봐야 하는 파일은 passwd 파일과 shadow 파일이다. 사용자 계정을 담당하고 있는 passwd 파일과 shadow 파일에 대한 설명으로 옳지 않은 것은?

```
# more/etc/passwd
root :x:0:1:Super-User:/root :/usr/local/bin/bash
daemon:x:1:1::/:
bin:x:2:2::/usr/bin:
sys :x:3:3::/:
adm :x:4:4:Admin:/var/adm :
listen:x:37:4:Network Admin:/usr/net/nls :
nobody:x:60001:60001:Nobody:/:
jslim :x:0:1:Good Admin:/:
hskim :x:1001:10::/export/khjang :/bin/csh

# more/etc/shadow
root :hM2FlW/nrp4rc:11485::::::
daemon:Np :6445::::::
bin:Np :6445::::::
sys :Np :6445::::::
adm :Np :6445::::::
jslim :Np :6445::::::
hskim ::11611::::::
```

① passwd 파일에서 jslim 사용자는 세 번째 필드 사용자 ID가 0으로 세팅되어 있어서 root 권한을 획득할 수 있다.

② passwd 파일에서 "x"로 표시되어 있는 것은 shadow 파일에 비밀번호를 별도로 관리하고 있다는 것을 말한다.

③ shadow 파일에서 hskim 사용자는 암호화 부분이 빈칸으로 되어 있으므로 비밀번호 없이 시스템에 로그인이 가능하다.

④ shadow 파일에서 NP는 시스템에서 예약된 패스워드로 정의되어 있다는 표시이다.

해설

④ NP(no password)는 패스워드가 없는 어카운트(계정)를 의미한다.

정보보안기사

174 유닉스 시스템에서 타인의 권한으로 작업하는 것을 허용하는 메커니즘은 무엇인가?

① Sticky bit ② SNMP

③ setUID ④ System call

해설

SetUID 비트가 설정된 파일은 누가 실행하든지 관계없이 해당 파일이 실행될 때 파일 소유자의 권한을 갖는다는 특징이 있다.

정보보안기사

175 다음은 SetUID와 SetGID에 관련된 설명이다. 내용이 틀린 것을 선택하시오.

① SUID, SGID, Sticky bit 설정은 파일의 실행과 관련이 있으므로 해당 파일에 실행 권한이 있을 때만 의미가 있다.

② SUID가 설정된 파일을 실행하면 EUID(Effective UID)와 Real UID가 모두 변한다.

③ SUID, SGID, Sticky bit의 설정 시 대문자 S, T(예:−rwSr−r−)인 경우는 파일에 실행 권한이 없는 상태이다.

④ SUID가 설정된 파일을 실행하는 경우에는 잠시 동안 그 파일의 소유자의 권한을 가지게 된다.

해설

② SUID가 설정된 파일(예: /usr/bin/password)의 경우 프로세스가 실행될 때에는 파일의 소유자(owner)의 권한으로 실행되다가(Effective UID=파일의 소유자) B프로세스의 실행이 완료되면 UID로 복귀된다.

정답 173. ④ 174. ③ 175. ②

2017년 국회직 9급

176 다음 지문의 ㉠에 들어갈 말로 옳은 것은?

> 리눅스 시스템에서 관리자(root) 권한이 필요 없는 프로그램에 소유자가 관리자로 되어 있으면서 (㉠)가 설정된 경우에는 시스템의 보안에 허점을 초래할 수 있다. 실제로 이것이 설정된 파일은 백도어 및 버퍼 오버플로 등 여러 공격에 이용된다.

① SetUID ② SetGID

③ Sticky Bit ④ Finger

⑤ Shadow

2018년 경찰간부후보생

177 리눅스에서 파일 접근권한 중 setuid나 setgid가 설정되어 있으면 보안상 위험해질 수 있다. setuid나 setgid가 설정되어 있는 파일을 찾는 명령이 아닌 것은 무엇인가?

① find / −perm −1000 −print

② find / −perm −2000 −print

③ find / −perm −4000 −print

④ find / −perm −6000 −print

해설

find 명령어는 특정 파일을 찾는 명령어이고 옵션은 다음과 같다.

- −perm : 특정 권한과 일치하는 파일을 찾는다.
- −name : 특정 이름과 일치하는 파일을 찾는다.
- −user : 특정 유저와 일치하는 파일을 찾는다.
- −group : 특정 그룹과 일치하는 파일을 찾는다.
- −size : 특정 사이즈와 일치하는 파일을 찾는다.

1. '/'는 최상위 디렉터리 의미 : 해당 시스템 전체를 검색한다. perm(권한)은 특수권한+소유자+그룹+other 권한의 네 자리수로 표시한다. 숫자 앞의 '−' 표시는 '적어도'라는 의미이다.
2. setuid는 특수 권한이 4이다. 즉 4000~4777의 설정값을 가진다.
3. setgid는 특수 권한이 2이다. 즉 2000~2777의 설정값을 가진다.
4. setuid와 setgid가 모두 설정된 경우 특수 권한은 '4+2=6'이다. 즉 6000~6777의 설정값을 가진다.

정보보안기사

178 다음 파일 목록의 설명이 잘못된 것을 고르면?

```
-r-sr-xr-x root home 2048 Dec 4 10:20 /etc/passwd
```

① 이 파일의 소유자는 읽거나 실행시킬 수 있다.

② 이 파일은 실행 파일이다.

③ 이 파일에는 SetGID가 설정되어 있다.

④ 이 파일은 수행 중에 일반 사용자가 root 권한을 가질 수 있다.

해설

③ 해당 파일의 특별 권한을 나타내는 s가 소유자의 필드에 있음으로 SetUID가 설정되어 있는 것이다.

정보보안기사

179 시스템에 관한 보안은 관리자들이 주기적인 점검이 필요하다. 다음 중 호스트 관련 보안 설정에 관한 설명 중 옳지 않은 것은?

① PATH 환경변수 설정

② 관리자의 startup 파일 접근권한

③ cron, at 관련 파일 접근권한

④ suid 관련 위험성이 있으므로 모든 setuid 설정 파일 접근 제한

해설

④ suid가 설정된 실행 파일은 심각한 보안 취약성을 가지고 있다. 그러나 유닉스 OS 의 설계 당시부터 시스템에서 기본으로 사용되는 suid 파일(예 /usr/bin/passwd 파일)이 다수 존재한다. 따라서 취약성이 있다고 모든 권한에 접근을 제한하면 정상적으로 동작

정답 : 176. ① 177. ① 178. ③ 179. ④

하지 않게 된다. SetUID가 설정된 파일은 지속적인 세심한 관찰이 필요하다.

2017년 국가직 생활안전분야 9급

180 UNIX 시스템의 특수 접근권한에 대한 설명으로 옳은 것은?

① getuid는 접근권한을 출력하거나 변경한다.

② setgid는 파일 소유자의 권한을 지속적으로 사용자에게 부여한다.

③ setuid가 설정된 파일은 파일 사용자의 권한으로 실행된다.

④ sticky bit가 설정된 디렉터리에 있는 파일은 소유자 외 다른 일반 사용자에 의해 삭제되지 않는다.

해설

geteuid() : 현재 프로세스의 유효 유저 아이디(effective user ID)를 출력하는 명령어이다.

정보보안기사

181 다음 파일에 대한 설명이 잘못된 것을 고르면?

```
-rwxr-sr-x 2 root sys 1024 Dec 4 10:20 /bin/sh
```

① 이 파일은 소유자는 root의 권한으로 실행되는 파일이다.

② 이 파일은 setgid가 걸려있으며 실행파일이다.

③ 이 파일은 모든 사용자가 실행 가능하다.

④ 이 파일은 모든 사용자가 수정할 수 있다.

해설

- ② SetGID 비트가 설정되어 있으면 그룹 소유자 접근 권한의 실행 권한 자리에 실행 권한이 있으면 소문자 s로, 실행 권한이 없으면 대문자 S로 표시된다.
- ④ SetGID 비트가 파일에 설정되어 있으면 새로 설정된 파일은 사용자가 속한 그룹의 권한이 아닌 소유주의 그룹 권한을 갖게 된다.
- 위의 파일은 소유자가 root이고, 그룹은 sys이다. 파일의 권한은 소유자는 r/w/x의 권한이 있고, 그룹은 setgid가 설정되어 있으며, 다른 이외의 사용자는 r-x(read와 execute)의 권한을 가지므로 수정의 권한은 없다.

정보보안기사

182 SUID, SGID, Sticky bit를 설명한 것으로 옳지 못한 것은?

① Sticky bit는 디렉터리에 유용하며 디렉터리에 Write 권한이 있어도 root와 소유자 외에는 파일을 제거하지 못한다.

② SUID, SGID를 가지고 있다면 그 파일을 실행하도록 허락된 모든 사용자, 그룹은 파일의 소유자처럼 취급된다.

③ Sticky bit로 설정된 파일이 많으면 많을수록 공격 위험이 커지므로 불필요한 설정은 바꾸는 것이 좋다.

④ 특정 파일에 전에 없던 SUID가 설정됐거나, SUID가 설정된 파일이 새로이 생겼다면 침입으로 의심할 필요가 있다.

해설

③ sticky-bit가 디렉터리에 적용되면 디렉터리 소유자나 파일 소유자 또는 슈퍼유저가 아닌 사용자들은 파일을 삭제하거나 이름을 변경하지 못한다.

정답 180. ④ 181. ④ 182. ③

2018년 경찰간부후보생

183 사용자가 자신의 홈디렉터리 내에서 새롭게 생성되는 서브 파일의 디폴트 퍼미션을 파일 소유자에게는 읽기(r)와 쓰기(w), group과 other에게는 읽기(r)만 가능하도록 부여하고 싶다. 로그인 셀에 정의해야 되는 umask의 설정 값으로 옳은 것은 무엇인가?

① umask 133　② umask 644

③ umask 022　④ umask 330

해설

- umask 명령어를 통해 현재 설정된 권한을 제거 가능하다.
- 소유자 : rw-, 그룹 : r--, other : r— 권한은 644이다.
- 파일 생성 시 기본 권한은 666이다(폴더는 777).
- 따라서 666-(xxx)=644, 즉 xxx는 022이 된다.

정보보안기사

184 유닉스 시스템에서 아래와 같이 명령어를 실행했을 때, (　)에 나오는 결과는?

```
$ touch hello
$ umask 022
$ ls-l hello
() 1 jslim other 0 Jul 24 14:40 hello
```

① -rw-rw-rw-　② -r-x--x--x

③ -rw-r--r--　④ -rw-------

해설

- touch 명령어는 빈 파일을 생성하거나 기존 파일의 시간을 변경한다.
- 파일을 처음 생성하면 666의 권한이 설정되어 있다.
- umask 명령어를 통해 현재 설정된 권한을 제거할 수 있다.
- umask 022이므로 666에서 022를 제거하면 644가 된다.
- rwx를 숫자로 표시하면 r : 4, w : 2, x : 1이므로 644는 rw-r--r--이 된다.
- 맨 앞의 구분자는 디렉터리면 d, 파일이면 -이다. touch명령어로 hello라는 파일을 생성했으므로 -rw-r--r--이 된다.

2017년 국가직 9급 정보시스템 보안

185 리눅스 시스템의 umask 값에 따라 생성된 파일의 접근권한이 '-rw-r-----'일 때, 기본 접근권한을 설정하는 umask 값은?

① 200　② 260

③ 026　④ 620

정보보안기사

186 UNIX에서 업무상/보안상 불필요한 telnet, ftp, ssh 등의 서비스를 제거하려고 한다. 이때 시스템 Administrator가 수정하는 파일은 무엇인가?

① /var/adm/sulog

② /etc/passwd

③ /etc/crontab

④ /etc/inetd.conf

해설

- inetd 데몬은 n개의 개별 서버를 하나로 통합하여 클라이언트로부터 서비스 요청이 올 때마다 해당 서비스와 관련된 실행 모듈(FTP, Telnet, TFTP, SSH 등)을 실행해준다.
- inetd.conf 설정 파일을 열어 보면 ftp, telnet 등의 서비스 설정에 대한 내용이 있다.
- 예를 들어 ftp 서비스를 하지 않으려면 inetd.conf 파일을 열어 ftp 관련 내용 앞에 #을 붙여 주석 처리한 후 /etc/inetd restart로 inetd 데몬을 다시 읽어 설정한 내용을 적용시킨다.

정답 : 183. ③　184. ③　185. ③　186. ④

정보보안기사

187 아래의 설명으로 올바른 것은 무엇인가?

> • 유닉스 계열의 운영체제에서 네트워크 연결에 대한 접근제어 도구이다.
> • 유닉스(UNIX) 서버에서 침입 차단 서비스(방화벽 서비스)를 제공하는 공용 컴퓨터 프로그램이다.
> • 유닉스 계열에서 사용되는 접근제어 툴로 슈퍼 데몬으로 구동되는 서비스에 대한 접근제어와 로깅을 수행하는 보안 도구이다.
> • 접근제어를 위한 /etc/hosts.allow와/etc/hosts.deny 파일을 사용한다.

① tcp wrapper ② ping
③ inted ④ tracert

정보보안기사

188 다음 중 유닉스 계열의 운영체제에서 네트워크 연결에 대한 접근제어 도구로 사용되는 것은?

① Tripwire ② inetd
③ TCP Wrapper ④ nmap

해설

① Tripwire : 파일의 무결성 점검을 위한 도구로 이를 위해 체크섬(Check Sum) 값을 이용해 트로이 목마 프로그램을 감지하기 가장 알맞은 툴이다.
② inetd(internet service daemon) : 유닉스 시스템에서 돌아가는 슈퍼 서버 데몬으로서 인터넷 서비스들을 제공한다.
③ TCP 래퍼(TCP Wrapper) : 유닉스(UNIX) 서버에서 침입 차단 서비스(방화벽 서비스)를 제공하는 공용 컴퓨터 프로그램이다.
④ Nmap : 네트워크 취약점 점검 도구이다. Nmap은 포트스캐닝 도구로 해커가 설치한 백도어와 연관된 포트가 열려 있는지 확인할 수 있다.

정보보안기사

189 TCP Wrapper는 네트워크 접근제어 환경설정을 구성하는 프로그램이다. TCP Wrapper를 사용하려 할 때 설정해야 할 설정 환경 파일 중 옮은 것을 선택하시오.

① /var/log/syslog
② /etc/password
③ /etc/rc.d/init.d/lpd
④ /etc/hosts.allow와 /etc/hosts.deny

정보보안기사

190 침입당한 시스템은 공격자의 흔적을 감춰주는 다양한 루트킷, 트로이 목마, 백도어 프로그램의 존재 가능성 때문에 모든 프로그램을 다시 설치하는 것이 좋다. 아래는 프로그램의 변조를 확인하는 방법이다. 옳지 못한 것은?

① 시스템 프로그램 파일 크기, Timestamp(생성 시간, 변경 시간 등)를 확인한다.
② Tripwire는 파일에 대한 기본 체크섬을 데이터베이스로 만들어 이를 통해 공격자들에 의한 파일변조 여부를 판별한다.
③ truss 또는 strace 명령을 이용하여 시스템 콜을 추적한다.
④ TCP Wrapper와 같은 파일 무결성 검사도구를 사용한다.

해설

TCP 래퍼(TCP Wrapper)는 유닉스(UNIX) 서버에서 침입 차단 서비스(방화벽 서비스)를 제공하는 공용 컴퓨터 프로그램이다.

정답 : 187. ① 188. ③ 189. ④ 190. ④

2018년 경찰간부후보생

191 다음 중 취약점 점검 도구가 아닌 것은 무엇인가?

① SARA ② NIKTO
③ TCP WRAPPER ④ NESSUS

정보보안기사

192 유닉스 파일 시스템의 상태에 관한 종합적인 정보를 보관하는 영역으로, 파일 시스템의 이름과 파일 시스템 디스크의 이름 등의 정보를 가지고 있는 블록은?

① Boot Block ② Super Block
③ Bitmap Block ④ inode Block

정보보안기사

193 유닉스 파일 시스템 구성에서 파일 시스템의 상태에 관한 종합적인 정보를 보관하는 영역(타입, 파일 시스템 크기, 상태, Free 블록의 수, metadata structure에 대한 포인터 등)은 무엇인가?

① 부트블록 ② 슈퍼블록
③ 데이터 블록 ④ 아이노드

정보보안기사

194 유닉스 파일 시스템 구성에서 inode 목록의 크기, 파일 시스템에 비어 있는 inode 수와 목록을 가지고 있는 것은 무엇인가?

① 슈퍼블록 ② 부트블록
③ 데이터 블록 ④ 아이노드

정보보안기사

195 유닉스 파일 시스템에서 inode에 대한 설명으로 틀린 것을 선택하시오.

① 유닉스는 모든 하드웨어 및 소프트웨어를 파일 단위로 관리하고 이러한 파일들에 대한 정보가 inode이다.
② 침입자가 운영체제 파일에 변경해서 백도어를 설치한 경우 inode를 확인하여 침입 이후에 변경된 파일을 확인해야 한다.
③ inode는 파일명을 제외한 파일형태, 접근보호모드, 식별자, 크기, 파일 실체의 주소, 작성시간, 최종 접근시간 등에 관한 정보를 가진다.
④ 모든 파일은 하나 이상의 inode를 가질 수 있다.

해설

모든 파일은 반드시 하나의 inode 값을 가진다.

정보보안기사

196 유닉스(리눅스) 커널이 현재 사용하는 자료구조(파일정보)를 유지하는 구조체로 파일에 접근 시 이것을 통해 파일을 참조한다. 파일 시스템 내부의 파일을 유지하는 중요한 정보를 담고 있는 것은 무엇인가?

① directory ② inode
③ super block ④ file system

정보보안기사

197 Inode가 보유하고 있는 내용으로 틀린 것은 무엇인가?

① 파일명 ② 파일 타입
③ 파일 접근시간 ④ 파일 접근권한

정답 : 191. ③ 192. ② 193. ② 194. ① 195. ④ 196. ② 197. ①

해설

① inode는 파일명을 제외한 파일형태, 접근 보호모드, 식별자, 크기, 파일 실체의 주소, 작성시간, 최종 접근시간 등과 같은 파일에 대한 정보를 가지고 있다.

정보보안기사

198 유닉스 파일 시스템에서 아래의 정보를 가지고 있는 것은 무엇인가?

- 파일 소유자의 사용자 ID(User Identification)
- 파일 소유자의 그룹 ID(Group Identification)
- 파일 크기
- 파일이 생성된 시간
- 최근 파일이 사용된 시간
- 최근 파일이 변경된 시간
- 파일이 링크된 수
- 접근모드
- 데이터 블록 주소

① Data Block ② inode
③ Super Block ④ stick Bit

SECTION 7 • 리눅스(Linux) 서버 보안

정보보안기사

199 유닉스 시스템 부팅 시, 시스템의 실행 레벨(Run Level)과 초기화에 필요한 프로세스들을 지정해놓는 파일은 무엇인가?

① /etc/inittab ② /etc/inetd.conf
③ /etc/rc.local ④ /etc/fstab

해설

① 유닉스 시스템이 실행되는 단계는 0부터 6까지의 초기화 실행단계가 있으며, 시스템은 한 번에 단지 하나의 초기화 상태에서 운영된다. 각 실행레벨의 초기화에 필요한 프로세스의 지정은 /etc/inittab 파일에서 정의한다.

정보보안기사

200 리눅스 파일 시스템으로 16Tera Byte까지 파일을 지원하고 1Exa byte까지 볼륨을 지원하는 파일 시스템은 무엇인가?

① EXT ② EXT2
③ EXT3 ④ EXT4

정보보안기사

201 어떤 리눅스 시스템의 관리자 비밀번호를 잊어버렸다. 응급으로 시스템에 로그인하여 비밀번호를 재설정하고자 한다. 이를 위하여 어떤 run level로 시스템을 부팅해야 하는가?

① run level 0 ② run level 1
③ run level 2 ④ run level 3

해설

run-level 1은 single user mode로 시스템 복원 모드이다. 보통 부팅 시 에러가 발생하여 디버깅을 하러 진입하거나 관리자가 암호를 변경할 때 사용한다.

SECTION 8 • 서버 보안 관리

정보보안기사

202 서버관리자를 위한 보안 지침 중 옳지 않은 것은?

① 관리자 그룹 사용자의 계정을 최소화한다.
② 정기적으로 파일과 디렉터리의 퍼미션을 점검한다.
③ 관리자로 작업한 후에는 반드시 패스워드를 변경한다.
④ 웹 서버에게 생성되는 프로세스는 관리자 권한으로 실행되지 않도록 한다.

해설

③ 관리자 패스워드는 주기적으로 교체하면 된다.

정답 : 198. ② 199. ① 200. ④ 201. ② 202. ③

정보보안기사

203 보안 담당자가 윈도우 시스템의 보안 점검 리스트를 만들고 있는데, 다음 중 잘못된 것은 무엇인가?

① 불필요한 ODBC/OLE-DB 데이터 소스와 드라이버를 제거한다.

② 익명 사용자를 위해 guest 계정을 활성화한다.

③ 알려진 취약점에 대해 hotfix를 설치해 점검한다.

④ 도메인 구성원이 해당 컴퓨터의 암호를 변경해야 하는 기간을 설정한다.

정보보안기사

204 서버 접근 관련 보안 설정에 관한 설명이다. 다음 설명 중 옳지 않은 것은?

① 접속 대상 IP 범위 설정 및 접근 제한 설정

② remote root 로그인 제한

③ root 사용자 ftp 직접 접근 허용

④ NFS 사용 시 everyone으로 공유 금지

해설

- ③ FTP를 이용해서 특정한 디렉터리로 File을 주고받을 수 있다.
- root 사용자라도 ftp 사용은 엄격히 제한해야 한다.
- ftp 기능이 필요한 사용자만 /etc/ftpusers에 사용자 ID를 등록하고 다른 사용자는 이용을 제한해야 한다.

SECTION 9 · 각종 시스템 보안 위협 및 대응책

2014년 서울시 9급

205 다음에서 설명하고 있는 공격은?

> 이 공격은 할당된 메모리 경계에 대한 검사를 하지 않는 프로그램의 취약점을 이용해서 공격자가 원하는 데이터를 덮어쓰는 방식이다. 만약 실행 코드가 덮어 씌어진다면 공격자가 원하는 방향으로 프로그램이 동작하게 할 수 있다.

① Buffer overflow 공격

② SQL injection 공격

③ IP spoofing 공격

④ Format String 공격

⑤ Privilege escalation 공격

해설

버퍼 오버플로 공격은 메모리에 할당된 버퍼의 양을 초과하는 데이터를 입력하는 공격이다.

2014년 경찰직 9급

206 서버 해킹 유형 중 시스템 오류를 이용한 공격으로 가장 적절한 것은?

① 스푸핑(Spoofing)

② 서비스 거부 공격(DoS)

③ 스니핑(Sniffing)

④ 버퍼 오버플로(Buffer Overflow)

해설

스푸핑, DoS, 스니핑은 보안에 대한 고려 없이 표준화된 인터넷 TCP/IP 프로토콜의 취약점에 영향이 크다.

정답 203. ② 204. ③ 205. ① 206. ④

정보보안기사

207 컴퓨터시스템에 대한 공격 방법 중에서 메모리에 할당된 버퍼의 양을 초과하는 데이터를 입력하여 프로그램의 복귀주소(return address)를 조작, 궁극적으로 공격자가 원하는 코드를 실행하도록 하는 공격은?

① 버퍼 오버플로 공격

② 포맷스트링 공격

③ 레이스컨디션 공격

④ SetUID 공격

해설

① 버퍼 오버플로 공격은 메모리에 할당된 버퍼의 양을 초과하는 데이터를 입력하는 공격이다.

2016년 국가직 9급

208 버퍼 오버플로에 대한 설명으로 옳지 않은 것은?

① 프로세스 간의 자원 경쟁을 유발하여 권한을 획득하는 기법으로 활용된다.

② C 프로그래밍 언어에서 배열에 기록되는 입력 데이터의 크기를 검사하지 않으면 발생할 수 있다.

③ 버퍼에 할당된 메모리의 경계를 침범해서 데이터 오류가 발생하게 되는 상황이다.

④ 버퍼 오버플로 공격의 대응책 중 하나는 스택이나 힙에 삽입된 코드가 실행되지 않도록 하는 것이다.

해설

① 프로세스 간의 자원 경쟁은 레이스 컨디션에 대한 설명이다.

2017년 국회직 9급

209 메모리 영역에 비정상적인 데이터나 비트를 채워 시스템의 정상적인 동작을 방해하는 공격 방식은?

① Spoofing ② Buffer overflow

③ Sniffing ④ Scanning

2016년 국가직 7급

210 해킹기법과 그 대응책에 대한 설명으로 옳지 않은 것은?

① Buffer Overflow 공격 : 프로그래밍 시 경곗값 검사를 적용하고 최신 운영체제로 패치

② Format String Bug 공격 : 데이터 형태(포맷 스트링)에 대한 명확한 정의

③ Denial of Service 공격 : MAC 주소값을 고정을 설정

④ SYN Flooding 공격 : SYN Received의 대기시간을 축소

해설

③ DoS 공격은 한꺼번에 수많은 컴퓨터가 특정 웹사이트에 접속함으로써 비정상적으로 트래픽을 늘려 해당 사이트의 서버를 마비시키는 해킹 방법이다.

2016년 해경(보호직) 9급

211 C 언어로 작성된 응용프로그램에서 버퍼 오버플로 취약점의 발생을 방지하기 위해 사용이 권고되는 라이브러리 함수에 해당되지 않는 것은?

① strncat ② sscanf

③ snprintf ④ strncpy

해설

sscanf()함수는 메모리 공간에 입력해주는 함수로 문자열 검색, 문자열 비교, 문자열 변환 등의 기능이 막강하나 잘못 사용하면 시스템에 심각한 장애를 줄 수 있다.

정답 : 207. ① 208. ① 209. ② 210. ③ 211. ②

2016년 국회직 7급

212 버퍼 오버플로 공격의 대응수단으로 적절하지 않은 것은?

① 스택상에 있는 공격자의 코드가 실행되지 못하도록 한다.

② 프로세스 주소 공간에 있는 중요 데이터 구조의 위치가 변경되지 않도록 적재 주소를 고정시킨다.

③ 함수의 진입(entry)과 종료(exit) 코드를 조사하고 함수의 스택 프레임에 대해 손상이 있는지를 검사한다.

④ 변수 타입과 그 타입에 허용되는 연산들에 대해 강력한 표기법을 제공하는 고급 수준의 프로그래밍 언어를 사용한다.

해설

② 프로세스 주소 공간에 있는 중요 데이터 구조의 위치는 고정시킬 것이 아니라 예측하기 어렵게 만들어야 한다.

2017년 국회직 9급

213 다음 중 버퍼 오버플로(Buffer Overflow)에 취약한 C언어 함수로 옳지 않은 것은?

① int scanf(const char *format,...);

② char *gets(char *buf);

③ int strcmp(const char *str1, const char *str2);

④ char *realpath(const char *path, char *resolved_path);

⑤ char *strcat(char *dest, const char *src ;

2016년 국회직 9급

214 코드 보안과 관련된 설명으로 옳지 않은 것은?

① 버퍼 오버플로 공격은 데이터 길이에 대한 불명확한 정의를 이용한 공격이다.

② gets()는 버퍼 오버플로 공격에 취약하지 않은 함수이다.

③ 포맷 스트링 공격은 데이터 형태에 대한 불명확한 정의로 발생한다.

④ 버퍼 오버플로 공격 방어 방법으로는 공격에 취약한 함수를 사용하지 않거나 최신 운영체제를 사용하는 것 등이 있다.

해설

gets는 표준 입력에서 줄을 읽고 호출에 의해 버퍼로 불러와 저장하는 C 표준 라이브러리의 기능으로 헤더 파일인 stdio.h에 선언되어 있다. 매우 위험한 함수로 숙련된 개발자는 상관없으나 초보자는 fget() 함수를 이용해야 한다.

2016년 서울시 9급

215 Stack에 할당된 Buffer overflow Attack에 대응할 수 있는 안전한 코딩(Secure Coding) 기술의 설명으로 옳지 않은 것은?

① 프로그램이 버퍼가 저장할 수 있는 것보다 많은 데이터를 입력하지 않는다.

② 프로그램은 할당된 버퍼 경계 밖의 메모리 영역은 참조하지 않으므로 버퍼 경계 안에서 발생될 수 있는 에러를 수정해 주면 된다.

③ gets()나 strcpy()와 같이 버퍼 오버플로에 취약한 라이브러리 함수는 사용하지 않는다.

④ 입력에 대해서 경계 검사(Bounds Checking)를 수행해준다.

해설

② 버퍼 오버플로 공격은 버퍼에 할당된 메모리의 경계를 침범해서 데이터 오류가 발생하게 되는 상황이다. 응용 프로그램에서 sscanf()를 쓰면 버퍼 경계 밖의 메모리를 참조하게 된다.

정답 212. ② 213. ③ 214. ② 215. ②

정보보안기사

216 다음 C언어의 함수 중 포맷 스트링 취약점이 존재하는 함수와 관계없는 것은 무엇인가?

① vsprintf ② printf

③ sprintf ④ socket

2015년 지방직 9급

217 스택 오버플로(overflow) 공격에 대응하기 위한 방어수단에 해당하지 않는 것은?

① 문자열 조작 루틴과 같은 불안전한 표준 라이브러리 루틴을 안전한 것으로 교체한다.

② 함수의 진입과 종료 코드를 조사하고 함수의 스택 프레임에 손상이 있는지를 검사한다.

③ 한 사용자가 프로그램에 제공한 입력이 다른 사용자에게 출력될 수 있도록 한다.

④ 매 실행 시마다 각 프로세스 안의 스택이 다른 곳에 위치하도록 한다.

해설

③ 프로그램에 대한 입력값이 다른 사용자에게 보이면 해커는 이를 악용해 정보를 빼낼 수 있다.

2017년 서울시 9급

218 다음의 지문은 무엇을 설명한 것인가?

> 안전한 소프트웨어 개발을 위해 소스 코드 등에 존재할 수 있는 잠재적인 보안 취약점을 제거하고, 보안을 고려하여 기능을 설계 및 구현하는 등 소프트웨어 개발 과정에서 지켜야 할 보안 활동이다.

① 시큐어코딩(Secure Coding)

② 스캐빈징(Scavenging)

③ 웨어하우스(Warehouse)

④ 살라미(Salami)

2016년 지방직 9급

219 스택 버퍼 오버플로 공격의 수행 절차를 순서대로 바르게 나열한 것은?

> ㄱ. 특정 함수의 호출이 완료되면 조작된 반환 주소인 공격 셀 코드의 주소가 반환된다.
> ㄴ. 루트 권한으로 실행되는 프로그램상에서 특정 함수의 스택 버퍼를 오버플로 시켜서 공격 셀 코드가 저장되어 있는 버퍼의 주소로 반환 주소를 변경한다.
> ㄷ. 공격 셀 코드를 버퍼에 저장한다.
> ㄹ. 공격 셀 코드가 실행되어 루트 권한을 획득하게 된다.

① ㄱ→ㄴ→ㄷ→ㄹ ② ㄱ→ㄷ→ㄴ→ㄹ

③ ㄷ→ㄴ→ㄱ→ㄹ ④ ㄷ→ㄱ→ㄴ→ㄹ

해설

- 1단계 : 공격 셀 코드를 버퍼에 저장한다.
- 2단계 : 루트 권한으로 실행되는 프로그램상에서 특정 함수의 스택 버퍼를 오버플로 시켜서 공격 셀 코드가 저장되어 있는 버퍼의 주소로 반환 주소를 변경한다.
- 3단계 : 특정 함수의 호출이 완료되면 조작된 반환 주소인 공격 셀 코드의 주소가 반환된다.
- 4단계 : 공격 셀 코드가 실행되어 루트 권한을 획득하게 된다.

2017년 국가직 9급 정보시스템 보안

220 버퍼 오버플로 공격의 대응방법 중 스택에서 실행 권한을 제거해 스택에 로드된 공격자의 공격 코드가 실행될 수 없도록 하는 방법은?

① Stack Guard

② Non-Executable Stack

③ Stack Shield

④ ASLR(Address Space Layout Randomization)

정답 216. ④ 217. ③ 218. ① 219. ③ 220. ②

2016년 국가(보) 9급

221 다음은 스택 버퍼 오버플로 공격을 효과적으로 방어하기 위한 스택 보호 메커니즘을 서술한 것이다. ㄱ~ㄷ에 들어갈 말을 바르게 연결한 것은?

> 스택가드(stackguard)는 가장 잘 알려진 보호 메커니즘 중 하나이다. 이것은 GCC 컴파일러의 확장 버전으로 추가의 함수 진입과 종료 코드를 삽입한다. 추가되는 함수 진입코드는 지역변수를 위한 공간을 할당하기 전에 이전 (ㄱ)주소 앞에 (ㄴ)값을 기록한다. 추가되는 함수 종료 코드는 이전 (ㄱ)를 복원하고 제어를 (ㄴ)값이 변경되었는지를 검사한다. 전통적인 스택 버퍼 오버플로 시도는 이전 (ㄱ)와 (ㄷ)를 변경하기 위해 (ㄴ)값을 바꾸어야 하는데, 만약 변경되었다면 프로그램을 종료하게 된다.

	ㄱ	ㄴ	ㄷ
①	스택포인터	변환주소	카나리아(canary)
②	스택포인터	카나리아(canary)	변환주소
③	프레임 포인터	카나리아(canary)	변환주소
④	프레임 포인터	변환주소	스택포인터

해설

- 프레임 포인터(FP) 레지스터에는 함수가 호출되기 전의 스택메모리 주소를 저장하고 있다.
- 카나리스(Canaries) 또는 카나리(Canary)는 버퍼 오버플로를 감시하기 위해 스택의 버퍼와 제어 데이터 사이에 위치한 값들이다.

2016년 국회직 9급

222 CPU의 NX(No-Excute) 비트 기술을 활용하여 효과적으로 차단할 수 있는 공격 유형으로 옳은 것은?

① Cross-Sites Scripting 공격

② Denial of Service 공격

③ ARP Spoofing 공격

④ SQL Injection 공격

⑤ Buffer Overflow 공격

해설

⑤ No-Excute 비트 기술이란 실행 가능 주소 공간의 스택과 힙을 실행 불능으로 만듦으로써 기존 프로그램을 위한 여러 가지 유형의 버퍼 오버플로 공격에 대한 방어를 제공하는 기술이다.

2017년 경찰간부후보생

223 다음 중 공격 기법과 그에 대한 설명으로 옳은 것은 무엇인가?

① Smurf Attack : IP Broadcast Address로 전송된 ICMP 패킷에 대해 응답하지 않도록 시스템을 설정하여 방어할 수 있다.

② Heap Spraying : 아이디와 패스워드 같이 사용자의 입력이 요구되는 정보를 프로그램 소스에 기록하여 고정시키는 방식이다.

③ Backdoor : 조직 내에 신뢰할 만한 발신인으로 위장해 ID 및 패스워드 정보를 요구하는 공격이다.

④ CSRF : 다른 사람의 세션상태를 훔치거나 도용하여 액세스하는 해킹 기법을 말한다.

해설

- ② 힙 스프레이(Heap Spraying) : 자바스크립트를 이용하여 Heap 메모리 영역에 뿌리듯이(Spraying) 셀 코드를 채우는 방식으로, 주로 액티브엑스(ActiveX)

정답 : 221. ③ 222. ⑤ 223. ①

또는 인터넷익스플로러 취약점을 통해 공격자가 원하는 명령(셸코드)을 수행하기 위해 사용되는 기법이다.

- ③ 백도어(Backdoor)=트랩도어(Trapdoor) : 로그인과 같은 정상적인 사용자 인증 과정을 거치지 않고 프로그램에 접근하는 일종의 통로이다.
- ④ CSRF(Cross Site Request Forgery : 사이트 간 요청 위조) : 특정 사용자를 대상으로 하지 않고, 불특정 다수를 대상으로 로그인된 사용자가 자신의 의지와는 무관하게 공격자가 의도한 행위(수정, 삭제, 등록, 송금 등)를 하게 만드는 공격이다.

- 하드코드된 패스워드 : 아이디와 패스워드 같이 사용자의 입력이 요구되는 정보를 프로그램 소스에 기록하여 고정시키는 방식이다.
- 이메일 스푸핑 : 조직 내에 신뢰할 만한 발신인으로 위장해 ID 및 패스워드 정보를 요구하는 공격이다.
- 세션하이재킹 : 다른 사람의 세션상태를 훔치거나 도용하여 액세스하는 해킹 기법이다.

2017년 국가직 9급 정보시스템 보안

224 다음에서 설명하는 공격 방법은?

> 버퍼 오버플로 공격과 유사하며 C언어가 생기면서부터 존재했지만, 발견에 많은 시간이 소요되었다. 데이터의 형태와 길이에 대한 불명확한 정의로 인한 공격이다.

① Reverse Telnet ② Hypervisor
③ Format String ④ RootKit

정보보안기사

225 병행 시스템에서 프로세스가 두 개 이상의 동작을 동시에 수행하려고 할 때 발생하는 비정상적인 상태는 무엇인가?

① Thrashing ② Race Condition
③ Deadlock ④ Working se

정보보안기사

226 아래의 공격 기법에 대한 설명으로 틀린 것은 무엇인가?

① Race Condition은 여러 개의 프로세스가 하나의 자원을 사용하기 위해서 경쟁할 때 프로세스 권한을 이용한 공격이다.

② Buffer Overflow는 지정된 버퍼의 크기보다 더 많은 데이터를 입력하여 비정상적인 행위를 하게 하는 공격 방법이다.

③ Format String은 무작위로 단어를 입력하여 패스워드를 파악한다.

④ DoS는 해당 서비스를 사용하지 못하도록 부하를 유발한다.

해설

- ③ 포맷 스트링 공격은 데이터의 형태와 길이에 대한 불명확한 정의로 인한 문제점 중 '데이터 형태에 대한 불명확한 정의'로 인한 것이다.
- 일반적으로 다음 formatstring.c 함수와 같이 buffer에 저장된 문자열은 printf 함수를 이용하여 출력한다.
- 포맷스트링 인자로 하는 함수의 취약점(입력값을 검증하지 않음)을 이용한 공격 방법이다.

2017년 지방직 9급

227 다음에서 설명하는 보안 공격 기법은?

> - 두 프로세스가 자원을 서로 사용하려고 하는 것을 이용한 공격이다.
> - 시스템 프로그램과 공격 프로그램이 서로 자원을 차지하기 위한 상태에 이르게 하여 시스템 프로그램이 갖는 권한으로 파일에 접근을 가능하게 하는 공격방법을 말한다.

① Buffer Overflow 공격

② Format String 공격

③ MITB(Man-In-The-Browser) 공격

④ Race Condition 공격

정답 : 224. ③ 225. ② 226. ③ 227. ④

2016년 해경(보호직) 9급

228 다음 지문에서 설명하는 공격은 무엇인가?

> ① 두 프로세스 간 자원 사용에 대한 경쟁을 이용하여 시스템 관리자의 권한을 획득하고, 파일에 대한 접근을 가능하게 하는 공격 기법이다.
> ② 공격 조건으로 프로그램에 root권한의 SetUID가 설정되어야 한다.
> ③ 대응 방법으로는 임시파일 사용 시 링크상태, 파일의 종류, 파일의 소유자, 파일의 변경여부 등을 점검한다.

① 힙 오버플로(Heap Overflow) 공격

② 레이스 컨디션(Race Condition) 공격

③ 스택 오버플로(Stack Overflow) 공격

④ 코드(Code) 기반 공격

해설

Race Condition 상태는 Unix 시스템에서 다수의 프로세스가 서로 동일한 자원을 할당받기 위해 경쟁하는 상태를 나타내는 말이다.

2017년 국가직 9급 정보시스템 보안

229 다음에서 설명하는 보안 공격은?

> 유닉스 시스템에서 관리자 권한으로 실행되는 프로그램 중간에 임시 파일을 만드는 프로세스가 있을 경우 임시 파일 이름의 심볼릭 링크(Symbolic Link) 파일을 생성하고, 이 프로세스 실행 중에 끼어들어 그 임시 파일을 전혀 엉뚱한 파일과 연결하여 악의적인 행동을 수행하도록 하는 공격이다.

① Fingerprinting 공격

② Race Condition 공격

③ Section Hijacking 공격

④ Heartbleed 공격

정보보안기사

230 다음에서 설명하는 CPU의 성능 평가 지표는?

> 대학 연구소에 근무하는 A씨는 컴퓨터를 사용하여 시뮬레이션 모델을 만들어 실험을 수행하고 있다. 그가 만든 모델은 특정 서버가 큐에 쌓인 작업을 처리하는 것으로, 그는 자신이 설계한 서버의 처리 능력이 어느 정도 되는지를 알고 싶어 한다. 특히 그가 알고 싶어 하는 사항은 하루 동안 서버가 처리하는 작업의 처리량이다.

① Utilization　　② Waiting Time

③ Throughput　　④ Response Time

해설

① 사용효율(Utilization) : 시스템의 특정한 부분이 주어진 시간 간격 동안 실제로 이용된 비율. 중앙 처리 장치(CPU), 기억 장치, 입출력 채널, 입출력 장치의 사용 효율, 컴파일러 사용 효율, 데이터베이스 사용 효율 등이 있다.

② 대기시간(Waiting Time) : 명령 제어 장치가 데이터를 요구한 순간부터 실제 데이터 전송이 개시되는 순간까지의 시간 간격이다.

③ 처리량(Throughput) : 시스템의 생산성을 나타내는 대표 지표로, 단위 시간당 처리하는 작업량을 말하며, 수치가 높을수록 좋다.

④ 응답시간(Response time) : 사용자가 시스템에 작업을 의뢰한 후 반응을 얻을 때까지의 시간으로 수치가 낮을수록 좋다.

정보보안기사

231 시스템 리소스를 이용하여 자기 자신을 복제하는 malware의 형태는 무엇인가?

① 웜　　② 제로데이 공격

③ 트로이 목마　　④ 논리폭탄

정답 : 228. ② 229. ② 230. ③ 231. ①

2017년 경찰간부후보생

232 다음 지문에서 설명하는 공간은 무엇인가?

> 저장매체의 물리적인 구조와 논리적인 구조의 차이로 발생하는 낭비 공간으로, 물리적으로 할당된 공간이지만, 논리적으로는 사용할 수 없는 공간을 말한다. 램, 드라이브, 파일시스템, 볼륨 등에 나타낸다.

① 클러스터(Cluster)

② 파티션(Partition)

③ 섹터(Sector)

④ 슬랙(Slack)

해설

슬랙 공간(slack space area)

- 저장 매체의 물리적인 구조와 논리적인 구조의 차이로 발생하는 낭비 공간을 말한다. 즉 물리적으로 할당된 공간이지만, 논리적으로는 사용할 수 없는 공간이다.
- 램에 저장된 데이터가 저장매체에 기록될 때 나타나는 램 슬랙(RAM Slack), 클러스터의 사용으로 인해 낭비되는 공간인 드라이브 슬랙(Drive Slack), 파일 시스템의 마지막 부분에 사용할 수 없는 영역인 파일 시스템 슬랙(File System Slack), 전체 볼륨 크기와 할당된 파티션 크기의 차이로 발생하는 낭비 공간인 볼륨 슬랙(Volume Slack)이 있다.

2015년 국가직 9급, 2016년 해경(보호직) 9급

233 안드로이드 보안에 대한 설명으로 옳지 않은 것은?

① 리눅스 운영체제와 유사한 보안 취약점을 갖는다.

② 개방형 운영체제로서의 보안정책을 적용한다.

③ 응용프로그램에 대한 서명은 개발자가 한다.

④ 응용프로그램 간 데이터 통신을 엄격하게 통제한다.

해설

안드로이드 특징

- 안드로이드는 프로그램의 실행 권한이 일반 사용자에게 있다.
- 안드로이드는 앱의 서명 및 배포를 개발자가 수행한다.
- 안드로이드는 보안 통제권이 개발자나 사용자에게 있다.
- 리눅스 운영체제와 유사한 보안 취약점을 갖는다.
- 개방형 운영체제로서의 보안정책을 적용한다.
- 응용프로그램에 대한 서명은 개발자가 한다.
- 응용프로그램 간 데이터 통신을 엄격하게 통제하지 않는다. 즉 필요할 경우 바인드를 호출하여 서로 다른 서비스 간, 또는 응용프로그램 간에 데이터를 주고받는다.

2016년 국가(보) 9급

234 모바일 운영체제인 iOS와 안드로이드의 보안 체계에 대한 설명으로 옳지 않은 것은?

① iOS는 모든 앱에 대한 코드 무결성 점검을 수행하여 설치를 제한한다.

② iOS와 안드로이드 모두 프로그램의 실행 권한이 일반 사용자에게 있다.

③ iOS는 애플의 CA를 통하여 앱을 서명 및 배포하고, 안드로이드는 개발자가 서명 및 배포한다.

④ 보안 통제권이 iOS는 애플에 있고, 안드로이드는 개발자나 사용자에게 있다.

해설

② 응용프로그램 실행 권한은 iOS는 관리자에게 있고, 안드로이드는 일반 사용자에게 있다.

정답 : 232. ④ 233. ④ 234. ②

2017년 국가직 7급

235 스마트폰 보안을 위한 사용자 지침으로 옳지 않은 것은?

① 관리자 권한으로 단말기 관리

② 스마트폰과 연결되는 PC에도 백신 프로그램 설치

③ 블루투스 기능은 필요시에만 활성

④ 의심스러운 앱 애플리케이션 다운로드하지 않기

SECTION 10 · 취약점 점검

2016년 국회직 9급

236 해커가 리눅스 서버에 침입 후 백도어를 설치하였다. 백도어와 연관된 포트가 열려 있는지 확인하기 위해 사용할 수 있는 프로그램으로 옳은 것은?

① ps ② nmap

③ nslookup ④ traceroute

⑤ ping

해설

① ps : 시스템에서 상주하는 프로세스(PID) 정보를 알려준다.

② nmap : 네트워크 취약점 도구로 백도어와 연관된 포트가 열려 있는지 확인할 수 있다.

③ nslookup : 특정 도메인 명에 대한 IP주소를 확인할 수 있다.
예) nsloolup google.co.kr->14.125.10....

④ traceroute : 특정 호스트까지의 네트워크 라우팅 경로 및 경유하는 IP를 보여준다.

⑤ ping : 인터넷으로 접속하려는 원격 호스트가 정상적으로 운영되고 있는지를 확인해준다.

정보보안기사

237 네트워크상에서 문제점이 발생할 경우 문제점에 대한 원인 정보 제공 등과 함께 해결책을 제시하는 보안 스캐너는 어떤 것인가?

① SATAN ② SAINT

③ ISS ④ Nmap

해설

SATAN(Security Analysis Tool for Auditing Networks) : SATAN은 해커와 똑같은 방식으로 시스템에 침입하여 보안상의 약점을 찾아 보완할 수 있는 네트워크 분석용 보안관리 도구이다. 해커에게 노출될 수 있는 약점을 사전에 발견하여 이에 대한 보완조치를 하도록 해준다.

정보보안기사

238 다음 지문을 읽고 설명이 옳은 것은?

> ㉠ OS에서 버그를 이용하여 루트 권한 획득 또는 특정 기능을 수행하기 위한 공격 코드 및 프로그램을 의미한다.
> ㉡ 악의적인 프로그램을 건전한 프로그램처럼 포장하여 일반 사용자들이 의심 없이 자신의 컴퓨터 안에서 이를 실행시키고, 실행된 프로그램은 특정 포트를 열어 공격자의 침입을 돕고 추가적으로 정보를 자동 유출하며 자신의 존재를 숨기는 기능 등을 수행하는 공격 프로그램이다.

① ㉠은 exploit 코드를 설명하고 있다.

② ㉠은 Trojan 공격프로그램을 설명하고 있다.

③ ㉡은 Bomb 공격프로그램을 설명하고 있다.

④ ㉡은 worm 코드를 설명하고 있다.

해설

- ① exploit(취약점) 코드란 OS에서 버그를 이용하여 루트 권한 획득 또는 특정 기능을 수행하기 위한 공격 코드 및 프로그램을 의미한다.
- ㉡은 Trojan horse(트로이 목마)공격 프로그램을 설명하고 있다.

정답 235. ① 236. ② 237. ① 238. ①

2017년 국가직 9급 네트워크 보안

239 네트워크상의 호스트를 발견하고 그 호스트가 제공하는 서비스와 사용하는 운영체제 등을 탐지할 목적으로 고든 라이언에 의해 개발된 네트워크 스캐닝 유틸리티로, TCP Xmas 스캔과 같은 스텔스 포트 스캐닝에 활용되는 것은?

① ping ② netstat

③ nmap ④ nbtstat

정보보안기사

240 다음 중 웹서비스에 대한 직접적인 공격 유형으로 보기에 가장 거리가 먼 것은?

① SQL 삽입 공격

② 파일 업로드 공격

③ XSS 공격

④ nmap을 이용한 네트워크 스캐닝

해설

- ④ 원래 Nmap(Network Mapper)은 시스템 관리자들이 시스템의 취약점이나 포트 정보들을 알아보기 위해 사용하던 툴이었으나 시간이 지나면서 해커들이 해킹을 시도하기 이전에 해킹 대상 시스템의 여러 정보를 수집하기 위한 도구로 많이 사용하고 있다.
- Nmap(Network Mapper)은 네트워크 보안을 위한 유틸리티로, 대규모 네트워크를 고속으로 스캔하는 도구이다.
- nmap을 이용한 네트워크 스캐닝은 사전 조사 성격으로 직접적인 공격이기보단 준비단계 공격으로 볼 수 있다.

정보보안기사

241 다음 보기 중 그 성질이 다른 것은?

① SQL Injection

② XSS or CSS(Cross site Scription)

③ Cookie sniffing

④ Whois

해설

- SQL Injection, XSS 또는 CSS(Cross site Scription), Cookie sniffing은 웹 보안 위협이다.
- Whois는 인터넷의 통신망에 관한 정보 제공 서비스이다. 인터넷의 자원과 정보를 관리하기 위한 행정 조직인 네트워크 정보 센터(NIC)가 관리하고 있는 통신망에 관한 정보 제공 서비스로 후이즈 명령을 사용하면 IP주소나 도메인 이름으로부터 이용자 등 그 통신망에 관한 정보를 검색할 수 있다.

2018년 경찰간부후보생

242 보안 취약점 점검 도구에 관한 다음 설명 중 가장 옳지 않은 것은 무엇인가?

① netstat은 대부분의 운영체제에 기본으로 탑재된 도구이며 네트워크 상태를 확인하기 위해 사용한다.

② tcpdump는 네트워크 패킷 출력 도구로 특정 구간의 장비 사이에서 네트워크 통신이 되는지 확인하기 위해 사용한다.

③ nmap은 포트 스캔뿐만 아니라 대상 시스템의 운영체제나 네트워크 장치 정보 등을 수집할 수 있는 보안 스캐너이다.

④ WireShark는 네트워크 패킷 생성 및 재전송 도구로 네트워크 침해사고 분석 중 확보한 패킷 파일을 시뮬레이션하기 위해 사용한다.

정답 : 239 ③ 240. ④ 241. ④ 242. ④

2016년 해경(보호직) 9급

243 컴퓨터의 네트워크 연결 상태를 점검하기 위해 netstat 명령을 사용하였다. 다음 중 옳지 않은 것은 무엇인가?

① LISTENING－연결을 위하여 접속을 대기하고 있는 상태

② CLOSED_WAIT－완전히 종료된 상태

③ ESTABLISHED－서로 연결된 상태

④ TIME_WAIT－연결이 종료되었거나 다음 연결을 위해 대기하고 있는 상태

해설

CLOSED_WAIT 상태는 TCP 연결이 상위 레벨로부터 연결 종료를 기다리는 상태, 즉 연결종료를 메시지를 수신하고 그에 대한 확인 메시지를 보낸 생태이다.
완전히 연결이 종료된 상태는 CLOSED이다.

정보보안기사

244 리눅스시스템 운영관리 시 일어날 수 있는 여러 상황을 해결하기 위한 방법으로 가장 적절하지 않은 것은?

① 정전 혹은 예기치 못한 상황 발생으로 시스템 reset 시 컴퓨터를 다시 켜면 자동으로 파일시스템을 복구하지 못 할 경우가 있는데, 이때는 fsck 명령을 사용해서 수동으로 파일 시스템을 복구할 수 있다.

② 시스템 점검 시 root 이외의 다른 사용자가 로그인 못하도록 할 때는 /etc/nologin 파일을 만들어 "시스템 점검 중"이라고 메시지를 써주면 된다.

③ 알 수 없는 이유로 시스템이 느려졌다는 생각이 들면 netstat－an | grep SYN를 실행해 SYN_RECV 상태를 보고 현재 TCP와 UDP socket의 상태를 확인한다.

④ 일반 사용자에게 접속 시 공지사항을 알리기 위한 방법으로 /etc/issue 파일에 내용을 쓰는 방법으로 해결할 수 있다.

해설

- ① fsck는 파일시스템을 점검하고 복구하는 명령어이다.
- ② /etc/nologin파일이 존재하면 시스템에서는 root 사용자를 제외한 모든 사용자의 접속을 막는다. 그리고 nologin에 있는 메시지는 접속 시에 출력된다.
- ③ TCP의 SYN 플래그는 TCP를 사용하는 프로그램이 3-way handshaking을 위하여 최초 접속 요구에서만 사용되는 플래그이다. SYN 플래그가 처리되기 이전에 대기하는 상태가 SYN_RECV 상태이다. 따라서 SYN_RECV의 상태가 많아지면 SYN Flooding 공격을 의심해야 한다. 그런데 UDP의 경우에는 netstat－n을 실행하면 상태는 빈칸으로 표시된다.
- ④ /etc/issue 파일 : 콘솔(로컬) 접속 시에 보여줄 메시지를 출력하는 파일이다.

정보보안기사

245 아래의 설명으로 틀린 것은 무엇인가?

① L0phtCrackdms 비밀번호 해독 프로그램으로 비밀번호로 사용될 문자를 추정하거나 무차별 대입 방식으로 비밀번호를 해독한다.

② Iceword는 윈도우 안티 루티킷이다.

③ chkrootkit는 리눅스 안티 루티킷이다.

④ tcpdump는 TCP패킷으로 DDoS 공격도구이다.

해설

- Tcpdump는 주어진 조건식을 만족하는 네트워크 인터페이스를 거치는 패킷들의 헤더들을 출력해 주는 프로그램이다.
- Tcpdump는 시스템 관리자들에게 로컬 유저의 외부로의 커넥션들을 감시하고, 또 특정 침입자가 침투 경로로 자주 이용하는 호스트, 혹은 원하지 않는 호스트로부터의 커넥션을 실시간으로 감시할 수 있게 해 준다.

정답 : 243. ② 244. ③ 245. ④

정보보안기사

246 netstat 명령으로 확인한 결과 상태 TIME_WAIT가 조회되었다. 의미는 무엇인가?

① 완전히 연결이 종료된 상태

② 클라이언트가 SYN을 보내고 SYN&ACK를 기다리는 상태

③ 원격 호스트 연결 요청

④ 연결은 종료되었지만, 메시지를 위해서 열어둔 상태

정보보안기사

247 다음은 무엇을 설명하고 있는가?

> 파일이나 디렉터리에 관련된 정보를 보관 후 불법적인 변조나 삭제가 있는지를 점검한다. 이러한 점검 도구로는 tripwire, Fcheck, AIDE 등이 있다.

① 파일 가용성 점검 ② 파일 취약점 점검

③ 파일 무결성 점검 ④ 파일 신뢰성 점검

해설

- Tripwire : 파일의 무결성 점검을 위한 도구로 이를 위해 체크섬(Check Sum) 값을 이용해 트로이 목마 프로그램을 감지하기 가장 알맞은 툴이다.
- fcheck : fcheck는 Tripwire와 동일한 파일 무결성 체크 툴이다.
- AIDE(Advanced Intrusion Detection Environment) : 데이터 무결성을 검사해주는 도구이다.

2016년 서울시 9급

248 다음 중 시스템 내부의 트로이 목마 프로그램을 감지하기 위한 도구로 가장 적절한 것은?

① Saint ② Snort

③ Nmap ④ Tripwire

해설

Tripwire는 파일의 무결성 점검을 위한 도구로 이를 위해 체크섬(Check Sum) 값을 이용해 트로이 목마 프로그램을 감지하기 가장 알맞은 툴이다.

2016년 국가(보) 9급

249 트립와이어(Tripwire)에 대한 설명으로 옳지 않은 것은?

① 파일의 무결성을 검사하는 도구이며, 해시 알고리즘을 이용하여 시스템에 존재하는 파일에 관한 정보를 데이터베이스화한다.

② 해커의 침입으로 인한 시스템 파일이나 디렉터리의 변경을 쉽게 검출할 수 있도록 도와준다.

③ 데이터베이스에 저장된 해시 결과값과 현재 파일의 해시 결과값을 비교하여 무결성 여부를 판단한다.

④ 트립와이어의 데이터베이스에는 파일의 해시 결과값이 저장되어 있어서 물리적 보안 대책이 필요 없다.

해설

④ 트립와이어의 데이터베이스에는 파일의 해시 결과값이 저장되어 있어서 물리적 보안 대책이 필요하다.

2016년 해경(보호직) 9급

250 다음 중 시스템의 취약점 점검뿐 아니라 트로이 목마도 감지할 수 있는 도구는?

① SATAN ② SAINT

③ nessus ④ Tripwire

해설

Tripwire는 파일의 무결성 점검을 위한 도구로 이를 위해 체크섬(Check Sum) 값을 이용해 트로이 목마 프로그램을 감지하기 가장 알맞은 툴이다.

정답 : 246. ④ 247. ③ 248. ④ 249. ④ 250. ④

2017년 서울시 9급

251 다음 설명에 해당하는 취약점 점검도구는?

> 어느 한 시점에서 시스템에 존재하는 특정경로 혹은 모든 파일에 관한 정보를 DB화해서 저장한 후 차후 삭제, 수정 혹은 생성된 파일에 관한 정보를 알려주는 툴이다. 이 툴은 MD5, SHA 등의 다양한 해시함수를 제공하고 파일들에 대한 DB를 만들어 이를 통해 해커들에 의한 파일들의 변조여부를 판별하므로 관리자들이 유용하게 사용할 수 있다.

① Tripwire

② COPS(Computer Oracle and Password System)

③ Nipper

④ MBSA(Microsoft Baseline Security Analyzer)

정보보안기사

252 다음 중에서 네서스(Nessus) 스캔을 통해서 파악할 수 있는 것이 아닌 것은 무엇인가?

① HTTP Request에 송신한 문자열을 그대로 반환하는 Method로 XST(Cross Site Tracing) 공격을 받을 수 있는 취약점 파악

② 서버의 php 환경에 대해 자세한 내용

③ 공격자의 로그인 흔적을 파악

④ 웹 페이지 클라이언트의 쿠키 정보

해설

- Nessus(네서스)
  - 시스템의 취약점을 검사해 주는 툴이다.
  - 서버 클라이언트(Server-Client) 구조로 취약점을 점검하는 서버와 취약점 점검 설정과 결과물을 제공하는 클라이언트로 이루어져 있다.
- 쿠키를 통해 웹페이지를 정보를 추출하는 공격은 XSS 이다.

정보보안기사

253 다음 중 시스템 내부에 침입한 트로이 목마나 백도어 프로그램을 탐지하는 데 사용하는 도구는 무엇인가?

① Saint ② Satan

③ Tripwire ④ Snort

정보보안기사

254 아래는 무엇에 대한 설명인가?

> - 시스템의 취약점을 검사하는 툴
> - 클라이언트 서버 구조에서 동작
> - nmap을 기반하는 보안점검 도구
> - 플러그인 업데이트 및 HTML형태로 보고서를 제공

① NESSUS ② DSniff

③ SARA ④ Aide

정보보안기사

255 John the ripper에 대한 설명으로 틀린 것은?

① 사전 파일을 이용한 패스워드 공격이 가능하다.

② John the ripper는 패스워드 크래킹 도구이다.

③ 취약한 패스워드를 사용하는 계정으로 경고 메일을 발송한다.

④ 패스워드 크랙의 원리는 역암호화 알고리즘을 사용한다.

해설

패스워드 크랙의 원리는 해시값을 패스워드가 저장된 shadow 파일에서 찾아내는 방식을 취한다.

정답 : 251. ① 252. ④ 253. ③ 254. ① 255. ④

정보보안기사

256 보안 소프트웨어에 대한 설명으로 올바른 것을 모두 선택하시오.

가. syslog는 로깅 메시지 프로그램 표준으로 다양한 프로그램이 생성하는 메시지들을 저장하고 이들 메시지를 이용해서 다양한 분석 등이 가능하도록 로그 메시지들을 제공한다.
나. AWstats는 웹로그 분석을 수행하는 프로그램으로 홈페이지에 접속한 사용자에 대한 분석이 가능하다.
다. Webablizer은 로그 분석하기 위한 툴로 홈페이지에 접속한 사용자에 대한 분석이 가능하다.
라. Nessus는 대표적인 스캐너 프로그램으로 대상 시스템에 대한 빠른 속도의 스캐닝뿐만 아니라 다양한 종류의 취약점 분석이 가능하다.

① 가 ② 가, 나
③ 가, 나, 다 ④ 가, 나, 다, 라

정답 : 256. ④

MEMO

정보보호론 기출문제집

PART 07

정보보안 관리

정보보안 관리

SECTION 1 · 정보보호 정책 및 조직

정보보안기사

01 다음의 지문은 무엇에 관한 설명인가?

> 이는 조직의 정보보호에 대한 방향과 전략 그리고 정보보호체계의 근거를 제시하는 매우 중요한 문서로 최고 경영자 등 경영진의 정보보호에 대한 의지 및 방향, 조직의 정보보호 목적, 조직의 정보보호 범위, 조직의 정보보호 책임과 더불어 조직이 수행하는 관리적, 기술적, 물리적 정보보호 활동의 근거가 된다.

① 정보보호 정책　② 정보보호 프로그램
③ 정보보호 절차　④ 정보보호 전략

해설

정보보호 정책이란 조직의 내·외부 환경과 업무성격에 맞는 효과적인 정보보호를 위하여 기본적으로 무엇이 수행되어야 하는가를 일목요연하게 기술한 지침과 규약으로서 정보 자산을 어떻게 관리하고 보호할 것인가에 대하여 문서로 기술해 놓은 것이다.

정보보안기사

02 정보보호 정책에 관하여 바르게 설명한 것이 아닌 것은?

① 정보보호 정책이란 어떤 조직이 기술과 정보 자산에 접근하려는 사람이 따라야 하는 규칙의 형식적인 진술이다.

② 정보보호 정책의 목표를 결정하지 않고서는 보안에 관하여 적절한 결정을 할 수 없다.

③ 정보보호 관리자는 시스템의 안전이 다소 떨어지더라도 시스템 사용의 용이성을 최우선 과제로 선정해야 한다.

④ 정보보호 정책의 내용에는 필요한 보호의 수준에 따른 자산의 분류를 포함하여야 한다.

해설

정보보호 관리자는 시스템의 안전성과 사용의 용이성을 동시에 고려하여 우선과제를 선정해야 한다.

정보보안기사

03 정보보호 구현을 위해서는 사람, 프로세스, 기술(People, Process, Technology) 등 3가지 요소의 상호작용이 필요하다. 이에 대한 설명 중 틀린 것은?

① 3요소 중 가장 중요한 것은 프로세스이다.

② 정보보호 정책은 정보보호 기반 구조의 기초를 이루는 것으로, 한 번 작성되면 바꿀 필요가 없다.

③ 사람, 프로세스, 기술 중 가장 중요하지 않은 요소는 기술이다.

④ 사람이라는 요소를 위해서는 정보보호에 대한 교육 및 훈련이 필요하다.

해설

정보보호 정책은 정보보호 기반 구조의 기초를 이루는 것으로 주기적으로 검토되고 변경되어야 한다. 특히 대규모 인수합병이나 아웃소싱 등 큰 변화가 발생되면 필히 검토되어야 한다.

정답 : 1. ① 2. ③ 3. ②

정보보안기사

04 다음 중 전사적 정보보호 관리를 위해 가장 중요하고 근본적인 성공요소는?

① 비용대비 효과를 극대화하기 위한 철저한 타당성 분석

② 최고 경영진의 적극적인 참여와 지원

③ 위반자에 대한 처벌을 포함한 가시적인 정보보호 규칙의 집행

④ 사업 환경상의 요구

해설

② 전사적 정보보호 관리를 위해 가장 중요한 근본적인 성공요소는 최고 경영진의 적극적인 참여와 지원이다.

정보보안기사

05 정보보호의 예방대책을 관리적 예방대책과 기술적 예방대책으로 나누어 볼 때 관리적 예방대책에 해당하는 것은?

① 안전한 패스워드 사용을 강제

② 침입차단시스템을 이용하여 접속을 통제

③ 문서처리 순서의 표준화

④ 가상사설망을 이용하여 안전한 통신환경 구현

해설

관리적 예방대책

- 정보보호 정책, 지침, 절차, 가이드라인, 문서처리 순서의 표준화 등의 대책을 수립한다.
- 법, 제도, 규정, 교육 등을 확립하고, 보안계획을 수립하여 이를 운영(보안 등급, Access 권한 등)하고, 위험분석 및 보안감사를 시행하여 정보시스템의 안전성과 신뢰성을 확보하기 위한 대책이다.
- 조직체의 정보보호를 효과적으로 보장하기 위해서는 다양한 기술적인 보호대책뿐만 아니라 이들을 계획하고 설계하며 관리하기 위한 제도, 정책 및 절차 등의 관리적 보호대책이 중요하다.

2016년 서울시 9급

06 다음 중 ISO 27001의 통제 영역별 주요 내용으로 옳은 것은?

① 정보보안 조직 : 정보보호에 대한 경영진의 방향성 및 지원을 제공

② 인적 자원 보안 : 정보에 대한 접근을 통제

③ 정보보안 사고 관리 : 사업장의 비인가 된 접근 및 방해 요인을 예방

④ 통신 및 운영 관리 : 정보처리시설의 정확하고 안전한 운영을 보장

해설

- 정보보안 조직 : 조직 내에서 보호를 효과적으로 관리하기 위해 보호에 대한 책임을 배정한다.
- 인적 자원 보안 : 사람에 의한 실수, 절도, 부정수단이나 설비의 잘못 사용으로 인한 위험을 감소하기 위함이다.
- 정보보안 사고 관리 : 보안사고에 대한 대응 절차의 수립 및 이행을 보장한다.
- 정보보호 정책 : 정보보호에 대한 경영방침과 지원 사항을 제공한다.
- 접근통제 : 정보에 대한 접근통제를 보장하기 위함이다.
- 물리적 및 환경적 보안 : 사업장의 비인가 된 접근 및 방해요인을 예방하고, 사업장에 대한 손상과 정보에 대한 영향을 방지하기 위함이다.

2017년 국가직 생활안전분야 9급

07 ISO 27001:2013의 통제 항목에 해당하지 않는 것은?

① 정보보호 정책(information security policy)

② 자산 관리(asset management)

③ 모니터링과 검토(monitoring and review)

④ 정보보호 사고 관리(information security incident management)

정답 4. ② 5. ③ 6. ④ 7. ③

2017년 국가직 7급

08 ISO 27001의 통제 영역별 주요 내용에 대한 설명으로 옳지 않은 것은?

① 자산 관리 영역은 자산을 파악하고, 이를 적절히 분류하고 보호하는 데 활용하는 것이다.

② 사업 연속성 관리 영역은 형법과 민법, 법령, 규정 또는 계약 의무 및 보안 요구사항에 대한 위반을 피하기 위한 기준을 제시한 것이다.

③ 정보시스템 획득, 개발, 유지 보수 영역은 정보시스템 내에 보안이 수립되어 있음을 보장하기 위한 것이다.

④ 통신 및 운영 관리 영역은 정보처리 설비의 정확하고 안전한 운영을 보장하기 위한 내용을 포함하고 있다.

2016년 국가직 9급

09 ISO/IEC 27002 보안통제의 범주에 대한 설명으로 옳지 않은 것은?

① 보안 정책 : 비즈니스 요구사항, 관련 법률 및 규정을 준수하여 관리 방향 및 정보보안 지원을 제공

② 인적 자원 보안 : 조직 내의 정보보안 및 외부자에 의해 사용되는 정보 및 자원 관리

③ 자산 관리 : 조직의 자산에 대한 적절한 보호를 성취하고 관리하며, 정보가 적절히 분류될 수 있도록 보장

④ 비즈니스 연속성 관리 : 비즈니스 활동에 대한 방해에 대처하고, 중대한 비즈니스 프로세스를 정보 시스템 실패 또는 재난으로부터 보호하며, 정보 시스템의 시의 적절한 재개를 보장

해설

인적 자원 보안 : 고용 전, 고용 중, 고용 종료 및 직무 변경에 대한 내용을 통제한다.

정보보안기사

10 다음은 내부 감사에 대한 설명으로 알맞지 않은 것은?

① 효과적으로 실행되고 유지되는지 여부를 결정하기 위하여 내부감사를 수행하여야 한다.

② 감사자는 자신의 업무에 대해서도 감사를 수행하여야 한다.

③ 문서화된 절차에서는 감사의 계획, 수행, 감사의 독립성 보장, 결과의 기록 및 보고에 대한 책임과 요구사항을 정하여야 한다.

④ 감사대상 업무에 책임을 지는 경영자는 발견된 부적합 및 원인을 제거하기 위한 조치가 적시에 취해질 수 있도록 보장하여야 한다.

해설

정보 시스템 감사사(Certified Information Systems Auditor : CISA)

- 정보 시스템에 대한 감독 역할을 하는 전문가이다.
- 1969년에 미국에서 EDPAA라는 이름으로 오늘날의 정보 시스템 감사 조정 협회(ISACA:Information Systems Audit and Control Association)가 창설되었고, 1981년부터 정보 시스템을 개발, 운영하는 전 과정에 대해 제대로 감리 및 감사(audit)할 수 있는지를 체크하는 CISA라는 자격 시험 제도를 실시해 오고 있다.
- 우리나라에는 1987년에 도입되었으며, 정보 기술 분야의 이론뿐만 아니라 감사와 통제, 보안에 대한 실무 경험이 있어야 자격을 취득할 수 있다.
- 정보시스템 감사자는 보안 목적이 적절하고 정보보호 정책, 표준, 대책, 실무 및 절차가 조직의 보안 목적에 따라 적절하게 이루어지고 있음을 독립적이고 객관적인 입장에서 관리자에게 보증할 책임이 있다.

정답 8. ② 9. ② 10. ②

SECTION 2 • 위험관리(Risk Management)

정보보안기사

11 조직 내 주요한 자산의 가치 및 민감도를 측정하고, 이에 대한 위협 및 취약점을 분석하여 위험을 측정하고, 이를 조직에 적합한 위험수준으로 조정하기 위해 보안대책을 선택하는 일련의 활동을 무엇이라 하는가?

① 위험관리 ② 위험 분석

③ 침해사고대응 ④ 업무 연속성 계획

해설

위험관리(Risk Management)는 시스템의 위험을 평가하고 그 결과에 따라 비용 효과적인 대응책을 제시하여 시스템 보안정책과 보안대응책의 구현계획을 수립하는 일련의 과정으로, 정보 시스템 자산에 피해를 끼칠 수 있는 위협의 영향을 확인, 통제, 제거, 최소화하는 전체 과정. 위험 분석, 위험의 처리에 대한 결정, 보호 대책의 선정 및 구현, 잔여 위험 분석 등을 포함하는 순환적 과정으로 이루어진다.

정보보안기사

12 다음 지문은 위험관리와 위험 분석에 대한 설명이다. 괄호 안에 들어갈 단어는?

> 위험관리는 위험 분석과 위험 평가가 주된 활동이다. 위험관리는 보호대상, 위험요소, (A) 등을 통한 위험 분석, 적절한 메커니즘의 선택, 선택된 메커니즘의 구현과 시험, 구현된 메커니즘의 보안성 평가, 종합적인 보안의 재평가를 포함한다. 위험 평가는 분석 결과를 기초로 현황을 평가하고 적절한 방법을 선택하여 효과적으로 위협 수준을 낮추기 위한 과정으로 적절한 (B)을 결정하는 단계이다.

① A : 취약점 분석, B : 보안 대책

② A : 위기대응능력, B : 보호관리대책

③ A : 위기대응능력, B : 관리대책

④ A : 취약점 분석, B : 위기대응능력

해설

• 취약점은 자산의 약점(weakness) 또는 보호대책의 결핍으로 정의할 수 있다.
• 위험 평가는 자산 분석, 취약점 분석, 위협 분석, 대응책 분석을 통하여 얻은 데이터와 분석 결과를 바탕으로 위험을 측정하고 평가한 후 보안대책을 제시해주는 단계이다.

2017년 국가직 7급

13 조직의 정보 자산을 보호하기 위하여 정보 자산에 대한 위협과 취약성을 분석하여 비용 대비 적절한 보호 대책을 마련함으로써 위험을 감수할 수 있는 수준으로 유지하는 일련의 과정은?

① 업무 연속성 계획 ② 위험관리

③ 정책과 절차 ④ 탐지 및 복구 통제

정보보안기사

14 위험관리에 대한 설명 중 적절하지 않은 것은?

① 불필요하거나 과도한 정보보호 투자 방지

② 위험 분석에서 나온 근거에 바탕을 둔다.

③ 자산에 대한 위험을 분석, 비용 효과적 측면에서 적절한 보호대책 수립

④ 위험을 최소한으로 감소시키는 것이 주요 목적

해설

• 위험관리 목적은 위험 분석에서 나온 근거에 바탕을 두며 불필요하거나 과도한 정보보호 투자를 방지하기 위함이다.
• 자산에 대한 위험을 분석, 비용 효과적 측면에서 적절한 보호대책을 수립한다.
• 위험관리는 위험을 감수할 수 있는 수준으로 유지하는 일련의 과정이다. 즉 위험을 무조건 최소한으로 감소시키는 것보다는 수용할 수 있는 수준으로 감소시키는 것이 목적이다.

정답 11. ① 12. ① 13. ② 14. ④

정보보안기사

15 위험관리 전략 및 방법에 대한 설명 중 옳지 않은 것은?

① 위험관리 작업반은 일반적으로 해당 업무 프로세스와 위험요인을 이해하는 실무 책임자와 IT 실무 책임자가 포함되어야 하며 위험관리 전문가가 작업반을 주도한다.

② 위험관리 전략은 크게 위험감소, 위험 전가, 위험 회피가 있으며 정보보호 대책은 주로 위험감소를 위해 사용된다.

③ 위험을 최대한 줄이기 위한 노력이 위험관리가 추구하는 궁극적인 목표이다.

④ 위험관리는 정보보호 관리를 위해 반드시 필요한 과정으로, 모든 정보보호 활동의 정당성을 제공하는 역할을 수행한다.

해설

③ 위험관리가 추구하는 궁극적인 목표는 무조건 위험을 최대한 제거하는 것으로 생각할 수 있다. 그러나 이것은 끝없는 비용의 투자가 필요한 방법이다. 완전히 위험을 제거한다는 것은 가능하지도 않고, 올바른 목표라 할 수도 없다. 보다 현실적인 방안은 필요한 수준의 보호대책을 수립하고 그 위험을 용인할 수 있는 수준으로 유지하는 것이라 할 수 있다.

정보보안기사

16 위험관리는 크게 3가지 과정으로 구성된다. 가장 적절한 순서로 연결한 것은?

① 위험 분석→대책 평가→결과 도출

② 위험 도출→위험 평가→대책 설정

③ 위험 분석→위험 평가→대책 설정

④ 위험 도출→위험 분석→대책 설정

해설

위험관리 순서는 크게 위험 분석→위험 평가→대책 설정의 3가지 과정으로 구성된다.

- 위험 분석 : 자산의 위협과 취약점을 분석하여, 보안 위험의 내용과 정도를 결정하는 과정이다.
- 위험 평가 : 분석 결과를 기초로 현황을 평가하고 적절한 방법을 선택하여 효과적으로 위험 수준을 낮추기 위한 과정으로 적절한 보안 대책을 결정하는 단계이다.
- 대책 설정 : 허용 가능 수준으로 위험을 줄이기 위해 적절하고 정당한 정보보호 대책을 선정하고 이행 계획을 구축한다.

정보보안기사

17 위험관리 요소에 대한 설명으로 옳지 않은 것은?

① 위험은 위협 정도, 취약점 정도, 자산 가치 등의 함수관계로 산정할 수 있다.

② 취약점은 자산의 약점(weakness) 또는 보호대책의 결핍으로 정의할 수 있다.

③ 위험 회피로 인해 조직은 편리한 기능이나 유용한 기능 등을 상실할 수 있다.

④ 위험관리는 위협 식별, 취약점 식별, 자산 식별 등의 순서로 이루어진다.

해설

위험관리 : 자산 식별→위협 식별→취약점 식별→영향 평가→대책선정→권고안 작성

2014년 국가직 7급

18 자산의 위협과 취약점을 분석하여, 보안 위험의 내용과 정도를 결정하는 과정은?

① 위험 분석　　② 보안관리

③ 위험관리　　④ 보안 분석

해설

위험관리 순서는 크게 위험 분석→위험 평가→대책설정의 3가지 과정으로 구성된다. 이때 위험 분석은 자산의 위협과 취약점을 분석하여, 보안 위험의 내용과 정도를 결정하는 과정으로 모든 시스템에 대한 간단한 초기분석을 통해 불필요한 시간과 자원의 투자 없이 실행할 수 있다.

정답 15. ③ 16. ③ 17. ④ 18. ①

정보보안기사

19 다음 중 위험관리 계획의 과정에 대한 설명으로 옳지 않은 것은?

① 일반적으로 효과적인 보안에는 자산에 대한 보안 계층이 단일화되어, 하나의 단일화된 대책의 조합이 요구된다.

② 위험관리는 크게 위험 분석, 위험 평가, 대책설정 3가지의 과정으로 구분된다.

③ 위험 분석은 모든 시스템에 대한 간단한 초기분석을 통해 불필요한 시간과 자원의 투자 없이 실행할 수 있다.

④ 위험 평가의 목적은 적절하고 정당한 보안대책의 수립을 위해 시스템 및 그 자산이 노출된 위험을 평가하고 식별하기 위한 것이다.

해설

일반적으로 효과적인 보안대책은 자산에 대한 보안대책이 계층화되어 다양한 대책의 조합이 요구된다.

2015년 국가직 9급

20 위험 분석에 대한 설명으로 옳지 않은 것은?

① 자산의 식별된 위험을 처리하는 방안으로는 위험 수용, 위험 회피, 위험 전가 등이 있다.

② 자산의 가치 평가를 위해 자산구입비용, 자산유지보수비용 등을 고려할 수 있다.

③ 자산의 적절한 보호를 위해 소유자와 책임소재를 지정함으로써 자산의 책임추적성을 보장받을 수 있다.

④ 자산의 가치 평가 범위에 데이터베이스, 계약서, 시스템 유지보수 인력 등은 제외된다.

해설

④ 자산은 조직이 보호해야 할 대상으로서 주로 Data(정보)와 장비(하드웨어), 각종 프로그램, 기반시설 등을 말하며 관련 인력, 기업 이미지 등의 무형 자산을 포함하기도 한다. 자산의 가치 평가 범위에 데이터베이스, 계약서, 시스템 유지보수 인력 등도 포함된다.

정보보안기사

21 정보시스템의 기밀성, 무결성, 가용성에 영향을 줄 수 있는 위협과 취약점을 분석하여 예상 손실을 파악하는 것은 무엇인가?

① 위험관리 ② 위험 분석

③ 보안관리 ④ 위험 처리

2017년 지방직 9급

22 위험관리 과정에 대한 설명으로 ㉠, ㉡에 들어갈 용어로 옳은 것은?

> (가) (㉠)단계는 조직의 업무와 연관된 정보, 정보시스템을 포함한 정보 자산을 식별하고, 해당 자산의 보안성이 상실되었을 때의 결과가 조직에 미칠 수 있는 영향을 고려하여 가치를 평가한다.
>
> (나) (㉡)단계는 식별된 자산, 위협 및 취약점을 기준으로 위험도를 산출하여 기존의 보호대책을 파악하고, 자산별 위협, 취약점 및 위험도를 정리하여 위험을 평가한다.

	㉠	㉡
①	자산 식별 및 평가	위험 평가
②	자산 식별 및 평가	취약점 분석 및 평가
③	위험 평가	가치평가 및 분석
④	가치평가 및 분석	취약점 분석 및 평가

정답 : 19. ① 20. ④ 21. ② 22. ①

2016년 국회직 9급

23 ISO/IEC 17799와 같은 정보보호 관리체계 표준에 나열된 보안 통제사항을 근거로 시스템에 대한 보안 위험을 분석하는 방법으로 옳은 것은?

① 비정형화된 접근법(Informal Approach)

② 기준 접근법(Baseline Approach)

③ 상세 위험 분석(Detailed Risk Analysis)

④ 통합 접근법(Combined Approach)

⑤ 시나리오 접근법(Scenario Approach)

해설

- 기준선 접근법은 표준화된 보호대책의 세트를 체크리스트 형태로 구현하여 이를 기반으로 보호대책을 식별하는 방법이다.
- 모든 시스템에 대하여 기본적이고 일반적인 수준에서 표준화된 정보보호대책 세트를, 체크리스트 형태로 제공하는 것을 목표로 한다.
- 글로벌 선도 기업이 수행하고 있는 가장 이상적인 업무 수행 방법(업계 최선 실무)을 벤치마킹하여 위험 분석을 시행한다.
- ISO/IEC 17799와 같은 정보보호 관리체계 표준에 나열된 보안 통제사항을 근거로 시스템에 대한 보안 위험을 분석하는 방법이다. 즉 표준에 나열된 보안 통제사항을 체크리스트 형태로 비교하면서 보안 위험을 분석한다.

정보보안기사

24 위협이 조직에 원하지 않는 사건이나 결말을 가져오는 것을 가능하게 만드는 통제 및 환경상의 결함이나 조건을 무엇이라고 하는가?

① 통제 약점(Control Weakness)

② 위험(Risk)

③ 노출(Exposure)

④ 취약점(Vulnerability)

해설

- 취약점은 자산의 약점(weakness) 또는 보호대책의 결핍으로 정의할 수 있다.
- 취약점은 자산이 보유하고 있는 약점으로 위협에 의해서 이용된다. 이러한 취약점은 네트워크나 시스템 장비가 개발될 때 가지고 있는 고유한 약점이거나, 기존의 시스템 구성에 새로운 장비가 추가되어 생겨날 수 있는 약점일 수도 있다.

정보보안기사

25 다음 중 용어에 대한 설명이 옳지 않은 것은?

① 정성적 기준 : 자산 도입 비용, 자산 복구비용, 자산 교체 비용이 기준이 된다.

② 정보보호 관리체계 : 정보보호의 목적인 정보 자산의 기밀성, 무결성, 가용성을 실현하기 위한 절차 및 과정을 수립하고, 문서화하여 지속적으로 관리, 운영하는 것을 의미한다.

③ 정보보호의 정책 : 어떤 조직의 기술과 정보 자산에 접근하려는 사람이 따라야 하는 규칙의 형식적인 진술을 의미한다.

④ 위험 분석 : 위험을 분석하고 해석하는 과정으로 조직 자산의 취약점을 식별, 위협분석을 통해 위험의 내용과 정도를 결정하는 과정을 의미한다.

해설

- 정성적 위험 분석은 구성요소와 손실에 대해 숫자와 화폐적 가치를 부여하는 대신에, 다양한 위험 가능성의 시나리오에 정성적 방법을 투영시켜 위협의 심각성과 자산 중요성의 순위를 정한다.
- 정성적 위험 분석 기술은 판단, 직관, 그리고 경험을 포함한다.
- 정량적 위험 분석은 평가 대상 자산의 화폐가치 산정이 가능한 경우로 자산 도입비용, 자산 복구비용, 자산 교체비용이 기준이 된다.

정답 23. ② 24. ④ 25. ①

2016년 지방직 9급

26 위험 분석 방법에 대한 설명을 ㄱ~ㄷ 순서대로 바르게 나열한 것은?

ㄱ. 시스템에 관한 전문적인 지식을 가진 전문가 집단을 구성하고 토론을 통해 정보시스템이 직면한 다양한 위협과 취약성을 분석하는 방법이다.
ㄴ. 자산의 가치 분석, 위협 분석, 취약점 분석을 수행하여 위험을 분석하는 방법이다.
ㄷ. 표준화된 보호대책의 세트를 체크리스트 형태로 구현하여 이를 기반으로 보호대책을 식별하는 방법이다.

① 시나리오법/기준선 접근법/상세 위험 분석 접근법
② 시나리오법/상세 위험 분석 접근법/기준선 접근법
③ 델파이법/기준선 접근법/상세 위험 분석 접근법
④ 델파이법/상세 위험 분석 접근법/기준선 접근법

해설

- 델파이법 : 시스템에 관한 전문적인 지식을 가진 전문가 집단을 구성하고 위험을 분석 및 평가하여 정보시스템이 직면한 다양한 위협과 취약성을 토론을 통해 분석하는 방법이다. 위험 분석을 짧은 기간에 도출할 수 있어 시간과 비용을 절약할 수 있지만, 정확도가 낮다.
- 상세위험 분석 접근법(Detail Risk Analysis) : 자산의 가치 분석, 위협 분석, 취약점 분석을 수행하여 위험을 분석하는 방법이다. 정형화되고 구조화된 프로세스를 사용하여 모든 정보 자산에 대해 상세 위험 분석을 하는 방법이다.
- 기준선 접근법(Baseline Approach, 기본통제 접근법) : 표준화된 보호대책의 세트를 체크리스트 형태로 구현하여 이를 기반으로 보호대책을 식별하는 방법이다. 모든 시스템에 대하여 기본적이고 일반적인 수준에서 표준화된 정보보호대책 세트를, 체크리스트 형태로 제공하는 것을 목표로 한다. 글로벌 선도 기업이 수행하고 있는 가장 이상적인 업무 수행 방법(업계 최선 실무)을 벤치마킹하여 위험 분석을 시행한다.

정보보안기사

27 다음 중 위험 분석 방법론에 대한 설명으로 틀린 것은?

① 과거자료 분석법은 과거의 자료를 통해 위험발생 가능성을 예측하는 방법으로서 과거 자료가 많을수록 분석의 정확도가 높아진다.
② 수학공식 접근법은 위협의 발생빈도를 계산하는 식을 이용하여 위험을 계량하는 방법이다.
③ 순위결정법은 비교우위 순위 결정표에 위험 항목의 서술적 순위를 결정하는 방법이다.
④ 델파이법은 어떤 사건도 기대대로 발생하지 않는다는 사실에 근거하여 일정 조건 하에서 위협에 대한 발생 가능한 결과들을 추정하는 방법이다.

해설

- 시나리오법
  - 시나리오법은 어떤 사건도 기대대로 발생하지 않는다는 사실에 근거하여 일정 조건 하에서 위협에 대한 발생 가능한 결과들을 추정하는 방법이다.
  - 적은 정보를 가지고 전반적인 가능성을 추론할 수 있고 위험 분석 팀과 관리 층간의 원활한 의사소통을 가능케 한다. 발생 가능한 사건의 이론적인 추측에 불과하고 정확도, 완성도, 이용기술의 수준 등이 낮다.
- 델파이법은 전문가 집단으로 구성된 위험 분석 팀의 위험 분석 및 평가를 통해 여러 가능성을 전제로 위협과 취약성에 대한 의견수렴을 통한 분석 방법이다.

정답 : 26. ④ 27. ④

정보보안기사

28 위험 분석 방법론은 위험 분석 결과의 성격에 따라 크게 정량적 분석과 정성적 분석으로 구분된다. 아래 보기가 설명하는 위험 분석 방법론은?

> 시스템에 관한 전문적인 지식을 가진 전문가의 집단을 구성하고 위험을 분석 및 평가하여 정보 시스템이 직면한 다양한 위협과 취약점을 토론을 통해 분석하는 방법이다.

① 시나리오법　　② 델파이법
③ 수학공식 접근법　　④ 확률분포법

해설

- 델파이법은 시스템에 관한 전문적인 지식을 가진 전문가 집단을 구성하고 위험을 분석 및 평가하여 정보시스템이 직면한 다양한 위협과 취약성을 토론을 통해 분석하는 방법이다.
- 위험 분석을 짧은 기간에 도출할 수 있어 시간과 비용을 절약할 수 있지만, 정확도가 낮다.

2016년 국가직 7급

29 위험 분석 방법 중 델파이법에 대한 설명으로 옳은 것은?

① 위협 발생 빈도를 추정하는 계산식을 통해 위험을 계량하여 분석한다.
② 미지의 사건을 추정하는 데 사용되는 방법으로 확률적 편차를 이용해 최저, 보통, 최고의 위험도를 분석한다.
③ 전문가 집단으로 구성된 위험 분석 팀의 위험 분석 및 평가를 통해 여러 가능성을 전제로 위협과 취약성에 대한 의견수렴을 통한 분석 방법이다.
④ 어떤 사건이 예상대로 발생하지 않는다는 사실에 근거하여 주어진 조건 하에 발생 가능한 위협에 따른 결과를 예측하는 방법이다.

정보보안기사

30 아래의 설명에서 올바른 것을 선택하시오.

> 전문지식을 가진 전문가의 집단을 구성하여 위험 분석과 평가를 수행한다. 위험 평가는 토론을 통해서 하고 자신의 의견은 익명성을 보장하는 방식으로 중재자를 활용한다.

① 과거자료 분석법　　② 전문가 감정
③ 델파이법　　④ 순위결정법

정보보안기사

31 자산가치 산정은 자산의 중요도를 파악하고 위험이 발생할 경우 있을 수 있는 피해를 측정하기 위한 정보를 얻기 위해 위험 분석 대상 자산의 가치를 정량 또는 정성적인 방법으로 평가하는 과정이다. 정량적 평가방법의 기준에 해당되지 않는 것은 무엇인가?

① 업무처리에 대한 자산의 기여도
② 자산 도입 비용
③ 자산 복구 비용
④ 자산 교체 비용

해설

- 정량적 위험 분석은 수학적 기법을 활용하여 자산에 대한 해당 위험도를 분석하는 방법으로 위험에 대한 분석을 숫자나 금액 등을 이용하여 객관적으로 분석하는 것이다.
- 정량적 위험 분석은 평가 대상 자산의 화폐가치 산정이 가능한 경우로 자산 도입비용, 자산 복구비용, 자산 교체비용이 기준이 된다.
- 업무처리에 대한 자산의 기여도는 객관적 요소보다 주관적인 요소가 많이 개입된다.

정답 : 28. ② 29. ③ 30. ③ 31. ①

정보보안기사

32 다음 중 정량적 위험 분석의 장점에 해당되지 않는 것은 무엇인가?

① 위험관리 성능평가가 용이하다.

② 객관적인 평가기준이 적용된다.

③ 계산에 대한 노력이 적게 든다.

④ 위험 평가 결과가 금전적 가치, 백분율, 확률 등으로 표현되어 이해하기 쉽다.

해설

- 정량적 위험 분석의 장점
  - 객관적인 평가기준이 적용된다.
  - 정보의 가치가 논리적으로 평가되고 화폐로 표현되어 납득이 더 잘된다.
  - 위험관리 성능평가가 용이하다.
  - 위험 평가 결과가 금전적 가치, 백분율, 확률 등으로 표현되어 이해하기 쉽다.
- 정량적 위험 분석의 단점
  - 계산이 복잡하여 분석하는 데 시간, 노력, 비용이 많이 든다.
  - 관리자는 결과값이 어떤 방법으로 도출되었는지 알 수 없다.
  - 자동화 도구 없이는 작업량이 너무 많으며, 위험 분석의 신뢰도가 자동화 도구를 생산한 벤더에 의존된다.
  - 환경에 대한 자세한 정보의 수집이 필요하다.

정보보안기사

33 다음 중 위험 분석 시 정량적 분석의 단점으로 올바른 것은?

① 객관적인 평가 기준이 적용된다.

② 위험관리 성능 평가가 용이하다.

③ 위험관리 성능을 추적할 수 없다.

④ 계산이 복잡하여 분석하는 데 시간, 노력, 비용이 많이 든다.

해설

32번 해설 참고

2017년 국가직 7급

34 위험 분석 방법 중 손실 크기를 화폐가치로 측정할 수 없어서 위험을 기술 변수로 표현하는 정성적 분석 방법이 아닌 것은?

① 델파이법

② 퍼지 행렬법

③ 순위 결정법

④ 과거자료 접근법

2017년 국가직 9급

35 위험 분석 및 평가방법론 중 성격이 다른 것은?

① 확률 분포법　② 시나리오법

③ 순위결정법　④ 델파이법

2016년 국가직 9급

36 식별된 위험에 대처하기 위한 정보보안 위험관리의 위험 처리방안 중, 불편이나 기능 저하를 감수하고라도, 위험을 발생시키는 행위나 시스템 사용을 하지 않도록 조치하는 방안은?

① 위험 회피　② 위험 감소

③ 위험 수용　④ 위험 전가

해설

위험 회피(Risk Avoidance)

- 위험 회피는 위험이 존재하는 프로세스나 사업을 수행하지 않고 포기하는 것이다.
- 자산 매각이나 설계 변경 등 다른 대안을 선택하여 해당 위험이 실현되지 않도록 하는 것이다.
- 위험 회피는 식별된 위험에 대처하기 위한 정보보안 위험관리의 위험 처리방안 중, 불편이나 기능 저하를 감수하고라도, 위험을 발생시키는 행위나 시스템 사용을 하지 않도록 조치하는 방안이다.

정답 32. ③ 33. ④ 34. ④ 35. ① 36. ①

정보보안기사

37 위험 분석 방법에서 미지의 사건을 추정하는 데 사용되는 방법으로 통계적 편차를 사용하여 최저, 보통, 최고의 위험 평가를 예측할 수 있는 방법은 무엇인가?

① 과거자료분석법 ② 시나리오법

③ 확률 분포법 ④ 수학공식접근법

정보보안기사

38 도출된 위험이 해당 사업에 심각한 영향을 주는 관계로 보험에 가입하였다. 이런 식으로 위험을 경감 또는 완화시키는 처리 유형은 무엇인가?

① 위험 감소(Reduction)

② 위험 전가(Transfer)

③ 위험 수용(Acceptance)

④ 위험 회피(Avoidance)

해설

위험 전가(Risk Transitoin, Risk Transfer)

- 위험에 대한 책임을 제3자와 공유하는 것이다. 즉 위험전이는 비용을 동반한다.
- 위험을 보험회사와 같이 다른 개체에 전이하는 것으로 위험 전이는 비용을 동반한다.
- 예를 들어 도출된 위험이 해당 사업에 심각한 영향을 주는 관계로 보험에 가입하는 경우이다.

2015년 국가직 9급

39 다음에서 설명하는 재해복구시스템의 복구 방식은?

> 재해복구센터에 주 센터와 동일한 수준의 시스템을 대기상태로 두어, 동기적 또는 비동기적 방식으로 실시간 복제를 통하여 최신의 데이터 상태를 유지하고 있다가, 재해 시 재해복구센터의 시스템을 활성화 상태로 전환하여 복구하는 방식이다.

① 핫 사이트(Hot Site)

② 미러 사이트(Mirror Site)

③ 웜 사이트(Warm Site)

④ 콜드 사이트(Cold Site)

해설

핫 사이트(Hot Site)

- 재해복구센터에 주 센터와 동일한 수준의 시스템을 대기상태(Standby)로 원격지 사이트에 보유하면서(Active-Standby), 동기적(Synchronous) 또는 비동기적(Asynchronous) 방식으로 실시간 복제를 통하여 최신의 데이터 상태(Up-to-date)를 유지하고 있다가, 재해 시 재해복구센터의 시스템을 활성화(Active) 상태로 전환하여 복구하는 방식이다.
- 재해 발생 시 복구까지의 소요시간(RTO)은 수 시간(약 4시간 이내)이다.
- 초기 투자 및 유지 보수에 높은 비용이 소요된다.
- 데이터베이스 애플리케이션 등 데이터의 업데이트 빈도가 높은 시스템일 경우 재해복구센터는 대기상태(Standby)로 유지하다가 재해 시 액티브(Active)로 전환하는 방식이 일반적이다.

2015년 경찰직 9급

40 다음 설명에 해당하는 재해복구시스템의 복구 방식은 무엇인가?

> 메인 센터와 동일한 수준의 정보 기술 자원을 보유하는 대신 중요성이 높은 기술 자원만 부분적으로 보유하는 방식으로 실시간 미러링을 수행하지 않는다.
> 데이터 백업 주기가 수 시간~1일 정도 소요되며, 재해 발생 시 복구까지의 소요시간은 수 일~수 주이다.

① 미러 사이트(Mirror Site)

② 핫 사이트(Hot Site)

③ 웜 사이트(Warm Site)

④ 콜드 사이트(Cold Site)

정답 : 37. ③ 38. ② 39. ① 40. ③

해설

웜 사이트(Worm Site)

- Hot Site와 유사하나 메인 센터와 동일한 수준의 정보 기술 자원을 보유하는 대신 중요성이 높은 기술 자원만 부분적으로 보유하는 방식으로 실시간 미러링을 수행하지 않는다.
- 데이터의 백업 주기가 수 시간~1일 정도로 Hot site에 비해 다소 길다. 재해 발생 시 복구까지의 소요시간(RTO)은 수 일~수 주이다.
- 재해 및 유지비용이 Mirror Site및 Hot Site에 비해 저렴하나 초기의 복구 수준이 완전하지 않으며 완전한 복구까지는 다소의 시일이 소요된다.

2017년 국가직 7급

41 재해복구시스템의 복구 수준별 유형에 대한 설명으로 옳지 않은 것은?

① Mirror Site－주 센터와 동일한 수준의 정보기술 자원(하드웨어, 소프트웨어, 기타 부대 장비 등)을 원격지에 구축하여 모두 액티브 상태에서 실시간으로 동시에 서비스하는 방식

② Hot Site－주 센터와 동일한 수준의 정보기술 자원을 대기 상태(standby)로 원격지에 구축하여 동기적 혹은 비동기적 미러링을 통해 데이터의 최신을 유지하고 있다가 주 센터 재해 시 액티브로 전환하여 서비스하는 방식

③ Down Site－웹 애플리케이션 서비스 등 데이터의 업데이트 빈도가 높은 정보시스템을 액티브로 전환하여 서비스하는 방식

④ Cold Site－기계실, 전원 시설, 통신 설비, 공조 시설, 온도 조절 시스템 등을 갖추어 놓고, 주 센터 재해 시 정보기술 자원을 설치하여 서비스하는 방식

SECTION 3 · BCP(Business Continuity Planning)

정보보안기사

42 각종 재해나 재난의 발생에 대비하여 핵심 시스템의 가용성과 신뢰성을 회복하고 업무의 연속성을 유지하기 위한 일련의 계획과 절차를 일컬으며, 단순한 데이터의 복구나 원상회복뿐만 아니라 업무의 지속성을 보장하고 이를 통해 조직의 신뢰도를 유지하고 나아가 전체적인 신뢰성 유지와 가치를 최대화하는 방법은 무엇인가?

① BIA(Business Impact Assessment)

② DRP(Disaster Recovery Planning)

③ BCP(Business Continuity Planning)

④ MTD(Maximum Tolerable Downtime)

해설

- BIA(Business Impact Assessment, 업무영향분석) : 주요 업무 프로세스의 식별, 재해 유형 식별 및 재해 발생 가능성과 발생 시 업무 중단의 지속시간 평가, 업무 프로세스별 중요도 및 재해로 인한 업무 중단 손실평가, 업무 프로세스별 우선순위 및 복구 대상 범위의 설정, 재해 발생 시 업무 프로세스의 복원 시간이나 우선순위를 결정한다.
- DRP(Disaster Recovery Planning, 재해복구계획) : 정보기술서비스에 대하여 재해가 발생하는 경우를 대비하여, 이의 빠른 복구를 통해 업무에 대한 영향을 최소화하기 위한 제반 계획을 말한다. 중요한 업무 프로세스에 대하여 재해가 발생할 가능성 및 재해 발생 시의 피해를 최소화하기 위한 일련의 행위 집합으로도 정의된다.
- BCP(Business Continuity Planning, 업무 연속성계획) : 지진, 홍수 등의 천재지변이나 재해 발생 시 시스템 복구, 데이터 복원 등 IT의 단순 복구차원을 넘어, 기업 비즈니스 연속성을 보장할 수 있는 계획 수립으로 24시간 비즈니스 운영체제 구축을 목표로 한다.
- MTD(Maximum Tolerable Downtime, 허용가능 중단시간) : 조직이 치명적 손실로 인한 중단/재해 영향에 견딜 수 있는 최대 시간을 말한다.

정답 : 41. ③ 42. ③

2017년 지방직 9급

43 재해복구시스템의 복구 수준별 유형에 대한 설명으로 옳은 것은?

① Warm site는 Mirror site에 비해 전체 데이터 복구 소요 시간이 빠르다.

② Cold site는 Mirror site에 비해 높은 구축 비용이 필요하다.

③ Hot site는 Cold site에 비해 구축 비용이 높고, 데이터의 업데이트가 많은 경우에 적합하다.

④ Mirror site는 Cold site에 비해 구축 비용이 저렴하고, 복구에 긴 시간이 소요된다.

정보보안기사

44 다음 중 업무 연속성 계획이 추구하는 가장 중요한 목적은?

① 신속한 서비스 재개를 통한 고객 불편의 최소화

② 재해로 인한 조직의 생존성 위협으로부터 지속적인 업무의 수행

③ 고품질의 대량생산을 위한 중단 없는 연속된 업무의 흐름

④ 대외 신인도 저하 방지

해설

② 업무 연속성 계획이 추가하는 가장 중요한 목적은 재해로 인한 조직의 생존성 위협으로부터 지속적인 업무의 수행이다. 또한 IT Infra, 인적자원, 물적자원 등을 각종 재해로부터 보호함으로써, 사업의 연속성 유지, 고객 보호 및 고객 만족 실험, 경쟁력 향상 및 대외 신인도 향상, 시스템 가동 중단으로 인한 유·무형 손실의 예방 및 최소화, 비즈니스를 위한 IT 시스템 복구 과정의 효과적 통제·관리를 목표로 한다.

정보보안기사

45 업무 연속성 계획(BCP)을 검토할 경우, 정보보호관리자가 다음 시나리오 중에서 가장 중요하게 검토해야 하는 것은 어느 것인가?

① 가장 발생 확률이 높은 시나리오

② 낙관적인 시나리오

③ 비관적인(최악의) 시나리오

④ 비용이 가장 많이 소요되는 시나리오

해설

③ 업무 연속성 계획(BCP)을 검토할 경우, 정보보호 관리자가 가장 중요하게 검토해야 하는 것은 비관적인(최악의) 시나리오이다.

정보보안기사

46 BCP에서 가장 중요한 활동은 비즈니스 영향도 분석 작업이다. 비즈니스 영향 분석(BIA)을 수행하는 이유로 적당하지 않은 것은 무엇인가?

① 핵심 업무프로세스 식별

② 핵심 프로세스에 필요한 자원 식별

③ 최대 허용 유휴시간 산정

④ DRS(Disaster Recovery System : 재해복구시스템) 구축 비용 산정

정보보안기사

47 다음 중 비상계획 수립 절차 중 가장 먼저 수행하는 절차는?

① 잠재적 재해를 예측한다.

② 핵심 기능을 식별한다.

③ 비상계획 전략을 채택한다.

④ 필요한 인원 배치를 한다.

정답 : 43. ③ 44. ② 45. ③ 46. ④ 47. ②

해설

② 업무영향분석(BIA : Business Impact Assessment)에서 가장 먼저 수행하는 절차는 회사 내의 모든 비즈니스 요소들을 확인 후 핵심 기능(업무)을 식별하는 것이다.

SECTION 4 • 침해사고 대응

2015년 국가직 7급

48 침입사고를 보고받고 상황 분석 및 상황에 대응하는 업무를 수행하는 팀은?

① CIDT(Computer Intrusion Detection Team)

② CSET(Computer Social Engineering Team)

③ CIPT(Computer Intrusion Prevention Team)

④ CERT(Computer Emergency Response Team)

해설

CERT(Computer Emergency Response Team, 침해사고대응팀)는 정보통신망 등의 침해사고에 대응하기 위해 기업이나 기관의 업무 관할 지역 내에서 침해사고의 접수 및 처리 지원을 비롯해 예방, 피해 복구 등의 임무를 수행하는 조직을 말한다.

2018년 경찰간부후보생

49 다음 지문에서 설명하는 디지털 포렌식의 원칙은 무엇인가?

> 증거는 획득하고 난 뒤 이송, 분석, 보관, 법정 제출이라는 일련의 과정이 명확해야 하며, 이러한 과정에 대한 추적이 가능해야 한다.

① 정당성의 원칙 ② 재현의 원칙

③ 연계 보관성의 원칙 ④ 무결성의 원칙

2014년 지방직 9급

50 디지털 포렌식의 기본 원칙에 대한 설명으로 옳지 않은 것은?

① 정당성의 원칙 : 모든 증거는 적법한 절차를 거쳐서 획득되어야 한다.

② 신속성의 원칙 : 컴퓨터 내부의 정보 획득은 신속하게 이루어져야 한다.

③ 연계 보관성의 원칙 : 증거자료는 같은 환경에서 같은 결과가 나오도록 재현이 가능해야 한다.

④ 무결성의 원칙 : 획득된 정보는 위·변조되지 않았음을 입증할 수 있어야 한다.

해설

연계 보관성의 원칙

- 디지털 증거물의 획득, 이송, 분석, 보관, 법정 제출의 각 단계를 담당하는 책임자를 명시해야 한다.
- 증거물이 수집, 이동, 보관, 분석, 법정 제출의 각 단계에서 담당자 및 책임자가 명확해야 한다.

2015년 지방직 9급, 2016년 해경(보호직) 9급

51 디지털 증거의 법적 효력을 인정받기 위해 포렌식 과정에서 지켜야 하는 원칙이 아닌 것은?

① 정당성의 원칙

② 무결성의 원칙

③ 재현의 원칙

④ 연계추적 불가능의 원칙

해설

- 연계추적 불가능의 원칙이 아니라 연계 보관성의 원칙이 필요하다.
- 연계 보관성의 원칙이란 디지털 증거물의 획득, 이송, 분석, 보관, 법정 제출의 각 단계를 담당하는 책임자를 명시하고 추적 가능해야 한다는 것이다.

정답 48. ④ 49. ③ 50. ③ 51. ④

2017년 서울시 9급

52 포렌식의 기본 원칙 중 증거는 획득되고, 이송/분석/보관/법정 제출의 과정이 명확해야 함을 말하는 원칙은?

① 정당성의 원칙 ② 재현의 원칙
③ 연계 보관성의 원칙 ④ 신속성의 원칙

2018년 국가직 9급

53 증거의 수집 및 분석을 위한 디지털 포렌식의 원칙에 대한 설명으로 옳지 않은 것은?

① 정당성의 원칙 – 증거 수집의 절차가 적법해야 한다.
② 연계 보관성의 원칙 – 획득한 증거물은 변조가 불가능한 매체에 저장해야 한다.
③ 신속성의 원칙 – 휘발성 정보 수집을 위해 신속히 진행해야 한다.
④ 재현의 원칙 – 동일한 조건에서 현장 검증을 실시하면 피해 당시와 동일한 결과가 나와야 한다.

2017년 국회직 9급

54 디지털 포렌식(Digital Forensic)을 통해 획득된 증거가 법적인 효력을 갖기 위해서는 증거를 발견(Discovery), 기록(Recording), 획득(Collection), 보관(Preservation)하는 절차가 적절해야 한다. 이를 만족하기 위해 지켜야 하는 기본 원칙으로 옳지 않은 것은?

① 최량 증거의 원칙 ② 재현의 원칙
③ 정당성의 원칙 ④ 신속성의 원칙
⑤ 연계 보관성의 원칙

2015년 서울시 9급

55 컴퓨터 포렌식(forensics)은 정보처리기기를 통하여 이루어지는 각종 행위에 대한 사실 관계를 확정하거나 증명하기 위해 행하는 각종 절차와 방법이라고 정의할 수 있다. 다음 중 컴퓨터 포렌식에 대한 설명으로 옳지 않은 것은?

① 컴퓨터 포렌식 중 네트워크 포렌식은 사용자가 웹상의 홈페이지를 방문하여 게시판 등에 글을 올리거나 읽는 것을 파악하고 필요한 증거물을 확보하는 것 등의 인터넷 응용프로토콜을 사용하는 분야에서 증거를 수집하는 포렌식 분야이다.
② 컴퓨터 포렌식은 단순히 과학적인 컴퓨터 수사 방법 및 절차뿐만 아니라 법률, 제도 및 각종 기술 등을 포함하는 종합적인 분야라고 할 수 있다.
③ 컴퓨터 포렌식 처리 절차는 크게 증거 수집, 증거 분석, 증거 제출과 같은 단계들로 이루어진다.
④ 디스크 포렌식은 정보기기의 주·보조기억장치에 저장되어 있는 데이터 중에서 어떤 행위에 대한 증거 자료를 찾아서 분석한 보고서를 제출하는 절차와 방법을 말한다.

해설

① 사용자가 웹상의 홈페이지를 방문하여 게시판 등에 글을 올리거나 읽는 것을 파악하고 필요한 증거물을 확보하는 것 등의 인터넷 응용프로토콜을 사용하는 분야에서 증거를 수집하는 포렌식 분야는 웹 포렌식이다.

정답 52. ③ 53. ② 54. ① 55. ①

2017년 국가직 7급

56 다음에서 설명하는 디지털 포렌식(Digital Forensics)은?

> 자신에게 불리한 증거 자료를 사전에 차단하려는 활동이나 기술로 데이터 은닉, 데이터 암호화 등이 있다.

① 항포렌식(Anti Forensic)

② 임베디드 포렌식(Embedded Forensic)

③ 디스크 포렌식(Disk Forensic)

④ 시스템 포렌식(System Forensic)

정보보안기사

57 대외비(Confidential) 데이터가 보관된 PC는 어떻게 처분해야 하는가?

① 하드디스크 자성을 없앤다.

② 하드디스크를 하위 레벨 포맷한다.

③ 하드디스크의 모든 데이터를 지운다.

④ 하드디스크의 조각 모으기를 한다.

해설

① 데이터를 복구할 수 없도록 지우는 가장 확실한 방법은 물리적인 파괴이다. 차선은 하드디스크의 자성을 없애는 것이다(디가우징).

② 하위 레벨 포맷(low level format)은 하드디스크 안의 모든 물리적인 데이터 상태를 공장 출하 시와 같이 초기화시키는 것이다. 하위 레벨 포맷한 하드디스크는 거의 복구가 불가능한 것으로 알려져 있으나 전용 포맷 복구 프로그램을 이용하면 복구가 가능하다.

③ 기본적으로 Windows 시스템에서 파일을 삭제하면, 하드디스크의 물리적인 위치에 있는 데이터는 소멸되지 않는다.

④ 디스크 조각 모음을 하면 하드디스크의 성능이 향상된다.

2018년 경찰간부후보생

58 다음 지문은 무엇에 관한 설명인가?

> ① 자신에게 불리한 증거자료를 사전에 차단하려는 활동이나 기술
> ② 데이터 복구 회피기법
> ③ 데이터 은닉(Steganography)

① Anti Forensic ② Digital Forensic

③ Root Kit ④ Stealth Scan

2017년 경찰간부후보생

59 다음 지문에서 설명하는 포렌식 도구는 무엇인가?

> ① Guidance Software Inc가 사법기관 요구사항에 바탕을 두고 개발한 컴퓨터 증거분석용 소프트웨어이다.
> ② 컴퓨터 관련 수사에서 디지털 증거의 획득과 분석 기능을 제공하며, 미국에서 1990년 후반부터 600여 개 사법기관에서 컴퓨터 관련 범죄수사에 활용되고 있으며, 미국 법원이 증거능력을 인정하는 독립적인 솔루션이다.
> ③ Windows 환경에서 증거원본 미디어에 어떠한 영향을 미치지 않으면서도 '미리보기', '증거사본 작성', '분석', '결과보고'에 이르는 전자증거조사의 모든 과정을 수행할 수 있다.

① Wireshark ② Encase

③ KICS ④ IDA

해설

- Encase 특징 및 기능
  - 증거 채증(이미징)
  - 다양한 종류의 인터넷 접속 증거복구 가능
  - 포렌식적 채증 - 삭제된 데이터 복구
  - 라이브 포렌식 기능
- 아이다(IDA) : 디스어셈블러로 바이너리 파일을 역으로 어셈블리어로 재구성해주는 툴
- 와이어샤크(Wireshak) : 패킷 분석 프로그램

정답 56. ① 57. ① 58. ① 59. ②

2018년 경찰간부후보생

60 1998년 Guidance Software Inc.가 사법기관 요구사항에 바탕을 두고 개발한 컴퓨터 증거분석용 소프트웨어인 엔케이스(EnCase) 고유의 포렌식 디스크 이미지 파일 형식은 무엇인가?

① FTK ② dd

③ SHA ④ E01

2017년 국가직 9급 정보시스템 보안

61 디지털 포렌식에서 데이터베이스에 있는 대량의 숫자 정보의 무결성 및 정확성을 확인하기 위해 수행하는 분석 방법은?

① 스니퍼 운용

② MRTG(Multi Router Traffic Grapher)

③ CAATs(Computer Assisted Auditing Techniques)

④ 네트워크 로그 서버 분석

2014년 지방직 9급

62 침해사고가 발생하였을 경우 조직 내의 모든 사람들이 신속하게 대처하여 침해사고로 인한 손상을 최소화하고 추가적인 손상을 막기 위한 단계는?

① 보안탐지 단계 ② 대응 단계

③ 사후검토 단계 ④ 조사와 분석 단계

해설

② 침해사고가 발생하였을 경우 조직 내의 모든 사람들이 신속하게 대처하여 침해사고로 인한 손상을 최소화하고 추가적인 손상을 막기 위한 단계는 초기 대응 단계에 해당한다.

SECTION 5 · 국제/국가 표준 및 인증체계

2015년 지방직 9급

63 인터넷 보안 프로토콜에 해당하지 않는 것은?

① SSL ② HTTPS

③ S/MIME ④ TCSEC

해설

TCSEC(Trusted Computer System Evaluation Criteria)는 흔히 Orange Book이라고 불리는 Rainbow Series1이라는 미 국방부 문서 중 하나이다. TCSEC는 1960년대부터 시작된 컴퓨터 보안 연구를 통하여 1972년에 그 지침이 발표되었으며 1983년에 미국 정보보안 조례로 세계에 최초로 공표되었고 1995년에 공식화되었다. 무척 오랜 역사를 가진 인증으로 지금까지도 보안 솔루션을 개발할 때 기준이 되는 표준이다.

2014년 국가직 7급, 2017년 국가직 7급

64 영국, 독일, 네덜란드, 프랑스 등 유럽 국가에서 평가 제품의 상호 인정 및 정보보호 평가 기준의 상이함에서 오는 시간과 인력 낭비를 줄이기 위해 제정한 유럽형 보안 기준은?

① CC(Common Criteria)

② ITSEC(Information Technology Security Evaluation Criteria)

③ TCSEC(Trusted Computer System Evaluation Criteria)

④ ISO/IEC JTC 1

해설

ITSEC(Information Technology Security Evaluation Criteria)는 TCSEC와는 별개로 유럽에서 발전한 보안 표준이다. 1991년 5월 유럽 국가들이 발표한 공동 보안 지침서로 TCSEC가 기밀성만을 강조한 것과 달리 ITSEC는 무결성과 가용성을 포괄하는 표준안을 제시하고 있다.

정답 60. ④ 61. ③ 62. ② 63. ④ 64. ②

2017년 서울시 9급

65 다음은 TCSEC 보안 등급 중 하나를 설명한 것이다. 이에 해당하는 것은?

> • 각 계정별 로그인이 가능하며 그룹 ID에 따라 통제가 가능한 시스템이다.
> • 보안 감사가 가능하며 특정 사용자의 접근을 거부할 수 있다.
> • 윈도우 NT 4.0과 현재 사용되는 대부분의 유닉스 시스템이 이에 해당한다.

① C1　　② C2

③ B1　　④ B2

2016년 국회직 9급

66 TCSEC(Trusted Computer System Evaluation Criteria)에 따라 보안 등급을 평가할 때 보안 수준이 높은 순서대로 나열한 것으로 옳은 것은?

① Structured Protection 〉 Labeled Security Protection 〉 Controlled Access Protection

② Discretionary Security Protection 〉 Controlled Access Protection 〉 Minimal Protection

③ Minimal Protection 〉 Structured Protection 〉 Labeled Security Protection

④ Discretionary Security Protection 〉 Labeled Security Protection 〉 Minimal Protection

⑤ Controlled Access Protection 〉 Discretionary Security Protection 〉 Structured Protection

해설

TCSEC는 보안 등급

• D(Minimal Protection) : 보안 설정이 이루어지지 않은 단계이다.
• C1(Discretionary Security Protection) : 일반적인 로그인 과정이 존재하는 시스템이다. 사용자 간 침범이 차단되어 있고 모든 사용자가 자신이 생성한 파일에 대해 권한을 설정할 수 있으며, 특정 파일에 대해서만 접근이 가능하다. 초기의 유닉스 시스템이 C1 등급에 해당한다.
• C2(Controlled Access Protection) : 각 계정별 로그인이 가능하며 그룹 ID에 따라 통제가 가능한 시스템이다. 보안 감사가 가능하며 특정 사용자의 접근을 거부할 수 있다. 윈도우 NT 4.0과 현재 사용되는 대부분의 유닉스 시스템이 C2 등급에 해당한다.
• B1(Labeled Security) : 시스템 내의 보안 정책을 적용할 수 있고 각 데이터에 대해 보안 레벨 설정이 가능하다. 시스템 파일이나 시스템에 대한 권한을 설정할 수 있다.
• B2(Structured Protection) : 시스템에 정형화된 보안 정책이 존재하며 B1 등급의 기능을 모두 포함한다. 일부 유닉스 시스템이 B2 인증에 성공했고, 윈도우 2000은 B2 등급의 인증을 신청한 상태이나 아직 결정되지 않았다.
• B3(Security Domains) : 운영체제에서 보안에 불필요한 부분을 모두 제거하고, 모듈에 따른 분석 및 테스트가 가능하다. 또한 시스템 파일 및 디렉터리에 대한 접근 방식을 지정하고, 위험 동작을 하는 사용자의 활동에 대해서는 백업까지 자동으로 이루어진다. 현재까지 B3 등급을 받은 시스템은 극히 일부이다.
• A1(Verified Design) : 수학적으로 완벽한 시스템이다. 현재까지 A1 등급을 받은 시스템은 없으므로 사실상 이상적인 시스템일 뿐이다.

정답 : 65. ② 66. ①

2018년 경찰간부후보생

67 정보보호 보안평가 표준 등에 관한 다음 설명 중 가장 옳지 않은 것은 무엇인가?

① TCSEC은 보안 등급을 A, B, C, D로 구분하며 네트워크를 고려하지 않은 시스템 보안평가 표준이다.

② ITSEC은 오렌지북으로 불리는 컴퓨터시스템 평가기준으로 미 국방부에서 최초로 수용되었다.

③ CC(Common Criteria)는 단일화된 공통 평가기준을 제정하여 적용함으로써 시간의 절약, 평가비용의 절감 등의 효과가 있다.

④ ISMS는 BS7799를 기반으로 국내 환경에 적합하게 작성하였다.

2014년 국가직 9급

68 국제공통평가기준(Common Criteria)에 대한 설명으로 옳지 않은 것은?

① 정보보호 측면에서 정보보호 기능이 있는 IT 제품의 안전성을 보증·평가하는 기준이다.

② 국제공통평가 기준은 소개 및 일반모델, 보안 기능 요구사항, 보증 요구사항 등으로 구성되고, 보증 등급은 5개이다.

③ 보안 기능 요구사항과 보증 요구사항의 구조는 클래스로 구성된다.

④ 상호인정협정(CCRA : Common Criteria Recognition Arrangement)은 정보보호 제품의 평가인증 결과를 가입 국가 간 상호 인정하는 협정으로 미국, 영국, 프랑스 등을 중심으로 시작되었다.

해설

국제공통평가 기준의 구성은 제1부 시스템의 평가 원칙과 평가 모델, 제2부 시스템 보안 기능 요구사항, 제3부 시스템의 7등급 평가를 위한 보증 요구사항으로 되어 있다. 즉 보증 등급은 7개이다.

2016년 서울시 9급

69 공통평가기준(Common Criteria, CC)에 대한 설명 중 옳지 않은 것은?

① 보호프로파일(Protection Profile)과 보안목표명세서(Security Target) 중 제품군에 대한 요구사항 중심으로 기술되어 있는 것은 보안목표명세서(Security Target)이다.

② 평가대상에는 EAL 1에서 EAL 7까지 보증등급을 부여할 수 있다.

③ CC의 개발은 오렌지북이라는 기준서를 근간으로 하였다.

④ CC의 요구사항은 class, family, component로 분류한다.

해설

보호프로파일(Protection Profile)과 보안목표명세서(Security Target) 중 제품군에 대한 요구사항 중심으로 기술되어 있는 것은 보호프로파일(Protection Profile)이다.

2017년 지방직 9급

70 다음에서 설명하는 국제공통평가기준(CC)의 구성요소는?

- 정보제품이 갖추어야 할 공통적인 보안 요구사항을 모아 놓은 것이다.
- 구현에 독립적인 보안 요구사항의 집합이다.

① 평가보증등급(EAL) ② 보호프로파일(PP)

③ 보안목표명세서(ST) ④ 평가대상(TOE)

정답 67. ② 68. ② 69. ① 70. ②

2015년 국가직 9급

71 국제공통평가기준(Common Criteria)에 대한 설명으로 옳지 않은 것은?

① 국가마다 서로 다른 정보보호시스템 평가 기준을 연동하고 평가 결과를 상호 인증하기 위해 제정된 평가 기준이다.

② 보호프로파일(Protection Profiles)은 특정 제품이나 시스템에만 종속되어 적용하는 보안 기능 수단과 보증수단을 기술한 문서이다.

③ 평가 보증 등급(EAL : Evaluation Assurance Level)에서 가장 엄격한 보증(formally verified) 등급은 EAL 7이다.

④ 보안 요구조건을 명세화하고 평가 기준을 정의하기 위한 ISO/IEC 15408 표준이다.

해설

② 특정 제품이나 시스템에만 종속되어 적용하는 보안 기능 수단과 보증수단을 기술한 문서는 보안목표명세서(Security Target)이다.

2015년 경찰직 9급

72 다음 중 국제공통평가기준(Common Criteria)에 대한 설명으로 가장 적절하지 않은 것은?

① 정보보호 측면에서 정보보호 기능이 있는 IT 제품의 안전성을 보증·평가하는 기준이다.

② 평가 보증 등급(EAL : Evaluation Assurance Level)에서 가장 엄격한 보증(formally verified) 등급은 EAL 5이다.

③ 국가마다 서로 다른 정보보호시스템 평가 기준을 연동하고 평가 결과를 상호 인증하기 위해 제정된 평가기준이다.

④ 보안 기능 요구사항과 보증 요구사항의 구조는 클래스로 구성된다.

해설

평가 보증 등급(EAL : Evaluation Assurance Level)은 EAL 1부터 EAL 7까지 있다. 가장 엄격한 보증 등급은 EAL 7이다.

2018년 국가직 9급

73 다음은 CC(Common Criteria)의 7가지 보증 등급 중 하나에 대한 설명이다. 시스템이 체계적으로 설계되고, 테스트되고, 재검토되도록(Methodically Designed, Tested and Reviewed) 요구하는 것은?

- 낮은 수준과 높은 수준의 설계 명세를 요구한다.
- 인터페이스 명세가 완벽할 것을 요구한다.
- 제품의 보안을 명시적으로 정의한 추상화 모델을 요구한다.
- 독립적인 취약점 분석을 요구한다.
- 개발자 또는 사용자가 일반적인 TOE의 중간 수준부터 높은 수준까지의 독립적으로 보증된 보안을 요구하는 곳에 적용 가능하다.
- 또한 추가적인 보안 관련 비용을 감수할 수 있는 곳에 적용 가능하다.

① EAL 2　② EAL 3

③ EAL 4　④ EAL 5

정보보안기사

74 정보보호관리체계에 대한 표준으로 최상의 정보보호관리를 위한 포괄적인 일련의 관리 방법에 대하여 요건별로 해석해놓은 규격으로 기업이 고객정보의 기밀성, 무결성, 가용성을 보장한다는 것을 공개적으로 확인하는 것이 목적인 것은?

① BS7799　② ITSEC

③ TCSEC　④ TDI

정답 : 71. ② 72. ② 73. ③ 74. ①

해설

BS7799(British Standard 7799)는 영국에서 효율적인 정보보호 관리체계 구축에 대한 하나의 국제 표준으로 1995년 제정되었다. 정보보안 경영 시스템의 개발, 수립 및 문서화에 대한 요구사항들을 정한 국제 인증 규격으로 1995년 제정 후 1999년 개정을 거쳐 국제표준화기구(ISO)에 의해 국제 표준으로도 제정되었다.

2016년 지방직 9급

75 현행 우리나라의 정보보호관리체계(ISMS) 인증에 대한 설명으로 옳지 않은 것은?

① 「정보통신망 이용촉진 및 정보보호 등에 관한 법률」에 근거를 두고 있다.

② 인증심사의 종류에는 최초심사, 사후심사, 갱신심사가 있다.

③ 인증에 유효기간은 정해져 있지 않다.

④ 정보통신망의 안정성·신뢰성 확보를 위하여 관리적·기술적·물리적 보호 조치를 포함한 종합적 관리체계를 수립·운영하고 있는 자에 대하여 인증 기준에 적합한지에 관하여 인증을 부여하는 제도이다.

해설

③ ISMS의 유효기간은 3년이다.

2017년 국가직 7급

76 정보보호관리체계(ISMS)의 정보보호 관리과정에 대한 설명으로 옳지 않은 것은?

① 정보보호 정책은 조직이 수행하는 모든 정보보호 활동의 근거를 포함할 수 있도록 수립하고, 조직에 미치는 영향을 고려하여 중요한 업무, 서비스, 조직, 자산 등을 포함할 수 있도록 범위를 설정한다.

② 최고경영자는 조직의 규모, 업무 중요도 분석을 통해 정보보호 관리체계의 지속적인 운영이 가능하도록 정보보호 최고책임자, 실무조직 등 정보보호 조직을 구성하고 정보보호 관리체계 운영 활동을 수행하는 데 필요한 자원을 확보하여야 한다.

③ 위험관리 방법 및 계획에 따라 정보보호 일부 영역에 대한 위험 식별 및 평가를 2년에 1회 수행하고 그 결과에 따라 조직에서 수용 가능한 위험수준도 설정하여 관리하여야 한다.

④ 정보보호대책 이행 계획에 따라 보호대책을 구현하고 경영진은 이행 결과의 정확성 및 효과성 여부를 확인하여 구현된 정보보호 대책을 실제 운영 또는 시행할 부서 및 담당자를 파악하여 관련 내용을 공유하고 교육하여야 한다.

2015년 지방직 9급

77 ISO 27001의 ISMS(Information Security Management System) 요구사항에 대한 내용으로 옳지 않은 것은?

① 자산 관리 : 정보보호 관련 사건 및 취약점에 대한 대응

② 보안 정책 : 보안 정책, 지침, 절차의 문서화

③ 인력 자원 보안 : 인력의 고용 전, 고용 중, 고용 만료 후 단계별 보안의 중요성 강조

④ 준거성 : 조직이 준수해야 할 정보보호의 법적 요소

해설

- 자산 관리는 조직 자산의 적절한 보호를 달성하고 유지하기 위한 것이다.
- 정보보호 관련 사건 및 취약점에 대한 대응은 정보보안 사고와 조치의 관리에 대한 요구사항이다.

정답 75. ③ 76. ③ 77. ①

2016년 서울시 9급

78 다음 중 ISMS(Information Security Management System)의 각 단계에 대한 설명으로 옳은 것은?

① 계획 : ISMS 모니터링과 검토

② 조치 : ISMS 관리와 개선

③ 수행 : ISMS 수립

④ 점검 : ISMS 구현과 운영

해설

ISMS 각 단계별 설명
- 계획 : ISMS 수립(Establishing ISMS)
- 수행 : ISMS 구현과 운영(Implement and Operate the ISMS)
- 점검 : ISMS 모니터링과 검토(Monitor and Review the ISMS)
- 조치 : ISMS 관리와 개선(Maintain and Improve the ISMS)

2015년 경찰직 9급

79 정보보호관리체계(ISMS) 수행 절차를 순서대로 옳게 나열한 것은?

ㄱ. 경영진 책임 및 조직 구성
ㄴ. 위험관리
ㄷ. 정보보호 정책 수립
ㄹ. 사후관리
ㅁ. 정보보호 대책 구현

① ㄱ→ㄴ→ㄷ→ㄹ→ㅁ

② ㄱ→ㄷ→ㄴ→ㄹ→ㅁ

③ ㄷ→ㄱ→ㄴ→ㅁ→ㄹ

④ ㄷ→ㄴ→ㅁ→ㄱ→ㄹ

해설

정보보호 정책 수립 및 범위 설정→경영진 책임 및 조직 구성→위험관리→정보보호 대책 구현→사후관리

2014년 국가직 7급

80 정보보호관리체계(ISMS) 인증과 관련하여 정보보호 관리과정 수행 절차를 순서대로 올바르게 나열한 것은?

ㄱ. 관리체계 범위 설정
ㄴ. 위험관리
ㄷ. 정보보호 정책 수립
ㄹ. 사후 관리
ㅁ. 구현

① ㄱ→ㄴ→ㄷ→ㄹ→ㅁ

② ㄱ→ㄷ→ㄴ→ㄹ→ㅁ

③ ㄷ→ㄴ→ㅁ→ㄱ→ㄹ

④ ㄷ→ㄱ→ㄴ→ㅁ→ㄹ

해설

79번 해설 참고

2014년 국가직 9급

81 정보보호관리체계 인증 등에 관한 고시에 의거한 정보보호관리체계(ISMS)에 대한 설명으로 옳지 않은 것은?

① 정보보호 관리과정은 정보보호 정책 수립 및 범위 설정, 경영진 책임 및 조직구성, 위험관리, 정보보호 대책 구현 등 4단계 활동을 말한다.

② 인증기관이 조직의 정보보호 활동을 객관적으로 심사하고, 인증한다.

③ 정보보호관리체계는 조직의 정보 자산을 평가하는 것으로 물리적 보완을 포함한다.

④ 정보 자산의 기밀성, 무결성, 가용성을 실현하기 위하여 관리적·기술적 수단과 절차 및 과정을 관리, 운용하는 체계이다.

해설

79번 해설 참고

정답 78. ② 79. ③ 80. ④ 81. ①

2016년 국가직 9급

82 국내 정보보호관리체계(ISMS)의 관리과정 5단계 중 위험관리 단계의 통제항목에 해당하지 않는 것은?

① 위험관리 방법 및 계획 수립

② 정보보호 대책 선정 및 이행 계획 수립

③ 정보보호 대책의 효과적 구현

④ 위험 식별 및 평가

해설

③ ISMS 위험관리 단계의 통제항목은 위험관리 방법 및 계획 수립, 위험 식별 및 평가, 정보보호대책 선정 및 이행 계획 수립이다.

정보보안기사

83 다음 정보보호 교육에 대한 설명으로 옳지 않은 것은?

① 정보보호 인식 프로그램의 목적은 조직 내의 인식 수준을 모든 사람이 쉽게 수행할 수 있는 수준까지 증대시키는 것이다.

② 훈련에는 구성원들이 무엇을 해야 하며, 어떻게 할 수 있는지에 대한 교육을 포함해야 한다.

③ 정보보호에 관련된 업무를 수행하는 직원만 교육을 받아야 하고 교육을 평가하여 다음 교육에 반영할 수 있도록 노력해야 한다.

④ 훈련의 내용에는 가장 기본적인 보안 단계의 실행에서부터 좀더 진보적이고 전문화된 기술에 이르기까지 다양한 단계로 나누어 구성될 수 있다.

해설

③ 정보보호 교육은 임원 등 관리직을 포함한 전 직원을 대상으로 해야 한다.

정보보안기사

84 정보보호대책 선정과 관련된 활동에 대한 설명 중 틀린 답을 모두 묶은 것은 어느 것인가?

1. 정보보호대책은 일반적으로 기본 통제 리스트에서 선정될 수도 있으며 상세 위험 분석과정을 통해 선정될 수도 있다.
2. 일반적으로 기술적 정보보호대책이 우선적으로 구현되어야 한다.
3. 정보보호대책 선택은 위험 평가에 근거하여 기술, 재정, 법·제도, 시간, 문화 등 여러 제약조건 등을 고려해서 선정해야 한다.
4. 정보보호대책 선정을 위한 목표위험수준은 정보기술자에 의해 결정된다.
5. 정보보호대책은 비용을 무시한 상태에서 보안 효과가 최대인 것을 우선적으로 선정해야 한다.

① 2, 4　　② 4, 5

③ 2, 4, 5　　④ 1, 4, 5

해설

2. 「일반적으로 기술적 정보보호대책이 우선적으로 구현되어야 한다」는 옳지 않다. → 일반적으로 정보보호 정책, 지침, 절차, 가이드라인 등 관리적 보호대책이 먼저 수행된다.

4. 「정보보호대책 선정을 위한 목표위험수준은 정보기술자에 의해 결정된다」는 옳지 않다. → 경영진에 의해 결정된다.

5. 「정보보호대책은 비용을 무시한 상태에서 보안 효과가 최대인 것을 우선적으로 선정해야 한다」는 옳지 않다. → 비용을 무시한 정보보호 대책은 실행되기 어렵다.

2016년 국회직 9급

85 국내 정보보호 관리체계(ISMS) 인증에 관한 평가 기준 중 시스템 개발보안에 대한 통제사항으로 옳지 않은 것은?

① 정보시스템 설계 시 사용자 인증에 관한 보안 요구사항을 고려하여야 한다.

정답 82. ③ 83. ③ 84. ③ 85. ③

② 알려진 기술적 보안 취약성에 대한 노출 여부를 점검하고 이에 대한 보안 대책을 수립하여야 한다.

③ 소스 프로그램은 운영환경에 보관하는 것을 원칙으로 하고, 인가된 사용자만 소스 프로그램에 접근하여야 한다.

④ 개발 및 시험 시스템은 운영시스템에 대한 비인가 접근 및 변경의 위험을 감소하기 위해 원칙적으로 분리하여야 한다.

⑤ 운영환경으로의 이관은 통제된 절차에 따라 이루어져야 하고, 실행코드는 시험과 사용자 인수 후 실행하여야 한다.

해설

③ 소스 프로그램은 운영환경이 아닌 개발환경에 보관해야 한다. 소스 프로그램에 대한 변경관리를 수행하고 인가된 사용자만이 소스 프로그램에 접근할 수 있도록 통제절차를 수립하여 이행하여야 한다.

2014년 국가직 7급

86 개인정보보호관리체계(PIMS)에 대한 설명으로 옳지 않은 것은?

① 내부 정보 유출을 방지하기 위해, 인증 과정에 외부 전문가는 포함되지 않는다.

② PIMS 인증 취득 기업에 사고 발생 시 과징금 과태료가 경감된다.

③ 인증 심사 기준은 개인정보관리과정과 개인정보보호대책, 개인정보생명주기 등이 있다.

④ PIMS는 기업이 자율적으로 심사를 신청하는 자율 제도로 운영한다.

해설

① PIMS 인증심사원은 산업계, 학계 등 관련 전문가 10명 이내로 각 분야별 외부 전문가로 인증위원회를 구성하여 인증 결과를 심의한다.

2017년 국가직 7급

87 개인정보보호관리체계(PIMS) 인증에 대한 설명으로 옳지 않은 것은?

① 한국인터넷진흥원이 PIMS 인증기관으로 지정되어 있다.

② PIMS 인증 후, 2년간의 유효기간이 있다.

③ PIMS 인증 신청은 민간 기업 자율에 맡긴다.

④ PIMS 인증 취득 기업은 개인정보 사고 발생 시 과징금 및 과태료를 경감 받을 수 있다.

2016년 국가직 9급

88 ISO/IEC 27001의 보안 위험관리를 위한 PDCA 모델에 대한 설명으로 옳지 않은 것은?

① IT 기술과 위험 환경의 변화에 대응하기 위하여 반복되어야 하는 순환적 프로세스이다.

② Plan 단계에서는 보안 정책, 목적, 프로세스 및 절차를 수립한다.

③ Do 단계에서는 수립된 프로세스 및 절차를 구현하고 운영한다.

④ Act 단계에서는 성과를 측정하고 평가한다.

해설

Act(개선)

- 이전 단계에서 평가된 것을 바탕으로 전체 사이클의 적합성을 보완한다.
- 만약 개선된 부분이 미비하면, 새로운 계획을 수립하여 다시 사이클을 돌린다.
- 개선된 부분이 만족스럽다면, 사이클의 활동 범위를 넓혀서 좀더 많은 개선이 될 수 있도록 한다.

정답 : 86. ① 87. ② 88. ④

SECTION 6 · 용어 정의

정보보안기사

89 다음 지문은 무엇을 설명하고 있는가?

> 이 역할의 책임은 정보보호 프로그램의 실행 감독 및 정책, 명령체계, 정보보호의식 프로그램 등을 유지 관리하고, 정보보호 사고를 조사하며, 정보보호위원회에 제반 사항을 보고하는 것이다.

① 정보보호 관리자

② 비상상황관리위원회

③ 시스템 관리자

④ 현업 관리자

해설

정보보호 관리자의 책무

- 보안 계획 수립
- 보안 지침을 수립하며 개정
- 주기적으로 보안 점검을 수행
- 침해사고에 대응
- 보안 시스템 도입을 기획, 운영 및 관리
- 보안 시스템에 대한 보안성 검토 및 효율성 분석을 수행
- 보안 관련 교육을 통해 보안에 대한 인식제고를 향상
- 보안 위반사고 발생 시 해당 사항을 경영층에 보고하고 신속한 조치를 실행
- 보안 대책의 변경 시 변경사항이 보안성에 적합한지 판단

2017년 국가직 7급

90 정보시스템을 보호하기 위한 미국의 정보보호 관리체계로 적합한 것은?

① PIPL ② FISMA

③ JIPDEC ④ NICST

2017년 국가직 7급

91 ISO/IEC JTC 1의 SC 27에서 담당하는 범위가 아닌 것은?

① Management of Information and ICT security

② Cards and Personal Identification

③ Security Evaluation Criteria and Methodology

④ Security Requirements Capture Methodology

2017년 국가직 7급

92 정보보안 관리 규격 중 IT 보호 및 통제부문의 모범적인 업무 수행 방법에 적용 가능한 ISACA(Information Systems Audit and Control Association)에서 개발된 프레임워크는?

① COBIT ② BS 7799

③ BSI ④ HIPAA

정답 89. ① 90. ② 91. ② 92. ①

정보보호론 기출문제집

PART 08

법규

법규

SECTION 1 · 법률의 이해

정보보안기사

01 '정보통신망 이용촉진 및 정보보호 등에 관한 법률'과 정보통신 이용촉진 및 정보보호 등에 관한 특별한 규정('다른 법률상의 특별규정'이라 한다)이 서로 상반되어 충돌할 경우 이 둘의 관계를 바르게 설명한 것은?

① 정보통신망 이용촉진 및 정보보호 등에 관한 본 법의 규정은 다른 법률상의 특별 규정의 하위법이 된다.

② 정보통신망 이용촉진 및 정보보호 등에 관하여는 어떠한 경우에도 본 법이 가장 우선적으로 적용된다.

③ 정보통신망 이용촉진 및 정보보호 등에 관하여 본 법의 규정과 다른 법률상의 특별 규정이 모순되는 경우 본 법이 우선 적용된다.

④ 정보통신망 이용촉진 및 정보보호 등에 관하여 다른 법률상에 특별규정이 있으면 그 규정이 본 법보다 우선하여 적용된다.

2016년 지방직 9급

02 다음 설명에 해당하는 OECD 개인정보보호 8원칙으로 옳은 것은?

> 개인정보는 이용 목적상 필요한 범위 내에서 개인정보의 정확성, 완전성, 최신성이 확보되어야 한다

① 이용 제한의 원칙(User Limitation Principle)

② 정보 정확성의 원칙(Data Quality Principle)

③ 안전성 확보의 원칙(Security Safeguards Principle)

④ 목적 명시의 원칙(Purpose Specification Principle)

해설

OECD 개인정보보안 8원칙

① 수집 제한의 법칙(Collection Limitation Principle) : 개인정보는 적법하고 공정한 방법을 통해 수집되어야 한다.

② 정보 정확성의 원칙(Data Quality Principle) : 이용 목적상 필요한 범위 내에서 개인정보의 정확성, 완전성, 최신성이 확보되어야 한다.

③ 목적 명시의 원칙(Purpose Specification Principle) : 개인정보는 수집 과정에서 수집 목적을 명시하고, 명시된 목적에 적합하게 이용되어야 한다.

④ 이용 제한의 원칙(Use Limitation Principle) : 정보 주체의 동의가 있거나, 법규정이 있는 경우를 제외하고 목적 외 이용되거나 공개될 수 없다.

⑤ 안전성 확보의 원칙(Security Safeguard Principle) : 개인정보의 침해, 누설, 도용 등을 방지하기 위한 물리적, 조직적, 기술적 안전 조치를 확보해야 한다.

⑥ 공개의 원칙(Openness Principle) : 개인정보의 처리 및 보호를 위한 정책 및 관리자에 대한 정보는 공개되어야 한다.

⑦ 개인 참가의 원칙(Individual Participation Principle) : 정보 주체의 개인정보 열람/정정/삭제 청구권은 보장되어야 한다.

⑧ 책임의 원칙(Accountability Principle) : 개인정보 관리자에게 원칙 준수 의무 및 책임을 부과해야 한다.

정답 1. ④ 2. ②

2018년 경찰간부후보생

03 OECD 개인정보보안 8원칙에 포함되지 않는 것은 무엇인가?

① 이용제한의 원칙 ② 정보 정확성의 원칙

③ 비공개의 원칙 ④ 안전성 확보의 원칙

2017년 국가직 9급

04 '정보시스템과 네트워크의 보호를 위한 OECD 가이드라인'(2002)에서 제시한 원리(Principle) 중 "참여자들은 정보시스템과 네트워크 보안의 필요성과 그 안전성을 향상하기 위하여 할 수 있는 사항을 알고 있어야 한다."에 해당하는 것은?

① 인식(Awareness)

② 책임(Responsibility)

③ 윤리(Ethics)

④ 재평가(Reassessment)

SECTION 2 · 정보보안 관련 법규

정보보안기사

05 다음은 「정보통신망 이용촉진 및 정보보호 등에 관한 법률」의 목적규정 내용 중 ( )에 적합한 내용은?

> "이 법은 정보통신망의 이용을 촉진하고 정보통신서비스를 이용하는 자의 (가)을(를) 보호함과 아울러 정보통신망을 건전하고 안전하게 이용할 수 있는 환경을 조성함으로써 (나)의 향상과 (다)의 증진에 이바지함을 목적으로 한다."

① 가 : 권익보호, 나 : 서비스의 품질, 다 : 공공복리

② 가 : 인격보호, 나 : 보안의식, 다 : 표준화

③ 가 : 이용권, 나 : 정보통신기술, 다 : 정보화

④ 가 : 개인정보, 나 : 국민생활, 다 : 공공복리

해설

〈정보통신망 이용촉진 및 정보보호 등에 관한 법률〉
제1장 총칙
제1조(목적)
이 법은 정보통신망의 이용을 촉진하고 정보통신서비스를 이용하는 자의 **개인정보**를 보호함과 아울러 정보통신망을 건전하고 안전하게 이용할 수 있는 환경을 조성하여 **국민생활**의 향상과 **공공복리**의 증진에 이바지함을 목적으로 한다.

정보보안기사

06 아래의 지문은 「정보통신망 이용촉진 및 정보보호 등에 관한 법률」이다. 올바른 것을 선택하시오.

> "( )"란 생존하는 개인에 관한 정보로서 성명·주민등록번호 등에 의하여 특정한 개인을 알아볼 수 있는 부호·문자·음성·음향 및 ( ) 등의 정보(해당 정보만으로는 특정 개인을 알아볼 수 없어도 다른 정보와 쉽게 ( )하여 알아볼 수 있는 경우에는 그 정보를 포함한다)를 말한다.

① 정보시스템, 생체, 연결

② 개인정보, 바이오, 구성

③ 개인정보, 구성, 생체

④ 개인정보, 영상, 결합

해설

〈정보통신망 이용촉진 및 정보보호 등에 관한 법률〉
제6조(정의) : **"개인정보"**란 생존하는 개인에 관한 정보로서 성명·주민등록번호 등에 의하여 특정한 개인을 알아볼 수 있는 부호·문자·음성·음향 및 **영상** 등의 정보(해당 정보만으로는 특정 개인을 알아볼 수 없어도 다른 정보와 쉽게 **결합**하여 알아볼 수 있는 경우에는 그 정보를 포함한다)를 말한다.

정답 3. ③ 4. ① 5. ④ 6. ④

정보보안기사

07 정보통신망법의 정보통신서비스 제공자 및 이용자 책무에 대한 내용으로 틀린 것을 선택하시오.

① 정보통신서비스 제공자는 이용자의 개인정보를 보호하고 이용자의 권익보호와 정보이용능력 향상에 이바지해야 한다.

② 이용자는 건전한 정보사회가 정착되도록 노력해야 한다.

③ 정부는 개인정보보호 및 청소년 보호 등의 활동을 지원할 수 있다.

④ 정보통신서비스 제공자는 정보통신망 표준화를 준수해야 한다.

해설

〈정보통신망 이용촉진 및 정보보호 등에 관한 법률〉
제3조(정보통신서비스 제공자 및 이용자의 책무)

① 정보통신서비스 제공자는 이용자의 개인정보를 보호하고 건전하고 안전한 정보통신서비스를 제공하여 이용자의 권익보호와 정보이용능력의 향상에 이바지하여야 한다.
② 이용자는 건전한 정보사회가 정착되도록 노력하여야 한다.
③ 정부는 정보통신서비스 제공자단체 또는 이용자단체의 개인정보보호 및 정보통신망에서의 청소년 보호 등을 위한 활동을 지원할 수 있다.

정보보안기사

08 정보통신망법 4조 정보통신 이용촉진 및 정보보호 등에 관한 시책 마련에서 ( )에 알맞은 것은 무엇인가?

> (ㄱ) 또는 (ㄴ)는 정보통신망의 이용촉진 및 안정적 관리 운영과 이용자의 개인정보보호 등(이하 "정보통신망 이용촉진 및 정보보호등"이라 한다)을 통하여 정보사회의 기반을 조성하기 위한 시책을 마련하여야 한다.

	(ㄱ)	(ㄴ)
①	안전행정부	방송통신위원회
②	안전행정부	인터넷 진흥원
③	안전행정부	지식경제부
④	과학기술정보통신부장관	방송통신위원회

2015년 국가직 9급

09 「정보통신망 이용촉진 및 정보보호 등에 관한 법률」상 용어의 정의에 대한 설명으로 옳지 않은 것은?

① 정보통신서비스 : 「전기통신사업법」 제2조 제6호에 따른 전기통신역무와 이를 이용하여 정보를 제공하거나 정보의 제공을 매개하는 것

② 정보통신망 : 「전기통신사업법」 제2조 제2호에 따른 전기통신설비를 이용하거나 전기통신설비와 컴퓨터 및 컴퓨터의 이용기술을 활용하여 정보를 수집·가공·저장·검색·송신 또는 수신하는 정보통신 체제

③ 통신과금서비스 이용자 : 정보보호제품을 개발·생산 또는 유통하는 사람이나 정보보호에 관한 컨설팅 등과 관련된 사람

④ 침해사고 : 해킹, 컴퓨터바이러스, 논리폭탄, 메일폭탄, 서비스 거부 또는 고출력 전자기파 등의 방법으로 정보통신망 또는 이와 관련된 정보시스템을 공격하는 행위를 하여 발생한 사태

해설

〈정보통신망 이용촉진 및 정보보호 등에 관한 법률〉
③ "통신과금서비스 이용자"란 통신과금서비스제공자로부터 통신과금서비스를 이용하여 재화 등을 구입·이용하는 자를 말한다.
"정보보호산업"이란 정보보호제품을 개발, 생산 또는 유통하는 사업이나 정보보호에 관한 컨설팅 등과 관련된 산업을 말한다.

정답 : 7. ④ 8. ④ 9. ③

정보보안기사

10 과학기술정보통신부장관이 정보통신망 이용촉진 및 정보보호 등을 위하여 강구하는 시책에 속하지 않는 것은?

① 정보통신망에 관련된 기술의 개발·보급

② 정보통신망 기술인력 양성사업에 대한 지원

③ 정보통신망의 표준화

④ 정보통신망에서의 청소년 보호

해설

〈정보통신망 이용촉진 및 정보보호 등에 관한 법률〉

제4조(정보통신망 이용촉진 및 정보보호등에 관한 시책의 마련)

① 과학기술정보통신부장관 또는 방송통신위원회는 정보통신망의 이용촉진 및 안정적 관리·운영과 이용자의 개인정보보호 등(이하 "정보통신망 이용촉진 및 정보보호등"이라 한다)을 통하여 정보사회의 기반을 조성하기 위한 시책을 마련하여야 한다.

② 제1항에 따른 시책에는 다음 각 호의 사항이 포함되어야 한다.

1. 정보통신망에 관련된 기술의 개발·보급
2. 정보통신망의 표준화
3. 정보내용물 및 제11조에 따른 정보통신망 응용서비스의 개발 등 정보통신망의 이용 활성화
4. 정보통신망을 이용한 정보의 공동활용 촉진
5. 인터넷 이용의 활성화
6. 정보통신망을 통하여 수집·처리·보관·이용되는 개인정보의 보호 및 그와 관련된 기술의 개발·보급
7. 정보통신망에서의 청소년 보호
8. 정보통신망의 안전성 및 신뢰성 제고
9. 그 밖에 정보통신망 이용촉진 및 정보보호 등을 위하여 필요한 사항

- ② 정보통신망 기술인력 양성사업에 대한 지원은 제11조(정보통신망 응용서비스의 개발 촉진 등)에 포함된 내용이다.

2016년 국가직 9급

11 「정보통신망 이용촉진 및 정보보호 등에 관한 법률」상 정보통신서비스 제공자가 이용자의 개인정보를 이용하려고 수집하는 경우 이용자들에게 알리고 동의를 받아야 하는 내용이 아닌 것은?

① 개인정보의 수집·이용 목적

② 수집하는 개인정보의 항목

③ 개인정보의 보유·이용 기간

④ 개인정보 처리의 위탁기관명

해설

〈정보통신망 이용촉진 및 정보보호 등에 관한 법률〉

제22조(개인정보의 수집·이용 동의 등)

① 정보통신서비스 제공자는 이용자의 개인정보를 이용하려고 수집하는 경우에는 다음 각 호의 모든 사항을 이용자에게 알리고 동의를 받아야 한다. 다음 각 호의 어느 하나의 사항을 변경하려는 경우에도 또한 같다.

1. 개인정보의 수집·이용 목적
2. 수집하는 개인정보의 항목
3. 개인정보의 보유·이용 기간

정보보안기사

12 정보통신망법 제22조 '개인정보의 수집, 이용 동의 등에 관한 법률'에서 이용자의 개인정보를 수집하는 경우 이용자에게 알리고 동의를 받아야 하는 항목이 아닌 것은 무엇인가?

① 개인정보의 수집, 이용 목적

② 개인정보 폐기방법

③ 수집하는 개인정보의 항목

④ 개인정보의 보유·이용 기간

정답 : 10. ② 11. ④ 12. ②

정보보안기사

13 (㉠)는 사상, 신념, 과거의 병력 등 개인의 권리, 이익이나 사생활을 뚜렷하게 침해할 우려가 있는 개인정보를 수집하여서는 아니된다. 다만, 제22조 제1항에 따른 이용자의 (㉡)를 받거나 다른 법률에 따라 특별히 수집 대상 개인정보로 허용된 경우에는 그 개인정보를 수집할 수 있다. ( )에 알맞은 정보통신망법은 무엇인가?

	㉠	㉡
①	개인정보 취급자	합의
②	개인정보 취급자	동의
③	개인정보 이용자	동의
④	정보통신서비스 제공자	동의

해설

〈정보통신망 이용촉진 및 정보보호 등에 관한 법률〉
제23조(개인정보의 수집 제한 등)

① **정보통신서비스 제공자**는 사상, 신념, 가족 및 친인척관계, 학력(學歷)·병력(病歷), 기타 사회활동 경력 등 개인의 권리·이익이나 사생활을 뚜렷하게 침해할 우려가 있는 개인정보를 수집하여서는 아니 된다. 다만, 제22조 제1항에 따른 이용자의 **동의**를 받거나 다른 법률에 따라 특별히 수집 대상 개인정보로 허용된 경우에는 필요한 범위에서 최소한으로 그 개인정보를 수집할 수 있다.
② 정보통신서비스 제공자는 이용자의 개인정보를 수집하는 경우에는 정보통신서비스의 제공을 위하여 필요한 범위에서 최소한의 개인정보만 수집하여야 한다.
③ 정보통신서비스 제공자는 이용자가 필요한 최소한의 개인정보 이외의 개인정보를 제공하지 아니한다는 이유로 그 서비스의 제공을 거부하여서는 아니 된다. 이 경우 필요한 최소한의 개인정보는 해당 서비스의 본질적 기능을 수행하기 위하여 반드시 필요한 정보를 말한다.

2017년 지방직 9급

14 「정보통신망 이용촉진 및 정보보호 등에 관한 법률」상 ㉠, ㉡에 들어갈 용어로 옳은 것은?

> 제23조의2(주민등록번호의 사용 제한)
> ① 정보통신서비스 제공자는 다음 각 호의 어느 하나에 해당하는 경우를 제외하고는 이용자의 주민등록번호를 수집·이용할 수 없다.
> 1. 제23조의3에 따라 (㉠)으로 지정받은 경우
> 2. 법령에서 이용자의 주민등록번호 수집·이용을 허용하는 경우
> 3. 영업상 목적을 위하여 이용자의 주민등록번호 수집·이용이 불가피한 정보통신서비스 제공자로서 (㉡)가 고시하는 경우

	㉠	㉡
①	개인정보처리기관	개인정보보호위원회
②	개인정보처리기관	방송통신위원회
③	본인확인기관	개인정보보호위원회
④	본인확인기관	방송통신위원회

정보보안기사

15 아래 내용은 정보통신망법의 주민등록번호의 사용 제한에 대한 내용이다. ( ) 안에 알맞은 것은 무엇인가?

> 법령에서 이용자의 주민등록번호 수집·이용을 허용하는 경우
> 영업상 목적을 위해서 이용자의 주민등록번호 수집·이용이 불가피한 정보통신서비스 제공자로서 ( )가 고지하는 경우

① 대통령　② 과학기술정보통신부
③ 방송통신위원회　④ 안전행정부

정답 13. ④ 14. ④ 15. ③

해설

〈정보통신망 이용촉진 및 정보보호 등에 관한 법률〉
제23조의2(주민등록번호의 사용 제한)

① 정보통신서비스 제공자는 다음 각 호의 어느 하나에 해당하는 경우를 제외하고는 이용자의 주민등록번호를 수집·이용할 수 없다.
  1. 제23조의3에 따라 본인확인기관으로 지정받은 경우
  2. 법령에서 이용자의 주민등록번호 수집·이용을 허용하는 경우
  3. 영업상 목적을 위하여 이용자의 주민등록번호 수집·이용이 불가피한 정보통신서비스 제공자로서 **방송통신위원회**가 고시하는 경우

정보보안기사

16 다음 중 「정보통신망 이용촉진 및 정보보호 등에 관한 법률(제25조, 개인정보의 취급위탁)」에서 정의하는 이용자의 개인정보를 제3자에게 취급 위탁하는 경우 이용자에게 알리고 동의받아야 할 사항은 무엇인가?

> (A) 개인정보 취급 위탁을 받는 자
> (B) 개인정보 취급 위탁을 하는 업무의 내용
> (C) 개인정보 취급 위탁 받는 자의 개인정보 이용 목적
> (D) 취급 위탁하는 개인정보의 항목

① (A), (B)　② (B), (C)
③ (C), (D)　④ (D), (A)

해설

〈정보통신망 이용촉진 및 정보보호 등에 관한 법률〉
제25조(개인정보의 처리위탁)

① 정보통신서비스 제공자와 그로부터 제24조의2 제1항에 따라 이용자의 개인정보를 제공받은 자(이하 "정보통신서비스 제공자 등"이라 한다)는 제3자에게 이용자의 개인정보를 수집, 생성, 연계, 연동, 기록, 저장, 보유, 가공, 편집, 검색, 출력, 정정(訂正), 복구, 이용, 제공, 공개, 파기(破棄), 그밖에 이와 유사한 행위(이하 "처리"라 한다)를 할 수 있도록 업무를 위탁(이하 "개인정보 처리위탁"이라 한다)하는 경우에는 다음 각 호의 사항 모두를 이용자에게 알리고 동의를 받아야 한다. 다음 각 호의 어느 하나의 사항이 변경되는 경우에도 또한 같다.
  1. 개인정보 처리위탁을 받는 자(이하 "수탁자"라 한다)
  2. 개인정보 처리위탁을 하는 업무의 내용

2017년 국회직 9급

17 「정보통신망 이용촉진 및 정보보호 등에 관한 법률」에서 정보통신서비스 제공자가 이용자의 개인정보를 제3자에게 제공하는 경우, 이용자에게 알리고 동의를 받아야 하는 내용으로 옳지 않은 것은?

① 개인정보를 제공 받는 자
② 제공하는 개인정보의 항목
③ 개인정보를 제공 받는 자의 개인정보 이용 목적
④ 개인정보를 제공 받는 자의 개인정보보호 책임자
⑤ 개인정보를 제공 받는 자의 개인정보 보유 및 이용기간

2016년 지방직 9급

18 「정보통신망 이용촉진 및 정보보호 등에 관한 법률」상 개인 정보취급방침에 포함되어야 할 사항이 아닌 것은?

① 이용자 및 법정대리인의 권리와 그 행사 방법
② 개인정보에 대한 내부 관리 계획
③ 인터넷 접속정보파일 등 개인정보를 자동으로 수집하는 장치의 설치·운영 및 그 거부에 관한 사항
④ 개인정보의 수집·이용 목적, 수집하는 개인정보의 항목 및 수집 방법

정답 : 16. ① 17. ④ 18. ②

해설

〈정보통신망 이용촉진 및 정보보호 등에 관한 법률〉
제27조의2(개인정보 처리방침의 공개)

① 정보통신서비스 제공자 등은 이용자의 개인정보를 처리하는 경우에는 개인정보 처리방침을 정하여 이용자가 언제든지 쉽게 확인할 수 있도록 대통령령으로 정하는 방법에 따라 공개하여야 한다.
② 제1항에 따른 개인정보 처리방침에는 다음 각 호의 사항이 모두 포함되어야 한다.
  1. 개인정보의 수집·이용 목적, 수집하는 개인정보의 항목 및 수집방법
  2. 개인정보를 제3자에게 제공하는 경우 제공받는 자의 성명(법인인 경우에는 법인의 명칭을 말한다), 제공받는 자의 이용 목적과 제공하는 개인정보의 항목
  3. 개인정보의 보유 및 이용 기간, 개인정보의 파기 절차 및 파기방법(제29조 제1항 각 호 외의 부분 단서에 따라 개인정보를 보존하여야 하는 경우에는 그 보존 근거와 보존하는 개인정보 항목을 포함한다)
  4. 개인정보 처리위탁을 하는 업무의 내용 및 수탁자(해당되는 경우에만 처리방침에 포함한다)
  5. 이용자 및 법정대리인의 권리와 그 행사방법
  6. 인터넷 접속정보파일 등 개인정보를 자동으로 수집하는 장치의 설치·운영 및 그 거부에 관한 사항
  7. 개인정보보호책임자의 성명 또는 개인정보보호 업무 및 관련 고충사항을 처리하는 부서의 명칭과 그 전화번호 등 연락처

• ② 개인정보에 대한 내부 관리 계획은 정보통신서비스 제공자의 내규로 정의한다.

2015년 국가직 7급

19 「정보통신망 이용촉진 및 정보보호 등에 관한 법률」상 정보통신 서비스 제공자 등이 개인정보를 취급할 때 개인정보의 분실·도난·누출·변조 또는 훼손을 방지하기 위하여 대통령령이 정하는 기준에 따라 실시하는 기술적·관리적 조치로 옳지 않은 것은?

① 개인정보를 안전하게 취급하기 위한 내부 관리 계획의 수립·시행

② 개인정보에 대한 불법적인 접근을 차단하기 위한 침입차단시스템 등 접근 통제장치의 설치·운영

③ 접속기록의 위조·변조 방지를 위한 조치

④ 법률에 근거하여 파기한 개인정보를 안전하게 복구하기 위한 조치

해설

〈정보통신망 이용촉진 및 정보보호 등에 관한 법률〉
제28조(개인정보의 보호조치)

① 정보통신서비스 제공자 등이 개인정보를 처리할 때에는 개인정보의 분실·도난·유출·위조·변조 또는 훼손을 방지하고 개인정보의 안전성을 확보하기 위하여 대통령령으로 정하는 기준에 따라 다음 각 호의 기술적·관리적 조치를 하여야 한다.
  1. 개인정보를 안전하게 처리하기 위한 내부관리계획의 수립·시행
  2. 개인정보에 대한 불법적인 접근을 차단하기 위한 침입차단시스템 등 접근 통제장치의 설치·운영
  3. 접속기록의 위조·변조 방지를 위한 조치
  4. 개인정보를 안전하게 저장·전송할 수 있는 암호화기술 등을 이용한 보안 조치
  5. 백신 소프트웨어의 설치·운영 등 컴퓨터바이러스에 의한 침해 방지 조치
  6. 그밖에 개인정보의 안전성 확보를 위하여 필요한 보호 조치

• ④ 파기한 개인정보를 복구하기 위한 조치는 취하지 말아야 한다.

정답 19. ④

2016년 국회직 9급

20 「정보통신망 이용촉진 및 정보보호 등에 관한 법률」에서 정한 개인정보의 보호 조치로 옳지 않은 것은?

① 개인정보를 안전하게 저장할 수 있는 암호화 기술 등을 이용

② 개인정보에 대한 불법적인 접근을 차단하기 위한 접근 통제장치의 설치

③ 접속기록의 변조 방지를 위한 조치

④ 개인정보를 안전하게 취급하기 위한 내부관리계획의 공개

⑤ 컴퓨터바이러스에 의한 침해 방지 조치

해설

〈정보통신망 이용촉진 및 정보보호 등에 관한 법률〉
제28조(개인정보의 보호조치)

① 정보통신서비스 제공자 등이 개인정보를 처리할 때에는 개인정보의 분실·도난·유출·위조·변조 또는 훼손을 방지하고 개인정보의 안전성을 확보하기 위하여 대통령령으로 정하는 기준에 따라 다음 각 호의 기술적·관리적 조치를 하여야 한다.

1. **개인정보를 안전하게 처리하기 위한 내부관리계획의 수립·시행**
2. 개인정보에 대한 불법적인 접근을 차단하기 위한 침입차단시스템 등 접근 통제장치의 설치·운영
3. 접속기록의 위조·변조 방지를 위한 조치
4. 개인정보를 안전하게 저장·전송할 수 있는 암호화기술 등을 이용한 보안 조치
5. 백신 소프트웨어의 설치·운영 등 컴퓨터바이러스에 의한 침해 방지 조치
6. 그밖에 개인정보의 안전성 확보를 위하여 필요한 보호 조치

• ④ 개인정보를 안전하게 취급하기 위한 내부관리계획을 수립하고 시행해야 한다(공개는 의무가 아니다).

정보보안기사

21 정보통신망법의 개인정보 폐기에 대한 내용이다. 올바르지 않은 것을 선택하시오.

① 개인정보는 사용 용도가 끝나면 지체 없이 파기해야 하며, 지체 없이는 사용용도가 끝난 시점에 삭제를 의미한다.

② 동의를 받은 개인정보의 보유 및 이용기간이 끝난 경우

③ 동의를 받은 개인정보의 수집, 이용목적을 달성한 경우

④ 사업을 폐업하는 경우

해설

〈정보통신망 이용촉진 및 정보보호 등에 관한 법률〉
제29조(개인정보의 파기)

① 정보통신서비스 제공자 등은 **다음 각 호의 어느 하나에 해당하는 경우에는 지체 없이 해당 개인정보를 복구·재생할 수 없도록 파기**하여야 한다. 다만, 다른 법률에 따라 개인정보를 보존하여야 하는 경우에는 그러하지 아니하다.

1. 동의를 받은 개인정보의 수집·이용 목적이나 제22조 제2항 각 호에서 정한 해당 목적을 달성한 경우
2. 동의를 받은 개인정보의 보유 및 이용 기간이 끝난 경우
3. 이용자의 동의를 받지 아니하고 수집·이용한 경우에는 개인정보의 보유 및 이용 기간이 끝난 경우
4. 사업을 폐업하는 경우

② 정보통신서비스 제공자 등은 정보통신서비스를 1년의 기간 동안 이용하지 아니하는 이용자의 개인정보를 보호하기 위하여 대통령령으로 정하는 바에 따라 개인정보의 파기 등 필요한 조치를 취하여야 한다. 다만, 그 기간에 대하여 다른 법령 또는 **이용자의 요청에 따라 달리 정한 경우에는 그에 따른다.**

즉 사용용도가 끝나면 지체 없이 파기해야 하지만, 보유 및 이용 기간이 남아 있을 경우 보유기간까지는 보유하고 파기해도 된다.

정답 : 20. ④ 21. ①

정보보안기사

22 다음은 정보통신서비스 제공자가 정보통신망법의 규정을 위반하여 부당하게 되는 손해배상 책임에 관한 규정이다. ( )에 적합한 용어는?

> 이용자는 정보통신서비스 제공자 등이 이 장의 규정을 위반한 행위로 (A)를 입으면 그 정보통신서비스 제공자 등에게 손해배상을 청구할 수 있다. 이 경우 해당 정보통신서비스 제공자 등은 고의 또는 (B)이 없음을 입증하지 아니하면 책임을 면할 수 없다.

① A : 불명예, B : 과실

② A : 손해, B : 부주의

③ A : 이익, B : 손해

④ A : 손해, B : 과실

해설

〈정보통신망 이용촉진 및 정보보호 등에 관한 법률〉
제32조(손해배상)

① 이용자는 정보통신서비스 제공자 등이 이 장의 규정을 위반한 행위로 **손해**를 입으면 그 정보통신서비스 제공자 등에게 손해배상을 청구할 수 있다. 이 경우 해당 정보통신서비스 제공자 등은 고의 또는 **과실**이 없음을 입증하지 아니하면 책임을 면할 수 없다.

정보보안기사

23 「정보통신망 이용촉진 및 정보보호 등에 관한 법률」 중 정보통신망에서의 이용자 보호에 대한 내용으로 틀린 것을 선택하시오.

① 개인정보 수집 및 이용에 대한 동의 등

② 청소년 보호를 위한 시책 마련 등

③ 불법정보의 유통금지 등

④ 영상 또는 음향정보 제공사업자의 보관의무

해설

개인정보 수집 및 이용에 대한 동의는 개인정보 보호법 제22조(동의를 받는 방법)에 대한 내용이다.

2017년 경찰간부후보생

24 다음은 「정보통신망 이용촉진 및 정보보호 등에 관한 법률」상 정보통신망에 유통되어서는 안 되는 불법정보 관련 조항을 나열한 것이다. 실제 내용과 다른 것은 무엇인가?

① 음란한 부호·문언·음향·화상 또는 영상을 배포·판매·임대하거나 공공연하게 전시하는 내용의 정보

② 법령에 따라 금지되는 사행행위에 해당하는 내용의 정보

③ 사람을 비방할 목적으로 공공연하게 사실이나 거짓의 사실을 드러내어 타인을 모욕하는 내용의 정보

④ 공포심이나 불안감을 유발하는 부호·문언·음향·화상 또는 영상을 반복적으로 상대방에게 도달하도록 하는 내용의 정보

해설

〈정보통신망 이용촉진 및 정보보호 등에 관한 법률〉
제44조의7(불법정보의 유통금지 등)

① 누구든지 정보통신망을 통하여 다음 각 호의 어느 하나에 해당하는 정보를 유통하여서는 아니 된다.

1. 음란한 부호·문언·음향·화상 또는 영상을 배포·판매·임대하거나 공공연하게 전시하는 내용의 정보
2. **사람을 비방할 목적으로 공공연하게 사실이나 거짓의 사실을 드러내어 타인의 명예를 훼손하는 내용의 정보**
3. 공포심이나 불안감을 유발하는 부호·문언·음향·화상 또는 영상을 반복적으로 상대방에게 도달하도록 하는 내용의 정보
4. 정당한 사유 없이 정보통신시스템, 데이터 또는 프로그램 등을 훼손·멸실·변경·위조하거나 그 운용을 방해하는 내용의 정보
5. 「청소년 보호법」에 따른 청소년유해매체물로서 상대방의 연령 확인, 표시의무 등 법령에 따른 의무를 이행하지 아니하고 영리를 목적으로 제공하는 내용의 정보
6. 법령에 따라 금지되는 사행행위에 해당하는 내용의 정보

정답 : 22. ④ 23. ① 24. ③

6의2. 이 법 또는 개인정보보호에 관한 법령을 위반하여 개인정보를 거래하는 내용의 정보
7. 법령에 따라 분류된 비밀 등 국가기밀을 누설하는 내용의 정보
8. 「국가보안법」에서 금지하는 행위를 수행하는 내용의 정보
9. 그밖에 범죄를 목적으로 하거나 교사(敎唆) 또는 방조하는 내용의 정보

• ③ **'타인을 모욕하는 내용의 정보'가 아니고 '타인의 명예를 훼손하는 내용'의 정보이다.**

2017년 교행직 9급

25 다음은 「정보통신망 이용촉진 및 정보보호 등에 관한 법률」 제45조의3 내용 중 일부이다. 빈칸 ㉠에 공통으로 들어갈 내용으로 옳은 것은?

> 제45조의3((㉠)의 지정 등) ① 정보통신서비스 제공자는 정보통신시스템 등에 대한 보안 및 정보의 안전한 관리를 위하여 임원급의 (㉠)를 지정할 수 있다. 다만, 종업원 수, 이용자 수 등이 대통령령으로 정하는 기준에 해당하는 정보통신서비스 제공자의 경우에는 (㉠)를 지정하고 과학기술정보통신부장관에게 신고하여야 한다.

① 개인정보 처리자

② 정보보호 담당관

③ 정보보호정책관

④ 정보보호 최고책임자

2015년 경찰직 9급

26 「정보통신망 이용촉진 및 정보보호 등에 관한 법률」은 정보통신망의 안전성을 확보하기 위한 목적으로 정보보호 최고책임자의 업무를 규정하고 있다. 다음 중 이 법에 명시된 정보보호 최고책임자의 업무에 해당되는 것은 모두 몇 개인가?

> ㄱ. 정보보호 취약점 분석 평가 및 개선
> ㄴ. 정보보호관리체계의 수립 및 관리 운영
> ㄷ. 침해사고의 예방 및 대응
> ㄹ. 주요 정보통신기반시설의 지정
> ㅁ. 사전 정보보호대책 마련 및 보완성 검토

① 1개 ② 2개

③ 3개 ④ 4개

해설

〈정보통신망 이용촉진 및 정보보호 등에 관한 법률〉

제45조의3(정보보호 최고책임자의 지정 등)

③ 정보보호 최고책임자는 다음 각 호의 업무를 총괄한다.

1. 정보보호관리체계의 수립 및 관리·운영
2. 정보보호 취약점 분석·평가 및 개선
3. 침해사고의 예방 및 대응
4. 사전 정보보호대책 마련 및 보안 조치 설계·구현 등
5. 정보보호 사전 보안성 검토
6. 중요 정보의 암호화 및 보안서버 적합성 검토
7. 그밖에 이 법 또는 관계 법령에 따라 정보보호를 위하여 필요한 조치의 이행

• ㄹ. 주요 정보통신기반시설의 지정은 정보통신기반 보호법 제8조의 내용이다.

2014년 지방직 9급

27 「정보통신망 이용촉진 및 정보보호 등에 관한 법률」상 정보통신 서비스 제공자는 임원급의 정보보호 최고책임자를 지정할 수 있도록 정하고 있다. 정보통신서비스 제공자의 정보보호 최고책임자가 총괄하는 업무에 해당하지 않는 것은? (단, 이 법에 명시된 것으로 한정함)

① 정보보호관리체계 수립 및 관리·운영

② 주요 정보통신기반시설의 지정

③ 정보보호 취약점 분석·평가 및 개선

④ 정보보호 사전 보안성 검토

정답 25. ④ 26. ④ 27. ②

해설

〈정보통신망 이용촉진 및 정보보호 등에 관한 법률〉
제45조의3(정보보호 최고책임자의 지정 등)
③ 정보보호 최고책임자는 다음 각 호의 업무를 총괄한다.
1. 정보보호관리체계의 수립 및 관리·운영
2. 정보보호 취약점 분석·평가 및 개선
3. 침해사고의 예방 및 대응
4. 사전 정보보호대책 마련 및 보안 조치 설계·구현 등
5. 정보보호 사전 보안성 검토
6. 중요 정보의 암호화 및 보안서버 적합성 검토
7. 그밖에 이 법 또는 관계 법령에 따라 정보보호를 위하여 필요한 조치의 이행

- ② 주요 정보통신기반시설의 지정은 정보통신기반 보호법 제8조의 내용이다.

2014년 국회직 9급

28 「정보통신망 이용촉진 및 정보보호 등에 관한 법률」은 정보통신망의 안전성을 확보하기 위한 목적으로 정보보호 최고책임자의 업무를 규정하고 있다. 다음 중 정보보호 최고책임자의 업무에 해당되지 않는 것은?

① 보안서버 적합성 검토
② 사전 정보보호대책 마련
③ 침해사고의 예방 및 대응
④ 정보보호 관리체계의 인증심사
⑤ 정보보호 사전 보안성 검토

해설

〈정보통신망 이용촉진 및 정보보호 등에 관한 법률〉
제45조의3(정보보호 최고책임자의 지정 등)
③ 정보보호 최고책임자는 다음 각 호의 업무를 총괄한다.
1. 정보보호관리체계의 수립 및 관리·운영
2. 정보보호 취약점 분석·평가 및 개선
3. 침해사고의 예방 및 대응
4. 사전 정보보호대책 마련 및 보안 조치 설계·구현 등
5. 정보보호 사전 보안성 검토
6. 중요 정보의 암호화 및 보안서버 적합성 검토
7. 그밖에 이 법 또는 관계 법령에 따라 정보보호를 위하여 필요한 조치의 이행

- ④ 정보보호 관리체계의 인증심사는 한국인터넷진흥원(KISA)에서 자격을 취득한 ISMS인증심사원이 한다.

2017년 국가직 생활안전분야 9급

29 「정보통신망 이용촉진 및 정보보호 등에 관한 법률」 제52조에 의거하여 정부가 정보통신망의 고도화(정보통신망의 구축·개선 및 관리에 관한 사항은 제외한다)와 안전한 이용 촉진 및 방송 통신과 관련한 국제협력·국외진출 지원을 효율적으로 추진하기 위하여 설립한 기관은?

① 방송통신위원회 ② 한국인터넷진흥원
③ 한국정보화진흥원 ④ 정보통신산업진흥원

2016년 국회직 9급

30 「정보통신망 이용촉진 및 정보보호 등에 관한 법률」이 규정하는 정보보호 관리체계의 인증권자와 개인정보보호 관리체계의 인증권자를 순서대로 나열한 것으로 옳은 것은?

① 과학기술정보통신부장관, 방송통신위원회
② 과학기술정보통신부장관, 한국인터넷진흥원
③ 방송통신위원회, 한국인터넷진흥원
④ 한국인터넷진흥원, 한국인터넷진흥원

해설

〈정보통신망 이용촉진 및 정보보호 등에 관한 법률〉
제47조(정보보호 관리체계의 인증)
① **과학기술정보통신부장관**은 정보통신망의 안정성·신뢰성 확보를 위하여 관리적·기술적·물리적 보호 조치를 포함한 종합적 관리체계(이하 "정보보호 관리체계"라 한다)를 수립·운영하고 있는 자에 대하여 제4항에 따른 기준에 적합한지에 관하여 인증을 할 수 있다.
제47조의3(개인정보보호 관리체계의 인증)
① **방송통신위원회**는 정보통신망에서 개인정보보호 활동을 체계적이고 지속적으로 수행하기 위하여 필요

정답 28. ④ 29. ② 30. ①

한 관리적·기술적·물리적 보호 조치를 포함한 종합적 관리체계(이하 "개인정보보호 관리체계"라 한다)를 수립·운영하고 있는 자에 대하여 제2항에 따른 기준에 적합한지에 관하여 인증을 할 수 있다.

① 2017년 정부조직법 개정안에 의해 미래창조과학부는 과학기술정보통신부로 변경되었다.

2017년 국가직 9급

31 「정보통신망 이용촉진 및 정보보호 등에 관한 법률」상 정보통신 서비스 제공자 등이 이용자 개인정보의 국외 이전을 위한 동의 절차에서 이용자에게 고지해야 할 사항에 해당하지 않는 것은?

① 이전되는 개인정보 항목

② 개인정보가 이전되는 국가, 이전 일시 및 이전 방법

③ 개인정보를 이전받는 자의 개인정보 이용목적 및 보유·이용 기간

④ 개인정보를 이전하는 자의 성명(법인인 경우는 명칭 및 정보 관리책임자의 연락처)

2017년 경찰간부후보생

32 다음은 「정보통신망 이용촉진 및 정보보호 등에 관한 법률」 제71조(벌칙) 제1항의 각 호 내용 중 일부를 나열한 것이다. 실제 내용과 다른 것은 무엇인가?

① 이용자의 동의를 받지 아니하고 개인정보를 수집한 자

② 정보통신망에 침입한 자

③ 정보통신망에 장애가 발생하게 한 자

④ 타인의 정보를 훼손하거나 타인의 비밀을 판매 또는 도용한 자

해설

〈정보통신망 이용촉진 및 정보보호 등에 관한 법률〉

제71조(벌칙)

① 다음 각 호의 어느 하나에 해당하는 자는 5년 이하의 징역 또는 5천만 원 이하의 벌금에 처한다.

1. 제22조 제1항(제67조에 따라 준용되는 경우를 포함한다)을 위반하여 이용자의 동의를 받지 아니하고 개인정보를 수집한 자
2. 제23조 제1항(제67조에 따라 준용되는 경우를 포함한다)을 위반하여 이용자의 동의를 받지 아니하고 개인의 권리·이익이나 사생활을 뚜렷하게 침해할 우려가 있는 개인정보를 수집한 자
3. 제24조, 제24조의2 제1항 및 제2항 또는 제26조 제3항(제67조에 따라 준용되는 경우를 포함한다)을 위반하여 개인정보를 이용하거나 제3자에게 제공한 자 및 그 사정을 알면서도 영리 또는 부정한 목적으로 개인정보를 제공받은 자
4. 제25조 제1항(제67조에 따라 준용되는 경우를 포함한다)을 위반하여 이용자의 동의를 받지 아니하고 개인정보 처리 위탁을 한 자
5. 제28조의2 제1항(제67조에 따라 준용되는 경우를 포함한다)을 위반하여 이용자의 개인정보를 훼손·침해 또는 누설한 자
6. 제28조의2 제2항을 위반하여 그 개인정보가 누설된 사정을 알면서도 영리 또는 부정한 목적으로 개인정보를 제공받은 자
7. 제30조 제5항(제30조 제7항, 제31조 제3항 및 제67조에 따라 준용되는 경우를 포함한다)을 위반하여 필요한 조치를 하지 아니하고 개인정보를 제공하거나 이용한 자
8. 제31조 제1항(제67조에 따라 준용되는 경우를 포함한다)을 위반하여 법정대리인의 동의를 받지 아니하고 만 14세 미만인 아동의 개인정보를 수집한 자
9. 제48조 제1항을 위반하여 정보통신망에 침입한 자
10. 제48조 제3항을 위반하여 정보통신망에 장애가 발생하게 한 자
11. 제49조를 위반하여 **타인의 정보를 훼손하거나 타인의 비밀을 침해·도용 또는 누설한 자**

• ④ 타인의 비밀을 판매한 자는 해당하지 않는다.

정답 31. ④ 32. ④

2018년 경찰간부후보생

33 「정보통신망 이용촉진 및 정보보호 등에 관한 법률」 제70조(벌칙) 내용이 아닌 것은 모두 몇 개인가?

> ① 사람을 비방할 목적으로 정보통신망을 통하여 공공연하게 사실을 드러내어 다른 사람의 명예를 훼손한 자는 3년 이하의 징역 또는 3천만 원 이하의 벌금에 처한다.
> ② 사람을 비방할 목적으로 정보통신망을 통하여 공공연하게 거짓의 사실을 드러내어 다른 사람의 명예를 훼손한 자는 7년 이하의 징역, 10년 이하의 자격정지 또는 5천만 원 이하의 벌금에 처한다.
> ③ 사람을 비방할 목적으로 정보통신망을 통하여 공공연하게 다른 사람을 모욕한 자는 2년 이하의 징역이나 금고 또는 500만 원 이하의 벌금에 처한다.
> ④ 사람을 비방할 목적으로 정보통신망을 통하여 공공연하게 거짓의 사실을 드러내어 사자의 명예를 훼손한 자는 3년 이하의 징역이나 금고 또는 3천만 원 이하의 벌금에 처한다.

① 1개 ② 2개
③ 3개 ④ 4개

해설

① 제70조 1항
② 제70조 2항
〈오답〉
③ 정보통신망법에는 모욕죄에 대해 따로 규정되어 있지 않다.
④ 정보통신망법에는 사자의 명예훼손에 대해 따로 규정되어 있지 않다.

2017년 국가직 9급

34 다음 정보통신 관계 법률의 목적에 대한 설명으로 옳지 않은 것은?

① 「정보통신기반 보호법」은 전자적 침해행위에 대비하여 주요 정보통신기반시설의 보호에 관한 대책을 수립·시행함으로써 동 시설을 안정적으로 운영하도록 하여 국가의 안전과 국민생활의 안정을 보장하는 것을 목적으로 한다.
② 「전자서명법」은 전자문서의 안전성과 신뢰성을 확보하고 그 이용을 활성화하기 위하여 전자서명에 관한 기본적인 사항을 정함으로써 국가사회의 정보화를 촉진하고 국민생활의 편익을 증진함을 목적으로 한다.
③ 「통신비밀보호법」은 통신 및 대화의 비밀과 자유에 대한 제한은 그 대상을 한정하고 엄격한 법적 절차를 거치도록 함으로써 통신비밀을 보호하고 통신의 자유를 신장함을 목적으로 한다.
④ 「정보통신산업 진흥법」은 정보통신망의 이용을 촉진하고 정보통신서비스를 이용하는 자의 개인정보를 보호함과 아울러 정보통신망을 건전하고 안전하게 이용할 수 있는 환경을 조성하여 국민생활의 향상과 공공복리의 증진에 이바지함을 목적으로 한다.

해설

〈정보통신산업 진흥법(약칭 : 정보통신산업법)〉
제1조(목적)
이 법은 정보통신산업의 진흥을 위한 기반을 조성함으로써 정보통신산업의 경쟁력을 강화하고 국민경제의 발전에 이바지함을 목적으로 한다.

정답 33. ② 34. ④

2016년 국가직 7급

35 「정보통신망 이용촉진 및 정보보호 등에 관한 법률」상 정보통신기반시설과 관련된 사항으로 옳지 않은 것은?

① 과학기술정보통신부장관과 국가정보원장 등은 특정한 정보통신기반시설을 주요 정보통신기반시설로 지정할 필요가 있다고 판단되는 경우에는 중앙행정기관의 장에게 해당 정보통신기반시설을 주요 정보통신기반시설로 지정하도록 권고할 수 있다.

② 누구든지 주요 정보통신기반시설의 운영을 방해할 목적으로 일시에 대량의 신호를 보내거나 부정한 명령을 처리하도록 하는 등의 방법으로 정보처리에 오류를 발생하게 하는 행위를 하여서는 아니 된다.

③ 관리기관의 장은 침해사고가 발생하여 소관 주요 정보통신기반시설의 교란마비 또는 파괴된 사실을 인지한 때에는 관계 행정기관이나 수사기관에 그 사실을 통지할 수 있다.

④ 정부는 정보통신기반시설의 보호에 필요한 기술개발을 효율적으로 추진하기 위하여 필요한 때에는 정보보호 기술 개발과 관련된 연구기관 및 민간단체로 하여금 이를 대행하게 할 수 있다.

해설

- ① 〈정보통신기반 보호법〉
  제8조의2(주요 정보통신기반시설의 지정 권고)
  ① 과학기술정보통신부장관과 국가정보원장 등은 특정한 정보통신기반시설을 주요 정보통신기반시설로 지정할 필요가 있다고 판단되는 경우에는 중앙행정기관의 장에게 해당 정보통신기반시설을 주요 정보통신기반시설로 지정하도록 권고할 수 있다.
- ② 〈정보통신기반 보호법〉
  제12조(주요 정보통신기반시설 침해행위 등의 금지)
  3. 주요 정보통신기반시설의 운영을 방해할 목적으로 일시에 대량의 신호를 보내거나 부정한 명령을 처리하도록 하는 등의 방법으로 정보처리에 오류를 발생하게 하는 행위
- ③ 〈정보통신기반 보호법〉
  제13조(침해사고의 통지)
  ① 관리기관의 장은 침해사고가 발생하여 소관 주요 정보통신기반시설이 교란·마비 또는 파괴된 사실을 인지한 때에는 관계 행정기관, 수사기관 또는 인터넷진흥원(이하 "관계기관 등"이라 한다)에 그 사실을 **통지하여야 한다.**
  (즉 침해사고 통지는 '할 수 있다'는 임의규정이 아니라 '통지하여야 한다'라는 강제 규정이다.)
- ④ 〈정보통신망 이용촉진 및 정보보호 등에 관한 법률〉
  제6조(기술개발의 추진 등)
  ① 과학기술정보통신부장관은 정보통신망과 관련된 기술 및 기기의 개발을 효율적으로 추진하기 위하여 대통령령으로 정하는 바에 따라 관련 연구기관으로 하여금 연구개발·기술협력·기술이전 또는 기술지도 등의 사업을 하게 할 수 있다.

2015년 지방직 9급

36 「정보통신망 이용촉진 및 정보보호 등에 관한 법률」에서 규정하고 있는 내용이 아닌 것은?

① 주요 정보통신기반시설의 보호 체계

② 정보통신망에서의 이용자 보호 등

③ 정보통신망의 안정성 확보 등

④ 개인정보의 보호

해설

〈정보통신기반 보호법〉
① 주요 정보통신기반시설의 보호체계는 정보통신기반 보호법 제2장에서 규정하고 있다.

정답 35. ③ 36. ①

정보보안기사

37 전자거래기본법상 전자거래를 함에 있어서 전자서명에 관한 사항은 어느 법률에 따라야 하는가?

① 정보통신기반보호법이 정하는 바

② 전자거래기본법이 정하는 바

③ 전자서명법이 정하는 바

④ 정보화 촉진 기본법이 정하는 바

정보보안기사

38 전자서명법 6조 공인인증업무준칙 등에 대한 내용에서 공인인증기관은 인증업무를 개시하기 전에 공인인증업무준칙을 ( )에 신고해야 한다.

① 안전행정부장관

② 방송통신위원회

③ 과학기술정보통신부장관

④ 한국인터넷진흥원

해설

〈전자서명법〉

제6조(공인인증업무준칙 등)

① 공인인증기관은 인증업무를 개시하기 전에 다음 각 호의 사항이 포함된 공인인증업무준칙(이하 "인증업무준칙"이라 한다)을 작성하여 **과학기술정보통신부장관**에게 신고하여야 한다.

1. 인증업무의 종류
2. 인증업무의 수행방법 및 절차
3. 공인인증역무(이하 "인증역무"라 한다)의 이용조건
4. 기타 인증업무의 수행에 관하여 필요한 사항

2014년 국회직 9급

39 다음은 '전자서명법'에서 공인인증기관의 업무수행에 관한 조항이다. 괄호 안에 들어갈 말은?

> ( )은 인증업무의 안전성과 신뢰성 확보를 위하여 공인인증기관이 인증업무 수행에 있어 지켜야 할 구체적 사항을 전자서명인증업무지침으로 정하여 고시할 수 있다.

① 과학기술정보통신부장관

② 개인정보보호위원장

③ 국가정보원장

④ 산업통상자원부장관

⑤ 공정거래위원장

해설

〈전자서명법〉

제8조(공인인증기관의 업무수행)

① **과학기술정보통신부장관**은 인증업무의 안전성과 신뢰성 확보를 위하여 공인인증기관이 인증업무수행에 있어 지켜야 할 구체적 사항을 전자서명인증업무지침으로 정하여 고시할 수 있다.

〈개정 2008.2.29., 2013.3.23., 2017.7.26.〉

② 제1항의 규정에 의한 전자서명인증업무지침에는 다음 각 호의 사항이 포함되어야 한다.

1. 공인인증서의 관리에 관한 사항
2. 전자서명생성정보의 관리에 관한 사항
3. 공인인증기관 시설의 보호에 관한 사항
4. 그밖에 인증업무 및 운영관리에 관한 사항

2014년 국회직 9급

40 다음 중 공인인증서에 포함되지 않는 것은?

① 가입자의 이름

② 가입자의 전자서명 검증정보

③ 공인인증기관의 서명키

④ 공인인증서의 일련번호

⑤ 공인인증서의 유효기간

정답 : 37. ③ 38. ③ 39. ① 40. ③

해설

〈전자서명법〉

제15조(공인인증서의 발급)

① 공인인증기관은 공인인증서를 발급받고자 하는 자에게 공인인증서를 발급한다. 이 경우 공인인증기관은 공인인증서를 발급받고자 하는 자의 신원을 확인하여야 한다. 〈개정 2001.12.31.〉

② 공인인증기관이 발급하는 공인인증서에는 다음 각 호의 사항이 포함되어야 한다.

1. 가입자의 이름(법인의 경우에는 명칭을 말한다)
2. 가입자의 **전자서명검증정보**
3. 가입자와 공인인증기관이 이용하는 전자서명 방식
4. 공인인증서의 일련번호
5. 공인인증서의 유효기간
6. 공인인증기관의 명칭 등 공인인증기관임을 확인할 수 있는 정보
7. 공인인증서의 이용 범위 또는 용도를 제한하는 경우 이에 관한 사항
8. 가입자가 제3자를 위한 대리권 등을 갖는 경우 또는 직업상 자격 등의 표시를 요청한 경우 이에 관한 사항
9. 공인인증서임을 나타내는 표시

- ③ 공인인증서에 서명키(개인키)는 포함되지 않는다.

2015년 지방직 9급

41 「전자서명법」상 공인인증기관이 발급하는 공인인증서에 포함되어야 하는 사항이 아닌 것은?

① 가입자의 전자서명검증정보

② 공인인증기관의 전자서명생성정보

③ 공인인증서의 유효기간

④ 공인인증기관의 명칭 등 공인인증기관임을 확인할 수 있는 정보

해설

40번 해설 참고

② 공인인증서에 공인인증기관의 전자서명생성정보는 포함되지 않는다.

정보보안기사

42 다음 중 공인증기관이 발급하는 공인인증서에 포함되어야 하는 사항이 아닌 것은 무엇인가?

① 가입자의 전자서명검증정보

② 공인인증서 비밀번호

③ 가입자와 공인인증기관이 이용하는 전자서명방식

④ 공인인증기관의 명칭 등 공인인증기관임을 확인할 수 있는 정보

해설

40번 해설 참고

② 공인인증서에 공인인증서 비밀번호는 포함되지 않는다.

2016년 국가직 9급

43 「전자서명법」상 공인인증기관이 발급한 공인인증서의 효력 소멸 또는 폐지의 사유에 해당하지 않는 것은?

① 공인인증서의 유효기간이 경과한 경우

② 가입자의 전자서명검증정보가 유출된 경우

③ 공인인증기관이 가입자의 사망·실종선고 또는 해산 사실을 인지한 경우

④ 가입자 또는 그 대리인이 공인인증서의 폐지를 신청한 경우

해설

〈전자서명법〉

제16조(공인인증서의 효력의 소멸 등)

① 공인인증기관이 발급한 공인인증서는 다음 각 호의 1에 해당하는 사유가 발생한 경우에는 그 사유가 발생한 때에 그 효력이 소멸된다.

1. 공인인증서의 유효기간이 경과한 경우
2. 제12조 제1항의 규정에 의하여 공인인증기관의 지정이 취소된 경우

정답 : 41. ② 42. ② 43. ②

3. 제17조의 규정에 의하여 공인인증서의 효력이 정지된 경우

4. 제18조의 규정에 의하여 공인인증서가 폐지된 경우

제18조(공인인증서의 폐지)

① 공인인증기관은 공인인증서에 관하여 다음 각 호의 1에 해당하는 사유가 발생한 경우에는 당해 공인인증서를 폐지하여야 한다.

1. 가입자 또는 그 대리인이 공인인증서의 폐지를 신청한 경우
2. 가입자가 사위 기타 부정한 방법으로 공인인증서를 발급받은 사실을 인지한 경우
3. 가입자의 사망 · 실종선고 또는 해산 사실을 인지한 경우
4. 가입자의 전자서명생성정보가 분실 · 훼손 또는 도난 · 유출된 사실을 인지한 경우

• ② 가입자의 전자서명검증정보가 유출된 경우가 아닌 전자서명생성정보가 유출된 경우이다.

2017년 서울시 9급

44 「전자서명법」 제15조(공인인증서 발급) "공인인증기관은 공인인증서를 발급받고자 하는 자에게 공인인증서를 발급한다."라는 조문에서 공인인증서에 포함되지 않는 것은?

① 가입자의 전자서명검증정보

② 가입자와 공인인증기관이 이용하는 전자서명 방식

③ 공인인증서의 재발급 고유번호

④ 공인인증서의 이용범위 또는 용도를 제한하는 경우 이에 관한 사항

정보보안기사

45 공인인증서 발급에 대한 내용에서 공인인증서에 포함되어야 하는 내용으로 올바르지 않은 것은 무엇인가?

① 가입자 이름(법인의 경우 대표이사 이름)

② 공인인증서 유효기간

③ 가입자의 전자서명검증정보

④ 공인인증기관 명칭

정보보안기사

46 「전자서명법」에서 인증업무에 관한 설비의 운영에 관한 내용 중 공인인증기관의 시설 및 장비의 안전운영 여부를 ( )으로부터 정기적으로 점검받아야 한다.

① 과학기술정보통신부 ② 정보화사회진흥원

③ 인터넷진흥원 ④ 안전행정부

해설

〈전자서명법〉

제19조(인증업무에 관한 설비의 운영)

① 공인인증기관은 자신이 발급한 공인인증서가 유효한지의 여부를 누구든지 항상 확인할 수 있도록 하는 설비 등 인증업무에 관한 시설 및 장비를 안전하게 운영하여야 한다.

② 공인인증기관은 제1항의 시설 및 장비의 안전운영 여부를 **인터넷진흥원**으로부터 정기적으로 점검받아야 한다.

2018년 경찰간부후보생

47 「전자서명법」 제21조(전자서명생성정보의 관리) 제4항의 내용 중 ( ) 안에 들어갈 단어로 바르게 짝지은 것은 무엇인가?

> 공인인증기관은 자신이 이용하는 전자서명(가)정보를 안전하게 보관·관리하여야 한다. 이 경우 당해 전자서명(나)정보가 분실·훼손 또는 도난·유출되거나 훼손될 수 있는 위험을 인지한 때에는 지체 없이 그 사실을 (다)에게 통보하고 인증업무의 안전성과 신뢰성을 확보할 수 있는 대책을 마련하여야 한다.

정답 : 44. ③ 45. ① 46. ③ 47. ①

① (가) 생성, (나) 생성, (다) 인터넷진흥원

② (가) 검증, (나) 생성, (다) 인터넷진흥원

③ (가) 생성, (나) 생성, (다) 이용자

④ (가) 생성, (나) 검증, (다) 이용자

2017년 교행직 9급

48 다음의 내용을 목적으로 규정하고 있는 법은?

> 제1조(목적) 이 법은 개인정보의 처리 및 보호에 관한 사항을 정함으로써 개인의 자유와 권리를 보호하고, 나아가 개인의 존엄과 가치를 구현함을 목적으로 한다.

① 개인정보 보호법

② 국가인권위원회법

③ 공공기관의 정보공개에 관한 법률

④ 정보보호 산업의 진흥에 관한 법률

2016년 지방직 9급

49 「개인정보 보호법」상 용어 정의로 옳지 않은 것은?

① 개인정보 : 살아 있는 개인에 관한 정보로서 성명, 주민등록번호 및 영상 등을 통하여 개인을 알아볼 수 있는 정보(해당 정보만으로는 특정 개인을 알아볼 수 없더라도 다른 정보와 쉽게 결합하여 알아볼 수 있는 것을 포함한다)

② 정보주체 : 업무를 목적으로 개인정보파일을 운용하기 위하여 스스로 또는 다른 사람을 통하여 개인정보를 처리하는 공공기관, 법인, 단체 및 개인

③ 처리 : 개인정보의 수집, 생성, 연계, 연동, 기록, 저장, 보유, 가공, 편집, 검색, 출력, 정정, 복구, 이용, 제공, 공개, 파기, 그밖에 이와 유사한 행위

④ 개인정보파일 : 개인정보를 쉽게 검색할 수 있도록 일정한 규칙에 따라 체계적으로 배열하거나 구성한 개인정보의 집합물

해설

〈개인정보 보호법〉

제2조(정의)

이 법에서 사용하는 용어의 뜻은 다음과 같다. 〈개정 2014.3.24.〉

1. "개인정보"란 살아 있는 개인에 관한 정보로서 성명, 주민등록번호 및 영상 등을 통하여 개인을 알아볼 수 있는 정보(해당 정보만으로는 특정 개인을 알아볼 수 없더라도 다른 정보와 쉽게 결합하여 알아볼 수 있는 것을 포함한다)를 말한다.
2. "처리"란 개인정보의 수집, 생성, 연계, 연동, 기록, 저장, 보유, 가공, 편집, 검색, 출력, 정정(訂正), 복구, 이용, 제공, 공개, 파기(破棄), 그밖에 이와 유사한 행위를 말한다.
3. **"정보주체"란 처리되는 정보에 의하여 알아볼 수 있는 사람으로서 그 정보의 주체가 되는 사람을 말한다.**
4. "개인정보파일"이란 개인정보를 쉽게 검색할 수 있도록 일정한 규칙에 따라 체계적으로 배열하거나 구성한 개인정보의 집합물(集合物)을 말한다.
5. **"개인정보처리자"란 업무를 목적으로 개인정보파일을 운용하기 위하여 스스로 또는 다른 사람을 통하여 개인정보를 처리하는 공공기관, 법인, 단체 및 개인 등을 말한다.**
6. "공공기관"이란 다음 각 목의 기관을 말한다.
   가. 국회, 법원, 헌법재판소, 중앙선거관리위원회의 행정사무를 처리하는 기관, 중앙행정기관(대통령 소속 기관과 국무총리 소속 기관을 포함한다) 및 그 소속 기관, 지방자치단체
   나. 그 밖의 국가기관 및 공공단체 중 대통령령으로 정하는 기관
7. "영상정보처리기기"란 일정한 공간에 지속적으로 설치되어 사람 또는 사물의 영상 등을 촬영하거나 이를 유·무선망을 통하여 전송하는 장치로서 대통령령으로 정하는 장치를 말한다.

정답 : 48. ① 49. ②

2017년 지방직 9급

50 「개인정보 보호법」상 정보주체가 자신의 개인정보 처리와 관련하여 갖는 권리로 옳지 않은 것은?

① 개인정보의 처리에 관한 동의 여부, 동의 범위 등을 선택하고 결정할 권리

② 개인정보의 처리 정지, 정정·삭제 및 파기를 요구할 권리

③ 개인정보의 처리로 인하여 발생한 피해를 신속하고 공정한 절차에 따라 구제받을 권리

④ 개인정보 처리를 수반하는 정책이나 제도를 도입·변경하는 경우에 개인정보보호위원회에 개인정보 침해요인평가를 요청할 권리

2014년 지방직 9급

51 「개인정보 보호법」상 자신의 개인정보 처리와 관련한 정보주체의 권리에 대한 설명으로 옳지 않은 것은?

① 개인정보의 처리에 관한 정보를 제공받을 수 있다.

② 개인정보의 처리에 관한 동의 여부, 동의 범위 등을 선택하고 결정할 수 있다.

③ 개인정보의 처리로 인하여 발생한 피해를 신속하고 공정한 절차에 따라 구제받을 수 있다.

④ 개인정보에 대하여 열람은 할 수 있으나, 사본의 발급은 요구할 수 없다.

해설

〈개인정보 보호법〉

제4조(정보주체의 권리)

정보주체는 자신의 개인정보 처리와 관련하여 다음 각 호의 권리를 가진다.

1. 개인정보의 처리에 관한 정보를 제공받을 권리
2. 개인정보의 처리에 관한 동의 여부, 동의 범위 등을 선택하고 결정할 권리
3. 개인정보의 처리 여부를 확인하고 개인정보에 대하여 열람(사본의 발급을 포함한다. 이하 같다)을 요구할 권리
4. 개인정보의 처리 정지, 정정·삭제 및 파기를 요구할 권리
5. 개인정보의 처리로 인하여 발생한 피해를 신속하고 공정한 절차에 따라 구제받을 권리

2014년 서울시 9급

52 다음 중 「개인정보 보호법」에 대한 설명으로 맞는 것은?

① 개인정보보호위원회의 위원은 대통령이 임명한다.

② 정보주체란 개인정보를 생성 및 처리하는 자를 의미한다.

③ 개인정보는 어떠한 경우에도 제3자에게 제공되거나 공유되어서는 안 된다.

④ 개인정보의 처리 목적이 달성된 이후에는 개인정보를 1년간 보관하여야 한다.

⑤ 보호 대상이 되는 개인정보는 주민등록번호 등을 포함하여 생존 및 사망한 개인을 식별할 수 있는 정보를 의미한다.

해설

〈개인정보 보호법〉

- ① 제7조(개인정보보호위원회)
  - ③ 위원장은 위원 중에서 공무원이 아닌 사람으로 **대통령이 위촉한다.**
  - ④ 위원은 다음 각 호의 어느 하나에 해당하는 사람을 대통령이 임명하거나 위촉한다.
- ② 제2조 정의
  - 3. "정보주체"란 처리되는 정보에 의하여 알아볼 수 있는 사람으로서 그 정보의 주체가 되는 사람을 말한다.
- ③ 제17조(개인정보의 제공)
  - ① 개인정보처리자는 다음 각 호의 어느 하나에 해당되는 경우에는 정보주체의 개인정보를 제

정답 : 50. ④ 51. ④ 52. ①

3자에게 제공(공유를 포함한다. 이하 같다)할 수 있다.

1. 정보주체의 동의를 받은 경우
2. 제15조 제1항 제2호·제3호 및 제5호에 따라 개인정보를 수집한 목적 범위에서 개인정보를 제공하는 경우

• ④ 제21조(개인정보의 파기)

① 개인정보처리자는 보유기간의 경과, 개인정보의 처리 목적 달성 등 그 개인정보가 불필요하게 되었을 때에는 지체 없이 그 개인정보를 파기하여야 한다. 다만, 다른 법령에 따라 보존하여야 하는 경우에는 그러하지 아니하다.

• ⑤ 제2조(정의)

이 법에서 사용하는 용어의 뜻은 다음과 같다. 〈개정 2014.3.24.〉

1. "개인정보"란 살아 있는 개인에 관한 정보로서 성명, 주민등록번호 및 영상 등을 통하여 개인을 알아볼 수 있는 정보(해당 정보만으로는 특정 개인을 알아볼 수 없더라도 다른 정보와 쉽게 결합하여 알아볼 수 있는 것을 포함한다)를 말한다.

2014년 국가직 7급

53 다음은 개인정보의 수집 이용에 대한 사항이다. 동의를 받아야 할 항목만을 모두 고른 것은?

ㄱ. 개인정보의 수집 이용 목적
ㄴ. 수집하는 개인정보의 항목
ㄷ. 개인정보의 보유 및 이용 기간
ㄹ. 동의를 거부할 권리가 있다는 사실 및 동의 거부에 따른 불이익이 있는 경우에는 그 불이익의 내용

① ㄱ, ㄴ ② ㄴ, ㄷ, ㄹ
③ ㄱ, ㄷ, ㄹ ④ ㄱ, ㄴ, ㄷ, ㄹ

해설

〈개인정보 보호법〉

제15조(개인정보의 수집·이용)

② 개인정보처리자는 제1항 제1호에 따른 동의를 받을 때에는 다음 각 호의 사항을 정보주체에게 알려야 한다. 다음 각 호의 어느 하나의 사항을 변경하는 경우에도 이를 알리고 동의를 받아야 한다.

1. 개인정보의 수집·이용 목적
2. 수집하려는 개인정보의 항목
3. 개인정보의 보유 및 이용 기간
4. 동의를 거부할 권리가 있다는 사실 및 동의 거부에 따른 불이익이 있는 경우에는 그 불이익의 내용

2015년 국가직 9급

54 다음 중 「개인정보 보호법」에 대한 설명으로 옳지 않은 것은?

① 제3조 「개인정보보호 원칙」에 따르면, 개인정보는 목적 외의 용도로 활용해서는 안 된다.

② 제4조 「정보주체의 권리」에 따르면, 정보주체는 자신의 개인정보의 처리에 관한 동의 여부, 동의 범위 등을 선택하고 결정할 수 있다.

③ 제15조 「개인정보의 수집·이용」에 따르면, 모든 개인정보의 수집은 정보주체의 동의를 받아야 한다.

④ 제21조 「개인정보의 파기」에 따르면, 개인정보의 보유기간이 경과하거나, 더 이상 불필요한 경우 지체 없이 그 개인정보를 파기해야 한다. 단, 다른 법령에 따라 보존해야 하는 경우도 있다.

⑤ 제34조 「개인정보 유출 통지 등」에 따르면, 개인정보 유출이 확인된 경우 지체 없이 정보주체에게 유출된 항목과 시점, 경위 등을 통보해야 한다.

해설

〈개인정보 보호법〉

제15조(개인정보의 수집·이용)

① 개인정보처리자는 다음 각 호의 어느 하나에 해당하는 경우에는 개인정보를 수집할 수 있으며 그 수집

정답 53. ④ 54. ③

목적의 범위에서 이용할 수 있다.

1. 정보주체의 동의를 받은 경우
2. 법률에 특별한 규정이 있거나 법령상 의무를 준수하기 위하여 **불가피**한 경우
3. 공공기관이 법령 등에서 정하는 소관 업무의 수행을 위하여 **불가피**한 경우
4. 정보주체와의 계약의 체결 및 이행을 위하여 **불가피**하게 필요한 경우
5. 정보주체 또는 그 법정대리인이 의사표시를 할 수 없는 상태에 있거나 주소불명 등으로 사전 동의를 받을 수 없는 경우로서 명백히 정보주체 또는 제3자의 급박한 생명, 신체, 재산의 이익을 위하여 필요하다고 인정되는 경우
6. 개인정보처리자의 정당한 이익을 달성하기 위하여 필요한 경우로서 명백하게 정보주체의 권리보다 우선하는 경우. 이 경우 개인정보처리자의 정당한 이익과 상당한 관련이 있고 합리적인 범위를 초과하지 아니하는 경우에 한한다.

- ③ 개인정보는 불가피할 경우 정보주체의 동의 없이 수집할 수도 있다.

정보보안기사

55 「정보통신망 이용촉진 및 정보보호 등에 대한 법률」 및 「개인정보 보호법」의 개인정보의 수집·이용에 관한 조항에서 정보주체에 반드시 알려야 하는 사항이 다르게 정의 되어 있다. 공통적으로 정의 되어 있지 않은 사항은?

① 개인정보의 수집·이용 목적

② 동의를 거부할 권리가 있다는 사실

③ 개인정보의 보유 및 이용 기간

④ 수집하려는 개인정보의 항목

해설

〈개인정보 보호법〉	〈정보통신망 이용촉진 및 정보보호 등에 대한 법률〉
② 개인정보처리자는 제1항 제1호에 따른 동의를 받을 때에는 다음 각 호의 사항을 정보주체에게 알려야 한다.	① 정보통신서비스 제공자는 이용자의 개인정보를 이용하려고 수집하는 경우에는 다음 각 호의 모든 사항을 이용자에게 알리고 동의를 받아야 한다.
다음 각 호의 어느 하나의 사항을 변경하는 경우에도 이를 알리고 동의를 받아야 한다. 1. 개인정보의 수집·이용 목적 2. 수집하려는 개인정보의 항목 3. 개인정보의 보유 및 이용 기간 **4. 동의를 거부할 권리가 있다는 사실 및 동의 거부에 따른 불이익이 있는 경우에는 그 불이익의 내용**	다음 각 호의 어느 하나의 사항을 변경하려는 경우에도 또한 같다. 1. 개인정보의 수집·이용 목적 2. 수집하려는 개인정보의 항목 3. 개인정보의 보유 및 이용 기간

정보보안기사

56 정보주체로부터 제3자 제공 시 정보통신망법상 동의 받을 사항이 아닌 것은?

① 개인정보를 제공받는 자

② 개인정보보호의 책임

③ 개인정보보호 항목

④ 개인정보를 제공받는 자의 개인정보 이용 목적

해설

〈개인정보 보호법〉

제17조(개인정보의 제공)

① 개인정보처리자는 다음 각 호의 어느 하나에 해당되는 경우에는 정보주체의 개인정보를 제3자에게 제공(공유를 포함한다. 이하 같다)할 수 있다.
 1. 정보주체의 동의를 받은 경우
 2. 제15조 제1항 제2호·제3호 및 제5호에 따라 개인정보를 수집한 목적 범위에서 개인정보를 제공하는 경우

② 개인정보처리자는 제1항 제1호에 따른 동의를 받을 때에는 다음 각 호의 사항을 정보주체에게 알려야 한다. 다음 각 호의 어느 하나의 사항을 변경하는 경우에도 이를 알리고 동의를 받아야 한다.
 1. 개인정보를 제공받는 자
 2. 개인정보를 제공받는 자의 개인정보 이용 목적
 3. 제공하는 개인정보의 항목
 4. 개인정보를 제공받는 자의 개인정보 보유 및 이용 기간
 5. 동의를 거부할 권리가 있다는 사실 및 동의 거부에 따른 불이익이 있는 경우에는 그 불이익의 내용

정답 : 55. ② 56. ②

정보보안기사

57 「개인정보 보호법」에서 개인정보처리자는 변경이 발생하는 경우 정보주체에 알려야 한다. 올바른 것을 모두 선택하시오.

가. 개인정보를 제공받는 자
나. 개인정보의 이용목적
다. 이용 또는 제공하는 개인정보의 항목
라. 개인정보의 보유 및 이용기간

① 가, 나, 다　② 나, 다, 라
③ 가, 나, 라　④ 가, 나, 다, 라

2016년 국가직 7급

58 「개인정보 보호법」에서 규정하고 있는 개인정보 중 민감 정보에 해당하지 않는 것은?

① 주민등록번호
② 노동조합·정당의 가입·탈퇴에 관한 정보
③ 건강에 관한 정보
④ 사상·신념에 관한 정보

해설

〈개인정보 보호법〉
제23조(민감 정보의 처리 제한)
① 개인정보처리자는 사상·신념, 노동조합·정당의 가입·탈퇴, 정치적 견해, 건강, 성생활 등에 관한 정보, 그밖에 정보주체의 사생활을 현저히 침해할 우려가 있는 개인정보로서 대통령령으로 정하는 정보(이하 "민감 정보"라 한다)를 처리하여서는 아니 된다.

• ① 고유식별정보에는 주민등록번호, 여권번호, 운전면허번호, 외국인등록번호 등이 있다(시행령 규정).

2015년 국가직 9급

59 「개인정보 보호법」상 주민등록번호 처리에 대한 설명으로 옳지 않은 것은?

① 주민등록번호를 목적 외의 용도로 이용하거나 이를 제3자에게 제공하지 아니하면 다른 법률에서 정하는 소관 업무를 수행할 수 없는 경우, 개인인 개인정보처리자는 개인정보보호위원회의 심의·의결을 거쳐 목적 외의 용도로 이용하거나 이를 제3자에게 제공할 수 있다.

② 행정자치부장관은 개인정보처리자가 처리하는 주민등록번호가 유출된 경우에는 5억 원 이하의 과징금을 부과·징수할 수 있으나, 주민등록번호가 유출되지 아니하도록 개인정보처리자가 「개인정보 보호법」에 따른 안전성 확보에 필요한 조치를 다한 경우에는 그러하지 아니하다.

③ 개인정보처리자는 정보주체가 인터넷 홈페이지를 통하여 회원으로 가입하는 단계에서는 주민등록번호를 사용하지 아니하고도 회원으로 가입할 수 있는 방법을 제공하여야 한다.

④ 개인정보처리자는 주민등록번호가 분실·도난·유출·변조 또는 훼손되지 아니하도록 암호화 조치를 통하여 안전하게 보관하여야 한다.

해설

〈개인정보 보호법〉
제24조의2(주민등록번호 처리의 제한)
① 제24조 제1항에도 불구하고 개인정보처리자는 다음 각 호의 어느 하나에 해당하는 경우를 제외하고는 주민등록번호를 처리할 수 없다.
　1. 법률·대통령령·국회규칙·대법원규칙·헌법재판소규칙·중앙선거관리위원회규칙 및 감사원규칙에서 구체적으로 주민등록번호의 처리를 요구하거나 허용한 경우

정답 : 57. ④　58. ①　59. ①

2. 정보주체 또는 제3자의 급박한 생명, 신체, 재산의 이익을 위하여 명백히 필요하다고 인정되는 경우
3. 제1호 및 제2호에 준하여 주민등록번호 처리가 불가피한 경우로서 행정안전부령으로 정하는 경우

• ① 개인정보처리자가 할 수 있는 주민등록번호 처리는 개인정보 보호법 제24조2의 1항에 명시된 경우에 한한다.

2016년 서울시 9급

60 「개인정보 보호법」에 따르면 주민등록번호를 처리하기 위해서는 법에서 정하는 바에 따라야 하는데, 그에 대한 내용 중 옳지 않은 것은?

① 주민등록번호 처리는 원칙적으로 금지되고 예외적인 경우에만 허용한다.

② 주민등록번호는 암호화 조치를 통해 보관해야 한다.

③ 개인정보처리자는 법령에서 주민등록번호의 처리를 허용한 경우에도 주민등록번호를 사용하지 않는 인터넷 회원가입 방법을 정보주체에게 제공해야 한다.

④ 기 보유한 주민등록번호는 수집 시 동의 받은 보유기간까지만 보유하고 이후에는 즉시 폐기해야 한다.

해설

〈개인정보 보호법〉

제24조의2(주민등록번호 처리의 제한)

① 제24조 제1항에도 불구하고 개인정보처리자는 다음 각 호의 어느 하나에 해당하는 경우를 제외하고는 주민등록번호를 처리할 수 없다.
1. 법률·대통령령·국회규칙·대법원규칙·헌법재판소규칙·중앙선거관리위원회규칙 및 감사원규칙에서 구체적으로 주민등록번호의 처리를 요구하거나 허용한 경우
2. 정보주체 또는 제3자의 급박한 생명, 신체, 재산의 이익을 위하여 명백히 필요하다고 인정되는 경우
3. 제1호 및 제2호에 준하여 주민등록번호 처리가 불가피한 경우로서 행정안전부령으로 정하는 경우

② 개인정보처리자는 제24조 제3항에도 불구하고 주민등록번호가 분실·도난·유출·위조·변조 또는 훼손되지 아니하도록 암호화 조치를 통하여 안전하게 보관하여야 한다. 이 경우 암호화 적용 대상 및 대상별 적용 시기 등에 관하여 필요한 사항은 개인정보의 처리 규모와 유출 시 영향 등을 고려하여 대통령령으로 정한다. 〈신설 2014.3.24., 2015.7.24.〉

③ 개인정보처리자는 제1항 각 호에 따라 주민등록번호를 처리하는 경우에도 정보주체가 인터넷 홈페이지를 통하여 회원으로 가입하는 단계에서는 주민등록번호를 사용하지 아니하고도 회원으로 가입할 수 있는 방법을 제공하여야 한다.

제21조(개인정보의 파기)

① 개인정보처리자는 보유기간의 경과, 개인정보의 처리 목적 달성 등 그 개인정보가 불필요하게 되었을 때에는 지체 없이 그 개인정보를 파기하여야 한다. 다만, 다른 법령에 따라 보존하여야 하는 경우에는 그러하지 아니하다.

• ④ 개정된 「개인정보 보호법」에 따라 불필요하게 수집한 주민번호는 2016년 8월 6일까지 파기해야 한다.

2018년 국가직 9급

61 「개인정보 보호법」상의 개인정보의 수집·이용 및 수집 제한에 대한 설명으로 옳지 않은 것은?

① 개인정보처리자는 정보주체의 동의를 받은 경우에는 개인정보를 수집할 수 있으며 그 수집 목적의 범위에서 이용할 수 있다.

② 개인정보처리자는 개인정보 보호법에 따라 개인정보를 수집하는 경우에는 그 목적에 필요한 최소한의 개인정보를 수집하여야 한다. 이 경우 최소한의 개인정보 수집이라는 입증책임은 개인정보처리자가 부담한다.

③ 개인정보처리자는 정보주체의 동의를 받아 개인정보를 수집하는 경우 필요한 최소한의 정보 외의 개인정보 수집에는 동의하지 아니할 수 있다는 사실을 구체적으로 알리고 개인정보를 수집하여야 한다.

정답 : 60. ④ 61. ④

④ 개인정보처리자는 정보주체가 필요한 최소한의 정보 외의 개인정보 수집에 동의하지 아니하는 경우 정보주체에게 재화 또는 서비스의 제공을 거부할 수 있다.

2017년 국가직 생활안전분야 9급

62 「개인정보 보호법」 제24조의2(주민등록번호 처리의 제한)에서 개인정보처리자가 주민등록번호를 처리할 수 있도록 허용하는 경우는?

① 정보주체에게 별도로 동의를 받은 경우

② 시민단체에서 주민등록번호 처리를 요구한 경우

③ 정보주체 또는 제3자의 급박한 생명, 신체, 재산의 이익을 위하여 명백히 필요하다고 인정되는 경우

④ 개인정보처리자가 주민등록번호 처리가 불가피하다고 판단한 경우

2015년 경찰직 9급

63 「개인정보 보호법 제25조의1」에 따르면 누구든지 다음 각 호의 경우를 제외하고는 공개된 장소에 영상정보처리기기를 설치·운영하여서는 아니 된다. 각 호에 해당하지 않는 것은?

① 교통단속을 위하여 필요한 경우

② 교통정보의 수집·분석 및 제공을 위하여 필요한 경우

③ 시설안전 및 화재 예방을 위하여 필요한 경우

④ 소관 업무의 수행을 위하여 불가피한 경우

해설

〈개인정보 보호법〉
제25조(영상정보처리기기의 설치·운영 제한)
① 누구든지 다음 각 호의 경우를 제외하고는 공개된 장소에 영상정보처리기기를 설치·운영하여서는 아니 된다.
1. 법령에서 구체적으로 허용하고 있는 경우
2. 범죄의 예방 및 수사를 위하여 필요한 경우
3. 시설안전 및 화재 예방을 위하여 필요한 경우
4. 교통단속을 위하여 필요한 경우
5. 교통정보의 수집·분석 및 제공을 위하여 필요한 경우

2014년 국가직 7급

64 공공기관에서 「개인정보 보호법」에 의거하여 영상정보처리기기를 설치 및 운용하려고 할 때, 안내판에 기재해야 할 내용으로 옳지 않은 것은?

① 설치 장소

② 영상정보 저장 방식

③ 촬영 시간

④ 관리책임자의 이름

해설

〈개인정보 보호법〉
제25조(영상정보처리기기의 설치·운영 제한)
④ 제1항 각 호에 따라 영상정보처리기기를 설치·운영하는 자(이하 "영상정보처리기기운영자"라 한다)는 정보주체가 쉽게 인식할 수 있도록 다음 각 호의 사항이 포함된 안내판을 설치하는 등 필요한 조치를 하여야 한다. 다만, 「군사기지 및 군사시설 보호법」 제2조 제2호에 따른 군사시설, 「통합방위법」 제2조 제13호에 따른 국가중요시설, 그밖에 대통령령으로 정하는 시설에 대하여는 그러하지 아니하다. 〈개정 2016.3.29.〉
1. 설치 목적 및 장소
2. 촬영 범위 및 시간
3. 관리책임자 성명 및 연락처
4. 그밖에 대통령령으로 정하는 사항

• ② 영상정보 저장방식(H.264/H.265)은 안내판에 적을 필요가 없다.

정답 62. ③ 63. ④ 64. ②

2014년 국가직 9급

65 개인정보 보호법상 공공기관에서의 영상정보 처리기기 설치 및 운영에 대한 설명으로 옳지 않은 것은?

① 공공기관의 사무실에서 민원인의 폭언·폭행 방지를 위해 영상정보처리기기를 설치 및 녹음하는 것이 가능하다.

② 영상정보처리기기의 설치 목적과 다른 목적으로 영상정보처리기기를 임의로 자작하거나 다른 곳을 비춰서는 안 된다.

③ 영상정보처리기기 운영자는 영상정보처리기기의 설치·운영에 관한 사무를 위탁할 수 있다.

④ 개인정보 보호법에서 정하는 사유를 제외하고는 공개된 장소에 영상정보처리기기를 설치하는 것은 금지되어 있다.

해설

〈개인정보 보호법〉

제25조(영상정보처리기기의 설치·운영 제한)

① 누구든지 다음 각 호의 경우를 제외하고는 공개된 장소에 영상정보처리기기를 설치·운영하여서는 아니 된다.
1. 법령에서 구체적으로 허용하고 있는 경우
2. 범죄의 예방 및 수사를 위하여 필요한 경우
3. 시설안전 및 화재 예방을 위하여 필요한 경우
4. 교통단속을 위하여 필요한 경우
5. 교통정보의 수집·분석 및 제공을 위하여 필요한 경우

⑤ 영상정보처리기기 운영자는 영상정보처리기기의 설치 목적과 다른 목적으로 영상정보처리기기를 임의로 조작하거나 다른 곳을 비춰서는 아니 되며, 녹음기능은 사용할 수 없다.

⑥ 영상정보처리기기 운영자는 개인정보가 분실·도난·유출·위조·변조 또는 훼손되지 아니하도록 제29조에 따라 안전성 확보에 필요한 조치를 하여야 한다. 〈개정 2015.7.24.〉

⑦ 영상정보처리기기 운영자는 대통령령으로 정하는 바에 따라 영상정보처리기기 운영·관리 방침을 마련하여야 한다. 이 경우 제30조에 따른 개인정보 처리방침을 정하지 아니할 수 있다.

⑧ 영상정보처리기기 운영자는 영상정보처리기기의 설치·운영에 관한 사무를 위탁할 수 있다. 다만, 공공기관이 영상정보처리기기 설치·운영에 관한 사무를 위탁하는 경우에는 대통령령으로 정하는 절차 및 요건에 따라야 한다.

- ① 녹음 기능은 사용할 수 없다.

2016년 국가직 7급

66 「개인정보 보호법」상 개인정보처리자는 개인정보의 처리에 관한 업무를 총괄해서 책임질 개인정보보호책임자를 지정하도록 명시하고 있다. 개인정보보호책임자의 업무에 해당하지 않는 것은?

① 개인정보 처리방침의 수립 및 공개

② 개인정보 처리 실태 및 관행의 정기적인 조사 및 개선

③ 개인정보 유출 및 오용·남용 방지를 위한 내부통제시스템의 구축

④ 개인정보보호 교육 계획의 수립 및 시행

해설

〈개인정보 보호법〉

제31조(개인정보보호책임자의 지정)

① 개인정보처리자는 개인정보의 처리에 관한 업무를 총괄해서 책임질 개인정보보호책임자를 지정하여야 한다.

② 개인정보보호책임자는 다음 각 호의 업무를 수행한다.
1. **개인정보보호 계획의 수립 및 시행**
2. 개인정보 처리 실태 및 관행의 정기적인 조사 및 개선
3. 개인정보 처리와 관련한 불만의 처리 및 피해 구제
4. 개인정보 유출 및 오용·남용 방지를 위한 내부통제시스템의 구축
5. 개인정보보호 교육 계획의 수립 및 시행
6. 개인정보파일의 보호 및 관리·감독
7. 그밖에 개인정보의 적절한 처리를 위하여 대통령령으로 정한 업무

정답 65. ① 66. ①

• ① 개인정보보호책임자의 업무에는 개인정보 처리방침의 수립·변경 및 시행이다. 개인정보 공개 여부는 개인정보보호책임자의 업무에 포함되지 않는다.

2017년 국가직 7급

67 「개인정보 보호법」상 다음 업무를 수행하는 자는?

> 개인정보파일의 보호 및 관리 감독하는 임원(임원이 없는 경우에는 개인정보를 담당하는 부서의 장)을 말한다.

① 수탁자

② 정보통신서비스 제공자

③ 개인정보취급자

④ 개인정보보호책임자

2015년 국가직 7급

68 「개인정보 보호법」 제33조에 따라 개인정보 영향 평가를 하는 경우에 고려해야 할 사항에 해당하지 않는 것은?

① 처리하는 개인정보의 수

② 개인정보의 제3자 제공 여부

③ 개인정보보호 계획의 수립 및 시행 여부

④ 정보주체의 권리를 해할 가능성 및 그 위험 정도

해설

〈개인정보 보호법〉

제33조(개인정보 영향 평가)

② 영향 평가를 하는 경우에는 다음 각 호의 사항을 고려하여야 한다.

1. 처리하는 개인정보의 수
2. 개인정보의 제3자 제공 여부
3. 정보주체의 권리를 해할 가능성 및 그 위험 정도
4. 그밖에 대통령령으로 정한 사항

• ③ '개인정보보호 계획의 수립 및 시행'은 개인정보보호책임자의 수행업무이다.

2018년 국가직 9급

69 「개인정보 보호법」상 개인정보처리자가 개인정보가 유출되었음을 알게 되었을 때에 지체 없이 해당 정보주체에게 알려야 할 사항에 해당하지 않는 것은?

① 유출된 개인정보의 항목

② 유출된 시점과 그 경위

③ 조치 결과를 행정안전부장관 또는 대통령령으로 정하는 전문기관에 신고한 사실

④ 정보주체에게 피해가 발생한 경우 신고 등을 접수할 수 있는 담당부서 및 연락처

2014년 국가직 9급

70 「개인정보 보호법상」 개인정보 유출 시 개인정보처리자가 정보주체에게 알려야 할 사항으로 옳은 것만을 모두 고르면?

> ㄱ. 유출된 개인정보의 위탁기관 현황
> ㄴ. 유출된 시점과 그 경위
> ㄷ. 개인정보처리자의 개인정보 보관 폐기 기간
> ㄹ. 정보주체에게 피해가 발생한 경우 신고 등을 접수할 수 있는 담당부서 및 연락처

① ㄱ, ㄴ　　② ㄷ, ㄹ

③ ㄱ, ㄷ　　④ ㄴ, ㄹ

해설

〈개인정보 보호법〉

제34조(개인정보 유출 통지 등)

① 개인정보처리자는 개인정보가 유출되었음을 알게 되었을 때에는 지체 없이 해당 정보주체에게 다음 각 호의 사실을 알려야 한다.

1. 유출된 개인정보의 항목

정답 : 67. ④　68. ③　69. ③　70. ④

2. 유출된 시점과 그 경위
3. 유출로 인하여 발생할 수 있는 피해를 최소화하기 위하여 정보주체가 할 수 있는 방법 등에 관한 정보
4. 개인정보처리자의 대응조치 및 피해 구제절차
5. 정보주체에게 피해가 발생한 경우 신고 등을 접수할 수 있는 담당부서 및 연락처

정보보안기사

71 개인정보분쟁조정위원회가 신청된 조정사건에 대한 처리절차를 진행 중에 일방 당사자가 소를 제기한 때에 취하여야 하는 행위는?

① 조정의 처리는 진행하면서 이러한 사실을 당사자에게 통보하여야 한다.

② 조정의 처리를 중지하고 이를 당사자에게 통보하여야 한다.

③ 조정의 처리를 종결하고 당해 조정의 결과를 당사자에게 통보하여야 한다.

④ 조정의 처리를 종결하고 당해 조정의 결과를 법원에 통보하여야 한다.

해설

〈개인정보 보호법〉
제48조(조정의 거부 및 중지)
① 분쟁조정위원회는 분쟁의 성질상 분쟁조정위원회에서 조정하는 것이 적합하지 아니하다고 인정하거나 부정한 목적으로 조정이 신청되었다고 인정하는 경우에는 그 조정을 거부할 수 있다. 이 경우 조정거부의 사유 등을 신청인에게 알려야 한다.
② 분쟁조정위원회는 신청된 조정사건에 대한 처리절차를 진행하던 중에 한쪽 당사자가 소를 제기하면 그 조정의 처리를 중지하고 이를 당사자에게 알려야 한다.

2016년 지방직 9급

72 개인정보 보호법령상 개인정보 영향 평가에 대한 설명으로 옳지 않은 것은?

① 공공기관의 장은 대통령령으로 정하는 기준에 해당하는 개인정보파일의 운용으로 인하여 정보주체의 개인정보 침해가 우려되는 경우에는 위험요인분석과 개선 사항 도출을 위한 평가를 하고, 그 결과를 행정자치부장관에게 제출하여야 한다.

② 개인정보 영향 평가의 대상에 해당하는 개인정보파일은 공공기관이 구축·운용 또는 변경하려는 개인정보파일로서 50만 명 이상의 정보주체에 관한 개인정보파일을 말한다.

③ 영향 평가를 하는 경우에는 처리하는 개인정보의 수, 개인정보의 제3자 제공 여부, 정보주체의 권리를 해할 가능성 및 그 위험 정도, 그밖에 대통령령으로 정한 사항을 고려하여야 한다.

④ 행정자치부장관은 제출받은 영향 평가 결과에 대하여 보호위원회의 심의·의결을 거쳐 의견을 제시할 수 있다.

해설

〈개인정보 보호법〉
제33조(개인정보 영향 평가)
① 공공기관의 장은 대통령령으로 정하는 기준에 해당하는 개인정보파일의 운용으로 인하여 정보주체의 개인정보 침해가 우려되는 경우에는 그 위험요인의 분석과 개선 사항 도출을 위한 평가(이하 "영향 평가"라 한다)를 하고 그 결과를 행정안전부장관에게 제출하여야 한다. 이 경우 공공기관의 장은 영향 평가를 행정안전부장관이 지정하는 기관(이하 "평가기관"이라 한다) 중에서 의뢰하여야 한다. 〈개정 2013.3.23., 2014.11.19., 2017.7.26.〉
② 영향 평가를 하는 경우에는 다음 각 호의 사항을 고려하여야 한다.

정답 : 71. ② 72. ②

1. 처리하는 개인정보의 수
2. 개인정보의 제3자 제공 여부
3. 정보주체의 권리를 해할 가능성 및 그 위험 정도
4. 그밖에 대통령령으로 정한 사항

③ 행정안전부장관은 제1항에 따라 제출받은 영향 평가 결과에 대하여 보호위원회의 심의·의결을 거쳐 의견을 제시할 수 있다.

• ② 개인정보 영향 평가의 대상은 구축·운용 또는 변경하려는 개인정보파일로서 5만 명 이상의 정보주체에 관한 민감 정보 또는 고유식별정보의 처리가 수반되는 개인정보파일을 말한다.

2017년 국가직 9급

73 개인정보 보호법 시행령상 개인정보처리자가 하여야 하는 안전성 확보 조치에 해당하지 않는 것은?

① 개인정보의 안전한 처리를 위한 내부 관리 계획의 수립·시행

② 개인정보가 정보주체의 요구를 받아 삭제되더라도 이를 복구 또는 재생할 수 있는 내부 방안 마련

③ 개인정보를 안전하게 저장·전송할 수 있는 암호화 기술의 적용 또는 이에 상응하는 조치

④ 개인정보 침해사고 발생에 대응하기 위한 접속기록의 보관 및 위조·변조 방지를 위한 조치

2015년 국가직 9급

74 암호화가 필요한 정보 중에서 정보주체를 제외하고 정보를 다루는 관리자조차 암호화된 정보의 원래 정보가 무엇인지 알 수 없어야 하는 정보는?

① 은행계좌번호　② 주민등록번호

③ 신용카드번호　④ 비밀번호

⑤ 여권번호

해설

비밀번호는 암호화하여 DataBase에 저장되어, 관리자도 내용을 알 수 없다. 따라서 사용자가 비밀번호를 잊어버렸다고 하면 삭제 후 새로 등록하라고 안내한다.

2016년 국가(보) 9급

75 「개인정보의 안정성 확보조치 기준」상 개인정보처리시스템의 개인정보취급 및 처리자에 대한 접근권한 부여 내역과 기록 보관에 대한 기준으로 옳지 않은 것은?

① 개인정보처리자는 개인정보취급자가 개인정보시스템에 접속한 기록을 6개월 이상 보관·관리하여야 한다.

② 개인정보처리자는 개인정보취급자의 개인정보시스템에 접근권한 부여, 변경 또는 말소에 대한 내역을 기록하고, 그 기록을 최소 1년간 보관하여야 한다.

③ 개인정보처리자는 개인정보의 유출, 변조, 훼손 등에 대응하기 위하여 개인정보처리시스템의 접속기록 등을 반기별로 1회 이상 점검하여야 한다.

④ 개인정보처리자는 개인정보처리시스템에 대한 접근권한을 업무 수행에 필요한 최소한의 범위로 업무 담당자에 따라 차등 부여하여야 한다.

해설

〈개인정보 보호법 안정성 확보조치 기준 고시〉

제4조(접근권한의 관리)

① 개인정보처리자는 개인정보처리시스템에 대한 접근권한을 업무 수행에 필요한 최소한의 범위로 업무 담당자에 따라 차등 부여하여야 한다.

② 개인정보처리자는 전보 또는 퇴직 등 인사이동이 발생하여 개인정보취급자가 변경되었을 경우 지체 없이 개인정보처리시스템의 접근권한을 변경 또는 말소하여야 한다.

정답 73. ② 74. ④ 75. ②

③ 개인정보처리자는 제1항 및 제2항에 의한 권한 부여, 변경 또는 말소에 대한 내역을 기록하고, 그 기록을 최소 3년간 보관하여야 한다.

• ② 개인정보처리자는 개인정보취급자의 개인정보시스템에 접근권한 부여, 변경 또는 말소에 대한 내역을 기록하고, 그 기록을 최소 3년간 보관하여야 한다.

2017년 지방직 9급

76 개인정보의 기술적·관리적 보호 조치 기준상 정보통신서비스 제공자 등이 준수해야 하는 사항으로 옳지 않은 것은?

① 개인정보처리시스템에 주민번호, 계좌번호를 저장할 때 안전한 암호알고리즘으로 암호화한다.

② 개인정보처리시스템에 개인정보취급자의 권한 부여, 변경 또는 말소에 대한 내역을 기록하고, 그 기록을 최소 3년간 보관한다.

③ 개인정보처리시스템에 대한 개인정보취급자의 접속이 필요한 시간 동안만 최대 접속시간 제한 등의 조치를 취한다.

④ 이용자의 비밀번호 작성 규칙은 영문, 숫자, 특수문자 중 2종류 이상을 조합하여 최소 10자리 이상 또는 3종류 이상을 조합하여 최소 8자리 이상의 길이로 구성하도록 수립한다.

정보보안기사

77 다음 중 개인정보보호에서 해당되는 암호화 조치와 관련이 없는 것은 무엇인가?

① 금융거래 시에 사용되는 계좌번호

② 회원등록 시에 사용되는 주민번호

③ 개인에 대한 바이오 정보

④ 회원인증에 사용되는 패스워드

해설

〈개인정보의 안전성 확보조치 기준〉
제7조(개인정보의 암호화)
① 개인정보처리자는 고유식별정보, 비밀번호, 바이오정보를 정보통신망을 통하여 송신하거나 보조저장매체 등을 통하여 전달하는 경우에는 이를 암호화하여야 한다.

2017년 국가직 7급

78 국가정보화 기본법상 ㉠, ㉡에 들어갈 용어가 바르게 연결된 것은?

> 정부는 국가정보화의 효율적, 체계적 추진을 위하여 (㉠)마다 국가정보화 기본계획을 수립하여야 한다.
> 국가정보화 기본계획은 (㉡)이 국가와 지방자치단체의 부문계획을 종합하여 정보통신 진흥 및 융합 활성화 등에 관한 특별법 제7조에 따른 정보통신 전략위원회의 심의를 거쳐 수립 확정한다.

	㉠	㉡
①	3년	행정안전부장관
②	3년	과학기술정보통신부장관
③	5년	과학기술정보통신부장관
④	5년	행정안전부장관

2017년 국가직 생활안전분야 9급

79 정보보호 관련 법률에서 규정한 인증 제도에 대한 설명으로 옳지 않은 것은?

① 정보보호 관리체계 인증은 정보통신망 이용촉진 및 정보보호 등에 관한 법률상 과학기술정보통신부장관이 정보통신망의 안정성·신뢰성 확보를 위하여 관리적·기술적·물리적 보호 조치를 포함한 종합적 관리체계를 수립·운영하고 있는 자에 대하여 정해진 기준에 적합한지에 관하여 인증할 수

정답 76. 모두 정답 77. ① 78. ③ 79. ③

있도록 한 것이다.

② 개인정보보호 관리체계 인증은 정보통신망 이용촉진 및 정보보호 등에 관한 법률상 방송통신위원회가 정보통신망에서 개인정보보호 활동을 체계적이고 지속적으로 수행하기 위하여 필요한 관리적·기술적·물리적 보호 조치를 포함한 종합적 관리체계를 수립·운영하고 있는 자에 대하여 정해진 기준에 적합한지에 관하여 인증을 할 수 있도록 한 것이다.

③ 정보보호제품 평가·인증은 정보통신기반 보호법상 행정안전부장관이 관계 기관의 장과 협의하여 정보보호시스템의 성능과 신뢰도에 관한 기준을 정하여 고시하고, 정보보호 시스템을 제조하거나 수입하는 자에게 그 기준을 지킬 것을 권고할 수 있도록 한 것이다.

④ 개인정보보호 인증은 개인정보 보호법상 행정안전부장관이 개인정보처리자의 개인정보 처리 및 보호와 관련한 일련의 조치가 같은 법에 부합하는지 등에 관하여 인증할 수 있도록 한 것이다.

해설

제38조(정보보호시스템에 관한 기준 고시 등)

① 과학기술정보통신부장관은 관계 기관의 장과 협의하여 정보보호시스템의 성능과 신뢰도에 관한 기준을 정하여 고시하고, 정보보호시스템을 제조하거나 수입하는 자에게 그 기준을 지킬 것을 권고할 수 있다.

정보보안기사

80 「전자상거래 등에서의 소비자보호에 관한 법률」에 따르면 소비자가 개인정보에 대한 동의를 철회하는 경우는 어떻게 해야 하는가?

① 무조건 이용자의 개인정보를 파기한다.

② 정보통신망법에 규정에 따라 즉시 파기한다.

③ 개인정보 보호법의 규정에 따라 1년 이내 폐기한다.

④ 파기하지 않고 보존해도 된다.

해설

전자상거래 등에서의 소비자보호에 관한 법률 제6조(거래기록의 보존 등)

① 사업자는 전자상거래 및 통신판매에서의 표시·광고, 계약내용 및 그 이행 등 거래에 관한 기록을 상당한 기간 보존하여야 한다. 이 경우 소비자가 쉽게 거래기록을 열람·보존할 수 있는 방법을 제공하여야 한다.

② 제1항에 따라 사업자가 보존하여야 할 거래기록 및 그와 관련된 개인정보(성명·주소·전자우편주소 등 거래의 주체를 식별할 수 있는 정보로 한정한다)는 **소비자가 개인정보의 이용에 관한 동의를 철회하는 경우에도 「정보통신망 이용촉진 및 정보보호 등에 관한 법률」 등 대통령령으로 정하는 개인정보보호와 관련된 법률의 규정에도 불구하고 이를 보존할 수 있다.** 〈개정 2016.3.29.〉

정답 : 80. ④

MEMO

정보보호론 기출문제집

PART

09

기출문제

2019년 국가직 9급 정보보호론

01 쿠키(Cookie)에 대한 설명으로 옳지 않은 것은?

① 쿠키는 웹사이트를 편리하게 이용하기 위한 목적으로 만들어졌으며, 많은 웹사이트가 쿠키를 이용하여 사용자의 정보를 수집하고 있다.

② 쿠키는 실행파일로서 스스로 디렉터리를 읽거나 파일을 지우는 기능을 수행한다.

③ 쿠키에 포함되는 내용은 웹 응용프로그램 개발자가 정할 수 있다.

④ 쿠키 저장 시 타인이 임의로 쿠키를 읽어들일 수 없도록 도메인과 경로 지정에 유의해야 한다.

해설

쿠키는 인터넷 웹사이트의 방문기록을 남겨 사용자와 웹사이트 사이를 매개해 주는 정보이다.

- 쿠키는 웹 서비스 사용자의 PC의 저장소에 저장되는 변수이다.
- 웹 서비스의 세션을 유지하는 데 사용될 수 있다.
- 서버에서 웹 서비스 사용자의 접근 기록을 추적할 수 있다.
- 쿠키는 Java Script 같은 웹 개발언어를 통해 cookie 변수 등을 만들어 접근해 사용할 수 있다.
- 상태정보를 저장하지 않는 HTTP를 보완하기 위한 기술이다.

02 악성 프로그램에 대한 설명으로 옳지 않은 것은?

① Bot – 인간의 행동을 흉내 내는 프로그램으로 DDoS 공격을 수행한다.

② Spyware – 사용자 동의 없이 설치되어 정보를 수집하고 전송하는 악성 소프트웨어로서 금융정보, 신상정보, 암호 등을 비롯한 각종 정보를 수집한다.

③ Netbus – 소프트웨어를 실행하거나 설치 후 자동적으로 광고를 표시하는 프로그램이다.

④ Keylogging – 사용자가 키보드로 PC에 입력하는 내용을 몰래 가로채 기록하는 행위이다.

해설

Netbus는 상대방 컴퓨터의 IP를 알아내고 patch프로그램을 설치하면 그 컴퓨터를 마음대로 조정할 수 있는 프로그램이다. 소프트웨어를 실행하거나 설치 후 자동적으로 광고를 표시하는 프로그램은 애드웨어이다.

03 다음에서 설명하는 스캔방법은?

> 공격자가 모든 플래그가 세트되지 않은 TCP 패킷을 보내고, 대상 호스트는 해당 포트가 닫혀 있을 경우 RST 패킷을 보내고, 열려 있을 경우 응답을 하지 않는다.

① TCP Half Open 스캔

② NULL 스캔

③ FIN 패킷을 이용한 스캔

④ 시간차를 이용한 스캔

해설

Null 스캔이란 TCP 헤더 내에 플래그 값을 설정하지 않고 전송하는 방법이다.

정답 : 1. ② 2. ③ 3. ②

04 **정보보호 서비스에 대한 설명으로 옳지 않은 것은?**

① Authentication – 정보교환에 의해 실체의 식별을 확실하게 하거나 임의 정보에 접근할 수 있는 객체의 자격이나 객체의 내용을 검증하는 데 사용한다.

② Confidentiality–온오프라인 환경에서 인가되지 않은 상대방에게 저장 및 전송되는 중요정보의 노출을 방지한다.

③ Integrity – 네트워크를 통하여 송수신되는 정보의 내용이 불법적으로 생성 또는 변경되거나 삭제되지 않도록 보호한다.

④ Availability–행위나 이벤트의 발생을 증명하여 나중에 행위나 이벤트를 부인할 수 없도록 한다.

해설

- 가용성(Availabiltiy) : 자원(정보, 시스템, 네트워크, 프린터) 등을 계속해서 사용할 수 있게 한다.
- 부인방지(부인봉쇄: Non–repudiation) : 작성자가 거래내역에 대한 부인을 방지한다.

05 **블록체인에 대한 설명으로 옳지 않은 것은?**

① 금융 분야에만 국한되지 않고 분산원장으로 각 분야에 응용할 수 있다.

② 블록체인의 한 블록에는 앞의 블록에 대한 정보가 포함되어 있다.

③ 앞 블록의 내용을 변경하면 뒤에 이어지는 블록은 변경할 필요가 없다.

④ 하나의 블록은 트랜잭션의 집합과 헤더(header)로 이루어져 있다.

해설

블록체인 특징

- 비트코인 거래 요청이 발생할 경우 해당 블록에 대한 검증을 거쳐 승인이 이루어져야 거래가 완성된다.
- 거래가 발생할 때마다 분산 저장된 데이터를 대조하기 때문에 안전성이 더 높아진다.
- 블록체인은 공공거래장부(원장)를 서로 비교하여 동일한 내용만 공공거래장부(원장)로 인정한다. 즉 네트워크 참여 인원이 전부 보안에 조금씩 기여하게 된다.

06 **SSL(Secure Socket Layer) 프로토콜에 대한 설명으로 옳지 않은 것은?**

① ChangeCipherSpec –Handshake 프로토콜에 의해 협상된 암호규격과 암호키를 이용하여 추후의 레코드 계층의 메시지를 보호할 것을 지시한다.

② Handshake –서버와 클라이언트 간 상호 인증 기능을 수행하고, 암호화 알고리즘과 이에 따른 키 교환 시 사용된다.

③ Alert –내부적 및 외부적 보안 연관을 생성하기 위해 설계된 프로토콜이며, Peer가 IP 패킷을 송신할 필요가 있을 때, 트래픽의 유형에 해당하는 SA가 있는지를 알아보기 위해 보안 정책 데이터베이스를 조회한다.

④ Record–상위계층으로부터(Handshake 프로토콜, ChangeCipherSpec 프로토콜, Alert 프로토콜 또는 응용층) 수신하는 메시지를 전달하며 메시지는 단편화되거나 선택적으로 압축된다.

해설

- SSL은 웹브라우저와 웹서버 간에 안전한 정보 전송을 위해 사용되는 암호화 방법이다.
- Alert Protocol : 다양한 에러 메시지를 전달한다. SA(Security Association)는 IPSec 프로토콜로 통신 전에 키 교환방법, 키 교환주기 등의 합의를 이루는 프로토콜이다.

정답 : 4. ④ 5. ③ 6. ③

07 다음 설명에 해당하는 DoS 공격을 옳게 짝지은 것은?

ㄱ. 공격자가 공격대상의 IP 주소로 위장하여 중계 네트워크에 다량의 ICMP Echo Request 패킷을 전송하며, 중계 네트워크에 있는 모든 호스트는 많은 양의 ICMP Echo Reply 패킷을 공격 대상으로 전송하여 목표시스템을 다운시키는 공격
ㄴ. 공격자가 송신자 IP 주소를 존재하지 않거나 다른 시스템의 IP 주소로 위장하여 목적 시스템으로 SYN 패킷을 연속해서 보내는 공격
ㄷ. 송신자 IP 주소와 수신자 IP 주소, 송신자 포트와 수신자 포트가 동일하게 조작된 SYN 패킷을 공격 대상에 전송하는 공격

ㄱ ㄴ ㄷ

① Smurf Attack – Land Attack – SYN Flooding Attack
② Smurf Attack – SYN Flooding Attack – Land Attack
③ SYN Flooding Attack – Smurf Attack – Land Attack
④ Land Attack – Smurf Attack – SYN Flooding Attack

해설

- Smurf Attack : 목표 사이트에 응답 패킷의 트래픽이 넘쳐서 다른 사용자로부터 접속을 받아들일 수 없게 만드는 것이다.
- SYN Flooding Attack : TCP 3-way handshaking 과정 중 Listen 상태에서 SYN을 받은 서버가 SYN/ACK를 전달한 후 ACK를 무한정 기다리게 하는 공격으로 TCP 연결 방식의 구조적 문제점을 이용한 방법이다.
- Land Attack : Land(랜드) 공격은 패킷을 전송할 때 출발지 IP주소와 목적지 IP주소 값을 똑같이 만들어서 공격 대상에게 보내는 것이다.

08 다음의 결과에 대한 명령어로 옳은 것은?

```
Thu Feb 7 20:33:56 2019 1 198.188.
2.2 861486 /tmp/12-67
-ftp1.bmp b _ o r freeexam ftp 0 * c
861486 0
```

① cat /var/adm/messages
② cat /var/log/xferlog
③ cat /var/adm/loginlog
④ cat /etc/security/audit_event

해설

xferlog : FTP 파일 전송 내역 기록

09 무선 LAN 보안에 대한 설명으로 옳지 않은 것은?

① WPA2는 RC4 알고리즘을 암호화에 사용하고, 고정 암호키를 사용한다.
② WPA는 EAP 인증 프로토콜(802.1x)과 WPA-PSK를 사용한다.
③ WEP는 64비트 WEP 키가 수분 내 노출되어 보안이 매우 취약하다.
④ WPA-PSK는 WEP보다 훨씬 더 강화된 암호화 세션을 제공한다.

해설

WPA2 방식은 AES 암호화 방법을 사용하여 액세스 포인트에 연결할 브라더 무선 시스템을 가능하게 하여 좀 더 강력한 보안을 제공한다.

정답 : 7. ② 8. ② 9. ①

10 **사용자 A가 사용자 B에게 해시함수를 이용하여 인증, 전자서명, 기밀성, 무결성이 모두 보장되는 통신을 할 때 구성해야 하는 함수로 옳은 것은?**

> K : 사용자 A와 B가 공유하고 있는 비밀키
> KSa : 사용자 A의 개인키, KPa: 사용자 A의 공개키
> H : 해시함수, E: 암호화
> M : 메시지, ||: 두 메시지의 연결

① EK[M || H(M)]

② M || EK[H(M)]

③ M || EKSa[H(M)]

④ EK[M || EKSa[H(M)]]

해설

- 무결성을 보장하기 위하여 해시함수를 이용하여 해시값을 만들고 이 해시값을 KSa로 암호화 한다. EKSa[H(M)]
- 메시지와 암호화된 해시값을 연결한다. M || EKSa[H(M)
- 기밀성을 보장하기 위해 메시지와 해시값을 공유비밀키 K로 암호화한다. EK[M || EKSa[H(M)]]

11 **다음 알고리즘 중 공개키 암호 알고리즘에 해당하는 것은?**

① SEED 알고리즘

② RSA 알고리즘

③ DES 알고리즘

④ AES 알고리즘

해설

공개키 암호 알고리즘에는 디프헬만, RSA, DSA, ECC, Rabin, ElGamal 등이 있다.

12 **정보보안 관련 용어에 대한 설명으로 옳지 않은 것은?**

① 부인방지(Non-repudiation) -사용자가 행한 행위 또는 작업을 부인하지 못하는 것이다.

② 최소권한(Least Privilege) - 계정이 수행해야 하는 작업에 필요한 최소한의 권한만 부여한다.

③ 키 위탁(Key Escrow) - 암호화 키가 분실된 경우를 대비하여 키를 보관하는 형태를 의미한다.

④ 차분 공격(Differential Attack) - 대용량 해시 테이블을 이용하여 충분히 작은 크기로 줄여 크랙킹 하는 방법이다.

해설

차분공격(Differental Crptanalysis) : 1990년 Biham과 Shamir에 의하여 개발된 선택된 평문공격법으로, 두 개의 평문 블록들의 비트 차이에 대하여 대응되는 암호문 블록들의 비트 차이를 이용하여 사용된 암호열쇠를 찾아내는 방법이다.

13 **공통평가기준은 IT 제품이나 특정 사이트의 정보시스템의 보안성을 평가하는 기준이다. '보안기능요구사항'과 '보증요구사항'을 나타내는 보호프로파일(PP), 보호목표명세서(ST)에 대한 설명으로 옳지 않은 것은?**

① 보호프로파일은 구현에 독립적이고, 보호목표명세서는 구현에 종속적이다.

② 보호프로파일은 보호목표명세서를 수용할 수 있고, 보호목표명세서는 보호프로파일을 수용할 수 있다.

③ 보호프로파일은 여러 시스템·제품을 한 개 유형의 보호프로파일로 수용할 수 있으나, 보호목표명세서는 한 개의 시스템·제품을 한 개의 보호목표명세서로 수용해야 한다.

정답 : 10. ④ 11. ② 12. ④ 13. ②

④ 보호프로파일은 오퍼레이션이 완료되지 않을 수 있으나, 보호목표명세서는 모든 오퍼레이션이 완료되어야 한다.

해설

구분	구분보호 프로파일 (Protection Profile)	보안목표명세서 (Security Target)
개념	• 동일한 제품이나 시스템에 적용할 수 있는 일반적인 보안기능 요구사항 및 보증 요구 사항 정의	• 특정 제품이나 시스템에 적용할 수 있는 일반적인 보안기능 요구사항 및 보증 요구사항 정의
독립성	• 구현에 독립적	• 구현에 종속적
적용성	• 제품군(생체인식시스템) • 여러 제품/시스템에 동일한 PP를 수용가능	• 특정제품(A사의 지문감식시스템) • 하나의 제품/시스템에 하나의 ST를 수용해야 한다.
관계성	• PP는 ST를 수용할 수 없다.	• ST는 PP를 수용할 수 있다.
완전성	• 불완전한 오퍼레이션 가능	• 모든 오퍼레이션은 완전해야 한다.

14 방화벽 구축 시 내부 네트워크의 구조를 외부에 노출하지 않는 방법으로 적절한 것은?

① Network Address Translation

② System Active Request

③ Timestamp Request

④ Fragmentation Offset

해설

NAT란 Network Address Translation의 약자로 '네트워크 주소 변환' 기술이다. IPv4의 공인 IP를 절약할 수 있고, 인터넷이란 공공망과 연결되는 사용자들의 고유한 사설망을 침입자로부터 보호할 수 있다.

15 개인정보보호법 시행령상 개인정보 영향평가의 대상에 대한 규정의 일부이다. ㉠, ㉡에 들어갈 내용으로 옳은 것은?

제35조(개인정보 영향평가의 대상) 개인정보보호법 제33조 제1항에서 "대통령령으로 정하는 기준에 해당하는 개인정보 파일"이란 개인정보를 전자적으로 처리할 수 있는 개인정보 파일로서 다음 각 호의 어느 하나에 해당하는 개인정보 파일을 말한다.

1. 구축 운용 또는 변경하려는 개인정보 파일로서 (㉠) 이상의 정보주체에 관한 민감정보 또는 고유식별정보의 처리가 수반되는 개인정보 파일
2. 구축 운용하고 있는 개인정보 파일을 해당 공공기관 내부 또는 외부에서 구축 · 운용하고 있는 다른 개인정보 파일과 연계하려는 경우로서 연계 결과 50만 명 이상의 정보주체에 관한 개인정보가 포함되는 개인정보 파일
3. 구축 운용 또는 변경하려는 개인정보 파일로서 (㉡) 이상의 정보주체에 관한 개인정보 파일

	㉠	㉡
①	5만 명	100만 명
②	10만 명	100만 명
③	5만 명	150만 명
④	10만 명	150만 명

해설

1. 구축 · 운용 또는 변경하려는 개인정보 파일로서 5만 명 이상의 정보주체에 관한 민감정보 또는 고유식별정보의 처리가 수반되는 개인정보 파일
3. 구축 · 운용 또는 변경하려는 개인정보 파일로서 100만 명 이상의 정보주체에 관한 개인정보 파일

정답 : 14. ① 15. ①

16 **버퍼 오버플로(Buffer Overflow) 공격에 대한 대응으로 해당하지 않는 것은?**

① 안전한 함수 사용
② Non-Executable 스택
③ 스택 가드(Stack Guard)
④ 스택 스매싱(Stack Smashing)

해설

- 버퍼 오버플로 공격은 할당된 메모리 경계에 대한 검사를 하지 않는 프로그램의 취약점을 이용해서 공격자가 원하는 데이터를 덮어쓰는 방식이다. 만약 실행 코드가 덮어써진다면 공격자가 원하는 방향으로 프로그램이 동작하게 할 수 있다.
- 스택 스매싱은 스택 버퍼 오버플로 공격 방법이다.

17 **블록체인(Blockchain) 기술과 암호화폐(Cryptocurrency) 시스템에 대한 설명으로 옳지 않은 것은?**

① 블록체인에서는 각 트랜잭션에 한 개씩 전자서명이 부여된다.
② 암호학적 해시를 이용한 어려운 문제의 해를 계산하여 블록체인에 새로운 블록을 추가할 수 있고 일정량의 암호화폐로 보상받을 수도 있다.
③ 블록체인의 과거 블록 내용을 조작하는 것은 쉽다.
④ 블록체인은 작업증명(Proof-of-work)과 같은 기법을 이용하여 합의에 이른다.

해설

비트코인 거래 요청이 발생할 경우 해당 블록에 대한 검증을 거쳐 승인이 이루어지며, 조작은 매우 어렵다.

18 **정보통신기반 보호법상 주요 정보통신기반시설의 보호체계에 대한 설명으로 옳지 않은 것은?**

① 주요 정보통신기반시설 관리기관의 장은 정기적으로 소관 주요 정보통신시설의 취약점을 분석 · 평가하여야 한다.
② 중앙행정기관의 장은 소관분야의 정보통신기반시설을 필요한 경우 주요 정보통신기반시설로 지정할 수 있다.
③ 지방자치단체의 장이 관리 · 감독하는 기관의 정보통신기반시설은 지방자치단체의 장이 주요 정보통신기반시설로 지정한다.
④ 과학기술정보통신부장관과 국가정보원장 등은 특정한 정보통신 기반시설을 주요 정보통신기반시설로 지정할 필요가 있다고 판단하면 중앙행정기관의 장에게 해당 정보통신기반시설을 주요 정보통신기반시설로 지정하도록 권고할 수 있다.

해설

중앙행정기관의 장은 소관분야의 정보통신기반시설 중 다음 각 호의 사항을 고려하여 전자적 침해행위로부터의 보호가 필요하다고 인정되는 정보통신기반시설을 주요 정보통신기반시설로 지정할 수 있다.

19 **업무연속성(BCP)에 대한 설명으로 옳지 않은 것은?**

① 업무연속성은 장애에 대한 예방을 통한 중단 없는 서비스 체계와 재난 발생 후에 경영 유지 · 복구 방법을 명시해야 한다.
② 재해복구시스템의 백업센터 중 미러 사이트(Mirror Site)는 백업센터 중 가장 짧은 시간 안에 시스템을 복구한다.
③ 콜드 사이트(Cold Site)는 주전산센터의 장비와 동일한 장비를 구비한 백업 사이트이다.

정답 : 16. ④ 17. ③ 18. ③ 19. ③

④ 재난복구서비스인 웜 사이트(Warm Site)는 구축 및 유지비용이 콜드 사이트(Cold Site)에 비해서 높다.

해설

- 미러사이트(Mirror Site)
  - 주 센터와 동일한 수준의 정보기술자원을 원격지에 구축하여 두고, 주 센터와 재해복구센터 모두 액티브상태로(Active–Active) 실시간에 동시 서비스하는 방식이다.
  - 재해 발생 시 복구까지의 소요시간(RTO)은 즉시('0')이다.
  - 초기 투자 및 유지보수에 높은 비용이 소요된다.
- 핫 사이트(Hot Site)
  - 재해복구센터에 주 센터와 동일한 수준의 시스템을 대기상태(Standby)로 원격지 사이트에 보유하면서(Active–Standby), 동기적(Synchronous) 또는 비동기적 (Asynchronous) 방식으로 실시간 복제를 통하여 최신의 데이터 상태(Up–to–date)를 유지하고 있다가, 재해 시 재해복구센터의 시스템을 활성화(Active) 상태로 전환하여 복구하는 방식이다.
- 웜 사이트(Worm Site)
  - Hot Site와 유사하나 메인 센터와 동일한 수준의 정보기술 자원을 보유하는 대신 중요성이 높은 기술 자원만 부분적으로 보유하는 방식으로 실시간 미러링을 수행하지 않는다.
  - 실시간 미러링을 수행하지 않으며 데이터의 백업 주기가 수시간~1일 정도로 Hot site에 비해 다소 길다(데이터 백업 주기가 수시간~1일 정도 소요되며, 재해 발생 시 복구까지의 소요시간(RTO)은 수일~수주이다).
- 콜드 사이트(Cold Site)
  - 데이터만 원격지에 보관하고 이의 서비스를 위한 정보자원은 확보하지 않거나 장소 등 최소한으로만 확보하고 있다가 재해 시에 데이터를 근간으로 필요한 정보자원을 조달하여 정보시스템의 복구를 개시하는 방식이다.

20 **개인정보보호법 시행령의 내용으로 옳지 않은 것은?**

① 공공기관의 영상정보처리기기는 재위탁하여 운영할 수 없다.

② 개인정보처리자가 전자적 파일 형태의 개인정보를 파기하여야 하는 경우 복원이 불가능한 형태로 영구 삭제하여야 한다.

③ 개인정보처리자는 개인정보의 처리에 대해서 전화를 통하여 동의 내용을 정보주체에게 알리고 동의 의사표시를 확인하는 방법으로 동의를 받을 수 있다.

④ 공공기관이 개인정보를 목적 외의 용도로 이용하는 경우에는 '이용하거나 제공하는 개인정보 또는 개인정보파일의 명칭'을 개인정보의 목적 외 이용 및 제3자 제공 대장에 기록하고 관리하여야 한다.

해설

영상정보처리기기운영자는 영상정보처리기기의 설치 · 운영에 관한 사무를 위탁할 수 있다. 다만, 공공기관이 영상정보처리기기 설치 · 운영에 관한 사무를 위탁하는 경우에는 대통령령으로 정하는 절차 및 요건에 따라야 한다.

정답 : 20. ①

2019년 국가직 9급 네트워크 보안

01 네트워크 관리자가 원격으로 네트워크 장비를 모니터링하고 환경 설정을 수행하고자 할 때, 네트워크 구성 요소에 의해 유지되는 변숫값을 조회하거나 변경할 수 있도록 고안된 프로토콜은?

① FTP ② NFS

③ SNMP ④ SMTP

해설

SNMP(Simple Network Management Protocol) : TCP/IP 프로토콜 그룹을 이용하여 인터넷에서 장치를 관리하기 위한 서비스의 기반 프로토콜이다. 이것은 인터넷을 감시하고 관리하기 위한 기본적인 운영을 제공한다. 이것은 상호 동작하는 프로토콜을 사용함으로써 이루어지는데, 최상위 레벨에서의 관리는 SMI(Structure of Management Information)와 MIB(Management Information Base)를 통해 이루어진다.

02 근거리 통신망에서 공격대상의 MAC 주소를 공격자의 컴퓨터 MAC 주소로 변경하여 공격대상이 전송하는 모든 데이터를 가로챌 수 있는 공격 기법은?

① 스위치 재밍 ② IP 스푸핑

③ DNS 스푸핑 ④ ARP 스푸핑

해설

ARP Spoofing(ARP 스푸핑) : IP와 상관없이 2계층에서 MAC주소를 속이는 기술이다.

03 라우터 외부로 나가는 패킷의 소스 IP만을 검사하여 필터링하는 것으로, 라우터 내부의 네트워크에서 소스 IP를 위조하여 다른 네트워크를 공격하는 형태의 공격을 차단하는 필터링 기법은?

① ingress 필터링

② egress 필터링

③ black hole 필터링

④ null routing을 이용한 필터링

해설

이그레스 필터링(Egress Filtering)

- 이그레스 필터링은 인그레스 필터링과는 달리 라우터 외부로 나가는 패킷을 체크해 필터링하는 것으로, 내부에서 출발지(소스) IP를 위조해 다른 네트워크를 공격하는 형태를 차단할 수 있는 필터링이다.
- 물론 대규모의 네트워크를 운용하는 곳에서 적용하는데 무리가 있지만 사용 네트워크 범위가 고정된 경우 또는 네트워크 말단에서 적용하는 것이 좋다.

04 URL(Uniform Resource Locator)이 웹페이지를 정의하는 데 사용하는 식별자가 아닌 것은?

① Protocol

② Sequence Number

③ Host

④ Pat

해설

Sequence Number : 송신된 데이터의 순서 번호

정답 : 1. ③ 2. ④ 3. ② 4. ②

05 사설 네트워크 용도로 사용되는 사설 IPv4 주소에 해당하는 것은?

① 10.10.20.300 ② 168.10.40.11

③ 172.16.10.20 ④ 192.10.20.30

해설

• 사설 IP : 인터넷에서 공인된 IP 주소를 사용하지 않고, 사적인 용도로 임의 사용하는 IP 주소
  - A클래스: 10.0.0.0~10.255.255.255
  - B클래스: 172.16.0.0~172.31.255.255
  - C클래스: 192.168.0.0~192.168.255.255

06 전자금융거래상에서 사용되는 접속정보 및 거래정보, 단말기 정보 등을 종합적으로 분석하여 의심되는 거래를 탐지하고 이상금융거래를 차단하는 시스템으로, 일반적인 보안 프로그램에서 방지하지 못하는 전자금융사기의 이상거래를 탐지하고 조치할 수 있는 기법은?

① STP ② ARIA

③ SARA ④ FDS

해설

FDS(Fraud Detection System: 이상 금융거래 탐지시스템) : 이상 금융거래 탐지시스템 또는 부정사용 방지시스템이라고 불리는 FDS는 전자금융거래 시 단말기 정보와 접속정보, 거래정보 등을 수집 · 분석해 의심스러운 거래나 평소와 다른 금융 거래가 발생하면 이를 차단한다.

07 OSI(Open Systems Interconnection) 참조 모델과 TCP/IP 프로토콜에 대한 설명으로 옳지 않은 것은?

① OSI 참조 모델은 국제 표준 기구인 ISO가 만든 모델이며, 서로 다른 컴퓨터 간의 기능을 여러 계층으로 구분하여 계층마다 표준화된 서비스와 프로토콜을 규정하였다.

② OSI 참조 모델은 Layer 1인 최상위의 응용 계층부터 Layer 7인 최하위의 물리 계층까지 7개 계층으로 구성된다.

③ 데이터 링크 계층은 물리 계층에서 발생할 수 있는 오류를 발견하는 역할을 한다.

④ 네트워크 계층에서는 출발지부터 목적지까지 여러 링크를 경유하여 패킷을 포워드 할 수 있으며, 이때 IP 주소와 같은 논리 주소가 이용된다.

해설

OSI 참조 모델은 Layer 1인 최하위의 물리 계층부터 Layer 7인 최상위의 응용 계층까지 7개 계층으로 구성된다.

08 다음 중 HTTPS가 사용될 때 통신 간에 암호화되는 요소에 해당하는 것은?

① 요청되는 문서의 URL

② IP 헤더의 TTL 필드

③ TCP 헤더의 플래그 비트들

④ 탐색엔진

해설

• HTTPS는 HTTP와 동일한 프로토콜이나 보안 전송방식인 SSL을 사용하여 네트워크를 통한 모든 데이터의 무결성과 프라이버시를 보호받는다.

• HTTPS 사용 시 암호화되는 통신요소
  - 요청문서 URL
  - 문서 내용
  - 브라우저 양식 내용
  - 브라우저가 서버에게 보낸 쿠키와 서버가 브라우저로 보낸 쿠키
  - HTTP 헤더 내용

정답 : 5. ③ 6. ④ 7. ② 8. ①

09 HTTP 메시지의 header 정보를 조작하여 서버가 header 정보를 완전히 수신할 때까지 연결을 유지하도록 하여 서버의 가용량을 소비시킴으로써 다른 사용자의 정상적인 서비스를 방해하는 공격은?

① Slowloris 공격

② HTTP CC 공격

③ HTTP GET Flooding 공격

④ Slow HTTP POST 공격

해설

Slowloris 공격 : 겉으로 보기엔 정상적이지만 느린 속도를 가진 트래픽을 이용한 DoS공격으로 여러 세션을 길게 유지하여 연결 가능한 세션 수를 초과 시켜 정상 연결을 할 수 없도록 하는 공격이다.

10 다음 ㉠~㉣에 들어갈 용어를 바르게 연결한 것은?

> 가상 사설망이라 불리는 (㉠) 기법은 접근 제어를 위해 보안서비스와 터널링 기술이 요구된다. 터널링 프로토콜로 MS에서 개발한 (㉡) 기법과 시스코에서 개발한 (㉢) 기법이 있으며, 이 둘을 결합한 형태로 (㉣) 기법이 있다.

	㉠	㉡	㉢	㉣
①	VPN	PPTP	L2TP	L2F
②	VPN	PPTP	L2F	L2TP
③	PPTP	VPN	L2TP	L2F
④	PPTP	VPN	L2F	L2TP

해설

VPN(Virtual Private Network)

- 일반적으로 안전하지 않은 공용 네트워크를 이용하여 사설 네트워크를 구성하는 기술로써, 전용선을 이용한 사설 네트워크에 비해 저렴한 비용으로 안전한 망을 구성할 수 있다.
- PPTP, L2F, L2TP는 2계층에서 동작하는 터널링 기술이다.

11 데이터링크의 효율성을 위해서 다수의 디바이스가 단일 링크를 공유하여 전송해 주는 기술은?

① 변조 ② 부호화

③ 암호화 ④ 다중화

해설

- 다중화(Multiplexing) : 다수의 프로세스로부터 메시지를 받아들여 각각의 프로세스마다 할당받은 포트번호를 UDP 헤더에 덧붙여서 IP계층으로 전달한다. 또는 하나의 호스트에 있는 여러 개의 프로세스로부터 전송되는 사용자 데이터그램을 처리하기 위해 다중화한다.
- 역다중화(Demultiplexing) : 수신한 데이터그램의 오류를 검사하여 오류가 없으면 UDP 헤더의 수신 측 포트번호 필드값을 통해 적절한 상위 프로세스로 메시지를 전달한다.

12 부인 봉쇄(non-repudiation) 기능을 제공하는 기법은?

① 디지털 서명

② 트래픽 패딩

③ 접근 제어

④ CRC

해설

전자서명(디지털 서명: Digital Signature)

- 수신자는 수신받은 원본에서 해시값을 구한 다음 수신받은 해시값과 비교하여 일치하면 그 문서는 변경되지 않은 것이다(무결성 확보).
- 이때 송신자는 그 해시값에 부인방지 기능을 부여하기 위해 공개키 방법을 사용한다.

정답 : 9. ① 10. ② 11. ④ 12. ①

13 **공중 무선랜의 공격에 대한 대응 기법이 아닌 것은?**

① 폐쇄 시스템 운영

② MAC 주소 인증

③ SSID 설정을 통한 접속 제한

④ WEP/WPA 키 크래킹

해설

WEP/WPA(무선랜 보안) : 무선 랜에서의 프라이버시 강화를 위하여 IEEE 802.11에서 WEP를 정의하였으나, 이 표준에서 무결성 보장과 키 사용의 심각한 약점이 발견되었다. Wi-Fi Alliance에서 이를 개선할 목적으로 IEEE 802.11i의 초안에 기초한 중간 조치로 WPA를 공표하였고, 이후 IEEE 802.11i 전체 표준을 따르는 새로운 보안대책으로 WPA2가 등장하게 되었다.

14 **방화벽 내에서 내부 사설 IP 주소를 가진 클라이언트가 외부로 접속하는 단계를 순서대로 바르게 나열한 것은?**

ㄱ. 원격지 서버가 방화벽이 보낸 패킷에 대한 응답 패킷을 보낸다.
ㄴ. 클라이언트는 내부 IP 주소를 출발지 주소로, 접속하고자 하는 외부 IP 주소를 목적지 주소로 하는 패킷을 생성하여 방화벽으로 보낸다.
ㄷ. 방화벽은 Normal NAT 규칙에 따라 패킷의 출발지 주소를 미리 설정되어 있는 방화벽 IP 주소로 바꾸어 원격지 서버에 전송한다.
ㄹ. 방화벽은 Normal NAT 규칙에 따라 목적지 주소를 처음 접속을 시도한 클라이언트의 내부 IP 주소로 바꾼 후, 클라이언트로 전송한다.

① ㄴ → ㄷ → ㄱ → ㄹ

② ㄴ → ㄹ → ㄱ → ㄷ

③ ㄷ → ㄱ → ㄴ → ㄹ

④ ㄷ → ㄹ → ㄴ → ㄱ

해설

방화벽은 내부 네트워크와 인터넷의 경계점에 게이트웨이 형태로 설치되는 시스템으로, 내부 네트워크와 외부 네트워크 사이에 설치해 상호 간에 미치는 영향을 최소화하는 특별한 목적을 수행하는 시스템이다.

15 **스니핑을 수행하는 스니퍼(sniffer)를 탐지하는 방법에 대한 설명으로 옳지 않은 것은?**

① 로컬 네트워크에 존재하지 않는 주소로 위장하여 ping(ICMP Echo Request)을 보냈을 때, ICMP Echo Reply를 받으면 해당 호스트는 스니퍼임을 추측할 수 있다.

② FIN 패킷을 보냈을 때, RST 패킷을 받으면 해당 호스트는 스니퍼임을 추측할 수 있다.

③ 특정 호스트에서 promiscuous mode의 설정 여부를 확인하면 스니퍼임을 추측할 수 있다.

④ ARP 트래픽을 모니터링하는 ARP watch를 이용하여 스니퍼임을 추측할 수 있다.

해설

- 다음은 'promiscuous mode'로 설정된 시스템을 탐지하는 방법에 대하여 설명한다. 아래의 대부분의 방법들은 주로 로컬 네트워크 내에서 탐지 가능한 방법이다.
  - ping을 이용하는 방법
  - ARP를 이용하는 방법
  - DNS 방법
  - 유인(decoy) 방법
  - host method

정답 : 13. ④ 14. ① 15. ②

16 PSec에 대한 설명으로 옳지 않은 것은?

① IPSec을 침입차단시스템이나 라우터에서 구현할 경우 경계를 통과하는 모든 트래픽에 적용할 수 있는 강한 보안성을 제공하기 때문에 회사나 작업그룹 사이의 트래픽 보안을 위해 특별한 처리를 할 필요가 없다.

② IPSec은 전송계층(TCP와 UDP)의 아래에 있으며 응용 프로그램에는 투명하다. 침입차단시스템이나 라우터에서 IPSec이 작동되고 있을 때는 서버 시스템과 사용자 시스템의 소프트웨어를 바꿀 필요가 없다.

③ 만약 외부로부터의 모든 트래픽이 IP를 사용해야만 한다면 침입차단시스템에서의 IPSec은 우회하는 트래픽을 차단할 수 없으며, 개별적인 사용자가 보안이 필요하다면 IPSec은 그 사용자에게 보안을 제공할 수 없다.

④ IPSec은 종단 사용자에게 투명하게 할 수 있다. 따라서 번거롭게 사용자에게 보안 메커니즘을 훈련시키거나, 개별 기반으로 키를 발급하거나, 사용자가 근무를 그만두고 떠날 때 키를 취소할 필요가 없다.

해설

IPSec은 인터넷에서 이용되고 있는 IP프로토콜은 패킷 교환망에서 단순히 데이터의 신뢰성 있는 전송만을 염두에 두고 개발한 것이기 때문에 IP spoofing이나 IP sniffing과 같은 보안 허점이 생겨났는데, 이를 해결하기 위한 방안으로 등장했다.

17 전송계층에 적용되는 SSL(또는 TLS) 보안 프로토콜에 대한 설명으로 옳은 것은?

① Authentication Header 프로토콜은 발신지 호스트를 인증하고 페이로드의 무결성을 보장하기 위하여 설계되었다.

② Alert 프로토콜은 암호화 또는 암호화/인증의 결합을 제공하기 위해 사용되는 캡슐화 헤드와 트레일러로 구성된다.

③ Change Cipher Spec 프로토콜은 연결에서 사용될 암호화 그룹을 갱신하는 프로토콜이다.

④ Handshake 프로토콜은 응용데이터가 전송된 후에 사용되며, 서버와 클라이언트 간의 상호인증, 그리고 암호와 MAC 알고리즘을 협상하지만, 보안 프로토콜로 송신되는 데이터를 보호하기 위한 암호화 키들은 협상하지 않는다.

해설

① Record Protocol
- 전송계층을 지나기 전에 애플리케이션 데이터를 암호화한다(상위계층에서 수신된 메시지를 전달하는 역할을 담당).

② Alert Protocol
- 다양한 에러 메시지를 전달한다.

③ Change Cipher Spec Protocol(암호사양 변경 프로토콜)
- 방금 협상된 cipher(암호) 규격과 암호키 이용, 추후 레코드의 메시지를 보호할 것을 명령한다.
- SSL Protocol 중 가장 단순한 Protocol로 Hand Shake Protocol에서 협의된 암호 알고리즘, 키 교환 알고리즘, MAC 암호화, HASH 알고리즘이 사용될 것을 클라이언트와 웹서버에게 공지한다.

④ Handshake Protocol은 세션정보와 연결정보를 공유하기 위해 이용되는 프로토콜이다.

정답 : 16. ③ 17. ③

18 **TCP session hijacking 공격에 대한 설명으로 옳지 않은 것은?**

① 이 공격 기법에 대한 대응 방안으로 데이터를 암호화하여 전송하는 방식을 사용한다.

② 이 공격은 클라이언트와 서버가 통신할 때 사용되는 TCP의 sequence number를 이용한 공격이다.

③ 이 공격을 성공적으로 수행하기 위해서는 ARP 스푸핑과 같은 추가적인 공격 기술이 필요하다.

④ 세션 성립은 일반적으로 인증 성립을 의미하며, 인증이 성립된 후에는 이 공격을 막을 수 있다.

해설

Session Hijacking 공격

- 세션 하이재킹 공격이란 이미 인증을 받아 세션을 생성 및 유지하고 있는 연결을 여러 가지 방법으로 빼앗는 공격의 총칭이다.
- Session Hijacking Attack은 세션을 가로채 인증을 우회하는 공격이다.

19 **네트워크 공격 기법에 대한 설명으로 옳지 않은 것은?**

① 서비스 거부 공격은 대상 시스템의 서비스를 중단시키기 위해 공격하는 기법이다.

② 중간자 공격(man-in-the middle attack)은 두 컴퓨터의 통신 중간에 위치하는 공격 기법이다.

③ DDoS 공격은 일반적으로 공격을 증폭시키는 중간자가 사용하는 공격 기법이다.

④ CSRF 공격은 메일 서버를 요청하지 않은 이메일로 공격하는 기법이다.

해설

사이트 간 요청 위조(CSRF: Cross Site Request Forgery) : 특정 사용자를 대상으로 하지 않고, 불특정 다수를 대상으로 로그인된 사용자가 자신의 의지와는 무관하게 공격자가 의도한 행위(수정, 삭제, 등록, 송금 등)를 하게 만드는 공격이다.

20 **203.230.15.0과 같은 IPv4의 C 클래스 네트워크를 30개의 서브넷으로 나누고, 각각의 서브넷에는 5개의 호스트를 연결하려고 한다. 30개의 서브넷 대부분에서 사용되는 서브넷 마스크는?**

① 255.255.255.224

② 255.255.255.240

③ 255.255.255.248

④ 255.255.255.252

해설

- 서브넷팅의 장점은 관리의 효율성을 위해 하나의 큰 네트워크를 몇 개의 작은 논리적인 네트워크로 분할하여 사용하는 방식으로, 적절한 서브넷팅을 통해 IP 주소의 낭비를 막아 IP 손실을 줄일 수 있다.
- 즉 32에서 스위치용과 broadcase용을 제외하면 30개의 host를 연결 가능, 즉 128+64+32+16+8=248

정답 : 18. ④ 19. ④ 20. ③

2019년 국가직 9급 정보시스템 보안

01 **다음 중 HTTPS를 구성하기 위해 필요한 프로토콜만을 모두 고르면?**

ㄱ. TCP	ㄴ. SSL
ㄷ. SOAP	ㄹ. SET

① ㄱ, ㄴ　② ㄱ, ㄹ
③ ㄴ, ㄷ　④ ㄷ, ㄹ

해설

- HTTPS는 본질적으로 HTTP와 동일한 프로토콜이나 보안 전송 방식인 SSL을 사용하여 네트워크를 통한 모든 데이터의 무결성과 프라이버시를 보호받는다. https는 SSL로 암호화한다.
- SSL은 웹브라우저와 웹서버 간에 안전한 정보 전송을 위해 사용되는 암호화 방법이다.

02 **웹에 관한 정보 노출, 악성 파일 및 스크립트, 보안 취약점 등을 연구하며, 10대 웹 애플리케이션의 취약점을 발표하는 기관은?**

① IETF Web Security Working Group
② Web Application Security Working Group
③ Open Web Application Security Project
④ World Wide Web Consortium

해설

- 국제웹보안표준기구 OWASP(The Open Web Application Security Project)는 오픈소스 웹 애플리케이션 보안 프로젝트로 국제 웹보안 표준기구이며, 웹에 대한 정보 노출, 악성파일 및 스크립트 보안 취약점 등을 연구하며, 10대 웹 애플리케이션 취약점을 정기적으로 발표하는 비영리 단체이다.
- 국제웹보안표준기구 OWASP(The Open Web Application Security Project)에서는 해마다 웹 관련 상위 10개의 주요 취약점을 발표하고 있다.

03 **다음 중 데이터 기밀성을 보장할 수 있는 프로토콜은?**

① IP　② UDP
③ Telnet　④ SSH

해설

SSH(Secure Shell)는 네트워크 보안 도구 중 하나로 원격접속을 안전하게 할 수 있게 해주는 프로토콜이다.

04 **이메일 등을 통해 진짜 사이트와 거의 동일하게 꾸민 가짜 사이트로 접속을 유도하여 개인정보를 탈취하는 공격 기법은?**

① 피싱(Phishing)
② 이블 트윈 어택(Evil Twin Attack)
③ 언팩킹(Unpacking)
④ 사이버 폭력(Cyberbullying)

해설

- 피싱(Phishing)은 개인정보(Private Data)와 낚시(Fishing)의 합성어로, 개인정보를 낚는다는 의미를 가지고 있다.
- 유명기관을 사칭하거나 개인정보 및 금융정보를 불법적으로 수집하여 금전적인 이익을 노리는 사기 수법이다.
- 피싱의 대표적인 증상은 클릭 시 이상한 사이트로 유도(URL이 틀리다)된다는 것이다.

정답 : 1. ① 2. ③ 3. ④ 4. ①

05 다음은 전자우편의 암호화에 대한 설명이다. 괄호 안에 들어갈 용어는?

> (   )은/는 IDEA 알고리즘과 RSA 알고리즘을 조합하여 만들었다. IDEA 알고리즘은 세션키 암호화, RSA 알고리즘은 사용자 인증을 위한 전자서명에 이용하였다. 이것의 장점으로는 구현이 쉽고, 특정 기관으로부터 인증서를 발급받지 않아도 된다는 것이다.

① PGP ② PEM
③ S/MIME ④ IMAP

해설

PGP(Pretty Good Privacy)는 인터넷에서 전자우편을 사용할 때 보내고자 하는 내용을 암호 알고리즘을 이용하여 암호화해서 해당 키(Key)가 있어야만 내용을 볼 수 있도록 하는 것으로 기밀성, 무결성, 인증, 송신 부인방지 등의 기능을 지원하는 이메일 보안 기술이다.

06 다음 프로토콜 중 계층이 다른 것은?

① ICMP ② POP3
③ TFTP ④ SNMP

해설

- ICMP(Internet Control Message Protocol)는 인터넷상의 노드 간에 에러 사항이나 통신 제어를 위한 메시지를 보고하게 할 목적으로 만들어진 3계층 프로토콜이다.
- POP3, TFTP, SNMP는 응용계층 프로토콜이다.

07 다음 중 유닉스 운영체제에서 네트워크 연결에 대한 접근제어 도구는?

① APT ② DDL
③ UTMP ④ TCP Wrapper

해설

TCP 래퍼(TCP Wrapper)는 유닉스 계열의 운영체제에서 네트워크 연결에 대한 접근제어 도구이다.

08 웹서비스를 대상으로 하는 다양한 코드 인젝션(Code Injection) 혹은 운영체제 명령어 인젝션(OS Command Injection) 공격 등으로부터 취약점을 갖는 PHP 함수가 아닌 것은?

① cmd ② system
③ eval ④ exec

해설

cmd는 윈도 환경에서 사용할 수 있는 도스 명령 프롬프트이다.

09 관리자는 자신이 소유하고 있는 특정 자원에 대한 자신의 권한을 다른 사람에게 위임할 수 있다. 이를 통해 사용자들에게 주어진 권한 이외에 모든 권한을 차단할 수 있는 접근 제어 모델은?

① 강제적 접근 제어(Mandatory Access Control)
② 임의 접근 제어(Discretionary Access Control)
③ 역할 기반 접근 제어(Role Based Access Control)
④ 속성 기반 접근 제어(Attribute Based Access Control)

해설

DAC(Discretionary Access Control: 임의적 접근통제)

- 정보의 소유자가 접근제어 설정, 대부분 OS에서 채택, 사용자별로 접근권리를 이전할 수 있다.
- 전통적인 UNIX 운영체계의 기본 접근제어 방식에 적용되었다.
- 데이터 소유자(Owner)가 다른 사용자의 식별자(ID)에 기초하여 자신의 의지대로 데이터에 대한 접근권한을 부여한다.

정답 : 5. ① 6. ① 7. ④ 8. ① 9. ②

10 **버퍼 오버플로 공격 탐지 기법 중 스택 가드(Stack Guard)에 사용하는 기술은?**

① Full Canary

② Buffer Canary

③ Stack Canary

④ Random Canary

해설

1) 스택(Stack) 영역은 프로그램 실행 중 함수 호출 시 생성되는 매개 변수가 저장되었다가 함수가 종료되면 시스템에 반환되는 영역이다.
2) 스택가드(Stack Guard) : 함수 진입 시 스택에 SFP(Saved Frame Pointer)와 RET를 저장할 때 공격자에 의해 값이 변경되는 것을 막기 위해 스택 변수 공간과 SFP에 특정값을 저장한다.
   - Terminator canaries : canary 값으로 NULL, CR, LF, Oxff 값의 조합이 사용되어, 공격자 공격 시, 종료문자로 구성된 canary 값에 접근할 수 없다.
   - Random canary : 프로그램을 실행할 때마다 랜덤한 canary 값을 삽입하여 공격자가 값을 예측하지 못하도록 한다.
   - Null canary(0x00000000) : 메모리상의 공격을 막기 위해 canary 값을 NULL로 구성한다. 공격자는 공격코드상에 NULL 값을 삽입할 수 없으므로 canary 값에 접근이 불가능하다.

11 **다음 설명에 해당하는 정보보안 제품 평가는?**

- IT 제품의 보안성을 평가하기 위한 국제 표준
- 여러 과정과 기준을 통해 각 시스템은 EAL로 보안 수준을 평가
- 크게 3부분으로 구성되며, 제1부는 정보시스템의 보안 목적 및 요구 사항, 제2부는 보안 기능 요구 사항, 제3부는 보안 보증 요구 사항으로 구성

① TCSEC　　② ITSEC

③ CC　　④ ISO/IEC27001

해설

CC(Common Criteria: 공통평가기준) : 정보보호 제품의 평가 기준을 규정한 국제 표준(ISO 15408)으로, 국제사회에서 널리 이용할 수 있는 IT 보안성 평가를 위한 기준개발 결과물이다.

12 **유닉스 파일 및 디렉터리 권한 변경 명령어와 그 기능을 연결한 것으로 옳지 않은 것은?**

① chmod – 파일 및 디렉터리의 권한 변경

② chown – 파일 및 디렉터리의 소유자와 소유그룹 변경

③ chgrp – 파일 및 디렉터리의 소유그룹 변경

④ chmask – 파일 및 디렉터리 생성 시 부여되는 기본 권한 변경

해설

파일 및 디렉터리 생성 시 부여되는 기본 권한을 변경하는 명령어는 umask이다.

13 **SMTP에 대한 설명으로 옳지 않은 것은?**

① SMTP는 실행 파일이나 2진 데이터를 텍스트 형태로 변환하여 전송한다.

② 송·수신 측이 직접 상대방을 상호 인증하는 방식을 통해 메시지를 전송한다.

③ SMTP 서버는 특정 크기 이상의 메일 메시지를 처리하지 못하고 거부한다.

④ 주로 TCP 포트 25번을 사용한다.

해설

SMTP는 간이 우편 전송 프로토콜(Simple Mail Transfer Protocol)의 약자. 이메일 전송에 사용되는 네트워크 프로토콜이다. 인증기능은 S/MIME 프로토콜을 이용한다.

정답 : 10. ④　11. ③　12. ④　13. ②

14 OSI 각 계층 중 데이터 링크 계층에서 동작하는 프로토콜에 해당하지 않는 것은?

① L2F ② L2TP
③ PPTP ④ IPSec

해설

IPsec은 네트워크에서 IP에 보안성을 제공해 주는 프로토콜로 3계층에서 동작한다.

15 윈도즈 시스템 보안 아키텍처(Security Architecture)에 대한 설명으로 옳지 않은 것은?

① SRM(Security Reference Monitor)은 로컬 컴퓨터상에서 보안을 제어함으로써, 특권 컴포넌트들과 사용자 모드에서 동작하는 서브시스템에 보안 서비스를 제공한다.
② LSA(Local Security Authority)는 사용자 모드 프로세스에서 동작하며 윈도즈에서 로컬 보안 정책을 집행한다.
③ SAM(Security Account Manager)은 윈도즈 운영체제에서 로컬 주체 및 그룹에 관련된 보안 정보 및 계정 데이터를 저장하는 데이터베이스로 보안 토큰 발급과 저장 등을 수행한다.
④ AD(Active Directory) 서비스는 네트워크의 모든 정보를 디렉터리에 저장해 네트워크 자원을 손쉽게 찾고 접근하는 서비스를 제공한다.

해설

보안 계정 관리자(SAM: Security Account Manager)는 윈도 XP, 윈도 비스타, 그리고 윈도 7에서 사용자의 비밀번호를 저장하는 데이터베이스 파일이다. SAM(보안 계정 관리자)은 사용자/그룹 계정 정보에 대한 데이터베이스를 관리한다.

16 ITU-T 권고안에서 정하고 있는 인증서 표준 규격은?

① RFC 822 ② X.509
③ X.501 ④ X.25

해설

X.509 : PKI(공개키 기반 구조) 방식에서 공개키(RSA) 기반의 인증 시스템 표준이다.

17 다음 중 국내의 정보보호 및 개인정보보호 관리체계 인증제도에 해당하는 것은?

① P-ISMS ② ISMS-P
③ PDCA-K ④ ISMS-K

해설

정보보호 및 개인정보보호 관리체계(ISMS-P: Personal Information & Information Security Management System) : 정보보호 관리체계(ISMS)와 개인정보보호 관리체계(PIMS)가 통합된 인증제도이다.

18 윈도즈 파일 시스템에 대한 설명으로 옳지 않은 것은?

① FAT16의 저장 가능 용량은 최대 2GB까지만 지원한다.
② FAT32 테이블의 기본 크기는 32비트이다.
③ NTFS는 윈도 NT 버전에서 지원한다.
④ FAT32는 개별 폴더와 파일에 접근 제어를 설정할 수 있다.

해설

- 총 32비트, 즉 232개의 클러스터를 가질 수 있으며, 호환성이 좋은 편이라 리눅스나 다른 운영체제에 정보를 옮길 때 유용하게 쓰인다.
- 호환성이 좋아 리눅스나 다른 운영체제에 정보를 옮길 때 종종 사용된다. 그러나 접근제어를 할 수 없어 보안과는 거리가 먼 파일 시스템이다.

정답 : 14. ④ 15. ③ 16. ② 17. ② 18. ④

19 SSL 레코드 프로토콜의 처리과정 기법에 해당하지 않는 것은?

① 압축(Compression)

② 메시지 인증 코드(Message Authentication Code)

③ 정규화(Normalization)

④ 단편화(Fragmentation)

해설

• SSL의 레코드 프로토콜에서 응용메시지를 처리하는 동작순서는 '단편화→압축→MAC 첨부→암호화→SSL 레코드 헤더 붙이기'의 과정을 거친다.
• 정규화란 관계형 데이터베이스(테이블 간에 관계를 맺을 수 있는 상황)에서 중복을 최소화하기 위해서 데이터를 구조화하는 작업이다.

20 다음 설명에 해당하는 블루투스 공격 방식은?

블루투스 공격 장치를 검색하는 활동을 의미한다. 공격자는 블루투스의 서비스 발견 프로토콜(SDP)을 이용해 공격이 가능한 블루투스 장치의 종류(예, 전화 통화, 키보드 입력, 마우스 입력 등)를 검색하고 모델을 확인할 수 있다.

① 블루스나프(Bluesnarf)

② 블루버그(Bluebug)

③ 블루프린팅(Blueprinting)

④ 블루재킹(Bluejacking)

해설

블루프린팅(BluePrinting)은 블루투스 공격장치의 검색 활동을 의미한다.

정답 : 19. ③ 20. ③

2019년 서울시 9급 정보보호론

01 해시와 메시지 인증코드에 대한 〈보기〉의 설명에서 ㉠, ㉡에 들어갈 말을 순서대로 나열한 것은?

> 해시와 메시지 인증코드는 공통적으로 메시지의 (㉠)을 검증할 수 있지만, 메시지 인증코드만 (㉡) 인증에 활용될 수 있다.

	㉠	㉡
①	무결성	상호
②	무결성	서명자
③	비밀성	상호
④	비밀성	서명자

해설

MAC(Massage Authentication Code: 메시지인증코드)는 무결성 검증과 발신자 인증 기능 제공(사전에 대칭키(비밀키) 미리 교환)을 한다.

02 바이러스의 종류 중에서 감염될 때마다 구현된 코드의 형태가 변형되는 것은?

① Polymorphic Virus

② Signature Virus

③ Generic Decryption Virus

④ Macro Virus

해설

갑옷형 바이러스의 일종으로 '다형성 바이러스(Polymorphic Virus)'가 있다. 이것은 암호화 바이러스의 일종이지만 암호화를 푸는 부분이 항상 일정한 단순 암호화 바이러스와는 달리, 암호화를 푸는 부분조차도 감염될 때마다 달라지는 바이러스이다.

03 침입탐지시스템(IDS)에 대한 설명으로 가장 옳지 않은 것은?

① 오용탐지는 새로운 침입 유형에 대한 탐지가 가능하다.

② 기술적 구성요소는 정보 수집, 정보 가공 및 축약, 침입 분석 및 탐지, 보고 및 조치 단계로 이루어진다.

③ 하이브리드 기반 IDS는 호스트 기반 IDS와 네트워크 기반 IDS가 결합한 형태이다.

④ IDS는 공격 대응 및 복구, 통계적인 상황 분석 보고 기능을 제공한다.

해설

오용탐지기법은 취약점 DB를 보유하고 있으며, 기존에 알려진 취약성에 대한 공격 패턴 정보를 미리 입력해 두었다가 이에 해당하는 패턴을 탐지하는 기법이다.

04 〈보기〉에서 블록암호 모드 중 초기 벡터(Initialization Vector)가 필요하지 않은 모드를 모두 고른 것은?

> ㄱ. CTR 모드　ㄴ. CBC 모드　ㄷ. ECB 모드

① ㄱ　　② ㄷ

③ ㄴ, ㄷ　　④ ㄱ, ㄴ, ㄷ

해설

ECB코드는 코드북(codebook)이라 하며, 가장 간단하게 평문을 동일한 크기의 평문블록으로 나누고 키로 암호화하여 암호블록을 생산한다.

정답 : 1. ① 2. ① 3. ① 4. ②

05 **스트림 암호(Stream Cipher)에 대한 설명으로 가장 옳지 않은 것은?**

① Key Stream Generator 출력값을 입력값(평문)과 AND 연산하여 암호문을 얻는다.

② 절대 안전도를 갖는 암호로 OTP(One-Time Pad)가 존재한다.

③ LFSR(Linear Feedback Shift Register)로 스트림 암호를 구현할 수 있다.

④ Trivium은 현대적 스트림 암호로 알려져 있다.

해설

- 스트림 암호는 한 번에 한 바이트씩 암호화되는 형식을 말한다. 그래서 가장 처음에는 초깃값을 필요로 한다. 평문을 키 생성알고리즘 비밀키로 XOR연산하여 암호화하고, 그 암호문을 기밀성과 무결성이 보장되는 채널을 통하여 받은 비밀키로 복호화하여 평문으로 만든다.
- 스트림 암호화 방식은 입력을 한 번에 하나의 요소씩 처리한다.

06 **〈보기〉에서 설명하는 DRM 구성요소는?**

> DRM의 보호 범위에서 유통되는 콘텐츠의 배포 단위로서 암호화된 콘텐츠 메타 데이터, 전자서명 등의 정보로 구성되어 있다. 또한, MPEG-21 DID 규격을 따른다.

① 식별자 ② 클리어링 하우스

③ 애플리케이션 ④ 시큐어 컨테이너

해설

DRM은 허가되지 않은 사용자로부터 디지털 콘텐츠를 안전하게 보호함으로써 콘텐츠 저작권 관련 당사자의 권리 및 이익을 지속적으로 보호 및 관리하는 시스템이다.

07 **이더넷(Ethernet)상에서 전달되는 모든 패킷(Packet)을 분석하여 사용자의 계정과 암호를 알아내는 것은?**

① Nessus ② SAINT

③ Sniffing ④ IPS

해설

스니핑은 네트워크의 중간에서 남의 패킷 정보를 도청하는 해킹 유형의 하나이다. 수동적 공격에 해당하며, 도청할 수 있도록 설치되는 도구를 스니퍼(Sniffer)라고 한다. 네트워크 내의 패킷은 대부분 암호화되어 있지 않아 해킹에 이용당하기 쉽기 때문에 이를 보완하는 여러 기법이 개발되고 있다.

08 **리눅스 시스템에서 패스워드 정책이 포함되고, 사용자 패스워드가 암호화되어 있는 파일은?**

① /etc/group ② /etc/passwd

③ /etc/shadow ④ /etc/login.defs

해설

섀도 패스워드를 사용하면 /etc/passwd의 패스워드 필드에는 x나 *만 적히고 암호화된 패스워드는 적히지 않는다. 대신 /etc/shadow라는 이름의 파일에 적혀있다.

09 **타원곡선 암호에 대한 설명으로 가장 옳지 않은 것은?**

① 타원곡선 암호의 단점은 보안성 향상을 위하여 키 길이가 길어진다는 것이다.

② 타원곡선에서 정의된 연산은 덧셈이다.

③ 타원곡선을 이용하여 디피-헬먼(Diffie-Hellman) 키 교환을 수행할 수 있다.

④ 타원곡선은 공개키 암호에 사용된다.

해설

타원곡선(ECC: Elliptic Curve Cryptography) : 타원곡선 상의 이산대수를 이용, RSA보다 작은 비트 수로

정답 : 5. ① 6. ④ 7. ③ 8. ③ 9. ①

동일한 암호강도를 가짐, 키 길이가 제한적인 무선 환경이나 작은 메모리의 시스템에 적합하다.

10 〈보기〉의 설명에 해당되는 공격 유형으로 가장 적합한 것은?

> SYN 패킷을 조작하여 출발지 IP 주소와 목적지 IP주소를 일치시켜서 공격 대상에 보낸다. 이때 조작된 IP 주소는 공격 대상의 주소이다.

① Smurf Attack

② Land Attack

③ Teardrop Attack

④ Ping of Death Attack

해설

Land(랜드) 공격은 패킷을 전송할 때 출발지 IP 주소와 목적지 IP 주소 값을 똑같이 만들어서 공격 대상에게 보내는 것이다.

11 영지식 증명(Zero-Knowledge Proof)에 대한 설명으로 가장 옳지 않은 것은?

① 영지식 증명은 증명자(Prover)가 자신의 비밀 정보를 노출하지 않고 자신의 신분을 증명하는 기법을 의미한다.

② 영지식 증명에서 증명자 인증 수단으로 X.509 기반의 공개키 인증서를 사용할 수 있다.

③ 최근 블록체인상에서 영지식 증명을 사용하여 사용자의 프라이버시를 보호하고자 하며, 이러한 기술로 zk-SNARK가 있다.

④ 영지식 증명은 완전성(Completeness), 건실성(Soundness), 영지식성(Zero-Knowledgeness) 특성을 가져야 한다.

해설

영지식 증명

- 본인 신분 확인을 위하여 사용하는 방법이다.
- 사용자와 서버 간의 대화형 프로토콜로서 사용자의 비밀정보를 서버에게 직접적으로 제공하지 않고 사용자는 단지 그 비밀정보를 실제로 알고 있다는 사실만으로 서버에게 확신시켜 주는 방법이다.

12 「개인정보 보호법」상 주민등록번호의 처리에 대한 설명으로 가장 옳지 않은 것은?

① 개인정보처리자는 주민등록번호가 분실 · 도난 · 유출 · 위조 · 변조 또는 훼손되지 아니하도록 암호화 조치를 통하여 안전하게 보관하여야 한다.

② 행정안전부장관은 개인정보처리자가 처리하는 주민등록번호가 분실 · 도난 · 유출 · 위조 · 변조 또는 훼손된 경우에는 5억 원 이하의 과징금을 부과 · 징수할 수 있으나, 개인정보처리자가 안전성 확보에 필요한 조치를 다한 경우에는 그러하지 아니하다.

③ 개인정보처리자는 정보주체가 인터넷 홈페이지를 통하여 회원으로 가입하는 단계에서는 주민등록번호를 사용하지 아니하고도 회원으로 가입할 수 있는 방법을 제공하여야 한다.

④ 개인정보처리자로부터 주민등록번호를 제공받은 자는 개인정보 보호 위원회의 심의 · 의결을 거쳐 제공받은 주민등록번호를 목적 외의 용도로 이용하거나 이를 제3자에게 제공할 수 있다.

해설

정보통신서비스 제공자로부터 이용자의 개인정보를 제공받은 자는 그 이용자의 동의가 있거나 다른 법률에 특별한 규정이 있는 경우 외에는 개인정보를 제3자에게 제공하거나 제공받은 목적 외의 용도로 이용하여서는 아니 된다.

정답 : 10. ② 11. ② 12. ④

13 **TLS 및 DTLS 보안 프로토콜에 대한 설명으로 가장 옳지 않은 것은?**

① TLS 프로토콜에서는 인증서(Certificate)를 사용하여 인증을 수행할 수 있다.

② DTLS 프로토콜은 MQTT 응용 계층 프로토콜의 보안에 사용될 수 있다.

③ TLS 프로토콜은 Handshake · Change Cipher Spec · Alert 프로토콜과 Record 프로토콜 등으로 구성되어 있다.

④ TCP 계층 보안을 위해 TLS가 사용되며, UDP 계층 보안을 위해 DTLS가 사용된다.

해설

- DTLS(Datagram Transport Layer Security) 프로토콜은 TLS(Transport Layer Security) 프로토콜을 기반으로 하여 암호화된 데이터그램을 전송할 수 있도록 해주는 UDP(User Datagram Protocol)를 위한 보안 프로토콜이다.
- MQTT(메시지 큐잉 텔레메트리 트랜스포트, Message Queuing Telemetry Transport)는 ISO 표준(ISO/IEC PRF 20922)[2] 발행–구독 기반의 메시징 프로토콜이다. TCP/IP 프로토콜 위에서 동작한다. 작은 코드 공간(small code footprint)이 필요하거나 네트워크 대역폭이 제한되는 원격 위치와의 연결을 위해 설계되어 있다. 발행–구독 메시징 패턴은 메시지 브로커가 필요하다.

14 **무선 통신 보안 기술에 대한 설명으로 가장 옳지 않은 것은?**

① 무선 네트워크 보안 기술에 사용되는 WPA2 기술은 AES/CCMP를 사용한다.

② 무선 네트워크에서는 인증 및 인가, 과금을 위해 RADIUS 프로토콜을 사용할 수 있다.

③ 무선 AP의 SSID값 노출과 MAC 주소 기반 필터링 기법은 공격의 원인이 된다.

④ 무선 네트워크 보안 기술인 WEP(Wired Equivalent Privacy) 기술은 유선 네트워크 수준의 보안성을 제공하므로 기존의 보안 취약성 문제를 극복했다.

해설

무선랜 초기 보안 규격인 WEP(Wireless equivalent Privacy)알고리즘의 취약성이 발표되었다.

15 **서비스 거부 공격(DoS)에 대한 설명으로 가장 옳지 않은 것은?**

① 공격자가 임의로 자신의 IP 주소를 속여서 다량으로 서버에 보낸다.

② 대상 포트 번호를 확인하여 17, 135, 137번, UDP 포트 스캔이 아니면, UDP Flooding 공격으로 간주한다.

③ 헤더가 조작된 일련의 IP 패킷 조각들을 전송한다.

④ 신뢰 관계에 있는 두 시스템 사이에 공격자의 호스트를 마치 하나의 신뢰 관계에 있는 호스트인 것처럼 속인다.

해설

DoS/DDoS/DRDoS 공격은 시스템을 악의적으로 공격해 해당 시스템의 자원을 부족하게 하여 원래 의도된 용도로 사용하지 못하게 하는 공격이다. 즉 특정 서버에 침입하여 자료를 훔쳐 가거나 위조시키기 위한 것이 아니라 서비스가 정상적으로 제공되지 못하도록 방해하는 것이다.

정답 : 13. ② 14. ④ 15. ④

16 **윈도 운영체제에서의 레지스트리(Registry)에 대한 설명으로 가장 옳은 것은?**

① 레지스트리 변화를 분석함으로써 악성코드를 탐지할 수 있다.

② 레지스트리는 운영체제가 관리하므로 사용자가 직접 조작할 수 없다.

③ 레지스트리 편집기를 열었을 때 보이는 다섯 개의 키를 하이브(Hive)라고 부른다.

④ HKEY_CURRENT_CONFIG는 시스템에 로그인하고 있는 사용자와 관련된 시스템 정보를 저장한다.

해설

레지스트리(regedit)는 윈도 시스템에서 사용하는 시스템 구성 정보를 저장한 데이터베이스이다. 프로세서의 종류, 주기억장치의 용량, 접속된 주변장치의 정보, 시스템 매개변수, 응용소프트웨어에서 취급하는 파일 타입과 매개변수 등이 기억된다.

17 **침입차단시스템에 대한 설명으로 가장 옳은 것은?**

① 스크린드 서브넷 구조(Screened Subnet Architecture)는 DMZ와 같은 완충 지역을 포함하며 구축 비용이 저렴하다.

② 스크리닝 라우터 구조(Screening Router Architecture)는 패킷을 필터링하도록 구성되므로 구조가 간단하고 인증 기능도 제공할 수 있다.

③ 이중 네트워크 호스트 구조(Dual-homed Host Architecture)는 내부 네트워크를 숨기지만, 베스천 호스트가 손상되면 내부 네트워크를 보호할 수 없다.

④ 스크린드 호스트 게이트웨이 구조(Screened Host Gateway Architecture)는 서비스 속도가 느리지만, 베스천 호스트에 대한 침입이 있어도 내부 네트워크를 보호할 수 있다.

해설

이중 네트워크 호스트 구조(Dual-homed Host Architecture)

- 특징 : 두 개 이상의 인터페이스 제공(App Traffic/Internet Traffic)
- 장점 : 안정적 운용
- 단점 : 프락시 서버 추가 도입 필요

18 **최근 알려진 Meltdown 보안 취약점에 대한 설명으로 가장 옳은 것은?**

① CPU가 사용하는 소비 전력 패턴을 사용하여 중요한 키 값이 유출되는 보안 취약점이다.

② CPU의 특정 명령어가 실행될 때 소요되는 시간을 측정하여 해당 명령어와 주요한 키 값이 유출될 수 있는 보안 취약점이다.

③ SSL 설정 시 CPU 실행에 영향을 미쳐 CPU 과열로 인해 오류를 유발하는 보안 취약점이다.

④ CPU를 고속화하기 위해 사용된 비순차적 명령어 처리(Out-of-Order Execution) 기술을 악용한 보안 취약점이다.

해설

구글 보안분석팀 '프로젝트 제로'가 공개한 인텔 등 주요 CPU 프로세서에서 드러난 보안 관련 설계 결함. '멜트다운' 버그와 함께 커널 메모리에 대한 부적절한 접근이 허용돼 암호, 로그인 키, 캐시 파일 등 커널 영역에서 보호받는 민감한 정보가 새어 나갈 수 있다고 밝혀졌다.

정답 : 16. ① 17. ③ 18. ④

19 **〈보기〉는 TCSEC(Trusted Computer System Evaluation Criteria)에 의하여 보안 등급을 평가할 때 만족해야 할 요건들에 대한 설명이다. 보안 등급이 높은 것부터 순서대로 나열된 것은?**

> ㄱ. 강제적 접근 제어가 구현되어야 한다.
> ㄴ. 정형화된 보안 정책을 일정하게 유지하여야 한다.
> ㄷ. 사용자가 자신의 파일에 대한 접근 권한을 설정할 수 있어야 한다.

① ㄱ－ㄴ－ㄷ　② ㄱ－ㄷ－ㄴ
③ ㄴ－ㄱ－ㄷ　④ ㄴ－ㄷ－ㄱ

해설

- TCSEC(Trusted Computer System Evaluation Criteria)는 흔히 Orange Book이라고 불리는 Rainbow Series1)라는 미 국방부 문서 중 하나이다.
- TCSEC의 세부 등급은 D → C1 → C2 → B1 → B2 → B3 → A1 로 구분된다.

20 **정보보호 및 개인정보보호 관리체계인증(ISMS-P)에 대한 설명으로 가장 옳지 않은 것은?**

① 정보보호 관리체계 인증만 선택적으로 받을 수 있다.
② 개인정보 제공 시뿐만 아니라 파기 시의 보호조치도 포함한다.
③ 위험 관리 분야의 인증기준은 보호대책 요구사항 영역에서 규정한다.
④ 관리체계 수립 및 운영 영역은 Plan, Do, Check, Act의 사이클에 따라 지속적이고 반복적으로 실행되는지 평가한다.

해설

개별 운영되고 있던 과학기술정보통신부 소관 '정보보호 관리체계 인증제도(ISMS)'와 방송통신위원회 · 행정안전부 소관 '개인정보보호 관리체계 인증제도(PIMS)'가 통합한 제도이다.

정답 : 19. ③　20. ③

2019년 지방직 9급 정보보호론

01 정보통신망 등의 침해사고에 대응하기 위해 기업이나 기관의 업무 관할 지역 내에서 침해사고의 접수 및 처리 지원을 비롯해 예방, 피해 복구 등의 임무를 수행하는 조직은?

① CISO ② CERT

③ CPPG ④ CPO

해설

CERT(Computer Emergency Response Team, 침해사고대응팀)는 침입사고를 보고받고 상황 분석 및 상황에 대응하는 업무를 수행하는 팀을 말한다.

02 취약한 웹 사이트에 로그인한 사용자가 자신의 의지와는 무관하게 공격자가 의도한 행위(수정, 삭제, 등록 등)를 일으키도록 위조된 HTTP 요청을 웹 응용 프로그램에 전송하는 공격은?

① DoS 공격

② 취약한 인증 및 세션 공격

③ SQL 삽입 공격

④ CSRF 공격

해설

CSRF(크로스사이트 요청 위조) 특징 : 웹페이지가 웹사이트를 구성하는 방식과 웹사이트가 동작하는 데 필요한 기본과정을 공략하는 공격으로, 브라우저에서 사용자 몰래 요청이 일어나게 강제하는 공격이다.

03 OECD 개인정보보호 8개 원칙 중 다음에서 설명하는 것은?

> 개인정보 침해, 누설, 도용을 방지하기 위한 물리적 조직적 기술적인 안전조치를 확보해야 한다.

① 수집 제한의 원칙(Collection Limitation Principle)

② 이용 제한의 원칙(Use Limitation Principle)

③ 정보 정확성의 원칙(Data Quality Principle)

④ 안전성 확보의 원칙(Security Safeguards Principle)

해설

안전성 확보의 원칙(Security Safeguard Principle) : 개인정보의 침해, 누설, 도용 등을 방지하기 위한 물리적, 조직적, 기술적 안전 조치를 확보해야 한다.

04 다음 중 OSI 7계층 모델에서 동작하는 계층이 다른 것은?

① L2TP ② SYN 플러딩

③ PPTP ④ ARP 스푸핑

해설

- SYN Flooding 공격은 TCP 프로토콜의 초기 연결설정 단계를 공격하는 기법으로 3계층에서 수행한다.
- ARP 스푸핑 공격은 IP와 상관없이 2계층에서 MAC 주소를 속이는 기술이다

정답 : 1. ② 2. ④ 3. ④ 4. ②

05 스테가노그래피에 대한 설명으로 옳지 않은 것은?

① 스테가노그래피는 민감한 정보의 존재 자체를 숨기는 기술이다.

② 원문 데이터에 비해 더 많은 정보의 은닉이 가능하므로 암호화보다 공간효율성이 높다.

③ 텍스트, 이미지 파일 등과 같은 디지털화된 데이터에 비밀 이진(Binary) 정보가 은닉될 수 있다.

④ 고해상도 이미지 내 각 픽셀의 최하위 비트들을 변형하여 원본의 큰 손상 없이 정보를 은닉하는 방법이 있다.

해설

- 스테가노그래피는 워터마크와 비슷하지만 '저작권 보호'보다는 '정보를 은밀하게 전달'하기 위한 목적이 더 크다.
- 사진이나 텍스트 메시지 속에 데이터를 잘 보이지 않게 은닉하는 기법으로서 911테러 당시 테러리스트들이 그들의 대화를 은닉하기 위해 사용한 기법이다.

06 해시 함수의 충돌에 대한 설명으로 옳은 것은?

① 해시 함수의 입력 메시지가 길어짐에 따라 생성되는 해시 값이 길어지는 것을 의미한다.

② 서로 다른 해시 함수가 서로 다른 입력값에 대해 동일한 출력값을 내는 것을 의미한다.

③ 동일한 해시 함수가 서로 다른 두 개의 입력값에 대해 동일한 출력값을 내는 것을 의미한다.

④ 동일한 해시 함수가 동일한 입력값에 대해 다른 출력값을 내는 것을 의미한다.

해설

충돌저항성이란 무결성을 확인하기 위해 사용되며, 메시지(M)가 1비트라도 변하면 해시값(H)은 매우 높은 확률로 다른 값이 되어야 한다.

07 암호화 기법들에 대한 설명으로 옳지 않은 것은?

① Feistel 암호는 전치(Permutation)와 대치(Substitution)를 반복시켜 암호문에 평문의 통계적인 성질이나 암호키와의 관계가 나타나지 않도록 한다.

② Kerckhoff의 원리는 암호 해독자가 현재 사용되고 있는 암호 방식을 알고 있다고 전제한다.

③ AES는 암호키의 길이를 64비트, 128비트, 256비트 중에서 선택한다.

④ 2중 DES(Double DES) 암호 방식은 외형상으로는 DES에 비해 2배의 키 길이를 갖지만, 중간일치공격 시 키의 길이가 1비트 더 늘어난 효과밖에 얻지 못한다.

해설

AES는 128비트 평문을 128비트 암호문으로 출력하는 알고리즘으로 128비트 크기의 입/출력 블록을 사용하고 128/192/256 비트의 가변크기 키 길이를 제공한다.

08 디지털 포렌식에 대한 설명에서 ㉠, ㉡에 들어갈 용어는?

> (㉠) 공간은 물리적으로 파일에 할당된 공간이지만 논리적으로 사용할 수 없는 낭비 공간이기 때문에, 공격자가 의도적으로 정보를 은닉할 가능성이 있다. 또한, 이전에 저장되었던 데이터가 남아 있을 가능성이 있어 파일 복구와 삭제된 파일의 파편 조사에 활용할 수 있다. 이때, 디지털 포렌식의 파일 (㉡) 과정을 통해 디스크 내 비구조화된 데이터 스트림을 식별하고 의미 있는 내용을 추출할 수 있다.

정답 : 5. ② 6. ③ 7. ③ 8. ④

㉠ ㉡

① 실린더(Cylinder) – 역어셈블링(Disassembling)

② MBR(Master Boot Record) – 리버싱(Reversing)

③ 클러스터(Cluster) – 역컴파일(Decompiling)

④ 슬랙(Slack) – 카빙(Carving)

해설

• 슬랙(Slack)이란 저장매체의 물리적인 구조와 논리적인 구조의 차이로 발생하는 낭비 공간이다.
• 파일 카빙은 파일 시스템 메타데이터 없이 컴퓨터 파일을 조각으로부터 재조립하는 과정을 말한다.

09 **버퍼 오버플로 공격 대응 방법 중 ASLR (Address Space Layout Randomization)에 대한 설명으로 옳은 것은?**

① 함수의 복귀 주소 위조 시 공격자가 원하는 메모리 공간의 주소를 지정하기 어렵게 한다.

② 함수의 복귀 주소와 버퍼 사이에 랜덤(Random) 값을 저장하여 해당 주소의 변조 여부를 탐지한다.

③ 스택에 있는 함수 복귀 주소를 실행 가능한 임의의 libc 영역 내 주소로 지정하여 공격자가 원하는 함수의 실행을 방해한다.

④ 함수 호출 시 복귀 주소를 특수 스택에 저장하고 종료 시 해당 스택에 저장된 값과 비교하여 공격을 탐지한다.

해설

ASLR(Address Space Layout Randomization)이란 프로세스의 가상 주소 공간에 어떤 obejct가 매핑될 때, 그 위치를 프로그램 실행 시마다 랜덤하게 변경하는 보안기법이다.

10 **국내의 기관이나 기업이 정보 및 개인정보를 체계적으로 보호할 수 있도록 통합된 관리체계 인증제도는?**

① PIPL–P ② ISMS–I

③ PIMS–I ④ ISMS–P

해설

ISMS–P는 개별 운영되고 있던 과학기술정보통신부 소관 '정보보호 관리체계 인증제도(ISMS)'와 방송통신위원회 · 행정안전부 소관 '개인정보보호 관리체계 인증제도(PIMS)'가 통합한 제도이다.

11 **다음에서 설명하는 접근 제어 모델은?**

> 군사용 보안구조의 요구사항을 충족시키기 위해 개발된 최초의 수학적 모델로 알려져 있다. 불법적 파괴나 변조보다는 정보의 기밀성 유지에 초점을 두고 있다. '상위레벨 읽기금지 정책(No-Read-Up Policy)'을 통해 인가받은 비밀 등급이 낮은 주체는 높은 보안 등급의 정보를 열람할 수 없다. 또한, 인가받은 비밀 등급 이하의 정보 수정을 금지하는 '하위레벨 쓰기금지 정책(No-Write-Down Policy)'을 통해 비밀 정보의 유출을 차단한다.

① DAC(Discretionary Access Control) 모델

② Bell–LaPadula 모델

③ Biba 모델

④ RBAC(Role–Based Access Control) 모델

해설

BLP(Bell–LaPadula) : 불법적인 비밀 유출 방지에 중점을 둔 최초의 수학적 접근통제 모델

정답 : 9. ① 10. ④ 11. ②

12 무결성을 위협하는 공격이 아닌 것은?

① 스누핑 공격(Snooping Attack)

② 메시지 변조 공격(Message Modification Attack)

③ 위장 공격(Masquerading Attack)

④ 재전송 공격(Replay Attack)

해설

가로채기(도청), 감시, 트래픽 분석, 스니핑(Snooping)공격은 소극적(수동적) 공격으로 메시지를 변경하지 않는다.

13 다음의 블록 암호 운용 모드는?

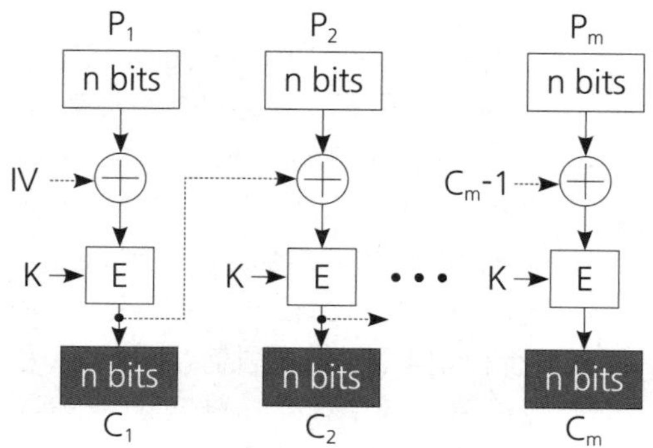

E: 암호화　　K: 암호화 키

$P_1, P_2, . . . , P_m$: 평문 블록

$C_1, C_2, . . . , C_m$: 암호 블록

IV: 초기화 벡터　　⊕: XOR

① 전자 코드북 모드(Electronic Code Book Mode)

② 암호 블록 연결 모드(Cipher Block Chaining Mode)

③ 암호 피드백 모드(Cipher Feedback Mode)

④ 출력 피드백 모드(Output Feedback Mode)

해설

암호 블록 연결 모드(Cipher Block Chaining Mode)는 현재의 평문블록과 바로 직전의 암호블록을 XOR한 후 그 결과를 키로 암호화하여 암호블록을 생성한다.

14 유럽의 일반개인정보보호법(GDPR)에 대한 설명으로 옳은 것은?

① EU 회원국들 간 개인정보의 자유로운 이동을 금지하기 위한 목적을 갖는다.

② 그 자체로는 EU의 모든 회원국에게 직접적인 법적 구속력을 갖지 않는다.

③ 중요한 사항 위반 시 직전 회계연도의 전 세계 매출액 4% 또는 2천만 유로 중 높은 금액이 최대한도 부과 금액이다.

④ 만 19세 미만 미성년자의 개인정보 수집 시 친권자의 동의를 얻어야 한다.

해설

유럽의 일반개인정보보호법(GDPR)은 유럽 의회에서 유럽 시민들의 개인정보 보호를 강화하기 위해 만든 통합 규정이다.

15 IPsec의 캡슐화 보안 페이로드(ESP) 헤더에서 암호화되는 필드가 아닌 것은?

① SPI(Security Parameter Index)

② Payload Data

③ Padding

④ Next Header

해설

SPI(Security Parameter Index)는 IP 보안 프로토콜(IPSEC)에서 특별 보안 연계를 식별하기 위해 목적지 주소와 함께 사용되는 색인이다.

정답 : 12. ① 13. ② 14. ③ 15. ①

16 **SSL 프로토콜에 대한 설명으로 옳지 않은 것은?**

① 서버와 클라이언트 간 양방향 통신에 동일한 암호화 키를 사용한다.

② 웹 서비스 이외에 다른 응용 프로그램에도 적용할 수 있다.

③ 단편화, 압축, MAC 추가, 암호화, SSL 레코드 헤더 추가의 과정으로 이루어진다.

④ 암호화 기능을 사용하면 주고받는 데이터가 인터넷상에서 도청되는 위험성을 줄일 수 있다.

해설

SSL은 RSA의 공개키 암호화 시스템을 이용한다.

17 **KCMVP에 대한 설명으로 옳은 것은?**

① 보안 기능을 만족하는 신뢰도 인증 기준으로 EAL1부터 EAL7까지의 등급이 있다.

② 암호 알고리즘이 구현된 프로그램 모듈의 안전성과 구현 적합성을 검증하는 제도이다.

③ 개인정보 보호활동을 체계적·지속적으로 수행하기 위한 관리체계의 구축과 이행 여부를 평가한다.

④ 조직의 정보자산을 효과적으로 보호하고 있는지 평가하여 일정 수준 이상의 기업에 인증을 부여한다.

해설

- 국내에서 시행되고 있는 KCMVP는 「전자정부법 시행령 제 69조」와 「암호모듈 시험 및 검증지침」에 의거 국가·공공기관 정보통신망에서 소통되는 자료 중에서 비밀로 분류되지 않은 중요 정보의 보호를 위해 사용되는 암호모듈의 안전성과 구현 적합성을 검증하기 위하여 사용된다.
- KCMVP는 암호모듈을 KS X ISO/IEC 19790에 따라 검증하고 암호모듈의 안전성을 보증하는 국내 제도이다.

18 **「개인정보 보호법」상 개인정보 분쟁조정위원회에 대한 설명으로 옳지 않은 것은?**

① 분쟁조정위원회는 위원장 1명을 포함한 20명 이내의 위원으로 구성한다.

② 위원장은 행정안전부·방송통신위원회·금융위원회 및 개인정보보호위원회의 고위공무원단에 속하는 일반직공무원 중에서 위촉한다.

③ 분쟁조정위원회는 재적위원 과반수의 출석으로 개의하며 출석위원 과반수의 찬성으로 의결한다.

④ 위원은 자격정지 이상의 형을 선고받거나 심신상의 장애로 직무를 수행할 수 없는 경우를 제외하고는 그의 의사에 반하여 면직되거나 해촉되지 아니한다.

해설

- 분쟁조정위원회는 위원장 1명을 포함한 20명 이내의 위원으로 구성하며, 위원은 당연직위원과 위촉위원으로 구성한다.
- 위촉위원은 다음 각 호의 어느 하나에 해당하는 사람 중에서 보호위원회 위원장이 위촉하고, 대통령령으로 정하는 국가기관 소속 공무원은 당연직위원이 된다.

19 **X.509 인증서(버전 3)의 확장(Extensions) 영역에 포함되지 않는 항목은?**

① 인증서 정책(Certificate Policies)

② 기관 키 식별자(Authority Key Identifier)

③ 키 용도(Key Usage)

④ 서명 알고리즘 식별자(Signature Algorithm Identifier)

해설

서명 알고리즘 식별자는 인증서 확장 영역이 아닌 기본 영역에 포함되어 있다.

정답 : 16. ① 17. ② 18. ② 19. ④

20 **전자화폐 및 가상화폐에 대한 설명으로 옳지 않은 것은?**

① 전자화폐는 전자적 매체에 화폐의 가치를 저장한 후 물품 및 서비스 구매 시 활용하는 결제 수단이며, 가상화폐는 전자화폐의 일종으로 볼 수 있다.

② 전자화폐는 발행, 사용, 교환 등의 절차에 관하여 법률에서 규정하고 있으나, 가상화폐는 별도로 규정하고 있지 않다.

③ 가상화폐인 비트코인은 분산원장기술로 알려진 블록체인을 이용한다.

④ 가상화폐인 비트코인은 전자화폐와 마찬가지로 이중 지불(Double Spending)문제가 발생하지 않는다.

해설

전자상거래 성공을 위한 조건으로 이중 지불 문제가 발생하지 않아야 한다. 그러나 보안위협은 여전히 존재하며 위협에 대항하는 기술은 계속 발전되어야 한다.

정답 : 20. ④